셀프트래블
하와이

상상출판

셀프트래블
하와이

초판 1쇄 | 2022년 1월 20일
초판 3쇄 | 2023년 5월 5일

글과 사진 | 정꽃나래, 정꽃보라

발행인 | 유철상
편집 | 홍은선, 정유진, 김정민
디자인 | 주인지, 노세희
마케팅 | 조종삼, 김소희
콘텐츠 | 강한나

펴낸 곳 | 상상출판
주소 | 서울특별시 성동구 뚝섬로17가길 48, 성수에이원센터 1205호(성수동2가)
구입·내용 문의 | **전화** 02-963-9891 **팩스** 02-963-9892
이메일 sangsang9892@gmail.com
등록 | 2009년 9월 22일(제305-2010-02호)
찍은 곳 | 다라니
종이 | ㈜월드페이퍼

※ 가격은 뒤표지에 있습니다.

ISBN 979-11-6782-052-5(14980)
ISBN 979-11-86517-10-9(set)

© 2022 정꽃나래, 정꽃보라

※ 이 책은 상상출판이 저작권자와의 계약에 따라 발행한 것이므로
  본사의 서면 허락 없이는 어떠한 형태나 수단으로도 이용하지 못합니다.
※ 잘못된 책은 구입하신 곳에서 바꿔 드립니다.

www.esangsang.co.kr

셀프트래블
하와이
Hawaii

정꽃나래 · 정꽃보라 지음

상상출판

Prologue

출판사로부터 셀프트래블 하와이 개정판을 내자는 연락을 받고서 오랫동안 작동시키지 않았던 여행작가 스위치를 간만에 ON으로 켜야 했습니다. 무려 2년 만의 일입니다.

그동안 저희 자매 둘은 여행작가와는 무관한 삶을 사느라 정신없는 매일을 보냈습니다. 7년간 쉴 새 없이 전 세계를 떠돌아다니다가 갑자기 집에 콕 박혀 살아야 할 상황에 맞닥뜨리게 되었을 때 그토록 바라던 집순이 생활을 할 수 있음에 내심 기쁘기도 했습니다. 쉬지 않고 달려온 우리에게 안식을 누릴 시간이 주어진 거지요.
자발적 집순이가 아닌지라 죄책감도 덜어질 테고, 마냥 쉴 생각만 했었네요. 이토록 휴지기가 길어질 줄도 모르고 말이죠.

오랜만에 와이키키 사진과 마주하고서 죽어 있던 여행 세포가 되살아나는 느낌이었습니다. 가로막힌 떠남의 자유, 와이키키 해변의 흔한 풍경은 진한 향수병을 앓게 했습니다. 잊고 살았던 여행의 존재를 인식시키기에 와이키키 해변 사진 한 장은 강력합니다.

과거 하와이에서 만난 인연들을 여전히 기억하게 하는 힘도 있습니다. 라트비아 여행 중 만나 하와이까지 인연을 이어간 바다요정 황진, 항상 맛있는 음식과 편안하고 안락한 공간을 제공해주셨던 혁진 이모와 능숙한 드라이빙으로 멋진 풍경을 선사해주셨던 삼촌, 한참 어린 나이임에도 엄마 같은 마음으로 우리를 맞이해주던 태희 씨, 찰나의

인연이었으나 무한한 친절을 베풀어주셨던 야자와 이모님까지. 다시금 떠오르는 인연들이 보고 싶어지는 순간입니다.
하와이에 다시 가고 싶어지는 매력적인 하와이 사람들. 그들이 건네는 "알로하", "마할로"라는 인사에 진심 어린 마음이 담겨 있습니다.

호놀룰루행 하늘길이 본격적으로 재개된다는 비현실적인 뉴스와 출판사의 연락은 참으로 반가웠습니다. 아직은 불완전한 상황이긴 하나 일상으로 돌아갈 수 있다는 긍정적인 신호가 아닐까 싶습니다. 하와이 현지에서는 코로나 전과 다름없이 손님맞이에 분주한 하루를 보내고 있다는 반가운 이야기가 들려옵니다. 다가오는 미래에는 상황이 풀리지 않을까 예상하며 하와이 여행을 예약하는 손님이 조금씩 늘어나고 있다고 해요. 2022년 출발 항공권 예약 1위가 바로 하와이라고 합니다. 해외여행에 굶주린 여행자의 기대감과 간절함이 느껴지는 소식입니다.

하와이에서 아름다운 풍경과 사람들의 따뜻한 마음을 느끼며 즐거운 여행하시길 바랍니다. 간만의 여행길에 저희 셀프트래블 하와이가 동행하기를 바라며 안전여행을 기원합니다.

정꽃나래, 정꽃보라 드림

Contents
목차

Photo Album • 4
Prologue • 20
일러두기 • 26
하와이 전도 • 28
All about Hawaii 하와이 알아보기 • 30
Q&A 하와이 가기 전 자주 묻는 질문 8가지 • 32

Inside
1 하와이 날씨와 옷차림 • 34
2 떠나기 전 체크! 하와이 주의할 점 • 36
3 일 년 내내 즐기는 하와이 축제 • 40
4 여행 전 알아둘 하와이 역사 & 문화 • 42
5 알아두면 쓸모 있는 하와이 지식 • 47
6 하와이 여행 필수 앱 • 51
7 하와이가 담긴 영화 & 음악 & 책 • 52

Try
1 5박 7일 오아후 기본 코스 • 56
2 8박 10일 오아후 장기 코스 • 58
3 10박 12일 오아후 + 이웃섬 코스 • 60
4 5박 7일 마우이 + 빅아일랜드 코스 • 63

Mission in Hawaii

하와이에서 꼭 해봐야 할 모든 것

Highlight
1 하와이에서 꼭 해야 할 일 Best 10 • 66
2 오아후 필수 스폿 Best 10 • 72
3 이웃섬 필수 스폿 Best 7 • 78

Sightseeing
1 하와이에서만 만날 수 있는 **풍경** • 82
2 하와이에서 **무지개**를 발견하는 방법 • 84
3 나만 알고 싶은 하와이의 **숨은 명소** • 86
4 하와이 **베스트 비치** • 90
5 하와이 **시크릿 비치** • 94
6 **하와이 비치!** 그것이 알고 싶다 • 98
7 하와이 바다를 지키는 **동물** 친구들 • 100
8 하와이의 **일출·일몰·야경·별** • 102
9 무료로 즐기는 **문화 공연** • 106
10 하와이안 **문화 교실** • 110

Activity
1 하와이 **해양 액티비티** • 112
2 하와이 **기타 액티비티** • 118
3 **트레킹**으로 만끽하는 대자연 • 122
4 와이키키 **자전거** 산책 • 126

Transportation
1 렌터카로 즐기는 하와이 **드라이브** • 128
2 뚜벅이 여행자를 위한 **버스 여행** • 134

Food
1 심층 분석! 하와이 **로컬 먹거리** • 140
2 하와이 **음식점 이용 매뉴얼** • 148
3 로코가 사랑하는 **로컬 식당** • 153
4 하와이 **과일 & 채소** • 158
5 하와이 **커피** • 160
6 하와이 **맥주 & 칵테일** • 164
7 하와이 **레인보우 디저트** • 166

Shopping
1 하와이 **대표 아이템** • 168
2 하와이 **한정 기념품** • 172
3 하와이를 **상징하는 기념품** • 176
4 하와이안이 된 **캐릭터 & 인물** • 178
5 도전! **로코로 변신**하는 하와이 **패션** • 180
6 **쇼핑센터 & 아웃렛** 천국 하와이 • 184
7 하와이에서 만난 **패션 브랜드** • 190
8 로컬처럼 하와이 **마켓 탐방** • 192
9 하와이 **슈퍼마켓** 나들이 • 196
10 하와이 **슈퍼마켓 추천 상품** • 200
11 하와이 **드러그 스토어** 총정리 • 204
12 **ABC 스토어** 완전 공략 • 208
13 **24시간** 이용 가능한 **편의점** • 210

Stay
1 하와이 호텔 이용 전 알아두기 • 212
2 하와이 호텔 속 숨은 카페 • 214
3 추천! 하와이 호텔 머천다이즈 • 218

Enjoy Hawaii

하와이를 즐기는 가장 완벽한 방법

1 오아후 Oahu • 222
★Map 오아후 • 228

하와이 여행의 결정체 **호놀룰루(오아후 남부)** • 230
★Map 호놀룰루 • 232
★Map 호놀룰루 상세 A • 234
★Map 호놀룰루 상세 B • 236
★Map 호놀룰루 상세 C • 237
★Map 와이키키 • 238
Special 1 다이아몬드 헤드 옆 미식 로드, **몬사라트 애비뉴** • 254
Special 2 오아후 도심 즐기기, **다운타운** • 278
Special 3 오아후 맛집 골목 파헤치기 베스트 3 • 292
Special 4 쇼핑과 맛집을 한번에! **알라 모아나** • 306
Special 5 지금 가장 핫한 곳, **카카아코** • 309

대자연과 액티비티의 절묘한 만남 **오아후 동부** • 320
★Map 오아후 동부·카일루아 • 322
Special 6 맛집이 궁금해? 카일루아 추천 스폿 • 328

큰 파도가 밀려드는 서퍼의 성지 **오아후 북부** • 334
★Map 오아후 북부·할레이바 • 336

긴 역사를 간직한 하와이안의 터전 **오아후 중부** • 348

★Map 오아후 중부 • 350

2 마우이 Maui • 364

★Map 마우이 • 370

★Map 카아나팔리 • 371

Special 1 할레아칼라의 하이라이트! **일출** • 374

★Map 라하이나 • 376

Special 2 옛 수도의 흔적을 찾아서, **라하이나 유적 트레일** • 378

3 빅아일랜드 Big Island • 394

★Map 빅아일랜드 • 399

★Map 카일루아 코나 • 406

4 카우아이 Kauai • 426

★Map 카우아이 • 431

쉽고 빠르게 끝내는 여행 준비

Step to Hawaii

Step 1 여행 전 알아보는 **하와이 일반 정보** • 450

Step 2 하와이 여행 **입국에서 출국까지** • 453

Step 3 하와이 **공항에서 이동하기** • 455

Step 4 꼭 알아두어야 할 하와이 **안전 정보** • 458

Step 5 **단계별로 준비**하는 하와이 여행 • 460

Step 6 알로하! 간단히 배우는 **하와이어** • 464

Step 7 하와이 서바이벌 **영어 회화** • 466

Index • 468

Self Travel Hawaii
일러두기

❶ 주요 지역 소개

『하와이 셀프트래블』은 하와이의 대표적인 섬 오아후, 마우이, 빅아일랜드, 카우아이를 다룹니다. 1장 오아후에서는 호놀룰루(오아후 남부), 오아후 동부, 오아후 북부, 오아후 중부로 나누어 소개합니다. 지역별 주요 스폿은 관광명소, 식당, 쇼핑, 숙소 순으로 소개하고 있습니다.

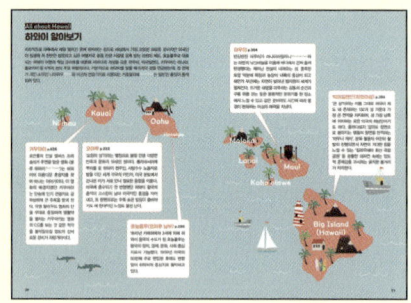

❷ 알차디알찬 여행 핵심 정보

Mission in Hawaii
하와이에서 꼭 해야 할 일, 숨겨진 명소, 액티비티, 음식, 쇼핑 아이템 등 재미난 정보를 테마별로 한눈에 보여줍니다. 필요한 정보만 쏙쏙! 골라보세요.

Enjoy Hawaii
하와이의 지역별 주요 명소, 식당, 숙소 등의 스폿과 일정을 소개합니다. 주소, 가는 법, 요금 등은 물론 유용한 Tip도 수록했습니다.

Step to Hawaii
하와이로 떠나기 전 알아두면 좋은 정보를 모았습니다. 하와이 일반 정보, 출입국수속법, 하와이어, 영어 회화 등을 실어 초보 여행자도 어렵지 않게 여행할 수 있습니다.

❸ 원어 표기

본문의 내용은 최대한 외래어 표기법을 기준으로 표기했으나 관광명소와 업소의 경우 현지에서 사용 중인 한국어 안내와 여행자들에게 익숙한 이름을 택했습니다.

❹ 정보 업데이트

이 책에 실린 모든 정보는 2023년 4월까지 취재한 내용을 기준으로 하고 있습니다. 신종 코로나바이러스(COVID-19) 관련하여 현지 사정에 따라 요금과 운영시간 등이 변동될 수 있으니 여행 전에 한 번 더 확인하시길 바랍니다. 잘못되거나 바뀐 정보는 계속 업데이트하겠습니다.

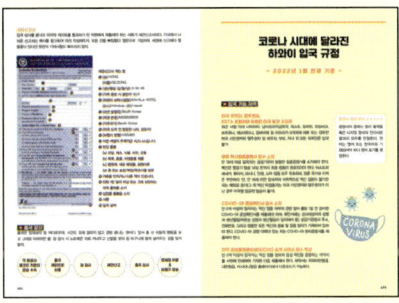

❺ 구글 맵스 GPS 활용법

이 책에 소개된 모든 관광명소와 식당, 숍, 숙소에는 구글맵스의 GPS 좌표를 표시해두었습니다. 스마트폰 앱 구글맵스 Google Maps 혹은 www.google.co.kr/maps로 접속해 검색창에 GPS 좌표를 입력하면 빠르게 위치를 체크할 수 있습니다. '길찾기' 버튼을 터치하면 현재 위치에서 목적지까지의 경로도 확인 가능합니다.

GPS 21.265930, -157.821726

❻ 지도 활용법

이 책의 지도에는 아래와 같은 부호를 사용하고 있습니다.

주요 아이콘
- 관광명소, 기타 명소
- ® 레스토랑, 카페 등 식사할 수 있는 곳
- ⓢ 쇼핑몰, 슈퍼마켓 등 쇼핑 장소
- ⓗ 호텔, 호스텔 등 숙소
- 해변
- 공항

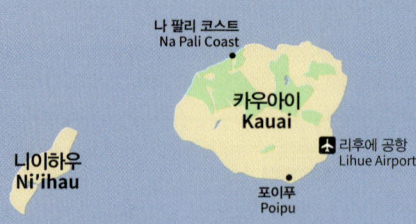

하와이 전도

All about Hawaii
하와이 알아보기

지리적으로 대륙에서 제일 떨어진 곳에 위치하는 섬으로 세상에서 가장 고립된 외로운 곳이지만 미국인이 일생에 꼭 한번은 방문하고 싶은 여행지로 꼽을 만큼 사랑을 듬뿍 받는 하와이 제도. 호놀룰루로 대표되는 하와이 여행의 핵심 오아후를 비롯해 저마다의 개성을 갖춘 마우이, 빅아일랜드, 카우아이, 라나이, 몰로카이 등 6개의 섬이 주요 여행지이다. 기본적으로 하와이를 말할 때 8개의 섬을 언급하는데, 섬 전체가 개인 소유인 니이하우 Ni'ihau 와 미군의 연습기지로 사용되는 카호올라베 Kaho'olawe 는 일반인 출입이 통제되어 있다.

카우아이 p.426
로큰롤의 전설 엘비스 프레슬리가 주연을 맡은 영화 〈블루 하와이 Blue Hawaii〉는 하와이의 아름다운 휴양지를 찾아 떠나는 이야기이다. 이 영화의 배경지였던 카우아이는 단숨에 인기 관광지로 급부상하며 큰 주목을 받게 된다. 유명 할리우드 영화의 단골 무대로 등장하여 맹활약을 펼치는 카우아이는 영화의 CG를 보는 것 같은 착각을 불러일으킬 정도의 신비로운 경치가 자랑거리이다.

오아후 p.222
'모임의 섬'이라는 별칭으로 불릴 만큼 다양한 민족과 문화가 뒤섞인 섬이다. 폴리네시아에 뿌리를 둔 하와이 원주민, 사탕수수 노동자로 발을 디딘 세계 각국의 이민자, 미국 본토에서 건너온 이가 서로 만나 절묘한 융합을 이룬다. 미국에 흡수되기 전 번영했던 하와이 왕국의 흔적이 고스란히 남아 이국적인 풍경을 자아내고, 또 한편으로는 우뚝 솟은 빌딩이 즐비하기도 해 현대적인 느낌도 물씬 난다.

호놀룰루(오아후 남부) p.230
1845년 카메하메하 3세에 의해 하와이 왕국의 수도가 된 호놀룰루는 왕국의 정치, 경제, 문화, 사회 중심지로서 기능했다. 1959년 미국의 50번째 주로 편입된 후에도 변함없이 하와이의 중심지로 활약하고 있다.

마우이 p.364

반신반인 마우이가 마나이아칼라니Manaiakalani라는 마법의 낚싯바늘을 이용해 바다에서 건져 올려 탄생했다는 재미난 전설이 내려오는 섬. 풍족한 토양 덕분에 목장과 농장이 내륙의 중심이 되고 해안가 부근에는 자연이 빚어낸 별차원의 세계가 펼쳐진다. 뜨거운 태양을 마주하는 감동의 순간과 구름 위를 걷는 듯한 몽환적인 분위기를 한 장소에서 느낄 수 있고 같은 곳이라도 시간에 따라 풍경이 변화하는 마성의 매력을 지녔다.

빅아일랜드(하와이섬) p.394

'큰 섬'이라는 이름 그대로 하와이 제도 내 존재하는 132개 섬 가운데 가장 큰 면적을 차지하며, 섬 가장 남쪽에 위치하는 곳은 미국의 최남단이기도 하다. 올려다보지 않아도 정면으로 쏟아지는 별들의 향연을 만끽하는 '마우나 케아', 분화 활동이 여전히 활발히 진행되면서 자연의 거대한 힘을 느낄 수 있는 '킬라우에아 화산 국립공원' 등 광활한 대자연 속에는 압도적 존재감을 과시하는 굵직한 볼거리가 자리한다.

Q&A
하와이 가기 전 자주 묻는 질문 8가지

Q1. 하와이 여행 몇 박이 적당한가요?

A1. 직항편은 한국에서 저녁에 출발해 현지 시각으로 점심 전에 도착하는 스케줄이라 첫날부터 충분히 관광을 즐길 수 있다. 오아후섬 위주로만 돌아볼 예정이라면 적어도 4박 6일은 필요하며, 여기서 이웃섬을 들른다면 2, 3박은 더 추가해야 할 것이다.

Q2. 하와이 계절은 여름만 있나요?

A2. 하와이에서 뚜렷하게 나타나는 계절은 5~10월 사이의 여름과 11~3월 사이의 겨울이다. 비가 적게 오는 건기가 여름, 건기보다 비교적 비가 많이 내리는 우기가 겨울이지만 스콜성 소나기에 그치는 경우가 대부분이며 비가 갠 후 나타나는 무지개도 기대할 수 있다.

Q3. 하와이 방문 시 비자가 필요하나요?

A3. 한국은 미국과의 협정으로 비자가 필요하지는 않으나 사전에 인터넷을 통해 전자여행허가제(ESTA)를 신청해 발급을 받아야 하는 것이 의무화되어 있다. 출국 72시간 전까지 신청을 마쳐야 하며, 특별한 사항이 없으면 3시간~3일 이내에 발급이 된다.

Q4. 하와이 물가는 어느 정도인가요?

A4. 한국보다 전체적으로 물가가 비싼 축에 속한다. 외식비, 교통비, 숙박비, 액티비티 등 모든 면에서 비용이 많이 들고 팁 문화가 있어 예상을 훌쩍 뛰어넘는 여행 경비에 혀를 내두를 것이다. 어느 정도 각오를 하고 예산을 정한 다음 철저한 계획하에 움직이도록 하자.

Q5. 팁은 꼭 내야 하나요?

A5. 음식점, 호텔, 택시 등 서비스를 이용했을 때 감사의 표시로 전달하는 팁. 미국에서는 서비스업에 종사하는 이들의 중요한 수입원이기도 하므로 꼭 지불하도록 하자. 총액의 15~20%, 호텔은 $1~3 정도가 기준. 패스트푸드, 푸드트럭, 푸드코트, 테이크아웃 전문점은 불필요하다.

Q6. 시차 적응에 어려움이 있나요?

A6. 하와이는 한국보다 19시간이 느리다. 하와이행 항공편은 점심 전에 도착하는 경우가 대부분으로 기내에서 숙면을 취한 후 내리자마자 호텔 체크인 시간까지 무리하지 않는 선에서 관광하는 것이 자연스러운 흐름이다. 수면을 유도하는 영양제 멜라토닌을 챙겨가는 것도 추천한다.

Q7. 꼭 렌터카로 다녀야 하나요?

A7. 오아후섬 전체를 돌거나 이웃섬을 여행할 때는 렌터카가 확실히 편하지만, 호놀룰루 위주로 돌거나 동선이 단순한 경우라면 더 버스, 트롤리, 대여 자전거로도 충분히 돌아다닐 수 있다. 전체 일정에서 렌터카와 대중교통을 적절히 섞어 이용하는 것을 추천한다.

Q8. COVID-19 이후 달라진 하와이 여행 정보가 있나요?

A8. 입국 가능 자격, 입국 절차, COVID-19 관련 프로그램 도입 등 입국 규정이 전반적으로 변동되었다. 이에 따라 백신접종증명서, COVID-19 음성확인서, 하와이 현지 무료 PCR 검사 등 새롭게 준비해야 할 것들이 생겼다. 위드 코로나 시대를 맞아 감염병 규정이 시시때때로 변화하니 미리 확인하자.

Inside 1
하와이 날씨와 옷차림

하와이는 각 섬마다 평균기온과 강수량이 조금씩 차이가 난다. 마냥 여름일 것이라 예상하고 짐을 꾸리는 것은 위험한 일. 옷차림과 체크리스트를 참고해 적절하게 준비해보자. 물론 현지에서 구입할 수 있으므로 쇼핑도 염두에 둘 것.

1. 연중 기온과 강수량

하와이는 연중 평균기온이 24~30도 정도로 온화한 날이 이어지며, 동쪽에서 서쪽으로 부는 무역풍의 영향으로 기온이 더 오르지 않아 늘 쾌적한 날씨를 보인다. 11~3월 사이가 우기라고는 하나 한국보다 강수량이 낮은 편이라 언제 방문해도 만족할 수 있다.

오아후												
월	1월	2월	3월	4월	5월	6월	7월	8월	9월	10월	11월	12월
최고기온(℃)	25	25	26	26	27	28	29	30	30	29	27	26
최저기온(℃)	18	18	18	19	19	21	21	21	21	21	20	19
강수량(mm)	48	36	38	25	21	15	13	11	23	30	44	36

마우이												
월	1월	2월	3월	4월	5월	6월	7월	8월	9월	10월	11월	12월
최고기온(℃)	21	21	22	23	23	24	25	26	25	25	24	22
최저기온(℃)	13	13	13	13	14	15	16	16	16	15	15	14
강수량(mm)	82	77	85	44	38	22	24	34	35	44	55	80

빅아일랜드												
월	1월	2월	3월	4월	5월	6월	7월	8월	9월	10월	11월	12월
최고기온(℃)	27	27	28	28	29	30	30	31	31	30	29	28
최저기온(℃)	19	19	20	21	21	22	23	23	23	22	21	20
강수량(mm)	31	20	20	13	16	12	13	15	16	17	22	33

카우아이												
월	1월	2월	3월	4월	5월	6월	7월	8월	9월	10월	11월	12월
최고기온(℃)	22	22	22	22	23	24	24	24	25	24	23	22
최저기온(℃)	12	12	13	14	15	16	16	17	16	16	15	13
강수량(mm)	204	187	207	306	243	170	232	191	172	208	290	198

2. 여행 시 옷차림

오아후
평균기온은 24~30도, 강수량도 적은 편으로 여행하기 좋은 날씨가 이어진다. 5~10월은 최저기온 평균 19도, 최고기온 평균 30도인 건기, 11~3월은 최저기온 평균 18도, 최고기온 평균 27도로 우기에 접어들지만 크게 차이는 나지 않는다. 겨울에도 충분히 물놀이를 즐길 수 있다.

마우이
여름은 카아나팔리, 파이아, 호오키파 등 바다와 인접한 지역은 최고 기온이 35도를 훌쩍 넘는 무더위가 계속되나 이 지역들을 제외한 곳들은 27~30도 선을 쭉 유지한다. 겨울은 평균기온이 22~30도로 비교적 여행하기 좋은 날씨이다. 할레아칼라산 정상 부근의 평균기온은 4도 정도로 해돋이 계획이 있다면 반드시 방한 대책을 확실히 하고 올라갈 것.

빅아일랜드
마우이와 마찬가지로 여름은 무덥고 겨울은 너무 덥지도 않은 보통의 여름 날씨가 지속된다. 지역마다 기후가 달라 하루 동안에 다양한 날씨를 경험할 수 있다. 마우나 케아의 일몰과 천체관측 계획이 있다면 반드시 방한 대책을 확실히 할 것.

카우아이
섬 내 지역에 따라 기후가 다른 카우아이는 내륙은 습도가 높은 열대우림이 대부분이지만 연안은 반대로 건조한 편. 여름 복장으로 짐을 꾸리되 밤에 내리는 소나기와 낮은 기온에 대비해 얇은 점퍼나 카디건을 준비하자.

> **복장 체크리스트**
> - ☐ **여름에 맞는 얇은 옷** 어느 섬을 방문해도 연중 여름 날씨가 이어지므로 기본적으로는 얇은 옷을 입는다.
> - ☐ **수영복** 명목상 겨울일 때에도 물놀이는 충분히 가능하므로 챙기도록 한다.
> - ☐ **얇고 긴 옷** 강렬한 태양을 피하기 위해선 꼭 필요하다. 자외선 차단제도 필수.
> - ☐ **카디건** 거센 에어컨 바람에 따뜻했던 커피도 금방 식어버린다. 쇼핑센터, 버스, 카페에 장시간 체류 시 필요하다.
> - ☐ **두꺼운 겉옷** 높은 고도에 위치하는 이웃섬의 관광명소를 방문할 계획이 있다면 긴말 필요 없이 무조건 챙겨야 한다. 손난로, 목도리 등도 요긴하게 쓰인다.

Inside 2
떠나기 전 체크! 하와이 주의할 점

미국이라는 나라를 상징하는 이념이 '자유'라지만 모든 행동을 자유롭게 할 수 있는 것은 아니다. 반드시 지켜야 하는 법률과 규칙은 한국보다 더 세세하게 규정되어 있는 편. 주의 사항을 확인하여 트러블이 생기지 않도록 조심하자.

횡단보도 건널 때 버튼 누르기

하와이의 횡단보도를 건너고 싶을 때는 옆에 설치된 건너기 버튼을 누르면 된다. 일정 시간이 지나 사람이 걷는 모양이 뜨면 건너라는 신호다. 또 별도의 신호등이 없는 횡단보도는 건너는 모양의 표지판이 설치되어 있으므로 한눈에 알아보기 쉽다. 무조건 보행자 우선이기 때문에 눈치껏 건너면 된다.

신호등이 깜빡일 때 주의

2019년 7월 1일부터 보행자용 신호등이 꺼졌다 켜졌다 하면서 숫자가 뜬다. 이때 걷기 시작하면 $130의 벌금이 부과된다. 사람이 걷는 모양이 뜰 때만 걷기 시작할 수 있다.

횡단보도 건널 때 스마트폰 사용 금지

하와이에서는 횡단보도를 건널 때 스마트폰을 사용하면 적발 시 $15~99의 벌금이 부과된다. 화면을 보는 것만으로도 법에 어긋나기 때문에 주의할 것. 단, 긴급연락번호인 911을 사용할 때는 위법 대상에서 제외된다. 디지털카메라, 태블릿, 노트북 등 전자기기를 사용하면서 건너는 것도 같은 행위로 간주한다.

1. 우선 신호등에 설치된 버튼을 누른다.
2. 신호등이 사람 모양으로 바뀌면 걷는다.
3. 숫자가 나타나면서 점멸할 때 횡단보도를 걷기 시작하면 안 된다.
4. 신호등에 손 모양이 나타나면 멈추라는 뜻이다.
5. 신호등 없는 횡단보도는 사람이 걷는 모양의 표지판이 있다.

제이워크(Jay Walk) 금지

횡단보도 이외의 도로를 건너는 무단횡단 행위를 '제이워킹'이라 한다. 하와이에서 제이워킹을 하다 적발되면 $130의 벌금이 부과된다. 신호등이 빨간불일 때도 역시나 같은 벌금을 적용한다. 차가 지나가지 않더라도 신호를 확인한 뒤 횡단보도로 건너도록 하자.

운전 중 전자기기 사용 금지

운전자가 운전 중 전자기기를 손에 잡고 사용하면 $147의 벌금이 부과된다.

어린이는 반드시 보호자 동반

미국은 아동보호법이 엄격하기로 유명한 나라. 숙박시설 객실이나 렌터카 내에 13세 이상의 보호자 없이 만 12세 이하 어린이를 혼자 남겨두는 행위는 방치, 학대로 간주하기 때문에 체포될 수도 있다는 점을 명심하자.

베란다에 옷을 거는 행위 금지

호텔, 콘도미니엄 베란다에 젖은 수영복이나 비치타월을 거는 것은 주변 경관을 해친다는 이유로 금지되어 있다. 세탁물은 실내에 널도록 하자.

공공장소에서 알코올 섭취 금지

비치, 공원, 노상, 더 버스, 고속도로 등 하와이 내 공공장소에서는 알코올을 섭취할 수 없도록 법으로 규정되어 있으니 주류를 판매하는 음식점, 클럽, 바나 숙박하는 객실에서만 마시도록 하자. 참고로 주류가 담긴 캔과 병은 밖에 들고 나갈 때는 반드시 봉투나 가방에 넣도록 하자.

음주 시 연령 확인

하와이에서는 만 21세부터 음주가 가능하다. 음식점에서 주류를 주문하거나 슈퍼마켓에서 구매할 경우 외모가 30세보다 어리다고 판단되면 사진이 포함된 신분증 제시를 요구한다. 동양인은 외견상 나이를 가늠하기 어려우므로 여권을 상시 지참하는 것을 권장한다.

> **주류를 구매할 수 있는 시간대**
>
> 호놀룰루가 위치한 오아후섬에서는 주류 구입 가능 시간대가 정해져 있다(마우이, 라나이는 24시간 구입 가능하다).
> · 음식점, 클럽, 바, 크루즈
>   오전 6시~다음 날 새벽 2시
> · 슈퍼마켓, 드러그 스토어, 편의점
>   오전 6시~심야 12시
> · 호텔
>   오전 6시~다음 날 새벽 4시
> · 콘도미니엄
>   오전 6시~다음 날 새벽 2시

흡연에 관한 규칙

하와이에서 흡연이 가능한 연령은 만 21세부터. 비치, 공원, 버스정류장, 쇼핑센터, 흡연 가능 객실을 제외한 호텔 내부, 음식점, 공항 등 대다수 공공장소에서는 흡연이 금지되어 있으며, 전자담배도 예외는 아니다(심지어 호텔 베란다에서조차 금지된 곳이 많다). 건물 출입구 6m 이내 구역도 흡연 금지다.

페트병, 캔, 병에 수수료 부과

슈퍼마켓이나 편의점 등 가게에서 음료수를 구매할 경우 재활용 가능한 상품이라면 개당 보증금(Hi Bottle Deposit Fee) 5센트와 수수료(Hi Container Fee) 1센트가 과금된다.

비닐봉지 사용 금지

미국에서 가장 먼저 비닐봉지 사용을 금하는 법안이 통과된 곳이 바로 하와이다. 2018년 7월부터 슈퍼마켓에서 종이봉투나 리유저블백을 이용할 경우 장당 15센트를 지불해야 하며, 재이용 가능한 재생용지나 생분해성 플라스틱으로 만든 것이어야 하는 등 관련법이 더욱 강화되었다.

일부 자외선 차단제 사용 금지

2021년 1월 1일부터 하와이 내에서 자외선 차단제의 주성분인 옥시벤존, 옥티녹세이트가 포함된 것은 유통과 판매가 금지되는 법안이 본격적으로 시행되었다. 또 외부에서 가져온 선크림 중 이러한 성분들이 포함된 것은 사용 불가능하다. 산호와 어류에게 심각한 피해를 주는 것으로 알려진 제품으로부터 해양 생태계를 보호하기 위해서다. 자신이 소지한 선크림의 성분을 파악하기 어렵다면 하와이 현지에서 구매하는 것도 좋은 방법이다.

슈퍼마켓에서는 금지된 비닐봉지 대신 사용할 만한 에코백도 판매하고 있다!

외부 채소, 과일, 육류 반입 금지

미국 외부에서 생산된 가공되지 않은 채소, 과일, 육류를 비롯해 육류가 첨가된 컵라면, 과자, 빵, 고추장 등의 가공품도 반입이 금지되어 있다. 김치, 된장, 고추장, 건어물은 반입 가능하지만 세관신고서 기재 후 반드시 세관에 신고해야만 한다.

한국과 다른 미국의 도량형

미국은 길이, 무게, 부피 등을 재는 단위법이 한국과 다르다. 예를 들어, 길이를 잴 때 센티미터보다는 인치나 피트를 사용하고 킬로미터는 마일로 표시한다. 온도를 표현할 때 우리나라는 섭씨를 쓰지만 미국은 화씨를 사용한다. 낯선 단위법으로 헷갈릴 수 있으니 아래 표를 참고해 알아보자.

길이

센티미터(cm)	미터(m)	킬로미터(km)	인치(in)	피트(ft)	야드(yd)	마일(ml)
1	0.01	0.00001	0.3937	0.0328	0.0109	0.000006
100	1	0.001	39.37	3.2808	1.0936	0.0006
100,000	1,000.00	1	399,370	3,280.80	1,093.60	0.6214
2.5399	0.0254	0.000025	1	0.0833	0.0277	0.000016
30.479	0.3048	0.0003	12	1	0.333	0.00019
91.44	0.9144	0.0009	36	3	1	0.00057
160,900	1,609.30	1.6093	63,360	5.28	1.76	1

무게

그램(g)	온스(oz)	파운드(lb)
1	0.032	0.0022
30.98	1	0.068
453.6	14.64	1

부피

리터(l)	갤런(gal)	쿼트(qt)	파인트(pt)
1	0.26	1.05	2.1
3.78	1	4	8
0.9	0.25	1	2
0.5	0.1	0.5	1

1월 셋째 주 월요일(오아후)
마틴 루터 킹 목사 기념일 행진
마틴 루터 킹 목사의 탄생일을 기념해 열리는 행진. 알라 모아나 파크를 출발하여 와이키키의 칼라카우아 애비뉴를 거쳐 카피올라니 파크까지 이어진다.

1월 하순(오아후)
차이니즈 뉴 이어
중국의 춘절을 기념해 행운을 비는 행사로 약 한 달간 알라 모아나 센터, 인터내셔널 마켓플레이스 등 굵직한 쇼핑센터 등지에서 개최된다.

3월 상순(오아후)
호놀룰루 축제
하와이인과 아시아인 간의 친목을 다지는 계기를 도모하고자 열리는 축제. 칼라카우아 애비뉴에서 성대한 행진이 이어진다.

3월 26일(오아후)
프린스 쿠히오 축제
쿠히오 왕자의 생일을 기념해 열리는 행사로 칼라카우아 애비뉴에서 행진, 카피올라니 파크에서 다양한 이벤트가 열린다.

5월 1일 (오아후 카피올라니 파크)
레이 데이
1927년부터 열리고 있는 행사로 카피올라니 파크에서 하와이의 전통 화환인 레이와 관련된 각종 이벤트를 개최한다.

7월 중순(오아후)
프린스 랏 훌라 축제
하와이에서 가장 오래된 축제로 경연을 목적으로 하지 않고 오로지 감상만을 위한 훌라 전문 축제다.

8월 하순(오아후)
듀크 카하나모쿠 바다 축제
하와이 출신 전설의 서퍼, 듀크 카하나모쿠를 기리고 해양 스포츠의 진흥을 목적으로 한 행사가 와이키키를 중심으로 열린다.

7월 4일(오아후)
독립기념일
미국에 독립선언이 공포된 것을 기념하여 알라 모아나 비치 파크에서는 오후 8시 40분부터 화려한 불꽃놀이가 펼쳐진다.

9월 하순(각 섬)
알로하 축제
음악, 춤, 역사 등 하와이의 전통문화를 후세에 남기고자 개최하는 하와이주 최대의 축제. 와이키키 중심가에서 파티가 펼쳐진다.

Inside 3
일 년 내내 즐기는 하와이 축제

하와이 여행의 또 다른 묘미 중 하나는 바로 한 해 동안 펼쳐지는 축제를 즐기는 것! 하와이 각 섬에서 열리는 흥미로운 축제를 만나보자.

10월 상순(빅아일랜드)
아이언맨 월드 챔피언십
빅아일랜드 코나에서 개최되는 철인삼종경기 대회. 장거리 수영, 자전거, 달리기로 구성된 죽음의 레이스가 시작된다.

10월 중하순 (오아후·마우이·빅아일랜드)
하와이 푸드 와인 축제
전 세계에서 집결한 요리사, 소믈리에, 와인 양조가가 하와이 최고 기술을 사용해 요리를 소개하는 축제다.

11월 상순(빅아일랜드)
코나 커피 문화 축제
빅아일랜드의 특산품인 코나 커피를 주제로 한 축제. 커피 시음, 행진, 음악회 등 다양한 이벤트가 열린다.

11월 중순(오아후)
반스 트리플크라운 서핑 대회
서퍼의 성지, 노스 쇼어에서 높은 파도가 휘몰아치는 서핑 시즌에 펼쳐지는 서핑 대회. 전 세계에서 모인 프로 서퍼들의 멋진 경기를 감상할 수 있다.

12월 상순~1월 상순(오아후)
호놀룰루 시티 라이트
성탄절 시기에 맞춰 열리는 이벤트로 크리스마스트리 점등식과 거리를 빛으로 수놓은 일루미네이션을 한 달간 선보인다.

12월 상순(오아후)
호놀룰루 마라톤
50년 가까이 이어지고 있는 하와이 최고의 마라톤 대회로 매년 3만 명이 참가하는 인기 이벤트다.

12월 31일(각 섬)
새해 전야 축제
새해를 맞이하기 전 카운트다운과 함께 섬 각지에서 성대한 불꽃놀이가 펼쳐진다.

Inside 4
여행 전 알아둘 하와이 역사 & 문화

역사와 문화는 무조건 어려울 것이란 편견은 이제 그만. 뜻밖의 흥미진진한 세계가 펼쳐질 테니 놓치지 말길 바란다. 하와이를 여행하면서 만나게 되는 다양한 이야기와 이름들을 쉽게 이해하고자 한다면 한 번만 훑어보자. 아는 이름이 보였을 때의 뿌듯함은 이루 말할 수 없다.

1. 하와이 역사

역사의 시작
- 300~1300 폴리네시아인이 상륙

하와이 왕국
- 1778 영국인 선장 제임스 쿡이 하와이에 상륙
- 1795 ❶ 카메하메하 1세가 하와이 왕국 수립
- 1810 카메하메하 1세가 하와이 제도를 통일
- 1874 ❼ 칼라카우아왕이 국왕 선거에서 당선
- 1891 ❽ 릴리우오칼라니 여왕 즉위
- 1893 여왕을 끝으로 왕국은 역사의 뒤안길로

하와이 왕국의 역대 왕

❶ 카메하메하 1세
King Kamehameha I
하와이 제도를 통일했다. 고독하고 쓸쓸한 사람을 의미하는 이름, 2m의 거구, 카리스마 있는 성격 등 다양한 매력을 지녔다.

❷ 2대 리호리호 Liholiho(카메하메하 2세)
20살에 즉위하여 엘리자베타 카아후마누와 함께 협력하며 지배했다. 카푸Kapu라 불리던 기존의 규율을 폐지하였다.

❸ 3대 카우이케아오울리
Kauikeaouli(카메하메하 3세)
형 리호리호의 죽음으로 즉위하여 30년간 지배하였다. 최초의 헌법을 제정하였고, 훌라 댄스와 서핑을 금지시켰다.

❹ 4대 알렉산더 리호리호
Alexander Liholiho(카메하메하 4세)
외부에서 들어온 전염병으로 인해 결국 병으로 아들을 잃었고 자신도 병으로 사망하였다.

❺ **5대 로트 카푸아이와 Lot Kapuaiwa (카메하메하 5세)**
카메하메하 가문 마지막 왕. 비숍 박물관의 소유자인 파우아히 왕녀에게 거절당한 후 평생 독신으로 지냈다.

❻ **6대 윌리엄 찰스 루날리오 William Charles Lunalio**
카메하메하 5세가 승계자를 찾지 못한 채 사망하여 처음 선거제를 실시하여 당선된 인물. 병으로 사망한다.

❼ **7대 칼라카우아 King Kalakaua**
6대에 이어 선거로 선출된 왕으로 카피올라니 Kapiolani 왕비와 함께 하와이의 문화부흥을 이끌었으며, 이때 훌라 댄스와 서핑도 부활하였다.

❽ **8대 릴리우오칼라니 여왕 Lili'uokalani**
7대 칼라카우아왕의 여동생이자 마지막 왕. 음악에 재능을 지녀 하와이안 음악의 대표곡인 '알로하 오에 Aloha Oe'도 작곡했다.

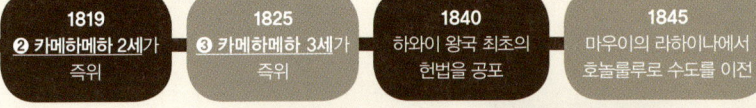

- 1819 ❷ 카메하메하 2세가 즉위
- 1825 ❸ 카메하메하 3세가 즉위
- 1840 하와이 왕국 최초의 헌법을 공포
- 1845 마우이의 라하이나에서 호놀룰루로 수도를 이전
- 1872 ❻ 윌리엄 찰스 루날리오가 선거에서 당선
- 1863 ❺ 카메하메하 5세가 즉위
- 1855 ❹ 카메하메하 4세가 즉위

하와이 공화국
- 1894 하와이 공화국 성립
- 1898 미국에 합병되어 정식 영토가 됨

미국령
- 1903 한국인 이민자가 하와이에 첫 상륙
- 1925 하와이의 관광지화가 본격화
- 1941 일본의 진주만 습격으로 태평양 전쟁 발발

미국 하와이주
- 1959 미국의 50번째 주로 승격

2. 하와이 문화

훌라(Hula)

하와이의 고대 전통 무용으로 훌라라는 단어 자체도 하와이 원주민어로 '춤추다'를 뜻한다. 당시에는 종교적인 의미를 담아 주로 신전에서 남성이 추는 신성한 춤이었으나 세월의 흐름에 따라 여성에게도 허용되었다. 특별한 언어와 문자가 없었던 옛 시절 훌라는 몸짓으로 표현하는 하와이 사람들의 의사소통이었으며, 신에게 바치는 신앙적 표현 및 후세에 역사를 전하는 수단으로도 사용되었다. 무지개, 바람, 꽃, 야자수, 파도 등 각 동작에 담겨 있는 의미가 뚜렷하고 움직임 자체가 하나의 이야기를 구성하고 있다. 18세기에 들어서 야만적이고 음란하다는 이유로 외부의 선교사들에 의해 한동안 금지되었다가 하와이 왕국의 칼라카우아왕이 하와이 문화의 소중함을 일깨우고자 부활시켰다. 현재 훌라는 하와이안 계승자만이 가르칠 수 있다.

루아우 Luau

하와이 원주민어로 '잔치'를 의미하는 루아우는 집에 손님을 초대해 야외에서 다 같이 식사를 즐기며 대접하는 일이 빈번하게 일어나면서 생긴 것이다. 옛날 남녀는 함께 식사하는 것이 금지되었으나 1819년 카메하메하 2세에 의해 규율이 사라지면서 루아우가 더욱 활발해졌다고 한다. 지금은 엔터테인먼트적인 요소를 가미해 하와이 전통요리를 즐기면서 관람하는 쇼의 성격으로 발전되었다. 고대 하와이안의 전통춤과 불쇼를 눈앞에서 만끽할 수 있다.

레이(Lei)

하와이 사람들의 마음을 대변하며 애정과 우정을 표현하는 수단. 옛날에는 행운을 기원하고 액을 막아주는 부적으로써 또는 권력의 증표로써 몸에 걸고 다녔다고 한다. 현재는 손님을 환영하고 축복하며 감사하는 의미를 지닌다. 사용한 레이는 실을 뺀 후 남은 꽃을 하와이 땅에 묻어 자연으로 돌려보내는 것이 규칙이다. 매년 5월 1일은 '레이 데이'로 카피올라니 파크에서 대대적인 이벤트가 열린다.

우쿨렐레(Ukulele)

19세기 후반 포르투갈에서 온 이민자가 전통 현악기 '프라기니아'를 들여오면서 역사는 시작되었다. 연주하는 손가락의 모습이 마치 벼룩이 뛰는 모습 같다 하여 벼룩을 뜻하는 '우쿠Uku'와 뛰다를 의미하는 '렐레Lele'가 합쳐져 '우쿨렐레'라 명명하였다. 칼라카우아왕을 비롯한 왕족에 의해 퍼져나가 부드러운 음색과 쉬운 연주법이 만인의 마음을 사로잡으면서 국민 악기로 정착하게 된다. 하와이의 독자적인 악기로 확립시킨 인물은 포르투갈 이민자 마누엘 누네스로 1911년 정식으로 생산하기 시작했다. 그의 제자 사무엘 카마카는 하와이에서 가장 오래된 우쿨렐레 브랜드이자 유명한 '카마카 우쿨렐레 Kamaka Ukulele'의 창립자이다. 현재는 다양한 곳에서 우쿨렐레를 쉽게 만나볼 수 있으며, 한국이나 해외에서 구매하는 것보다 훨씬 저렴하게 손에 넣을 수 있다. 문화 교실에서 기초를 익히고, 입문자용을 구매해와 한국에서 본격적으로 배워보는 것도 좋을 것이다.

하와이안 퀼트 (Hawaiian Quilt)

히비스커스, 파파야 나뭇잎, 플루메리아 등 하와이를 상징하는 것을 문양으로 하여 바느질을 하는 전통예술. 1820년 본토에서 온 선교사의 아내에 의해 보급되기 시작하여 이불이나 방석으로 사용되었으나 현재는 벽걸이 장식으로 활용하며 하나의 예술품으로 평가된다. 커다란 천 4~8장을 접고 오려서 좌우대칭의 형태로 깁거나 붙이는 형식이 일반적이다.

3. 하와이 상징

주목 쿠쿠이(Kukui)
유분이 다량 함유되어 있어 불을 붙이는 데 쓰였고 그을린 살갗이나 상처에 바르는 연고로도 사용된 고대 하와이안에겐 없어선 안 될 존재. 하와이 원주민어로 '생명수'를 의미하며 추출된 오일이 변비에 효과가 있어 다이어트 보조식품으로 인기다. 열매로 만든 목걸이는 남자에게 존경의 의미로 선사한다.

주기 카 하에 하와이(Ka Hae Hawaii)
1812년 하와이 왕국의 국기로 제정된 것으로 왼쪽 상단에는 영국 국기 '유니언 잭Union Jack'이, 전체적으로는 흰색, 빨간색, 파란색으로 이루어진 8개 줄무늬가 그려져 있다. 8개 줄무늬는 하와이 제도의 주요 섬인 오아후, 마우이, 빅아일랜드(하와이섬), 카우아이, 라나이, 몰로카이, 니이하우, 카호올라베를 의미한다.

주조 네네(Nene)
거위과에 속하는 네네는 생김새가 한국의 기러기와 비슷하다. 멸종위기에 처한 보호종으로 지정되어 하와이주에서 특별 보호를 받고 있다. 빅아일랜드 화산 지대의 인적이 드문 곳에서 발견되며 절대로 만지거나 먹이를 줘선 안 된다.

주어 후무후무누쿠누쿠아푸아아 (Humuhumunukunukuapua'a)
하와이 원주민어로 '돼지처럼 우는 네모난 물고기'란 의미를 지닌 쥐치과 물고기. 경계심이 높고 사나운 성격이라 흥분하면 "부~부~" 하고 운다고 한다.

주가 하와이 포노이(Hawaii Pono'i)
하와이 왕국의 7대 왕인 칼라카우아 여왕이 작사, 왕국의 악단 지휘자였던 헨리 버거가 작곡한 곡이다. 1876년부터 1893년까지 왕국의 국가로 쓰였고 1967년 하와이 주가로 제정되었다.

주화 마오 하우 헬레(Ma'o Hau Hele)
무궁화과에 속하는 노란색 히비스커스로 한국에서는 하와이 무궁화로 불린다. 공원이나 식물원에서만 볼 수 있을 정도로 희귀한 편으로 라나이섬에서는 멸종위기종으로 분류된다.

Inside 5
알아두면 쓸모 있는 하와이 지식

알아두면 쓸모 있는 하와이의 지식을 모아보았다. 달라도 너무 다른 하와이의 풍경들 속에서 호기심을 자극했던 순간이 왕왕 있었던 건 비단 필자뿐만이 아니었으리라. 관광 중 마주했던 다양한 궁금증을 이 페이지를 통해 해소해보자.

역사 유산 표식
명소 중 하와이관광청이 지정한 중요 역사적 건축물 부근에는 왕의 형상을 한 표식이 설치되어 있다. 이와 더불어 명소와 관련된 다양한 역사와 이야기를 담은 설명문도 세워져 있으므로 함께 확인해보자.

하와이 알파벳
A, E, I, O, U 5개 모음과 H, K, L, M, N, P, W 7개 자음 총 12개 문자로 이루어진 하와이 알파벳은 문자가 없던 1820년경 본토에서 건너온 선교사가 하와이 원주민의 발음을 듣고 표기했던 것을 기초로 하고 있다.

자동차 번호판
무지개가 그려진 번호판은 하와이의 무지개 사랑을 엿볼 수 있는 부분. 가끔 다른 디자인의 번호판이 눈에 띄는데 그 이유는 기본적으로 미국에서는 자신이 원하는 디자인과 번호를 구성할 수 있기 때문이다. 과거에 등록된 것만 아니면 무엇이든 괜찮다.

하와이 와인
하와이에도 와인이 생산될까? 정답은 Yes. 마우이섬의 '마우이 와인Maui Wine'은 포도뿐만 아니라 파인애플, 라즈베리, 그레이프 프루트 등 마우이에서 자란 과일을 이용해 매년 28만 병이 제조된다. 마우이섬에 있는 와이너리는 연간 18만 명이 방문할 만큼 인기다.

샤카란 무엇일까?

하와이에서는 사진을 찍을 때 일반적으로 취하는 포즈가 있다. 가운데 세 손가락을 접고 엄지와 새끼손가락만을 세운 상태로 손바닥이 보이게끔 드는 이른바 샤카Shaka 포즈다. '해냈다', '순조롭다' 등의 메시지를 담은 이 손짓이 탄생한 데에는 다양한 정설이 있다. 가장 유력한 것은 사탕수수밭에서 일하던 하마나 칼리히Hamana Kalihi란 노동자가 불의의 사고로 손가락을 베인 후 다른 일을 할 때 손을 흔드는 모습을 어린이가 따라 하면서 하나의 신호로 자리 잡았다는 설이다.

하와이식 영어

가끔 하와이 사람이 말하는 영어가 이해되지 않을 때가 종종 있다. 알고 보니 '피진 잉글리시Pidgin English'라는 하와이만의 영어가 있다는 사실! 영어를 모른 채 사탕수수 노동자로 건너온 해외 이민자들이 사용했던 언어로, 아시아, 유럽, 중남미에서 각각 건너온 노동자들이 서로 의사소통을 주고받기 위해 하던 말들이 자연스럽게 정착한 것이다. 고유의 단어, 발음, 억양, 문법 등이 탄생하였는데, 현재도 'How are you?'를 'Howzit?'으로 묻거나 'Brother'를 'Braddah'로 발음하는 등 일부 풍습이 남아 있다.

야자수와 얽힌 이야기

와이키키를 비롯해 관광객이 많이 찾는 번화가의 야자수는 잘 살펴보면 열매가 없다. 열매가 떨어져 다치는 사례가 늘어나자 주 정부에서 대책을 모색했고 그 결과 매번 열매 제거 작업을 하게 되었다고 한다. 또 나무 밑부분을 보면 기둥을 함석으로 감싼 것을 확인할 수 있다. 이는 망구스와 고양이가 야자수에 올라가 나무를 갉아 먹는 행위를 막기 위해 만든 장치다. 이 함석 때문에 동물들은 나무를 타고 올라가기 어려워졌다.

하와이 나무

하와이에서 자주 보이는 나무는 '몽키폿Monkeypot'이다. 커다란 뚜껑처럼 생긴 모양 덕분에 넓은 그늘을 만들어내는 것이 특징이다. 각종 TV 프로그램에서 면역력, 항암, 피부 미용에 탁월하다고 보도하면서 인기 건강식품이 된 '노니Noni'도 하와이에서 볼 수 있다. 실제로 하와이에서 판매되는 노니 제품은 한국인 영향으로 품귀현상이 일어난다고 한다. 문어발처럼 줄기가 여러 개로 뻗어 있는 열대식물 '판다누스Pandanus'도 재밌는 식물이다. 매년 몇 센티씩 이동하며 움직인다.

머리에 꽃 꽂는 위치

하와이 여성을 연상했을 때 떠오르는 것은 예쁜 드레스를 입고 머리에 '플루메리아(Plumeria)' 꽃을 단 모습이다. 플루메리아는 우아함, 정열, 사랑 등 여성의 매력을 끄집어내어 한층 더 행복해질 수 있도록 도와주는 신으로 추앙받는다. 꽃을 꽂는 위치에 따라 의미가 다르므로 상황(?)에 맞게 달아보자.

- 왼쪽 귀 남편이 있거나, 미혼이지만 사귀는 남자친구가 있다는 의미
- 오른쪽 귀 왼쪽 귀와 반대로 '돌싱'이거나 남자친구가 없음의 의미
- 뒤통수 자기를 쫓아와도 괜찮다는 것으로 애인을 찾고 있다는 의미
- 머리 앞쪽이나 이마 맘에 들지 않으면 거절한다는 의미

카메하메하 대왕상

하와이 주립 최고 재판소 앞에 자리한 동상은 하와이 전체를 정복하여 통일된 국가를 세운 '카메하메하 1세'를 본떠 만든 것. 1778년 영국인 선장 제임스 쿡에 의해 발견되었던 하와이 제도의 100주년을 기념하여 1878년 이탈리아에서 제작되었다. 이 동상에는 비하인드 스토리가 있는데, 동상을 이탈리아에서 하와이로 운송하던 중 배가 침몰해버리는 바람에 다시 동상을 만들었다. 실제로 서 있는 동상은 실은 두 번째로 만들어진 것이다. 이후 기적적으로 되찾은 첫 번째 동상은 왕의 고향인 빅아일랜드의 코할라에 전시되어 있다.

하와이가 사랑하는 오바마

미국의 첫 아프리카계 흑인 대통령 버락 오바마는 흑인이라는 점 말고도 '최초'라 붙은 타이틀이 또 있다. 최초의 하와이 출신 대통령이라는 점이다. 6~10살까지 인도네시아 자카르타에서 초등학교를 다녔던 것 외엔 태어나서 대학교에 가기 전까지 줄곧 하와이에서 생활했다. 퇴임한 현재도 그는 하와이 사람들이 사랑하는 인물로 꼽히고 있다. 태어나고 자란 곳은 호놀룰루이나 유소년기와 임기 시절 추억이 깃든 카일루아가 그의 흔적을 많이 볼 수 있는 지역이다.

하와이의 화장실 사정

하와이의 음식점은 한국의 일부 음식점처럼 화장실을 자물쇠로 잠그거나 비밀번호를 걸어두는 곳이 많다. 이는 범죄에 악용되거나 손님 외의 외부자가 사용하지 못하도록 하기 위함이며 음식점 이용객이라면 직원에게 위치를 묻는 것만으로 고민은 해결된다. 가끔 음식점에 '노 퍼블릭 레스트룸(No Public Restroom)'이라는 표시가 되어 있기도 한데, 음식을 먹지 않고 오로지 화장실만 이용하려는 이에게는 빌려주지 않는다는 의미이다.

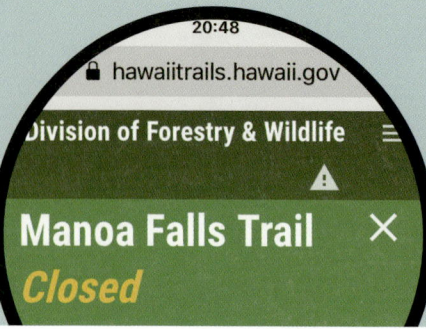

자연재해로 인한 변수

대자연이 살아 숨 쉬는 하와이에서는 사소한 것에서부터 대형 사고까지 다양한 자연현상이 일어난다. 큰 돌이 떨어져 도로가 폐쇄되거나 화산이 터지는 등 예상 밖의 자연재해가 생기기도 하는데, 이로 인해 관광 명소가 일시적으로 문을 닫는 일도 있어 여행자가 불편을 겪을 수도 있다. 기껏 방문했더니 문이 닫혀 있는 슬픈 경험만큼은 피하도록 주 정부에서 운영하는 홈페이지(국립공원 www.nps.gov/state/hi, 트레일 hawaiitrails.hawaii.gov)를 통해 미리 확인해두자.

Seal of Quality 제도

하와이주 농산부에서 지정한 제도로 하와이에서 판매하는 농수산물 가운데 하와이에서 생산한 '100% 메이드 인 하와이'를 알기 쉽게 표기하고자 만들어졌다. 하와이주 정부와 무역 협회가 규정한 수출 기준에 부합한 품질이 전제조건이다. 가공농산물에 한해선 원료의 51% 이상이 하와이산인 것에만 부착이 된다. 꽤 엄선된 것들로 이루어져 품질이 좋기로 유명하다. 슈퍼마켓, 파머스 마켓에 판매되는 상품을 유심히 살펴볼 것.

more & more 하와이 토막 상식

카푸(Kapu)
고대 하와이 왕국에서 터부시되는 행위를 금지하도록 왕이 명령을 내리는 제도를 말한다. 자연에 의존해야 했던 옛 시절 환경을 지키고 자연에 대해 존경심을 느낄 수 있도록 만들어졌으며, 이를 어길 시 엄벌에 처하기도 했다. 현재도 규칙을 나타내는 말로 쓰인다.

카히리(Kahiri)
하와이 왕국의 왕족을 상징하는 새의 깃털로 만든 창이다. 카히리가 있는 자리는 고귀한 사람이 있다는 걸 나타내는 일종의 표식이었다. 대관식이나 장례식 같은 행사에 왕족이 어디에 앉아 있는지 바로 알 수 있도록 세워두었다고 한다.

마나(Mana)
고대 하와이안은 우주에 있는 모든 것은 영적인 힘이 있다고 믿었으며 기적을 일으키기도 한다고 생각해왔다. 마나는 이러한 인간의 지혜가 미치지 못하는 힘을 일컫는 단어다. 마나가 느껴지는 파워 스폿을 하와이 곳곳에서 만나볼 수 있는데, 와이키키의 그레이스 비치(p.243), 다이아몬드 헤드(p.252), 누우아누 팔리 전망대(p.259) 등이 있다.

헤이아우(Heiau)
고대 하와이안이 신과의 교신을 위해 만든 성지로 신에게 무언가를 바치기 위한 신전으로도 쓰였다. 영혼과 힘이 느껴지는 파워 스폿을 하와이안처럼 돌고 싶다면 하와이의 해수를 1,000일간 말려 정화 작용이 뛰어난 하와이안 솔트를 소량 지참해 부적처럼 지니고 다니자.

Inside 6
하와이 여행 필수 앱

지도, 교통 정보, 맛집, 언어 등 여행을 하다보면 시시각각 변하는 정보가 필요하다. 하와이 여행 시 유용하게 쓸 만한 앱을 소개한다.

구글 맵스 Google Maps
더 이상의 설명이 필요 없는 최고의 지도 앱. 현지 상황을 실시간으로 반영해 시시각각 달라지는 도로 교통 사정을 자세히 파악할 수 있다. 더 버스에 관한 정보도 제공하여 버스 이동도 어렵지 않다.

우버 & 리프트 Uber & Lyft
하와이에서 택시를 이용하고 싶다면 카카오택시 같은 차량 배차 서비스를 이용해야 한다. 한국처럼 지나가는 택시를 잡을 수 없기 때문. 현지 택시 회사보다 요금이 좀 더 저렴한 편으로 우버, 리프트 두 종류가 있다.

다버스2 DaBus2
버스 이용을 쾌적하게 할 수 있도록 도와주는 공식 앱. 정류장 정보, 배차 시간, 현재 버스 위치 등 구글 맵스보다 세세하며 더욱 정확하다. 영어만 지원되나 쓰이는 단어는 간단한 편이라 어렵지 않게 사용할 수 있다.

고 하와이 Go Hawai'i
하와이관광청의 공식 앱. 각 섬의 관광 명소와 팁, 여행 시 안전사항 등을 한국어로 알려준다. 관광을 다닐 때 명소에 관한 간단한 내용을 알고 싶다면 참고하자.

옐프 Yelp
한국에서 맛집을 알아낼 때 검색창을 통해 블로그 정보를 검색하듯이 미국에서는 옐프를 확인한다. 각 음식점의 정보와 더불어 실제 방문을 토대로 작성된 후기와 평가를 확인할 수 있다. 영어로 적혀 있으니 내용 파악이 어렵다면 번역기를 사용하자.

오픈 테이블 Open Table
간단히 식당 예약을 할 수 있는 전문 서비스 업체. 가게를 정한 다음 예약 시간과 인원수를 선택하고 정보를 입력하면 끝. 예약을 취소하려면 Cancel 버튼을, 변경하려면 Modify 버튼을 누르고 진행하면 된다.

번역기 Translation
21세기 여행은 번역기 앱으로 인해 한층 더 진화한다. 언어를 모르더라도 세계 어디서나 의사소통이 가능한 것은 번역 앱의 존재 덕분이다. 긴 문장은 물론, 음성을 통한 번역과 카메라를 이용한 텍스트 번역 등 다양한 기능을 갖추고 있다.

단위 변환기 Weight Converter
한국과 다른 도량형에 골치 아파했던 이들을 위해 간단히 단위를 변환시켜 주는 앱이 등장했다. 길이, 부피, 무게 등 웬만한 것은 숫자만 누르면 바로 변환이 된다.

팁 계산기 Tip Calculator
일일이 계산기를 두드리던 시대는 이젠 안녕! 음식점에서 계산할 때 가장 곤란한 부분이었던 팁 요금을 쉽게 계산해주는 앱. 음식의 총액을 입력하고 백분율을 조정하면 바로 팁이 얼마인지 알려준다.

트라비포켓 Trabeepocket
여행 가계부 전용 앱. 여행 국가, 기간, 화폐, 예산을 지정하고 그 날 사용한 내역을 입력만 하면 깔끔하게 정리된 가계부가 완성된다. 쓴 돈과 남은 돈을 알아서 계산해주므로 예산관리에도 도움이 된다.

Inside 7
하와이가 담긴 영화 & 음악 & 책

하와이가 담긴 영화, 음악, 책으로 예행연습을 해두는 것도 여행을 준비하는 데 좋은 방법이 될 수 있다. 백문이 불여일견이라지만 간접적으로 체험하는 하와이도 아름답긴 마찬가지. 하와이는 아름답게 빛나는 풍경, 장엄하고 와일드한 자연, 로맨틱하고 낭만적인 감성 모두를 가지고 있다. 문화를 통해 느끼는 하와이는 여행과는 또 다른 느낌을 선사할 것이다.

1. 하와이가 나오는 영화

뷰티풀 하와이

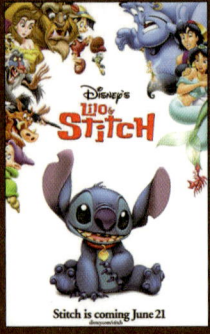  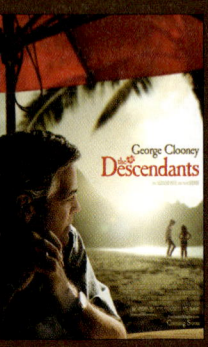 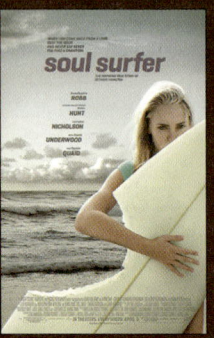

1 릴로와 스티치
(Lilo & Stitch, 2002)
카우아이섬 하나페페 타운에 언니와 단둘이 사는 외톨이 소녀 릴로에게 사고뭉치 외계 생명체 스티치가 등장하면서 벌어지는 사건사고를 다룬 애니메이션. 하와이의 문화도 느낄 수 있다.

2 모아나
(Moana, 2016)
폴리네시아 원주민의 전설을 배경으로 한 애니메이션으로 하와이 신화에 등장하는 신 마우이와 섬을 지키기 위해 모험을 감행한 한 소녀의 이야기이다. 참고로 모아나는 하와이 원주민어로 '대양'을 뜻한다.

3 디센던트
(Descendants, 2011)
가족의 의미를 되새기는 휴먼 드라마. 다소 심각한 내용일 수 있으나 영화 내내 펼쳐지는 하와이의 아름다운 풍경과 잔잔하게 흘러나오는 하와이안 뮤직이 아이러니하게도 평화롭다.

4 소울 서퍼
(Soul Surfer, 2011)
카우아이섬에서 나고 자라 프로 서퍼를 꿈꾸는 한 소녀에게 닥친 시련과 극복을 다룬 감동 스토리. 서핑 대회에서 엄청난 파도를 타는 데 성공하는 장면은 깊은 울림을 준다.

와일드 하와이

  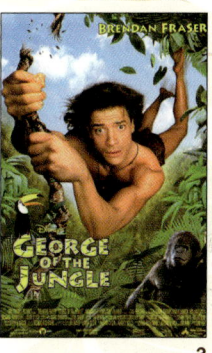 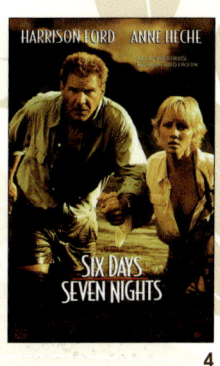

1   2   3   4

1 킹콩(King Kong, 1976) 미국과 한국에서 폭발적인 흥행을 거둔 킹콩의 1976년 버전. 카우아이섬의 나 팔리 코스트, 칼라라우 밸리, 호노푸우 비치를 배경으로 킹콩과 주인공의 인간적 교감을 다루고 있다. **2 레이더스** (Raiders of the Lost Ark, 1981) 어드벤처 영화의 대명사 〈인디아나 존스〉 시리즈의 역사적인 첫 작품. 남미, 이집트, 네팔, 인도를 오가며 보물찾기가 펼쳐지는 스토리지만 일부는 카우아이섬에서 촬영되었다. **3 조지 오브 정글**(George of the Jungle, 1997) 아프리카 열대우림에서 자란 정글의 왕이지만 어딘가 허술하고 어리숙한 인물 조지가 뉴욕을 오가면서 펼쳐지는 유쾌한 이야기이다. 정글 숲은 실은 아프리카가 아닌 마우이섬과 카우아이섬에서 촬영되었다. **4 식스 데이 세븐 나잇**(Six Days Seven Nights, 1998) 경비행기를 타고 타히티로 이동 중 기체결함으로 무인도에 불시착하게 된 두 남녀의 생존기를 다룬 영화. 카우아이섬이 울창한 원시림으로 등장한다. **5 쥬라기 공원 & 쥬라기 월드**(Jurassic Park & Jurassic World, 1993 · 1997 · 2015) 전 세계에 공룡 붐을 일으켰던 메가 히트작. 18년 뒤 〈쥬라기 월드〉란 제목으로 부활하며 또 다시 흥행에 성공한다. 오아후섬의 대표 관광지 쿠알로아 랜치가 주요 촬영지이다. **6 캐리비안의 해적**(Pirates of the Caribbean, 2007 · 2011) 조니 뎁이 연기한 잭 스패로가 인생 캐릭터로 등극하면서 다수의 팬을 양산했던 영화. 오아후섬, 마우이섬, 카우아이섬 등 다양한 곳에서 촬영되었다. **7 아바타**(Avatar, 2009) 〈타이타닉〉의 감독, 제임스 캐머런의 화려한 복귀작. 하와이에서는 여러 개의 줄기가 넓게 퍼져나가는 반얀트리를 곳곳에서 볼 수 있는데, 영화 속 나무가 이것을 모티브로 했다고 전해진다. **8 트로픽 선더**(Tropic Thunder, 2008) 아이언맨으로 유명한 로버트 다우니 주니어가 연기에 심취한 나머지 배역에 맞춰 흑인으로 성형한다는 독특한 설정이 있는 풍자극. 영화 속 작품 촬영지로서 카우아이섬이 나온다.

5   6   7   8

   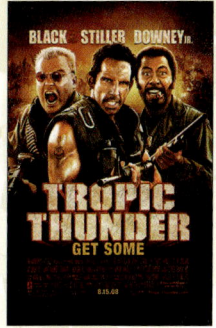

로맨틱 하와이

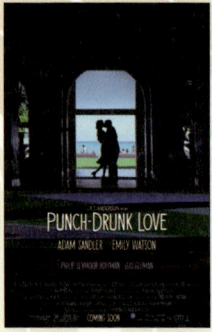 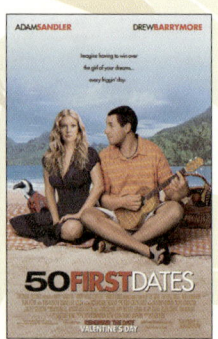  

1 펀치 드렁크 러브
(Punch Drunk Love, 2002)
운명의 사람을 만나 겪는 우여곡절 러브 코미디. 사랑하는 사람을 만나러 간 하와이에서의 풍경이 아름다운데, 로열 하와이안 호텔에서 촬영된 재회신은 명장면이다. 이 장면은 포스터로도 쓰였다.

2 첫 키스만 50번째
(50 First Dates, 2004)
시 라이프 파크에서 조련사로 일하는 한 남자가 단기 기억상실증에 걸린 여인을 사랑하게 되면서 벌어지는 러브 스토리. 쿠알로아 랜치, 노스 쇼어, 호놀룰루 등이 배경으로 나온다.

3 하와이안 레시피
(Honokaa Boy, 2009)
빅아일랜드섬 북동쪽에 위치한 작은 마을 호노카아를 찾은 청년이 마을 사람들과 지내면서 겪는 소소한 에피소드를 잔잔한 감성으로 그려낸 영화. 실제 마을의 풍경을 제대로 느낄 수 있다.

4 알로하
(Aloha, 2015)
제목에서도 느껴지듯 하와이를 배경으로 한 영화다. 사랑에만 치중한 영화는 아닌지라 군사적이고 정치적인 이야기도 등장하지만, 하와이 원주민의 제례 의식이 나오는 장면은 볼 만하다.

Romantic Hawaii

2. 하와이안 음악

1 이스라엘 카마카비보올레
(Israel Kamakawiwo'ole)
하와이 원주민 출신으로 하와이안 포크의 우수성을 세계에 알린 국민 가수. 아름다운 미성과 소박한 우쿨렐레 연주가 절묘한 조화를 이루는 세계적인 히트곡 〈Over the Rainbow〉가 유명하다.

2 알로하 프롬 하와이 (Aloha From Hawaii)
유명 하와이안 음악의 정수만을 모아놓은 앨범. 20세기 초반에 확립된 하와이 뮤직은 전통음악이 현대 대중음악과 결합하며 진화하고 있다. 하와이에서 감상하기 딱 좋다.

3. 하와이가 배경인 책

1 열쇠 없는 집(The House Without a Key)
얼 데어 비거스 저 | 국일미디어
하와이를 배경으로 한 정통 미스터리 소설. 중국인 탐정이 와이키키 대저택에서 살해된 호놀룰루의 상류층 인사의 살인 사건을 추적하면서 일어나는 이야기.

2 모비딕(Moby Dick)
허먼 멜빌 저 | 문학동네
마우이섬의 라하이나는 18세기 중반 포경 산업의 중심지였다. 포경선의 선원으로 라하이나를 찾았던 작가 허먼 멜빌이 그때의 경험을 바탕으로 쓴 명작.

3 나이트 피셔(Night Fisher)
R. 키쿠오 존슨 저 | 고트
하와이의 방황하는 청춘을 세밀하게 다룬 그래픽 노블. 마우이섬에서 나고 자란 저자가 하와이가 마냥 낙원인 것만은 아니라는 사실을 알리고 있지만 반대로 하와이란 곳에 끌리게 되는 책이다.

4 당신의 파라다이스
임재희 저 | 나무옆의자
사탕수수 노동자로서 하와이에 정착한 한인 이민 1세대의 삶을 다룬 이야기. 1903년 첫발을 내디딘 순간부터 독립운동을 돕는 과정까지 110년의 역사를 어렵지 않게 생생히 표현했다.

5 도쿄기담집(東京奇譚集)
무라카미 하루키 저 | 비채
한국인이 사랑하는 일본 작가 무라카미 하루키의 단편 소설집. 이 중 「하날레이 베이」는 카우아이섬 하날레이 비치에서 서핑 중 목숨을 잃은 아들의 기일에 맞춰 이곳을 방문하는 엄마의 이야기다.

6 꿈꾸는 하와이
(ゆめみるハワイ)
요시모토 바나나 저 | 민음사
인기 소설가 요시모토 바나나가 하와이에서 겪은 달콤한 시간을 담은 에세이. 하와이 여행 전 두근거림과 설렘을 극대화하고 싶다면 적극 추천한다.

Try 1
5박 7일 오아후 기본 코스

오아후섬의 대표적인 관광명소를 중심으로 돌아보는 핵심 일정. 일주일 이내의 짧은 일정은 시간이 금이기 때문에 동선을 최소화하는 것이 관건이다. 관광지 주변 상권을 활용하여 볼거리는 물론이고 즐길 거리, 맛집, 쇼핑까지 효율적으로 둘러볼 수 있다.

1 DAY
- 다니엘 K. 이노우에 국제공항 도착
- 와이키키 비치에서 물놀이 (p.240)
- 로열 하와이안 센터에서 점심 & 쇼핑 (p.314)
- 호텔 체크인
- 인터내셔널 마켓플레이스에서 훌라쇼 감상 (p.315)
- 테디스 비거 버거스에서 저녁 (p.283)

2 DAY
- 다이아몬드 헤드 오르기 (p.252)
- 몬사라트 애비뉴에서 점심 (p.254)
- 하나우마 베이에서 스노클링 (p.247)
- 할로나 블로홀 관광 (p.262)
- 포케 바에서 저녁 (p.285)

3 DAY
- 할레이바 타운 구경 & 점심 (p.341)
- 노스 쇼어의 비치 산책 (p.337)
- 돌 플랜테이션 관광 (p.351)
- 와이켈레 프리미엄 아웃렛 쇼핑 (p.354)
- 릴리하 베이커리에서 저녁 (p.155)

4 DAY

이올라니 궁전 관람(p.269)
▼
다운타운 산책(p.278)
▼
카카아코에서
점심 & 기념 촬영(p.309)
▼
탄탈루스 전망대에서
일몰과 야경 감상(p.260)
▼
알라 모아나 센터에서
저녁 겸 쇼핑(p.302)
▼
월마트에서 기념품 쇼핑
(p.196)

5 DAY

쿠알로아 랜치에서 액티비티
즐기기 & 점심(p.324)
▼
쿠알로아 리저널 파크에서
휴식(p.325)
▼
폴리네시안 문화센터
관람 & 저녁(p.323)

6 DAY

호텔 체크아웃
▼
다니엘 K. 이노우에
국제공항 이동

+ 2~3 DAY

일정에 2~3일이
추가된다면 이웃섬을
1~2곳 더 다녀오도록 하자.
이웃섬으로의 비행편은
아침부터 저녁까지 촘촘한
스케줄로 운항해 당일치기가
가능하다. 모든 명소를 보고
올 수는 없으나 굵직한
명소만을 둘러보기에는
충분한 시간이다. 일정은
지역별 추천 루트를
참고하자.

Tip. 전체 코스 공통 팁!

① 인천에서 출발한 비행기는 현지 시각 오전 9시 30분~12시 10분쯤 공항에 도착한다. 호놀룰루 시내에 도착해도 점심 무렵이라 호텔 체크인까지 시간이 빈다. 일반적으로 와이키키 인근에 숙소를 마련하므로 첫날은 이 주변을 관광하는 것이 좋다. 그와 반대로 귀국일은 오전 출발이 대부분이므로 특별히 할 수 있는 관광은 없다.

② 스쿠버다이빙을 할 예정이라면 반드시 귀국편에서 가장 먼 일정으로 계획할 것. 스쿠버다이빙을 한 다음 날 비행기에 탑승하게 되면 고막이 손상될 위험이 있으므로 최소 24시간 전에 하는 것이 좋다.

③ 소개하는 모든 일정은 호텔에 조식이 포함되어 있다는 가정하에 세운 것이다.

Try 2
8박 10일 오아후 장기 코스

오아후 완전정복하기. 섬 전체를 아우르는 광범위한 일정으로 하나라도 더 보기 위해서라면 부지런함이 필요하다. 시간 여유가 있어 비교적 느긋하게 둘러볼 수 있다고는 하지만 오아후 섬에는 즐길 거리가 워낙 많아 의외로 바삐 움직여야 할 때도 있다.

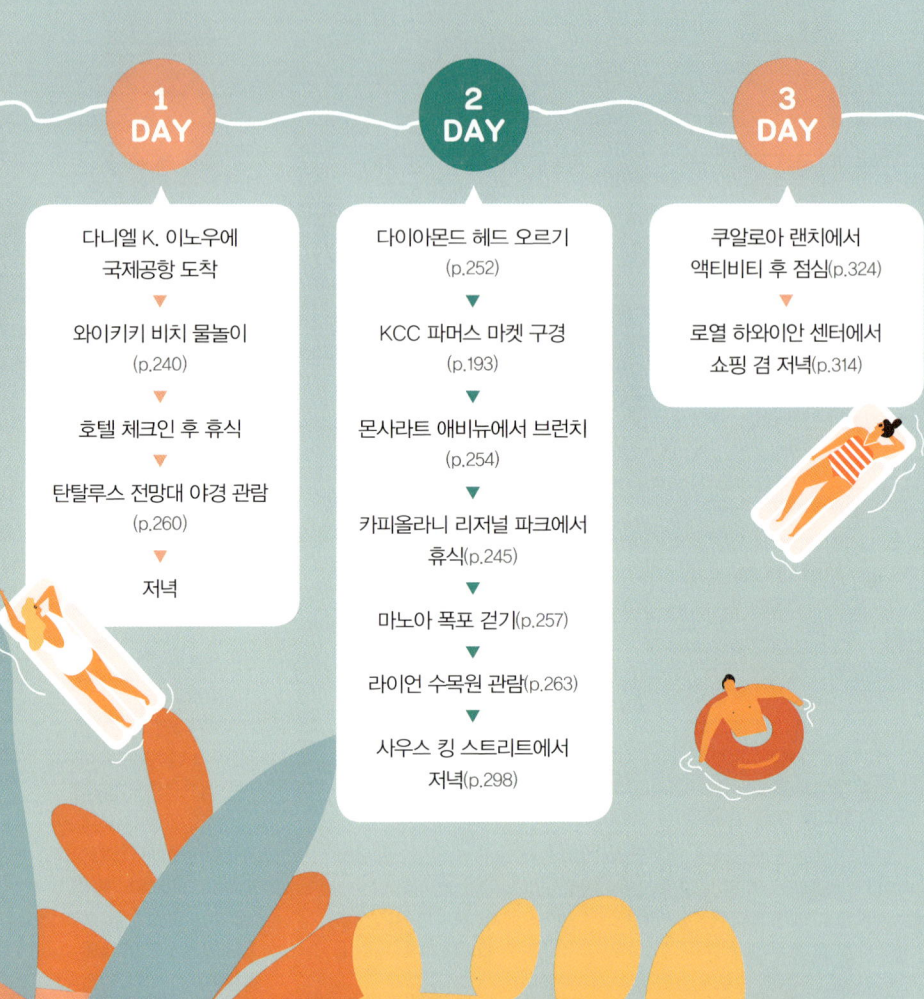

1 DAY
- 다니엘 K. 이노우에 국제공항 도착
- ▼
- 와이키키 비치 물놀이 (p.240)
- ▼
- 호텔 체크인 후 휴식
- ▼
- 탄탈루스 전망대 야경 관람 (p.260)
- ▼
- 저녁

2 DAY
- 다이아몬드 헤드 오르기 (p.252)
- ▼
- KCC 파머스 마켓 구경 (p.193)
- ▼
- 몬사라트 애비뉴에서 브런치 (p.254)
- ▼
- 카피올라니 리저널 파크에서 휴식 (p.245)
- ▼
- 마노아 폭포 걷기 (p.257)
- ▼
- 라이언 수목원 관람 (p.263)
- ▼
- 사우스 킹 스트리트에서 저녁 (p.298)

3 DAY
- 쿠알로아 랜치에서 액티비티 후 점심 (p.324)
- ▼
- 로열 하와이안 센터에서 쇼핑 겸 저녁 (p.314)

4 DAY

- 72번 도로 드라이브 & 한국 지도 마을(p.132)
- ▼
- 하나우마 베이에서 스노클링 (p.247)
- ▼
- 소피스 고메 하와이안 피제리아에서 점심(p.156)
- ▼
- 72번 도로 드라이브(p.132)
- ▼
- 마카푸우 포인트(p.258)
- ▼
- 알라 모아나에서 저녁(p.306)

5 DAY

- 카일루아 비치(p.330)
- ▼
- 라니카이 비치(p.331)
- ▼
- 카일루아에서 점심(p.328)
- ▼
- 누우아누 팔리 전망대(p.259)
- ▼
- 알로하 타워(p.280)
- ▼
- 니코스 피어 38에서 저녁 (p.154)

6 DAY

- 호놀룰루 미술관 관람(p.275)
- ▼
- 카카아코에서 점심(p.309)
- ▼
- 이올라니 궁전 관람(p.269)
- ▼
- 라이언 커피에서 휴식(p.161)
- ▼
- 하와이안 파이 컴퍼니와 카메하메하 베이커리에서 디저트 구매(p.157)
- ▼
- 릴리하 베이커리에서 저녁 (p.155)
- ▼
- 월마트(p.196) & 월그린 쇼핑(p.206)

7 DAY

- 돌 플랜테이션(p.351)
- ▼
- 할레이바 비치 즐기기 (p.338)
- ▼
- 슈림프 트럭에서 점심 (p.342)
- ▼
- 와이메아 계곡 걷기(p.337)
- ▼
- 할레이바 구경 후 저녁 (p.341)
- ▼
- 와이켈레 프리미엄 아웃렛 쇼핑(p.354)

8 DAY

- 폴리네시안 문화센터 풀 패키지로 하루 만끽하기 (p.323)

9 DAY

- 호텔 체크아웃
- ▼
- 다니엘 K. 이노우에 국제공항 이동

Tip. 일정 추가하기

① 저녁 식사 후 호텔에서 휴식하는 것 외에 별다른 스케줄이 떠오르지 않는다면 심야에 영업하는 쇼핑명소를 활용하자. 알라 모아나에 있는 월마트, 월그린, 돈키호테와 와이키키에 있는 롱스 드럭스가 24시간 운영한다.

② 일정 사이에 문화교실, 이벤트, 파머스 마켓을 넣고 싶다면 '요일별 참고사항(p.62)'을 토대로 계획을 세우자.

Try 3
10박 12일 오아후 + 이웃섬 코스

오아후, 마우이, 빅아일랜드, 카우아이를 모두 둘러보고 싶은 욕심꾸러기를 위한 일정이다. 아침 일찍 움직여 밤까지 일정을 소화해야 하는 강행군이지만 아름다운 경치를 맘껏 즐기기 위해선 감수할 수 있는 부분. 첫 일정은 인천에서 이웃섬까지 경유 항공편을 운항하는 빅아일랜드의 힐로로 두었지만 반대로 오아후를 우선 방문하고 이웃섬을 뒤로 미루는 방법도 가능하니 참고하자.

1 DAY
···· 빅아일랜드 ····
힐로 공항 도착
▼
레인보우 폭포 감상(p.417)
▼
아카카 폭포 조망(p.417)
▼
힐로 타운에서 점심
▼
힐로 타운 호텔 체크인 후 휴식
▼
힐로 타운 구경 & 저녁(p.416)

2 DAY
호텔 체크아웃
▼
킬라우에아 화산 국립공원 관광(p.404)
▼
카우 커피 밀에서 시음 & 쇼핑(p.413)
▼
푸날루우 블랙 샌드 비치 구경(p.415)
▼
푸날루우 베이크숍에서 점심(p.415)
▼
카일루아 코나 호텔 체크인
▼
카일루아 코나에서 저녁(p.418)

3 DAY
카일루아 코나 산책 & 점심(p.407)
▼
마우나 케아 일몰 & 천체 관측 투어(저녁 제공, p.400)
▼
투어 종료 후 휴식

4 DAY

호텔 체크아웃
⋯ 코나 공항
▼
········· **마우이** ·········
카훌루이 공항 도착
▼
라하이나 관광 & 점심
(p.377)
▼
카아나팔리 비치에서 물놀이
(p.383)
▼
호텔 체크인
▼
카훌루이에서 저녁 후 휴식
(p.382)

5 DAY

할레아칼라 국립공원에서
일출 관람(p.374)
▼
호텔 체크아웃 후
파이아에서 점심 & 관광
(p.384)
▼
호오키파 비치 파크(p.386)
▼
카훌루이에서
저녁 & 공항 이동
········· **카우아이** ·········
리후에 공항 도착
▼
호텔 체크인 후 휴식

6 DAY

호텔 체크아웃
▼
포이푸 비치 파크 산책
(p.436)
▼
포이푸에서 점심(p.443)
▼
와이메아 캐니언 탐방(p.432)
▼
이시하라 마켓에서 저녁(p.439)
▼
리후에 공항
········· **오아후** ·········
다니엘 K. 이노우에
국제공항 도착 & 호텔 체크인

7 DAY

다이아몬드 헤드 오르기
(p.252)
▼
카피올라니 리저널 파크에서
휴식(p.245)
▼
와이키키에서 점심(p.283)
▼
와이키키 수족관 관람(p.267)
▼
탄탈루스 전망대(p.260)
▼
알라 모아나 센터에서
저녁 & 쇼핑(p.302)

8 DAY

하나우마 베이에서
물놀이(p.247)
▼
소피스 고메 하와이안
피제리아에서 점심(p.156)
▼
코코 크레이터 레일웨이
트레일 트레킹(p.122)
▼
코코 크레이터 식물원 관람
(p.265)
▼
카할라 몰에서 저녁 & 쇼핑
(p.317)

9 DAY

쿠알로아 랜치
관광 & 점심(p.324)
▼
와이키키 비치에서 물놀이
(p.240)
▼
샘스 키친에서 저녁(p.286)
& T 갤러리아 DFS에서
쇼핑(p.313)

10 DAY

와이메아 계곡 걷기(p.337)
▼
샤크스 코브 물놀이(p.339)
▼
할레이바에서 점심 & 구경
(p.341)
▼
선셋 비치 일몰 감상(p.339)
▼
엘 & 엘 하와이안 바비큐에서
저녁 (p.307)
& 월그린 쇼핑(p.206)

11 DAY

호텔 체크아웃
▼
다니엘 K. 이노우에
국제공항 이동

Tip. 항공편 & 투어 팁

① 인천 출발 항공편은 되도록 오전 중으로 도착하는 비행편을 선택해 첫날 한나절이라도 관광할 수 있도록 하는 게 이득이다.

② 마우나 케아 일몰 & 천체 관측 투어는 호텔 위치에 따라 픽업 시간이 다르나 대개 오후 1시에서 2시 사이에 시작되므로 오전에만 잠시 근처 관광명소를 다녀오거나 점심을 먹어두는 것이 좋다. 저녁은 도시락이 제공되므로 걱정할 필요 없다.

③ 섬 간 비행편은 이른 아침부터 늦은 저녁까지 운행되므로 하루 전체를 관광에 투자할 수 있다.

more & more 요일별 참고사항

매주 개최하는 다양한 이벤트 일정을 참고해 일정을 세우자.

매일
- 11:00 로열 하와이안 센터 문화 교실
- 17:00 알라 모아나 센터 훌라쇼
- 19:00 인터내셔널 마켓플레이스 훌라쇼

화요일
- 18:30 쿠히오 비치 훌라쇼 (11~1월 18:00)

수요일
- 08:00 알로하 스타디움 스왑 밋
- 11:00 로열 하와이안 밴드 알라 모아나 센터 미니 콘서트
- 19:00 인터내셔널 마켓플레이스 훌라쇼

목요일
- 12:00 로열 하와이안 밴드 인터내셔널 마켓플레이스 미니 콘서트(매달 첫째 주 목요일)

금요일
- 12:00 로열 하와이안 밴드 미니 콘서트
- 19:00 인터내셔널 마켓플레이스 훌라쇼
- 19:45 힐튼 하와이안 빌리지 불꽃놀이(6~8월 20:00)

토요일
- 07:30 KCC 파머스 마켓
- 08:00 알로하 스타디움 스왑 밋
- 08:00 카카아코 파머스 마켓
- 17:30 로열 하와이안 센터 훌라쇼
- 18:30 쿠히오 비치 훌라쇼 (11~1월 18:00)

일요일
- 06:30 알로하 스타디움 스왑 밋
- 08:30 카일루아 타운 파머스 마켓
- 13:00 로열 하와이안 밴드 카피올라니 파크 미니 콘서트

Try 4
5박 7일 마우이 + 빅아일랜드 코스

이미 오아후섬을 다녀왔거나 쇼핑에는 흥미 없고 오로지 대자연 탐험을 목적으로 한 이들에게는 마우이와 빅아일랜드를 묶어 다녀오길 권한다. 이웃섬은 오아후섬과 비교해 인적이 드물고 고요한 분위기를 띠어 휴양을 즐기기에도 최고다.

1 DAY
다니엘 K. 이노우에 국제공항 환승
▼
마우이
카훌루이 공항 도착
▼
이아오 계곡 주립공원 (p.381)
▼
파이아에서 점심 & 관광 (p.384)
▼
호텔 체크인 및 휴식 후 호텔 부근에서 저녁

2 DAY
할레아칼라 일출 관광 (p.374)
▼
라하이나에서 점심 & 관광 (p.377)
▼
카아나팔리 비치에서 물놀이 (p.383)
▼
라하이나에서 저녁 (p.388)

3 DAY
체크아웃 후 공항 이동
▼
빅아일랜드
코나 공항
▼
카일루아 코나에서 점심 & 관광 (p.407)
▼
코나 커피 농장 견학 & 쇼핑 후 호텔 체크인 (p.412)
▼
KTA 슈퍼나 월마트 쇼핑 (p.422)

4 DAY
매직 샌드 비치 파크에서 물놀이 (p.410)
▼
다 포케 샤크에서 점심 (p.420)
▼
푸날루우 베이크숍에서 간식 구입 (p.415)
▼
푸날루우 블랙 샌드 비치에서 바다 동물 관찰 (p.415)
▼
킬라우에아 화산 국립공원 탐방 (p.404)

5 DAY
레인보우 폭포 감상 (p.417)
▼
힐로 타운에서 점심 (p.416)
▼
아카카 폭포 조망 (p.417)
▼
마우나 케아 일몰 & 천체 관측 투어 (저녁 제공, p.400)

6 DAY
호텔 체크아웃
▼
힐로 공항
▼
다니엘 K. 이노우에 국제공항 환승
▼
인천 공항 도착

Highlight 1
하와이에서 꼭 해야 할 일 Best 10

계절을 막론하고 한결같이 좋은 날씨와 경치를 자랑하는 하와이. 24시간이 모자랄 만큼 즐거움이 넘치는 하루를 보내고 싶다면 하와이에서 꼭 해야 할 일 체크리스트를 참고해 철저히 계획할 것!

1 비치에서 물놀이 즐기기
'하와이' 하면 우선 떠오르는 것이 시원한 바람과 푸른 파도가 넘실대는 청량한 바다다. 이국적인 풍경을 배경으로 각기 색다른 분위기와 개성을 갖춘 비치를 벗 삼아 신나는 물놀이를 즐겨보자.

♡ 와이키키 비치에서

하와이 문화 체험하기

서핑, 훌라 댄스, 우쿨렐레, 꽃목걸이 레이, 라우하라 위빙 등 고대에서부터 이어져 내려오는 하와이 고유의 전통문화 체험은 이 성스러운 섬을 한층 더 깊게 이해할 절호의 기회다.

3 호놀룰루에서 쇼핑 삼매경에 빠지기

쇼핑센터, 아웃렛, 부티크, 대형 슈퍼마켓이 즐비한 호놀룰루는 쇼퍼홀릭에게는 더할 나위 없는 쇼핑 천국이다. 알로하 셔츠와 무무 드레스로 한껏 치장해 로코로 변신하는 것 또한 잊지 말 것!

4 핫플레이스 방문하기

관광객으로 발 디딜 틈 없는 복잡한 번화가에서 한 발짝만 더 나아가면 지역적 특색과 독특한 문화가 더해진 새로운 하와이를 만날 수 있다. 시간을 내어 꼭 한번 방문해보자.

5
하와이 로컬 푸드 맛보기

신선하고 다채로운 식재료와 전 세계의 식문화가 만나 독특하면서도 재미난 맛을 선보이는 하와이 전통 음식. 아침부터 저녁까지 하루 종일 먹어도 모자랄 만큼 구미가 당기는 맛 일색이다.

6
코나 커피 음미하기

빅아일랜드 코나 지역에서 생산하는 커피 원두는 세계 3대 커피 중 하나로 꼽히며 맛과 향을 인정받고 있다. 커피 사랑만큼은 누구에게도 뒤지지 않는 한국인이라면 반드시 음미해야 할 것.

7 하와이 역사 명소 둘러보기

호놀룰루에는 하와이 왕국 시절의 문화와 풍습을 소개하는 역사적인 건축물이 여기저기 산재해 있다. 번영을 꽃 피웠던 찬란한 과거를 마주하는 시간도 여행의 소중한 추억으로 기억될 것이다.

8 자연 만끽하기

태평양 한가운데 자리한 외딴섬 하와이. 고독했으나 그러한 지리적 특성 덕분에 다른 대륙의 영향에서 벗어나 아름다움을 유지할 수 있었다. 대자연이 선사하는 감동을 맘껏 느껴보자.

9

이웃섬 쇼트 트립

고층빌딩과 쇼핑센터의 화려함이 또 하나의 상징인 오아후섬. 이곳만 여행하는 것으로는 온전히 자연을 만끽할 수 없었다며 아쉬워하는 욕심쟁이들에게는 천혜의 자연을 간직한 이웃섬으로의 여행을 추천한다. 비행기로 1시간 이내면 도착하며, 이른 아침부터 늦은 저녁까지 다양한 편수를 운행하므로 부담 없이 당일치기나 1박 여행이 가능하다.

10

와이키키에서 호캉스

21세기의 호텔은 단순히 숙박을 해결하는 장소를 넘어 현실을 잊고 휴식, 즐거움을 누리는 공간으로 거듭나고 있다. 와이키키 비치가 보이는 안락한 객실은 지상낙원이 따로 없다.

―― Highlight 2 ――

오아후 필수 스폿 Best 10

하와이 여행의 주 무대이자 핵심이라고 할 수 있는 오아후섬. 하와이 제도의 중심으로 주도 호놀룰루가 자리한 섬이다. 오아후섬 동서남북 곳곳에 자리한 관광명소는 일주일을 돌아도 시간이 모자라다.

와이키키 비치 Waikiki Beach p.240

하와이 원주민어로 '분출하는 물'을 의미하는 와이키키 비치는 하와이 그 자체를 상징하는 곳이기도 하다. 하와이 왕국 시절 왕족이 건강을 돌보는 장소였던 터를 개발하여 인공적으로 조성한 비치로 모래는 오아후섬 북쪽의 노스 쇼어와 미국 본토 캘리포니아에서 조달한 것이다. 총 7개로 나뉜 드넓은 비치는 누구나 즐길 수 있는 바다와 파도가 펼쳐진다. 인근에는 숙박시설과 쇼핑센터가 빼곡히 들어서 접근성과 편의성을 모두 갖추고 있다. 훌라 쇼, 불꽃놀이 등 다양한 이벤트가 개최되기도 하며, 비치를 바라보는 것만으로도 여행의 설렘과 행복이 충만해지는 명실공히 최고의 비치라 할 수 있다.

다이아몬드 헤드 산머리

다이아몬드 헤드 Diamond Head p.252

오아후섬의 심벌이다. 하와이 제도는 화산 활동으로 생성된 8개의 섬으로 이루어져 있다. 오아후섬 역시 2개의 화산 분화로 탄생한 섬이며 다이아몬드 헤드도 30만 년 전 분화로 인해 생긴 산이다. 현재는 화산 활동이 일어나지 않는 휴화산이며, 호놀룰루를 대표하는 관광명소로서의 역할을 톡톡히 하고 있다. 남녀노소 누구나 부담 없이 오를 수 있는 가벼운 등산 코스가 인기. 성인 걸음으로 편도 40분 정도 소요된다.

하나우마 베이 Hanauma Bay p.247

오아후섬 남동부에 있는 굴지의 스노클링 명소로 미국 내에서도 베스트 비치로 꼽히는 곳이다. 물의 투명도가 매우 높아 풍부한 산호초와 열대어를 생생하게 감상할 수 있는 것으로 알려져 있어, 입장이 유료라는 단점을 가지고도 연중 인파가 끊이질 않는다. 매점, 기념품숍, 대여시설 등 갖출 것은 다 갖추고 있어 편리하게 이용할 수 있다.

4 **쿠알로아 랜치** Kualoa Ranch p.324

할리우드 영화의 배경으로 여러 번 등장하여 유명해진 하와이 대표 액티비티 명소. 사륜구동차, ATV, 크루즈, 승마, 전동바이크 등 각종 차량을 이용한 스릴 넘치는 체험과 하와이의 광활한 대자연을 동시에 만끽할 수 있다. 영화 속 주인공이 된 듯한 이색 체험을 즐기고 싶다면 이곳을 빠트리지 말 것!

5 **폴리네시안 문화센터** Polynesian Cultural Center p.323

5만 평에 달하는 넓은 부지에 폴리네시안 문화를 주제로 전통과 생활상을 재현한 테마파크. 하와이를 비롯하여 타히티, 뉴질랜드, 통가, 피지, 사모아 등 평소에는 접할 수 없었던 색다른 섬의 문화를 다양한 활동을 통해 소개하고 있다. 100명이 넘는 인원이 참가하는 세계 최대 규모의 폴리네시안쇼 '하Ha'는 박력 넘치는 퍼포먼스가 펼쳐져 넋을 놓고 바라보게 된다. 하와이 지역 매체《호놀룰루 매거진》에서 '베스트 어트랙션'에 선정되기도 하였다.

6 이올라니 궁전 Iolani Palace p.269

미국 본토를 포함하여 현존하는 유일한 궁전으로 하와이 왕국의 번영과 비극이 담긴 역사 유적지이다. 1882년 7대 왕 칼라카우아에 의해 건축되었으며, 1893년 하와이 왕정이 폐지될 때까지 칼라카우아왕과 그의 동생 릴리우오칼라니 여왕이 거주했던 곳이다. 현재는 옛 모습을 그대로 남긴 채 역사를 보여주고 있으며, 하와이 왕국의 보물, 가구, 식기 등 귀중품도 전시하고 있다.

7 알라 모아나 센터 Ala Moana Center p.302

하와이 쇼핑을 말할 때 빼놓을 수 없을 만큼 여행 일정에 중요한 위치를 차지하는 쇼핑몰. 하와이 최대 규모의 쇼핑센터로 명품부터 아메리칸 캐주얼 브랜드까지 총망라하였으며, 쿠키, 커피, 초콜릿, 장난감 등 기념품으로 제격인 다양한 상품들이 관광객을 맞이하고 있다. 푸드코트, 하와이안 훌라쇼, 휴식공간 등 소소한 즐길 거리도 있는 것이 이곳의 장점이다.

탄탈루스 전망대 Tantalus Lookout p.260

화산 분화로 융기가 일어나 형성된 '천연 테라스'. 다른 지역에서는 좀처럼 만나기 힘든 화려한 불빛의 야경을 이곳에서라면 어렵지 않게 감상할 수 있다. 탁 트인 시야로 조망하는 호놀룰루 시내에는 높낮이가 서로 다른 다운타운의 마천루와 떡하니 자리한 다이아몬드 헤드가 눈에 띈다. 무엇보다 놀라운 점은 이런 100만 불짜리 풍경을 무료로 개방한다는 것이다.

8

노스 쇼어
North Shore p.335

서퍼의 성지로 알려진 오아후섬 북부. 호놀룰루와는 다른 분위기를 느끼고 싶다면 자동차를 타고 35분을 달려 이곳으로 향하자. 강한 파도를 뚫고 해양 스포츠를 즐기는 현지인과 일광욕을 즐기는 바다거북의 풍경이 공존하는 비치는 노스 쇼어의 자랑거리. '서퍼의 마을'로 통하며 멋스럽고 옛 향수를 자극하는 마을 할레이바도 반드시 방문해야 한다.

9

카일루아 Kailua p.327

10

언뜻 보기에는 특색 없는 자그마한 마을처럼 보이지만 오아후섬의 비치를 이야기할 때 반드시 언급되는 유명한 비치가 두 군데나 위치하는 곳이다. 맛집이 즐비한 지역으로도 유명해 맛있는 음식을 즐긴 후 비치로 물놀이를 떠나거나 비치 인근에 조성된 사이클 코스를 자전거로 둘러보는 것이 일반적인 관광 루트이다.

Highlight 3

이웃섬 필수 스폿 Best 7

명소 하나하나가 자연이 빚어낸 작품이라고 표현해도 지나치지 않을 정도로 신비롭고 환상적인 풍경을 자아내는 하와이의 섬들. 상대적으로 덜 알려진 하와이의 진면목을 제대로 느낄 수 있는 스폿을 소개한다.

1 마우나 케아
Mauna Kea _ 빅아일랜드 p.400

해저를 기준으로 높이를 측정하면 세계에서 가장 높다고 할 수 있는 산. 우주에서 가장 가까운 곳으로 꼽히며 산 정상에는 전 세계에서 천체 연구를 위해 설치한 천문대가 자리하고 있다. 대기 중에 떠도는 수증기의 양과 공기의 흔들림이 적어 별이 선명하게 보인다고 한다. 일몰을 지켜본 후 쏟아지는 별로 채워지는 밤하늘을 감상하는 것이 포인트!

마우나 케아의 천문대!

2

킬라우에아 화산 국립공원
Hawaii Volcanoes National Park _빅아일랜드 p.404

불의 신 펠레가 살고 있다고 전해지는 활화산으로 2018년 5월 분화했으며 현재도 활발한 활동이 이루어지고 있다. 어느 순간 폭발이 일어날지 몰라 불안해하는 이도 있으나 위험하다고 판단한 곳은 개방하지 않으며, 여행객이 안전하게 둘러볼 수 있도록 힘쓰고 있다. 넓은 분화구와 용암의 흔적들, 빨갛게 피어오르는 마그마와 연기를 생생하게 체험할 수 있다.

3

할레아칼라 국립공원
Haleakala National Park _마우이 p.372

해발 3,055m로 세계에서 가장 높은 휴화산인 할레아칼라. 거대한 칼데라 속에는 크고 작은 11개의 구릉이 독특한 지형을 형성하고 있다. 화산신이자 해신이었던 반신반인 마우이가 산 정상에서 태양을 줄로 묶어 잡아두었고, 덕분에 낮이 길어졌다는 이야기가 전해져 '태양의 집'을 뜻하는 이름이 붙여졌다. 어둠 속에서 서서히 등장한 태양이 산 전체를 비추며 따스한 빛으로 물들이는 일출이 아름답다.

나 팔리 코스트
Na Pali Coast _카우아이 p.434

'비경'이라는 한마디로 표현되는 21km의 굴곡진 해안선. 카우아이 북서부에 기다랗게 이어진 해안 절벽에는 푸른 계곡과 그 사이를 하얀 실선처럼 흐르는 폭포가 형성되어 있다. 차량으로의 접근이 어려우므로 트레킹을 한 다음 산 정상에서 내려다보거나 헬리콥터 또는 보트를 타고 상공이나 해상에서 바라보는 방법으로 감상할 수 있다.

4

카일루아 코나 **Kailua Kona** _빅아일랜드 p.407

빅아일랜드 서부에 있는 항구 도시로 관광과 상업의 거점이다. 하와이 제도를 통일한 카메하메하 1세가 여생을 보낸 곳이다. 소박한 분위기 속에 역사적 건축물, 비치, 숙박시설, 맛집, 쇼핑 등 있을 만한 것은 모두 갖추고 있다. 유명한 원두 '코나 커피'는 이곳에서 생산되는 특산품으로 세계적인 명성을 얻고 있다.

5

와이메아 캐니언 Waimea Canyon _카우아이 p.432

'태평양의 그랜드 캐니언'이라는 별칭으로 알려진 카우아이의 인기 주립공원. 보는 이들의 시선을 압도하는 풍경은 몇 백만 년에 걸쳐 이어진 비바람과 홍수에 의해 깎여 생겨난 계곡으로 상상할 수 없을 만큼 강한 자연의 힘이 고스란히 느껴진다. 2개의 전망대를 통해 비교적 쉽고 편하게 대자연을 마주할 수 있다는 장점도 지니고 있다.

라하이나
Lahaina _마우이 p.377

맛집, 쇼핑, 역사 유적지가 한곳에 자리한 마우이 서쪽의 작은 마을로 하와이 왕국 시절 수도였으며 왕족의 보양지로 이용되던 곳이다. 시간이 흐름에 따라 관광지로 변모해 현재는 국립역사보호구역으로 지정되면서 옛 모습이 그대로 남은 채 관리되고 있다. 미국의 옛 영화 속에 등장하는 아기자기하고 귀여운 풍경이 눈앞에 펼쳐진다.

Sightseeing 1

하와이에서만 만날 수 있는 풍경

눈앞에 보이는 모든 것을 사각 프레임에 담고 싶어지는 하와이의 매력. '빼어난 한 폭의 그림'이라는 거창한 수식어도 하와이를 표현하기에는 너무나도 부족하다.

#바다거북 #라니아케아 #포이푸 #호오키파

#강아지와함께비치 #물놀이

#마할로 #고마워 #하와이어

#야자수 #석양지는하와이

#무지개 #더버스 #레인보우

#아사이볼 #시원한디저트 #식사대용

#훌라쇼 #알라모아나센터 #쿠히오비치

#로열하와이안 #핑크빛건물

#하와이시어터 #하와이야경 #네온사인

#셰이브아이스 #달콤디저트 #빙수

버스에도 새겨진 무지개 사랑

오색빛깔 셰이브아이스

Sightseeing 2

하와이에서 무지개를 발견하는 방법

'레인보우 스테이트Rainbow State(무지개주)'라는 별칭으로도 불릴 만큼 하와이에서는 무지개를 자주 관찰할 수 있다. 하와이 사람들은 예부터 무지개를 신성하고 소중한 존재로 여겨왔으며, 지금도 변함없이 행운의 상징으로 사랑하고 있다. 괴로운 일이 지난 후엔 반드시 좋은 일이 찾아온다는 하와이의 속담 'No Rain, No Rainbow'도 있을 정도. 일반적으로 무지개를 7개 색으로 보는 것과 달리 하와이에서는 6개 색으로 인식하고 있는데, 색의 의미도 각기 다르다. 이를테면, 빨간색은 돌, 노란색은 바람, 초록색은 식물, 파란색은 동물을 의미하는 식이다.

로코의 단골식당

벽화에도 등장한 무지개

Sightseeing 3

나만 알고 싶은 하와이의 숨은 명소

이미 알려질 대로 알려진 명소만으로도 하루가 부족한 하와이라지만 조금은 색다른 풍경과 분위기를 마주하고픈 괴짜 여행자도 분명히 존재할 것이다. 그들에게 안성맞춤인 숨은 보석과도 같은 곳을 소개한다.

1

샹그리 라 Shangri La p.276

하와이에서 만나는 이슬람 문화! 자신의 평생을 바쳐 이상향을 이루고자 노력한 한 여인의 무릉도원이 6천 평 부지에 펼쳐진다. 푸른 하늘과 바다를 배경으로 등장하는 이국적인 저택 속에는 이란, 모로코 등지에서 수집한 공예품이 장식되어 있다. 뛰어난 미적 감각을 활용해 꾸며진 내부는 감탄사가 나올 만큼 정교하다. 시간 여유를 두고 미리 예약할 것을 추천.

샹그리 라의 정원 :)

퀸 엠마 여름 궁전
Queen Emma Summer Palace p.271

카메하메하 4세와 엠마 왕비 그리고 에드워드 왕자의 흔적이 엿보이는 별궁. 역사적 건축물인데도 이올라니 궁전에 비하면 인지도가 턱없이 낮은 편이라 성수기 주말에도 인적이 드물 정도로 한적한 곳이다. 번잡한 번화가에서 벗어나 잔잔한 휴식과 함께 의미 있는 하루를 보내고 싶다면 이곳을 방문하도록 하자.

누우아누 팔리 전망대 Nu'uanu Pali Lookout p.259

높이가 약 300m인 전망대에 불과하지만 역사적인 의미가 담긴 곳. 1795년 카메하메하 1세가 오아후섬을 통치하고자 벌인 전투의 격전지로 수많은 병사가 이곳 절벽에서 떨어져 죽음을 맞이하였다. 이 전투 끝에 승리한 왕은 마침내 섬을 통치하게 되었고 이후 하와이 제도를 통일하게 되었다. 동해안에서 불어오는 거센 바람으로 인해 '바람산'이라는 애칭으로도 불리고 있다.

4

세인트 앤드류 대성당
The Cathedral of St. Andrew p.273

입구 벽면 전체를 차지한 초대형 스테인드 글라스가 인상적인 성당. 다운타운 중심지에 자리하고 있어 역사 탐방을 위해 방문할 일이 생긴다면 잠깐의 시간을 할애하여 둘러볼 것. 찰나의 시간이라 할지라도 강렬한 인상을 받기에는 부족함이 없기 때문. 스테인드 글라스에 새겨진 카메하메하 4세와 엠마 왕비도 찾아보자.

5 로열 하와이안 럭셔리 컬렉션 리조트
The Royal Hawaiian a Luxury Collection Resort p.355

와이키키 해변 한가운데 우뚝 솟은 핑크색 건물에 주목할 것. 오랜 역사를 지닌 5성급 호텔이라고만 설명하기에는 부족한 아름다운 호텔. 포르투갈 리스본의 한 건물에서 영감을 받은 건축물은 내부마저도 우아함과 기품을 뿜어낸다. 영화 〈펀치 드렁크 러브〉의 포스터에도 등장하는 로비는 슬며시 보이는 비치 풍경과 어우러지며 최고의 그림을 만들어낸다.

라이언 수목원 Lyon Arboretum p.263

마노아 폭포로 향하는 트레킹 입구에는 두 갈래 갈림길이 나온다. 방문객 대다수는 입구 앞에서 기념촬영을 한 다음 화살표를 따라 마노아 폭포 트레킹에 들어선다. 호기심이 많은 이라면 화살표 반대 방향이 매우 궁금할 터. 정답은 하와이 대학이 관리하는 수목원이다. 광대한 열대우림 속 잘 정비된 길을 걸으며 다양한 식물을 관찰할 수 있다.

Sightseeing 4

하와이 베스트 비치

비치를 제외하고 하와이 여행을 말할 수 있을까. 하와이에서 반드시 방문하는 곳이자 모두가 기대하고 즐거움이 있는 장소이기 때문. 물놀이를 하거나 바다 풍경을 즐기기에 좋은 유명 비치를 소개한다.

와이키키 비치 Waikiki beach p.240

하와이 비치의 대명사. 호놀룰루 중심가에 있어 숙박시설과 쇼핑, 맛집과도 인접한 점이 최대 장점으로 꼽힌다. 3km에 달하는 비치에는 샤워, 화장실, 파라솔과 카약 보트와 같은 각종 액티비티 대여점이 즐비하여 물놀이를 즐기기에는 최적의 요소를 갖추고 있다. 해수욕을 즐기는 것은 물론이고 서핑, 패들보드, 부기보드 등 해양 스포츠를 할 수 있다.

하나우마 베이 Hanauma Bay p.247

오아후섬의 스노클링 명소로 가장 먼저 언급되는 비치. 입장료가 필요하고 환경보호 관련 영상을 의무적으로 봐야 하는 번거로움이 있으나 아름다운 산호초와 열대어를 보호하기 위한 일이라 생각하면 단점으로 보기에는 무리가 있다. 매점, 스노클링 도구 대여점, 샤워, 로커 등 편의시설을 갖추고 있어 이용하는 데 편리하다.

카일루아 비치 Kailua Beach p.330

하와이 여행의 필수 명소로 꼽히는 카일루아 지역의 비치. 현지인이 자주 찾는 곳으로, 근래 관광객이 부쩍 늘어났지만 와이키키 비치에 비하면 여전히 한적한 수준이다. 카약, 스노클링, 부기보드, 패들보드 등 다양한 액티비티를 즐길 수 있어 인기가 높다. 화장실, 샤워, 라이프가드 등 설비도 충실한 편이다.

4 푸날루우 블랙 샌드 비치 Punalu'u Black Sand Beach p.415

새하얀 백사장이 펼쳐지는 일반적인 하와이 비치와는 정반대의 풍경을 볼 수 있는 곳. 화산에서 분출된 검은 용암이 부서져 시커먼 모래가 되었기 때문. 화산섬 빅아일랜드다운 명소라 할 수 있다. 바다거북이 일광욕을 즐기는 곳으로 유명하여 높은 확률로 바다거북을 만나볼 수 있다. 해안 부근에 남아 있는 용암에 해조가 많이 붙어 있는 편이라 바다거북이 이것을 먹으러 온다고 한다.

5 라니카이 비치 Lanikai Beach p.331

에메랄드 그린빛 바다 사이로 2개의 섬이 불쑥 튀어나온 예쁜 풍경과 입자가 고운 새하얀 모래사장으로 대표되는 비치. 하와이 원주민어로 '라니'는 천국, '카이'는 바다를 뜻하는 단어로 '천국의 바다'를 의미한다. 카일루아 비치처럼 편의시설은 갖추고 있지 않아 액티비티를 하기에는 어려움이 있으나 잔잔한 분위기 속에서 힐링을 하는 곳으로 제격이다.

카아나팔리 비치 Ka'anapali Beach p.383

마우이를 대표하는 비치로 세계적으로도 유명한 곳이다. 쉐라톤 마우이 리조트, 카아나팔리 비치 호텔, 애스턴 앳 더 웨일러, 웨스틴 마우이 리조트 등 유명 숙박시설에 둘러싸여 있다. 숙박객이라면 프라이빗 비치처럼 사용할 수 있다는 점이 편리하다. 해수욕, 스노클링, 다이빙 등 액티비티를 즐기기에도 용이한 편이다.

포이푸 비치 파크 Poipu Beach Park p.436

연중 맑은 날이 계속되는 초승달 모양의 비치로 카우아이 남부에 위치한다. 멸종위기에 처한 희귀종으로 하와이에만 서식하는 바다표범 몽크실과 바다거북이 유유자적하는 곳으로 유명한데, 거의 매일 모습을 드러낸다고 한다. 화장실, 즐길 거리, 휴식공간이 완비되어 있어 다양한 활동을 하기에도 편리하다. 바다거북과 함께 스노클링을 할 수 있는 곳으로도 알려져 있다.

Sightseeing 5

하와이 시크릿 비치

하와이의 수많은 비치 중에서 잘 알려지지는 않았으나 시간을 내어 한번쯤 방문해보길 추천하는 곳을 모았다. 한적한 분위기 속에서 유유자적 즐기면 좋은 비치들을 소개한다.

와이마날로 베이 비치 파크 Waimanalo Bay Beach Park p.332
드라이브 루트로 인기를 얻고 있는 72번 국도를 타고 남쪽을 넘어 동쪽으로 달리다 보면 만나게 되는 비치. 관광객에게는 그다지 알려지지 않아 여타 비치와 비교해 매우 한적한 편이다. 바다 건너 남동쪽에는 토끼섬이 덩그러니 놓여 있는데, 이러한 풍경마저 고요한 비치를 대변하는 듯하다. 파도 소리만이 귓속을 울리는 잔잔한 분위기 속에서 휴식을 취해보자.

카할라 비치 Kahala Beach p.249

최근 들어 하와이 여행에서 유행처럼 번지고 있는 것이 바로 웨딩 화보 촬영이다. 스냅 전문업체를 통해 사진작가에게 의뢰하거나 삼각대를 이용해 자신이 직접 찍는 경우도 적지 않은 편이다. 카할라 비치는 이러한 화보를 찍는 장소로 각광받는 곳. 인근 비치와 비교해 인적이 드물지만, 풍경만큼은 뒤지지 않을 만큼 뛰어나기 때문이다.

벨로우즈 필드 비치 파크 Bellows Field Beach Park p.332

미군기지 내에 위치하여 주말에만 개방하는 비치로 시크릿 비치라는 테마와 가장 어울리는 곳이다. 다른 비치와 비교해 모래사장이 깨끗하고 바닷물 투명도도 높은 편이다. 바람이 많이 불면 파도가 높아져 부기보드를 하기에 최적이다. 대중교통을 이용해서 가기 어려워 드라이브를 즐기다가 들르면 좋다.

4 다이아몬드 헤드 비치
Diamond Head Beach p.251

다이아몬드 헤드 절벽 아래에 있는 숨은 서핑 포인트. 서핑하기 위해 온 현지인이 많고, 인근에 굵직한 관광명소가 자리한 것에 비해 관광객은 드문 편이다. 인파에 구애받지 않고 서핑을 즐기고 싶다면 이곳을 추천한다. 단, 파도가 높고 모래사장이 좁아 서핑 경험이 거의 없는 초보자보다는 어느 정도 경험을 쌓은 중급자 이상이어야만 한다.

5 마카푸우 비치 Makapu'u Beach p.251

여행자에게는 마카푸우 전망대와 마카푸우 포인트 라이트하우스 트레일로 알려진 지역이지만 조금만 발을 넓히면 숨어 있던 비치가 눈에 들어온다. 파도가 높은 곳으로 유명해 부기보드를 즐기는 이들이 많다. 동쪽에 위치하여 해가 빠르게 저무는 편이므로 이른 시간에 방문해 늦은 오후가 되기 전에는 돌아가는 것이 좋다. 화장실, 샤워시설이 완비되어 있고, 라이프가드가 상주하고 있다.

6

칼라마 비치
Kalama Beach p.331

카일루아 비치와 라니카이 비치로 대표되는 카일루아 지역. 그곳에 있는 또 하나의 비치이다. 오바마 전 미국 대통령의 저택 부근에 있어 '오바마 비치'라는 별칭을 가지고 있다. 두 비치보다 방문객이 적어 전체적으로 차분한 분위기를 띤다. 주차장이 협소해 평일 오전 시간을 공략하면 프라이빗 비치처럼 즐길 수 있다.

후킬라우 비치 파크
Hukilau Beach Park p.333

오아후섬 동해안에서 북쪽으로 올라가면 나타나는 숨은 비치. 지명도가 낮은 편이라 관광객보다 현지인의 비율이 압도적으로 높다. 방문객도 드문드문 있어서 전체적으로 조용하다. 여유롭게 물놀이를 즐기는 이들을 바라보기만 해도 절로 힐링이 된다.

7

하와이 비치! 그것이 알고 싶다

하와이 비치를 만끽할 때 알아두면 좋은 정보들. 방문 전 미리 숙지하여 어떤 상황에서도 당황하지 않고 행동할 수 있도록 하자. 물론 물놀이 전 충분한 준비운동도 하는 것을 잊지 말자.

1. 하와이 비치, 있다? 없다?

화장실
모든 곳에 있다고는 할 수 없으나 하와이의 대다수 비치에는 화장실이 설치되어 있다. 와이키키 비치만 해도 7개나 있을 정도이니 화장실 이용은 크게 걱정할 필요가 없다.

샤워시설
간이 샤워시설도 많은 비치에서 만나볼 수 있다. 단, 탈의 후 몸 전체를 씻는 것이 아닌 수영복 착용 상태에서 모래를 털어내기 위한 목적임을 잊지 말자.

탈의실
화장실이나 샤워시설을 갖춘 비치는 많으나 탈의실은 구비되어 있지 않다. 호텔에서 수영복을 입은 다음 겉옷을 걸치고 비치로 이동하는 것이 일반적이다.

라이프가드
와이키키 비치나 하나우마 베이 등 유명 비치에는 안전 확보를 위해 라이프가드가 상주하고 있다. 비치에 관한 지식을 겸비하고 있으니 궁금한 점이 있으면 도움을 요청하자.

소지품 보관소
비치에는 로커나 보관소가 없다. 소지품을 간소화해서 방문하는 것이 좋다. 장시간 물건을 놔둔 채로 자리를 비우면 물건이 없어질 확률이 높다는 점을 명심하자.

술·담배
하와이의 모든 비치에서는 음주와 담배를 피는 행위가 전면 금지되어 있다. 어길 시 벌금이 청구되므로 주의하자.

2. 해양 안전표지판의 의미가 궁금해?

본격적인 물놀이를 시작하기 전, 비치 곳곳에 표시된 안전표지판을 확인하여 행동하도록 하자. 우리의 안전과 직결된 문제이므로 지나치지 말고 꼼꼼하게 살펴보는 것이 좋다.

1 NO SWIMMING 바닷속이 위험해 보이면 즉시 수영 금지 2 HIGH SURF 높은 파도에 주의 3 SHARP CORAL 뾰족하고 깨진 산호에 닿으면 큰 상처를 입을 수 있으니 주의 4 STRONG CURRENT 강한 조류로 인한 휩쓸림 주의 5 SLIPPERY ROCKS 바위 위 미끄럼 주의 6 JELLY FISH 해파리 주의 7 DANGEROUS SHOREBREAK 거칠고 부서지는 파도에 주의 8 SUDDEN DROP OFF 갑자기 깊어지는 해수면에 주의 9 WAVES BREAK ON LEDGE 벼랑 끝 바위에 주의

3. 알아두면 좋은 조수간만의 차

간조에만 모습을 드러내는 카네오헤 샌드바와 같은 비치를 방문할 경우 조수간만의 차를 반드시 확인하고 일정을 정해야 한다. 만조에 방문한다면 샌드바가 해수면에 모습을 드러내지 않아 결국 보지 못한 채 돌아올 수 있기 때문이다. 아래 사이트에 나와 있는 차트를 확인하여 간조에 맞춰 방문 계획을 세우도록 하자.

 www.tideschart.com/United-States/Hawaii/

※ 차트 읽는 법
High Tide 만조　　**Low Tide** 간조
Sunrise 일출　　**Sunset** 일몰
Feet 수심 깊이의 단위 (1Feet=30cm)

※ 물놀이 준비물 체크리스트
☐ 수영복
☐ 비치샌들 or 아쿠아슈즈
☐ 모자　　　　☐ 선글라스
☐ 비치타월　　☐ 돗자리
☐ 차단지수가 높은 자외선 차단제(p.38 참조)
☐ 젖어도 괜찮거나 방수 처리된 가방
☐ 접이식 의자(대여 가능)

Sightseeing 7
하와이 바다를 지키는 동물 친구들

하와이 비치에서 만나볼 수 있는 귀여운 동물들! 우연히 마주쳤을 때의 감동은 말로 표현할 수 없을 만큼 기쁘고 벅차다. 하지만 기쁨을 표현하기 위해 먹이를 주거나 만지는 행위는 금물! 동물을 마주쳤을 때는 어느 정도 거리를 유지하고 그저 바라만 보자. 어길 시 무시무시한 벌금이 기다리고 있으므로 반드시 지킬 것.

바다거북
Turtle

하와이 원주민어로 호누(Honu)라고 불리는 바다거북은 열대지방에 서식하는 푸른바다거북의 일종으로 국제자연보호연맹이 분류한 멸종위기종이다. 평균 길이 1m, 몸무게 150kg으로 해조류를 먹는 초식성 동물이다. 하와이에서는 바다를 지키는 신성한 존재로 여겨지고 있다.

하와이안 닭
Hawaiian Chickens

하와이를 돌아다니다 보면 야외를 배회하는 닭들의 모습을 자주 목격할 수 있다. 가축으로 길러지는 한국의 닭과 달리 이미 야생화가 된 닭으로, 가축으로 기르던 닭장에 불이 나면서 탈출한 닭들이 그대로 정착한 것이라는 이야기를 비롯해 다양한 설이 있다.

하와이에서는 바다를 지키는 신성한 존재!

만타 레이
Manta Ray

빅아일랜드의 코나 지역에서 만날 수 있는 거대한 가오리로 평균 넓이가 5m 이상으로 기다란 꼬리를 가지고 있다. 밤이 되면 플랑크톤을 찾아 연안 부근까지 오는데, 이때 그들의 모습을 발견할 수 있다. 특히 수온이 높아지는 여름이면 더욱 눈에 띈다.

몽크실
Monk Seal

하와이와 일부 연안에서만 서식하는 바다표범으로 바다거북과 마찬가지로 멸종위기종으로 지정되어 있다. 평균 길이 210~230cm, 몸무게 150~270kg으로 어류와 갑각류를 주식으로 먹는 동물이다. 새카맣고 기다란 외형으로 얼굴이 참 귀엽다.

돌고래
Dolphin

하와이에서 볼 수 있는 돌고래는 일반 종보다 크기가 작은 스피너 돌핀Spinner Dolphin이라 불리는 것이다. 평균 길이 150cm, 몸무게 50kg으로 주둥이가 긴 것이 특징이다. 단체로 행동하는 습성을 띠고 점프와 빙빙 돌기가 특기이다.

고래
Whale

하와이는 미국 내 혹등고래 보호구역으로 지정된 곳이다. 고래는 알래스카와 북극 해역에서 여름을 보낸 후 11월이 되면 온난한 해역을 찾아 하와이로 와 겨울을 보낸다. 평균 길이 15m, 몸무게는 무려 40t에 이르며, 고래마다 꼬리지느러미의 무늬가 다른 게 특징이다.

Sightseeing 8
하와이의 일출·일몰·야경·별

하와이를 만끽하는 데에는 장소 선정도 중요하나 시간대를 정하는 것 또한 매우 중요하다. 같은 장소라도 방문하는 시간에 따라 보이는 풍경이 제각각이며, 그 시간대가 아니면 볼 수 없는 장면도 반드시 있기 때문이다. 시간대마다 추천하는 장소를 참고하여 일정을 고려하도록 하자.

Hawaiian Sunrise

일출

하와이에서 마우이섬의 할레아칼라Haleakala산을 빼고선 일출 명소를 논할 수 없다. 하와이 원주민어로 '태양의 집'이라는 의미를 지닌 명칭만으로 충분한 설명이 될 것. 이곳에서의 해돋이는 매일 방문 인원수를 제한하고 있어 예약해야 하며, 투어를 통해 참여하더라도 여행사 4곳만을 허용하고 있을 만큼 귀한 체험이다. 신이 살고 있다는 전설이 내려오는 장소에서 신성한 기운을 느껴보자.

Hawaiian Sunset

일몰

태양이 안녕을 고하며 서서히 어둠 속으로 사라지는 일몰 풍경은 언제 보아도 감동적이다. 빅아일랜드의 '마우나 케아 Mauna Kea 산'과 호놀룰루 바다 위를 떠다니는 크루즈 '스타 오브 호놀룰루 Star of Honolulu'가 대표적인 일몰 명소. 드넓은 산과 바다 사이로 비치는 붉은 노을은 황홀함을 선사하는 동시에 가슴이 벅차오르는 감정을 선사한다.

> ※ 일출과 일몰 시각 확인하는 법
> 지역별로 해가 뜨고 지는 시간대가 다르므로 방문 전 구글 검색창에서 시각을 확인하고 계획을 세우도록 한다. 검색 결과 시각보다 30분~1시간 전에 방문할 것을 추천한다. 참고로 일출은 '지역명+Sunrise', 일몰은 '지역명+Sunset'으로 검색할 것. 예시) honolulu sunrise

야경

화려한 불빛과 네온사인이 돋보이는 야경은 오로지 대도시에서만 볼 수 있는 풍경이다. 대자연이 신비로운 섬 하와이에서 이러한 풍경을 만날 수 있는 곳은 역시나 호놀룰루이다. 시가지가 한눈에 보이는 '탄탈루스 전망대Tantalus Lookout'에 오르거나 매주 금요일 밤 해변에서 쏘아 올리는 오색찬란 불꽃놀이를 와이키키 비치의 '힐튼 하와이안 빌리지Hilton Hawaiian Village' 부근에서 감상하는 것이 정통 코스이다.

Night View

별

지구상에서 별을 가장 가까이서 지켜볼 수 있어 전 세계의 천문대가 모여 있는 곳, 바로 빅아일랜드의 마우나 케아Mauna Kea산이다. 이곳이 천체 관측에는 최적의 장소이다. 방해 요소는 보름달. 보름달이 뜨는 날 전후 이틀간은 관측을 삼가고, 방문 일자가 보름달이 뜨기 전이라면 일출 전 시간대에, 보름달이 뜬 후라면 일몰 직후에 별을 관측하는 것이 좋다.

Starlight

> ※ 별 관측 시 주의할 점
>
> 보름달이 생기는 시기는 달의 밝기 때문에 별을 관측하기가 어렵다. 따라서 방문 시기는 만월과 만월 전후 이틀을 제외한 나머지 기간이 좋다. 달의 형상을 통해 만월 시기를 알 수 있는 웹사이트(www.moonconnection.com/moon_phases_calendar.phtml)에 접속해 방문 예정인 달과 연도를 체크하고 Go 버튼을 누르면 확인할 수 있다(자세한 사항은 p.402 참조).

Sightseeing 9

무료로 즐기는 문화 공연

365일이 축제라고 해도 과언이 아닐 정도로 하와이에서는 매일 각종 문화 공연과 행사가 열린다. 개최되는 장소를 살펴보면 비치, 호텔, 궁전, 공원, 쇼핑센터 등 다양하면서도 화려한 곳 일색. 하와이안 무드 충만한 감성적인 문화 공연을 무료로 만나보자.

1. 하와이안 훌라쇼
Hawaiian Hula Show

먼 남태평양의 섬까지 와서 하와이를 대표하는 문화 훌라를 못 본 채 돌아가는 것만큼 아쉬운 일도 없을 것이다. 하와이의 낭만이 물씬 느껴지는 우아한 춤의 향연! 이 시간만큼은 바쁜 걸음을 멈추고 느린 훌라의 움직임에 따라 마음의 여유를 가져보자(2022년 내로 재개 예정).

Waikiki Kuhio Beach

쿠히오 비치

7개의 비치를 총칭하는 단어인 와이키키 비치. 그중 한가운데 위치하는 쿠히오 비치에서는 매주 화·토요일 오후 6시 30분부터 1시간 동안 훌라쇼를 개최한다(11~1월은 오후 6시에 시작). 모래사장 부근에 떡하니 자리 잡은 커다란 반얀트리 앞을 무대 삼아 펼쳐지는 하와이안 훌라 댄스는 해 질 녘 붉은 노을과 더불어 환상적인 분위기를 자아낸다. 쇼의 클라이맥스는 관객과 하나가 되어 퍼포먼스를 펼치는 순간. 즐거운 추억을 만들고 싶다면 용기 내어 스테이지로 향해보자. 홈피 kbhulashow.wixsite.com/official

알라 모아나 센터

하와이 쇼핑의 필수 코스로 꼽히는 알라 모아나 센터에서도 매일 훌라쇼가 열린다. 1층 중앙의 스테이지에 마련된 무대에서 오후 5시부터 20분간 펼쳐지는 퍼포먼스는 고대 하와이안이 추던 전통춤 '카히코Kahiko'와 현대적으로 해석한 '아우아나Auana'를 모두 선보인다.
홈피 www.alamoanacenter.com/ko/events.html

인터내셔널 마켓플레이스

매일 저녁 인터내셔널 마켓플레이스 1층 퀸스 코트에서는 건물 내 토치 타워에 불을 붙이는 점화 퍼포먼스를 시작으로 와이키키의 역사를 춤으로 표현한 훌라쇼가 45분간 펼쳐진다. 시기마다 쇼가 시작하는 시간이 달라지는데, 3~8월은 오후 7시부터, 9~2월은 오후 6시 30분부터 시작한다(2023년 기준 월·수·금요일만 실시 중).
홈피 www.shopinternationalmarketplace.com

로열 하와이안 센터

다양한 이벤트와 문화 교실 개최로 많은 여행자가 방문하는 이곳에서도 역시나 훌라쇼에서는 감상할 수 있다. 1층 로열 글로브에서 매주 화요일 오후 5시 30분부터 1시간 동안 열리는 고대 전통 훌라쇼에서는 드럼과 구호 가창에 맞춰 신과 선조에게 바치는 신성한 율동을 표현한다. 현대 훌라와 다르게 박력이 넘치는 격한 퍼포먼스가 특징이다.

Royal Hawaiian Center

2. 하와이안 뮤직 Hawaiian Music

'하와이안 뮤직' 하면 우쿨렐레 선율에 맞춰 들려오는 맑은 음색의 하와이안 송을 떠올리는 이들이 많겠지만 조금은 색다른 음악을 소개한다. 하와이 왕국 시절 카메하메하 3세가 창설한 왕조 전속 음악 밴드인 '로열 하와이안 밴드 Royal Hawaiian Band'의 미니 콘서트를 호놀룰루 곳곳에서 개최한다. 1836년 탄생하여 미국에서 가장 오래된 유서 깊은 밴드는 하와이주의 행사와 퍼레이드에서 음악을 담당하고 있다. 하와이의 음악 문화를 널리 알리고 하와이 사람들의 생활을 풍족하게 만들겠다는 사명감으로 지금까지 이어지고 있다는 점은 듣는 이로 하여금 감동을 선사한다. 전통음악부터 팝까지 폭넓은 레퍼토리를 자랑하여 남녀노소 누구나 즐길 수 있다.

*로열 하와이안 밴드의 자세한 공연 스케줄은 홈페이지 "CALENDAR"에서 확인할 수 있다.

홈피 www.rhb-music.com

3. 하와이안 컬처쇼 Hawaiian Culture Show

하와이의 각종 퍼포먼스를 조합한 환상적인 무대를 보고 싶다면 호텔 내에서 열리는 컬처쇼를 관람하자.

하얏트 리젠시 와이키키 리조트 & 스파

우리나라에서 금요일을 '불금'이라 부르듯이 하와이에서도 금요일을 '알로하 하와이'라고 표현하곤 한다. 이처럼 신나는 금요일을 기념해 하얏트 리젠시 리조트에서는 폴리네시안쇼 '알로하 프라이데이 Aloha Friday'를 개최한다. 프라이데이와 더불어 타히티, 사모아의 멋진 퍼포먼스를 감상할 수 있다.

힐튼 하와이안 빌리지 와이키키 비치 리조트

하나의 작은 마을을 형성한 거대 리조트에서도 멋진 엔터테인먼트 이벤트를 개최한다. 매주 금·토요일 오후 8시부터 11시 사이에 파라다이스 라운지에서는 전통 하와이안 뮤직 콘서트를 개최한다. 유료 공연도 열리는데, 매주 일~목요일 오후 5시부터 전통춤과 화려한 불쇼가 만난 '와이키키 스타라이트 루아우 Waikiki Starlight Luau'를 감상할 수 있다($102~, 예약필수).

코나 누이 나이트

매월 셋째 주 수요일 오후 6시부터 8시 사이에 개최하는 이벤트로 하와이안 뮤직과 함께 훌라 댄스 퍼포먼스가 펼쳐진다. 다른 공연과 달리 사전에 홈페이지를 통해 신청해야 입장할 수 있으나 만약 신청을 깜빡했다면 당일 오후 6시에 입장 가능한 전용 라인에 줄을 서서 대기를 하자. 공연은 와드 빌리지 Ward Village에서 펼쳐진다.

홈피 www.wardvillage.com/events/kona-nui-nights

하와이안 문화 교실

하와이는 독자적인 문화를 가진 아름다운 섬이다. 하와이의 문화에 한 발짝 다가갈 가장 좋은 방법은 직접 몸으로 부딪히는 것. 이러한 문화를 무료로 체험할 수 있는 절호의 기회를 놓치지 말자.

레이 메이킹 *Lei Making*

레이Lei란 하와이식 꽃목걸이를 말한다. 하와이에서는 손님을 환영하는 의미에서 꽃목걸이를 걸어준다. 생화가 주재료인 레이는 쓰이는 꽃에 따라 엮는 방법도 다르다. 예를 들어 하와이에서 나는 꽃들을 사용할 때는 꽃 가운데에 뚫린 구멍을 실로 연결한 '쿠이Kui', 기다란 잎을 땋아 엮는 '하쿠Haku', 라피아Raffia라는 야자 식물을 말아서 엮은 '빌리Wili' 등이 있다. 로열 하와이안 센터에서는 금요일 오후 12시부터 13시까지 쿠이 스타일의 전통 꽃목걸이를 만드는 시간을 가진다. 만 10세 이상이라면 누구나 참가 가능하며 수업당 선착순 24명만 받는다. 인기가 높은 클래스이므로 여유를 두고 수업 시작 30분 전까지 도착하는 것이 좋지만 성수기에는 1시간 전에 도착하는 것을 권한다.

라우할라 위빙 *Lauhara Weaving*

'할라Hala'라는 열대성 상록수 잎을 이용해 액세서리나 잡화류를 만드는 하와이의 전통 공예 라우하라 위빙도 꼭 참여해보면 좋을 수업이다. 손재주가 없는 사람도 간단히 만들 수 있으므로 주저 말고 도전해볼 것. 수요일 오전 11시부터 오후 12시까지 위빙으로 팔찌를 만드는 수업이 열린다. 완성품은 소중한 추억이 될 기념품이기도 하다.

우쿨렐레 *Ukulele*

하와이안 뮤직에서 빼놓을 수 없는 대표 악기 우쿨렐레! 1870년에 포르투갈에서 건너와 정착한 것이라 한다. 기본 코드를 이용해 간단한 곡을 칠 수 있도록 배워보는 무료 수업은 로열 하와이안 센터에서 월요일 오전 11시부터 1시간 동안 열린다(정원 12명). 우쿨렐레와 악보는 대여해주므로 지참할 필요는 없으나 참가 시 연락처 기입과 레슨 중 마스크 착용이 필수이다. 와이키키 비치 워크 Waikiki Beach Walk 2층에 위치하는 '우쿨렐레 스토어 Ukulele Store'에서는 매일 오전 10시 30분과 오후 4시 30분에 짧지만 강렬한 클래스를 연다. 만 12세 이하 어린이는 보호자를 동반해야 하며, 수업 시작 전 선착순으로 인원을 모집한다.

훌라

문자가 없던 옛 시절 훌라 댄스와 가창을 통해 마음을 전했다고 알려져 있다. 동작 하나하나에 의미가 담긴 우아한 훌라 댄스를 직접 배워보는 시간을 가져보기로 하자. 로열 하와이안 센터 1층 '로열 글로브'에서는 화요일 11시부터 1시간 동안 훌라 댄스로 이름을 알린 유명 강사를 초빙하여 수업을 진행한다. 또 매주 월~금요일 오전 8시 15분부터 9시까지 하얏트 리젠시 와이키키 리조트 & 스파 다이아몬드 헤드 타워 2층 '호오켈라 HO'OKELA'에서도 수업이 펼쳐지므로 참고하자.

Hula Hula

Activity 1
하와이 해양 액티비티

하와이는 바다에서 물놀이를 즐기거나 야외에서 다양한 체험을 하기에 더할 나위 없이 좋은 환경을 갖췄다. 서핑부터 시작해 스노클링, 스쿠버다이빙, 패들보드 등 마니아가 늘고 있는 해양 스포츠까지 일상에서는 접하기 어려운 액티비티는 최고의 추억으로 남을 것이다.

1

서핑 Surfing

하와이는 서핑의 발상지이다. 연중 온난한 기후와 더불어 높은 파도가 끊임없이 생겨나며 해변 인근 해저는 평면으로 이루어져 있어 비교적 안전하게 서핑을 즐길 수 있다. 무역풍의 영향으로 여름에는 남쪽에 위치하는 비치의 파도가, 겨울에는 북쪽에 있는 비치의 파도가 높아진다. 북쪽 비치는 겨울에 파도가 꽤 높은 편이므로 서핑 경험이 적은 초보자에게는 그다지 맞지 않는다. 서핑을 처음 경험하는 초보자라면 여름에 방문하여 전문가의 레슨을 통해 배운 후 파도가 잔잔한 남쪽 비치를 공략하는 것을 추천한다.

서핑의 역사

서핑은 고대 하와이 사람들이 바다에서 나무판자를 타고 놀던 것에서 유래하였다. 영국의 탐험가 제임스 쿡이 하와이에 처음으로 상륙한 1788년부터 유럽 문화의 보급과 종교적인 이유로 와이키키 비치 이외에서의 서핑은 한동안 금지되었다. 1900년대에 들어서자 서핑보드가 가볍고 짧아지면서 서핑 인구가 폭발적으로 늘어났고, 전설의 서퍼라 불리는 근대 서핑의 창시자 '듀크 카하나모쿠Duke Kahanamoku'의 영향으로 더욱 널리 알려지게 되었다.

서핑을 즐길 때 주의할 점

① 해파리에 쏘이거나 산호초와 성게 가시에 찔리는 경우가 심심찮게 발생하므로 주변을 늘 주의 깊게 살펴보고 즐길 것. 주변에 설치된 안전 표지판을 잘 숙지하고 행동하자.

② 서핑할 때 입으면 좋은 복장으로는 래시가드를 추천한다. 하와이는 햇볕이 강렬한 지역으로 잠깐의 물놀이만으로도 피부가 타기 쉽다. 자외선 차단 목적 외에도 다른 보드와 부딪혀 생기는 상처를 방지하는 데 래시가드가 도움이 된다.

③ 여러 사람과 동시에 파도를 탈 때는 현지인에게 우선으로 양보하는 것이 기본적인 룰이다. 기분 좋게 서핑을 하도록 여유 있는 태도를 유지할 것. 주변에 있는 서핑 동지들에게 가볍게 인사를 나누는 것도 좋다.

④ 비치마다 지형과 파도 높이가 다르므로 경험치에 따라 장소를 선택할 것. 추천 서핑 포인트를 참고해 계획을 세우도록 하자.

추천 서핑 포인트

① **초보자** 와이키키 비치(p.240)
② **중급자** 알라 모아나 비치 파크(p.248), 다이아몬드 헤드 비치 파크(p.251), 와이메아 베이 비치(p.337)
③ **상급자** 에후카이 비치 파크(p.340), 할레이바 알리이 비치 파크(p.338), 샌디 비치(p.250)

스노클링 Snorkeling

스노클(숨대롱) 마스크에 의지해 잠수를 즐기는 스포츠. 열대어, 바다거북 등 다양한 해양생물을 접하며 바닷속 생생한 풍경을 체험할 수 있다. 수질이 안정되어 있고 바닷물의 투명도가 높은 비치가 스노클링을 하기에 적합하다. 추천하는 비치는 오아후섬의 하나우마 베이와 카네오헤 샌드바, 마우이섬의 몰로키니, 카우아이섬의 포이푸 비치 파크가 있다. 입문자라면 전문 투어에 참가하여 기초부터 차근차근 익히는 것이 안심하며 즐기는 방법이다.

스쿠버다이빙
Scuba Diving

잠수용 장비를 착용한 상태로 수심 30m 깊이까지 내려가 잠수를 즐기는 스포츠. 산소가 공급되는 공기통을 메고 자력으로 호흡을 하며 물속을 헤엄친다. 전문업체 투어를 통해 체험하는 방식으로 제대로 된 장비를 사용해 전문 강사와 함께 물속을 둘러보기 때문에 안전하게 즐길 수 있다. 업체가 찾아낸 스쿠버다이빙하기 좋은 최적의 장소에서 진행되므로 만족스럽게 체험할 수 있을 것이다. 뱃멀미가 심하다면 사전에 멀미약을 복용하고 시작하는 것이 좋다.

패들보드 Paddleboard

최근 큰 인기를 누리고 있는 액티비티로 정식 명칭은 스탠드 업 패들 서핑(SUP)이다. 서핑보드보다 두께가 두껍고 크기가 커서 균형잡기가 쉽고 파도가 없거나 잔잔한 해변에서 하므로 초보자라도 한 번에 성공하는 경우가 많다. 알라 모아나 비치 파크나 힐튼 하와이안 빌리지 앞 라군이 패들보드를 즐기기 좋은 곳으로 알려져 있다.

5 부기보드(보디보드) Boogie Board

서핑, 패들보드와 달리 비교적 쉽게 익힐 수 있는 액티비티. 안전성을 고려했을 때도 부기보드가 부상당할 확률이 낮다. 서핑보드보다 크기가 작고 가벼운 전용 보드를 사용하며 크기도 다양한 편이다. 처음 도전한다면 물에 뜨기 쉽고 파도타기도 용이한 38인치나 40인치 등 크기가 큰 것을 대여하자. 초보자라면 와이키키 비치를, 중급자 이상이라면 샌디 비치나 마카푸우 비치, 노스 쇼어의 비치들을 추천한다.

6 시 카약 & 카누 Sea Kayak & Canoe

수면 위에서 길쭉한 배를 타고 노를 저어 수상 산책을 즐길 수 있는 스포츠. 하와이 왕족이 즐기던 것으로 하와이 역사, 문화와도 밀접한 관련이 있어 더욱 의미가 깊다. 다른 액티비티보다 체력 소모가 높은 편이나 자신의 힘으로 가고 싶은 곳을 직접 간다는 즐거움은 이루 말할 수 없다. 카일루아 지역의 비치와 알라 모아나 비치가 추천 장소이며 이쪽 부근에 대여점이 있어 장비를 대여하기도 쉽다.

윈드서핑 Wind Surfing
보드 위에 달린 돛과 바람을 이용해 파도타기를 즐기는 스포츠. 초보자는 균형을 잡고 서기까지 다소 시간이 소요되나 3일 정도 연습하면 어느 정도 능숙하게 할 수 있다.

바나나보트 Water Sleigh
수상 바이크가 이끄는 바나나 모양의 보트를 타고 바다 위를 신나게 달리는 스포츠다. 워터 슬레이가 정식 명칭. 물에 빠질 위험이 있으므로 콘택트렌즈와 귀걸이 착용은 삼갈 것.

패러세일링 Parasailing
바다와 하늘의 환상적인 협업! 모터보트에 연결된 낙하산을 타고 하늘 여행을 즐기는 스포츠로 탁 트인 전경도 만끽할 수 있다.

제트 플라이어 Jetlev Flyer
새롭게 등장한 마린 스포츠. 바다 위로 높이 비행을 하며 자유자재로 이동할 수 있다. 최고 10m 상공으로 올라가 아찔하지만 스릴 넘치고 재미있다.

Activity 2
하와이 기타 액티비티

하와이는 이곳을 어디까지 누릴 수 있을까 실험이라도 하는 듯 자연 속에서 체험하는 프로그램이 셀 수 없이 많다. 천혜의 대자연을 배경 삼아 각종 액티비티를 즐기기에 하와이는 그만큼 최고의 장소라 할 수 있다. 움직이면 움직일수록 재미난 추억이 만들어지는 곳이다.

요가 Yoga
푸른 정원과 바다를 배경으로 요가를 하며 아침을 맞이하는 것은 누구나 꿈꾸는 아름다운 체험이다. 하와이의 자연 속에서 즐기는 요가는 크게 비치와 정원에서 이루어진다. 비치는 와이키키 비치와 알라 모아나 비치 등 접근성이 좋은 곳에서 진행하는 클래스가 많으며, 에어비앤비의 체험 코스를 통해서도 신청할 수 있다. 인터내셔널 마켓플레이스 퀸스 코트와 로열 하와이안 호텔 중정에서도 정기적으로 요가 레슨을 여는데, 홈페이지에서 자세한 사항을 소개하고 있다.

2

집라인 Zipline
줄을 타고 빠른 속도로 하강하는 레포츠 집라인도 하와이의 인기 액티비티다. 유명 할리우드 영화의 촬영지로 유명한 목장 쿠알로아 랜치에서 즐길 수 있는데, 7개의 정류장과 2개의 현수교, 5개의 오솔길을 지나며 광활한 대자연을 체험하는 코스로 구성되어 있다. 발등을 덮는 신발을 반드시 착용해야 하며 높은 곳에서 내려가기 때문에 고소공포증이 있다면 신중히 생각해 결정하도록 하자.

ATV
사륜바이크를 타고 하와이의 대자연을 탐험하는 스릴 넘치는 체험. 쿠알로아 랜치에서 ATV를 타고 진행하는 액티비티가 최고 인기를 끌고 있다. 운전면허를 소지하고 있지 않더라도 만 21세 성인이라면 누구나 할 수 있다.

3

4 크루즈 Cruise

섬이라는 지형적 특성상 하와이에서 빼놓을 수 없는 액티비티이다. 유유자적 신선놀음을 하면서 바다를 감상하는 것은 그야말로 하와이다운 행위이기 때문. 해양 스포츠를 즐기기 위해 이용하는 크루즈도 잠깐이나마 기분을 낼 수 있어 좋지만 역시 전문 크루즈 선박을 타고 바다를 떠도는 것을 추천한다. 하와이 바다를 더 특별하게 만끽할 수 있을 것이다.

5 헬리콥터 Helicopters

여행 전문 TV 프로그램에서 헬리콥터를 타고 하와이 상공을 가로지르는 장면을 본 적이 있을 것이다. 하와이에서는 헬리콥터를 타고 대자연을 만끽하는 투어가 인기다. 오아후를 한 바퀴 훑고 돌아보는 코스부터 빅아일랜드의 화산을 가까이서 지켜본다든가 마우이 최고봉 할레아칼라 국립공원을 내려다보는 등 프로그램 내용도 박력 있고 스릴 넘친다. 블루하와이Blue Hawaii가 대표적인 투어 업체이다.

스냅 Snap

해외에서의 웨딩 촬영이나 여행 화보를 남기고 싶어 하는 여행자가 부쩍 늘었다. 아름다운 자연을 무대로 인증사진을 남기고 싶은 마음은 모두 같을 것. 개인적으로 준비하여 스스로 촬영을 진행하는 이도 있을 테지만 이럴 땐 프로의 손을 빌려 남부럽지 않은 추억을 만들어보자. 하와이에서 활동하는 전문 사진작가들은 일반 여행자에게 생소한 보석 같은 장소를 잘 알고 있다. 인적이 드물어 누구의 방해도 받지 않는 것은 물론이고 고요한 분위기에서 진행되므로 남의 시선을 의식하지 않아도 된다. 평생 기억될 소중한 경험을 꼭 한번 누려보길 바란다.

※ 알로하 스냅 Aloha Snap

하와이를 배경으로 아름다운 사진을 남길 수 있는 절호의 기회! 스냅 전문업체 알로하 스냅에서라면 만족할 만한 결과물을 얻어낼 수 있을 것이다. 촬영 시각과 촬영 소요 시간에 따라 코스가 다양하게 구성되어 있으며, 촬영 대상을 커플과 가족 중에서 선택할 수 있어 좋다.
홈피 gajahawaii.com/alohasnap

Activity 3
트레킹으로 만끽하는 대자연

백만 년의 세월을 품은 대자연이 그대로 숨 쉬는 곳, 하와이. 섬이라는 특성상 바다를 떠올리는 이가 대부분이지만 섬이 생성된 과정과 역사를 살펴봤을 때 산을 제외하고선 하와이의 자연을 제대로 이야기할 수 없다. 산을 오르는 행위 자체에 어려움을 느끼는 이라도 부담 없이 가볍게 오를 수 있는 코스가 많으므로 한번쯤은 체험하는 것을 추천한다. 힘겹게 정상에 올랐을 때 펼쳐지는 대자연의 감동과 함께 밀려오는 성취감은 이루 말할 수 없으리라.

Koko Crater Railway Trail

코코 크레이터 레일웨이 트레일

해발 368m, 계단 수 1,048개에 달하는 트레일로 트레킹에 자신 있는 이들에게 추천하는 곳이다. 코스 초반에는 평탄한 길이 이어져 일반적인 코스처럼 느껴지나 도중에 나타나는 계단을 본 순간 겁이 덜컥 난다. 정상까지 쭉 이어진 기다란 계단은 오르기 쉬워 보이지만 보폭이 큰 편인 일반 성인 남성도 걷기에는 쉽지 않다. 약 700m를 올라가야 하므로 끈기와 인내심이 요구된다. 하산하는 것도 만만치 않으므로 조심해서 내려오자 **주소** Koko Head, Honolulu **GPS** 21.277605, -157.696019).

다이아몬드 헤드 p.252

와이키키 비치에서 바라본 다이아몬드 헤드도 매우 아름답지만, 직접 올라갔을 때 보이는 경치도 그냥 지나치기에는 아까운 장면이다. 정비된 길을 따라 약 30~45분 정도 걸어 올라가면 정상에 도달하며, 도중에 가파르게 경사진 계단 구간은 우회로가 있어 편한 대로 선택할 수 있다. 무더위를 피해 이른 아침이나 늦은 오후에 오를 것을 추천하는데, 그만큼 인파도 몰리기 때문에 정상 부근이 많은 이들로 붐비는 경우가 있다.

Diamond Head

Makapu'u Point

Manoa Falls

마노아 폭포 p.257

마치 밀림 속을 탐험하는 듯한 기분이 드는 트레킹 코스. 생생한 대자연을 만끽하며 폭포를 향해 잘 보존된 원시림 사이로 묵묵히 걸어가는데, 평평한 길로 이루어져 있어 초보자도 안심하고 걸을 수 있다. 바닥이 미끄러운 편이라 깔창이 튼튼한 운동화 착용을 권장하며 소나기에 대비해 우비도 챙겨가는 것이 좋다. 46m 높이에서 떨어지는 시원한 폭포는 오아후섬에서 두 번째로 큰 규모를 자랑하며 무지개가 비칠 때도 있다.

마카푸우 포인트 라이트 하우스 트레일 p.258

처음부터 마지막까지 이어지는 길이 전부 포장도로로 되어 있어 비치샌들로도 충분히 걸을 수 있는 트레킹 코스이다. 유모차를 끌고 가는 현지인도 있을 정도. 햇볕이 직접 내리쬐며 아스팔트 도로에 반사된 열도 강하기 때문에 자외선 차단제를 충분히 바르는 것이 좋고 모자와 선글라스 착용을 권장한다. 아름다운 바다 풍경을 바라보며 산책하는 기분으로 걸을 수 있으며, 12~4월 사이에는 바다를 헤엄치는 혹등고래도 볼 수 있다.

카이바 리지 p.326

Kaiwa Ridge

'라니카이 리지 트레일'이라고도 불리는 트레킹 코스. 정상 부근에 자리 잡은 네모난 상자 모양의 건물이 포토제닉한 풍경을 만들어내면서 인스타그램에서 큰 인기를 끌고 있다. 처음에는 급경사가 계속되지만 약 25분 정도의 짧은 코스라 초반에만 난관을 극복하면 된다. 새로운 느낌의 시원스러운 풍경이 파노라마로 펼쳐져 감동을 자아낸다.

※ 트레킹 하기 전 주의할 점
① 깔창이 미끄럽지 않은 운동화나 신발을 착용하자.
② 물과 간단한 간식을 챙기고 귀중품이나 무거운 물건은 지참하지 않는 것이 좋다.
③ 자외선 차단제를 충분히 바르고 벌레 퇴치제를 뿌리고 시작하자.
④ 하와이 고유의 식물과 생물을 보호하기 위해 이전에 다른 나라에서 사용했던 신발은 깨끗하게 씻은 다음 새로운 상태로 착용하자.
⑤ 트레일 이외의 길은 걷지 말자.

Activity 4

와이키키 자전거 산책

자전거를 타고 신나게 페달을 밟으며 와이키키를 누비는 상상을 해보라. 바다에서 체험하는 액티비티 못지않은 즐거움을 느낄 수 있을 것이다. 자전거를 직접 가져가야 하는지 고민이 된다면 호놀룰루의 '무인 공공 자전거 대여 서비스'가 문제를 해결해줄 것이니 걱정할 필요가 없다.

비키 Biki

와이키키를 중심으로 만나볼 수 있는 자전거 대여 시스템으로 만 18세 이상 신용카드를 소지한 이라면 누구나 이용할 수 있다. 시내 곳곳 130군데에 대여 장치와 1,000여 개의 자전거가 있으며 한국어를 지원하므로 조작은 그다지 어렵지 않다. 하와이 현지인은 주로 통근, 통학 시에 이용하는 경우가 대다수로 거리를 걷다 보면 이용자를 심심찮게 볼 수 있다. 도보로는 애매하나 택시를 이용하기에는 망설여지는 거리를 이동할 때 추천하며, 평소에 자전거 타기를 즐기는 이라면 주저 말고 반드시 이용해보자.

요금 1회 $4.50, 30분마다 $5 추가
24시간 동안 무제한 탑승 $12
(단, 1회당 최대 30분 승차 가능)
1년간 횟수 제한 없이 최대 300분 이용 $30
1개월 $15(1회 30분), $25(1회 60분)
※ 세금 제외 가격
홈피 gobiki.org

▶▶ 비키 대여 장치 이용하기

화면을 터치하고 왼쪽 상단의 언어 선택에서 '한국어' 클릭 ⋯ 자전거 이용 대수 선택(1~4대까지 선택 가능) ⋯ 1회 또는 300분 복수 이용 중 선택 ⋯ 이용약관에 동의 ⋯ 신용카드를 꽂은 다음 빼기 ⋯ 주소와 전화번호 입력(주소는 공란으로 두어도 됨) ⋯ 요금조건에 동의 후 청구 금액 확인 ⋯ 등록 완료 후 마지막 화면에 뜨는 5자리 승차 코드를 기억(카메라로 찍어놓거나 인쇄하는 것을 추천) ⋯ 원하는 자전거에 승차 코드 입력 ⋯ 불빛이 빨간색에서 주황색, 녹색으로 바뀌면 이용 가능 ⋯ 자전거 타기!

※ 비키 전용 앱

비키를 이용할 때 전용 앱과 함께라면 더욱 든든하다. 현재 위치와 목적지 부근의 장치 위치, 대수 현황을 실시간으로 알려주며 지도로써 활용도가 높다.

▶▶ 비키 이용 시 주의할 점

① 만 16세 이상이면 보호자 동반하에 이용 가능하다.
② 잠금장치가 없으므로 오래 놔두는 일이 없도록 해야 한다. 따로 자물쇠를 준비해 전용 파이프에 주차를 해두는 것도 하나의 방법. 만약 도난을 당했다면 즉시 연락할 것(888-340-2454). 단, $1,200를 지불해야 한다.
③ 타이어에 펑크가 났거나 고장을 발견하면 반환 시 자전거를 대여 장치에 고정한 후 빨간색 수리 버튼Repair Button을 누르자.
④ 자전거 전용 도로가 없으면 차량과 동일하게 차도로 주행해야 하며, 한국과 같은 우측통행이다. 인도로는 달리지 않도록 주의하자.
⑤ 기어는 총 3단계, 안장 높이도 조정이 가능하다. 의무는 아니나 헬멧 착용을 권한다.
⑥ 반환 시 만차라 자전거를 댈 수 없다면 대여 장치 화면에 신용카드를 꽂자. 'Station is full'이라는 표시가 뜨면 터치 후 주어지는 15분간의 유예 시간 내에 가까운 장치로 가 반환해야 연체요금이 발생하지 않는다.

자전거 추천 코스

상쾌한 공기를 마시며 하와이의 풍경을 만끽하는 시간! 자전거 산책은 드라이브, 대중교통, 도보 여행과는 또 다른 매력을 가졌다. 차창 없이 눈앞에 자연 경치가 펼쳐지고 도보보다는 빠르게 목적지에 도달하며 신체를 활발하게 움직여 활동성 또한 크기 때문이다. 와이키키 비치를 벗어나 주변 스폿으로 조금씩 행동반경을 넓혀보자.

렌터카로 즐기는 하와이 드라이브

Transportation 1

푸른 바다로 둘러싸인 광활한 자연을 가로지르며 달리는 드라이브에도 도전해보자. 핸들 방향은 한국과 동일하며 운전면허증을 소지하고 있다면 렌터카를 대여할 수 있다. 시원한 바닷바람과 함께 여름 드라이브의 묘미를 느껴보자.

1. 차량 렌트부터 반납까지

한국에서 예약 → 오아후섬 다니엘 K. 이노우에 공항 도착 → 렌터카 영업소 이동 → 영업소에서 여권, 운전면허증(한국의 운전면허증으로 가능하나 국제운전면허증도 함께 제시), 신용카드(여권과 영문 철자가 동일한 카드) → 대여할 차량 확인 후 수령 → 드라이브 즐기기 → 연료비 미포함이라면 연료 채우기 → 반납 장소로 이동 → 차량 흠집 점검 → 반납 완료

※ 렌터카 회사 추천
하와이에서 널리 이용되는 렌터카 업체는 한국에서 온라인으로 예약이 가능하다.
허츠Hertz www.hertz.co.k
알라모Alamo www.alamo.co.kr
투로Turo turo.com

※ 사고 시 대처법
사고 발생 → 차량을 도로 오른편에 정차 → 다른 차량에 사고를 알리기 위해 경고등을 점등시키고 911에 신고 후 렌터카 회사에 연락 → 반대편 사고 차량 번호, 이름, 주소, 운전면허증 번호를 확인 → 경찰관이 도착하면 지시에 따라 조서 작성 → 사고 보고 번호Accident Report Number를 부여 → 렌터카 회사의 지시에 따라 24시간 이내에 내방하여 보고서 작성

2. 드라이브 전 알아둘 것

① 안전벨트
차량에 탄 동승자는 좌석과 상관없이 무조건 안전벨트를 착용해야 한다. 만 4세 미만 어린이는 차일드 시트 착용, 만 4~7세 어린이 중 신장 145cm 이하, 몸무게 20kg 이하인 경우 부스터 시트 착용이 의무화되어 있다. 위반 시 벌금이 부과된다.

② 프리웨이와 하이웨이
오아후섬의 고속도로는 H1, H2, H3, 모아나루아 프리웨이 등 총 4개 노선이 있다. 모든 노선은 통행요금이 필요 없으므로 당연히 요금소도 없으며, 자동차 전용 도로로 보행자와 자전거는 통행할 수 없다. 프리웨이 이외의 도로는 하이웨이로, 교차로와 신호등이 있는 간선도로를 뜻한다.

③ 회전과 유턴
신호등이 빨간색이어도 교차로에서 일시 정지 후 보행자와 오가는 차에 주의하며 우회전할 수 있다. 하지만 'NO TURN ON RED' 표지판이 있는 도로는 예외이므로 우회전이 불가. 장소와 시간대에 따라 좌회전이나 유턴이 금지된 교차로가 많은 편이니 주의하자.

④ 스쿨버스
노란 스쿨버스가 도로 위에 정차하고 있다면 뒤에 있는 차량은 물론이고 반대편 차량도 멈춰야 한다. 학생들이 버스에서 내려서 차도를 건넌 다음 버스가 출발하면 움직이도록 한다.

⑤ 주유소
호놀룰루에서는 주유소를 어렵지 않게 만날 수 있다. 쉘Shell, 셰브론Chevron, 테소로Tesoro, 헬레Hele, 텍사코Texaco, 세븐티식스(76) 등 브랜드도 다양한 편. 기본적으로 셀프 형식이므로 직접 주유해야 한다. 우선 현금이나 신용카드로 선결제 후 주유를 시작한다. 휘발유 종류는 레귤러Regular를 선택한 다음 노즐을 당겨 주유구에 꽂는다. 주유소마다 주유 방법에 다소 차이는 있으나 대개 비슷하다.

⑥ 주차장

하와이에서 자주 볼 수 있는 주차장은 길가에 있는 '스트리트 파킹'이다. 기다란 봉 형태의 기계를 이용해 동전이나 신용카드로 결제할 수 있는데, 동전은 시간당 $1.50, 신용카드는 $3에 이용 가능하다. 주차장에 있는 표지판을 확인하여 주의사항을 준수할 것. 사진에 나와 있는 표지판은 '1회당 2시간까지 주차 가능, 매일 오전 6시부터 오후 10시까지 유료'라는 것을 의미한다.

⑦ 노상 주차

하와이에서는 노상에 주차할 수 있는 장소가 많다. 도로 연석의 색에 따라 주차 가능 유무를 알 수 있는데, 흰색은 단시간 주차 가능, 초록색은 시간과 요일을 지정하여 주차 가능, 파란색은 장애인 차량 등 허용된 차량과 지정 차량만 주차 가능, 노란색은 주차 금지이나 정차하여 사람이 내리거나 물건을 놓두는 것은 가능, 빨간색은 주정차 금지를 의미한다. 되도록 연석에 가깝게 주차하고, 좌측 백미러를 닫아두도록 한다. 'NO PARKING' 표지판이 있거나 노란 소화전 앞은 주정차가 금지되어 있으니 참고하자.

⑧ 위반

속도를 위반한 경우 차를 세우고 경찰의 지시에 따른다. 이때 경찰이 다가올 때까지 차 안에서 창문만 열고 대기할 것. 필요 이상으로 움직이면 오해를 사므로 가만히 있도록 한다. 참고로 도로표지판에 표기된 속도 숫자는 마일Mile로 표시되어 있다. 주차 위반은 통지서의 지시에 따라 기일 내에 지정된 장소로 출두하여 범칙금을 내자.

⑨ 도난

차량 내부에 무언가를 놓두고 내린 다음 장시간 자리를 비우면 유리를 깨고 물건을 훔치는 사건을 당할 가능성이 높아진다. 되도록 소지품은 모두 챙겨 내리도록 한다.

3. 하와이 도로표지판 읽기

ONE WAY
일방통행

ROAD CLOSED
통행 금지

DEAD END
막다른 길

WRONG WAY
일방통행의 출구

NO PASSING ZONE
추월 금지 구역

DO NOT ENTER
진입 금지

STOP
일시 정지

ONLY
지정 방향 외 통행 금지

YIELD
양보

DETOUR
우회로

NO LEFT TURN
좌회전 금지

NO U TURN
유턴 금지

SPEED LIMIT
속도 제한

NIGHT
야간 속도 제한

사람 모양
보행자 우선

4. 드라이브 추천 코스

72번과 61번 도로

호놀룰루를 출발하여 반시계 방향으로 해안을 따라 돌아보는 코스이다. 72번과 61번 도로를 이용하는데, 72번 도로는 하와이의 추천 드라이브 루트에서 반드시 언급되는 정통 코스라고 할 수 있다. 오아후섬 남쪽의 명소를 하나씩 들르다 보면 자연스레 관광도 겸할 수 있으며, 동쪽의 대표적인 명소 카일루아까지 둘러보고 돌아오면 웬만한 유명 관광지는 섭렵했다고 볼 수 있다.

> ○ **한국 지도 마을**
> 어느샌가 한국인 여행자의 필수 코스가 되어버린 곳. 마을 모양이 한반도가 비스듬히 누운 것과 흡사하다 하여 붙여진 이름이다. 하나우마 베이를 향할 때 왼쪽 차창을 유심히 살펴보자. 찰나의 순간이지만 우리나라 사람이라면 한번에 알아볼 것이다.
>
> ○ **라나이 전망대**
> 하나우마 베이를 지나친 직후 나타나는 전망대. 'SCENIC POINT'라는 간판이 보이면 오른쪽으로 들어가 주차장에 차를 세우자. 용암 절벽과 바다가 어우러진 멋진 풍광을 선사한다.

83번 도로와 이스트 카메하메하 하이웨이

오아후섬의 중부, 북부, 동부를 아우르는 드라이브 코스. 호놀룰루를 출발한 자동차는 중부의 주요 관광지를 훑고 북부로 올라간다. 북부 지역의 청량한 바다는 남부와는 다른 새로운 느낌이라 짜릿하고 상쾌하다. 동부로 내려가며 달리게 되는 카메하메하 하이웨이는 하와이에서 가장 아름다운 해안 도로로 꼽히는 곳이니 차창 풍경을 늘 의식하고 운전하자.

○ **카후쿠**
새우 양식장이 많던 지리적 특성 덕분에 하와이 로컬 음식의 대표인 갈릭 슈림프가 탄생한 배경이 되었다. 푸드트럭이 곳곳에 자리하고 있으나 인기 맛집은 줄을 설 만큼 경쟁이 치열하다.

○ **이스트 카메하메하 하이웨이**
해안선에 맞춰 이어지는 긴 도로는 하와이를 방문한 여행자라면 반드시 달려야 할 으뜸 드라이브 코스. 동해안에 자리한 섬들 덕분에 그림 같은 풍경이 펼쳐진다.

― Transportation 2 ―

뚜벅이 여행자를 위한 버스 여행

섬이라는 지역 특성상 대중교통이 발달하지 않아 렌터카 없이는 하와이 여행이 어렵다고 막연히 짐작만 하는 이들도 있을 테지만, 오아후섬이라면 걱정하지 않아도 된다. 이는 3개월간 오로지 대중교통에 의지한 필자가 몸소 체험하여 내린 결론이다. 시간은 다소 걸리나 버스만으로도 충분히 만끽할 수 있으니 뚜벅이들이여 포기하지 말자.

1. 더 버스(The Bus)

오아후섬 전체를 오가는 대중교통수단으로 노란색과 흰색이 조합된 외형이 특징이다. 오아후섬의 주요 관광명소 부근에는 버스정류장이 설치되어 있으며, 전체 540여 대가 운행하고 있을 만큼 배차 간격도 생각보다는 크지 않다. 장거리 노선이 많은 편인데 $3로 오아후섬 남쪽 끝에서 북쪽 끝으로 갈 수 있을 정도니 가성비로 따지면 버스를 따라올 것이 없다. 총 여행 일정 중 하루, 이틀 정도는 버스에 의지해 이동하는 것도 괜찮은 방법이 될 것. 승차 방법은 앞문으로 타서 요금을 낸 다음 뒷문이나 앞문으로 내리는 방식으로 한국과 비슷하다. 하와이 전용 교통카드인 홀로HOLO를 구매 후 충전하여 한국에서 교통카드를 사용하는 것처럼 기계에 카드를 찍고 타면 된다(자세한 내용은 p.136 참조). 승차권 구매처는 홈페이지에서 확인할 수 있다. 1일 승차권 역시 홀로를 통해 이용 가능한데, 하루에 두 번 이상 탑승하면 저절로 1일 승차권으로 전환된다.

요금 1회 18세 이상 $3, 6~17세 $1.50, 65세 이상 $1.25.
　1일 최대 승차요금 18세 이상 $7.50, 6~17세 $3.75, 65세 이상 $3. 어른 동반 5세 이하 1인 무료, 홀로 카드 최소 충전 금액 $3
홈피 더 버스 www.thebus.org
　홀로 카드 www.holocard.net

오아후 주요 명소로 향하는 버스

와이키키 비치 또는 알라 모아나에서 출발하는 것을 기준으로 오아후섬의 주요 명소까지 가는 버스 번호를 소개한다. 예외인 노선도 있으니 참고하자.

다니엘 K. 이노우에 국제공항 🚌 19번, 20번
다이아몬드 헤드(p.252) 🚌 2, 13번
하나우마 베이(p.247) 🚌 22번
마카푸우 포인트(p.258) 🚌 22, 23번
호놀룰루 동물원(p.266) 🚌 8, 19, 20, 22, 23, 24, 42번
알라 모아나 센터(p.302) 🚌 5, 6, 8, 17, 18, 19, 20, 23, 42, 56, 57, 57A, 60, 65, 88A, 98A, E번
이올라니 궁전(p.269) 🚌 1, 1L, 2, 2L, 3, 9, 11, 13, 40, 42, 43, 51, 52, 53, 54, 82, 83, 84, 87, 88, 91, 92, 93, 96, 97, 98, 101, 102, A, C, E번
알로하 스타디움 & 펄 하버(p.352) 🚌 20, 40, 42, A번
와이켈레 프리미엄 아웃렛(p.354) 🚌 433번
돌 플랜테이션(p.351) 🚌 52, 83, 88A번
할레이바(p.341) 🚌 60, 76, 83, 88A번
폴리네시안 문화센터(p.323) 🚌 60, 88A번
카일루아(p.327) 🚌 66, 67, 672, 673번

버스로 떠나는 호놀룰루 여행 루트

단돈 $7.5으로 오래된 관광명소부터 최근 떠오르는 핫플레이스까지 굵직한 명소를 돌아볼 수 있는 절호의 기회! 1일 승차권만 소지하고 있으면 무제한으로 버스를 이용할 수 있어 교통비 절약에는 최고이다. 지금부터 소개할 루트는 버스 승차까지 오래 기다릴 필요가 없고, 명소와 정류장 간 거리도 짧은 편이라 많이 걷지도 않는다. 한두 번 이용하다 보면 바로 익숙해지므로 로컬이 된 기분을 느낄지도. 차창 밖 하와이를 만끽하며 버스 여행을 떠나보자.

와이키키 비치 출발 → 🚌 2번 → 호놀룰루 미술관(p.275) → 🚌 2번 → 포스터 식물원(p.264) → 🚌 4번 → 차이나타운(p.279) → 🚌 19, 40, 42, 43, A번 → 다운타운(p.278) → 🚌 6번 → 카카아코(p.309) → 🚌 19, 20, 42번 → 알라 모아나 센터(p.302) → 🚌 19, 20, 42번 → 와이키키 비치 도착

버스에서 보이는 풍경

2. 버스 이용 전 알아두면 좋은 것

버스를 타기 전 알아두면 유용한 정보와 재미있는 토막 지식을 모아보았다.

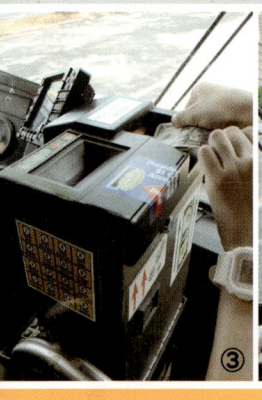

① 넘버원!
미국 대중교통 가운데 최고를 선정하는 시상식에서 1위 수상의 영예를 안은 바 있다. 그만큼 전문가에게도 인정받은 안전하고 편리한 교통수단이라는 점!

② 안내 표지판
'The Bus'라고 표시된 노란 표지판이 세워져 있는 곳이 버스정류장이다.

③ 패스
1일 패스($7.50)와 1개월 패스($80) 두 종류가 있다. 1일 패스는 ABC스토어, 1개월 패스는 세븐일레븐 편의점과 푸드랜드, 타임즈 슈퍼마켓에서 구할 수 있다.

④ 교통카드
2019년 하반기부터 선보인 하와이의 교통카드 홀로 Holo는 한국의 티머니와 같은 충전식 교통카드이다. 운전석 요금통 부근에 있는 기계에 카드를 찍고 타는 방식이다. 하차 시에는 찍을 필요가 없고, 2번 승차한 시점에서 자동으로 1일 패스로 전환하여 유효기간 첫 날 새벽 3시~다음 날 새벽 2시 59분까지 무제한으로 승차할 수 있다. 마지막 문장 ABC스토어와 세븐일레븐 편의점, 푸드랜드, 타임즈 슈퍼마켓에서 판매 중이다.

⑤ 자전거 탑승
버스 앞에는 자전거를 태울 수 있는 운반대가 설치되어 있으며, 최고 3대까지 태울 수 있다. 자전거 이동 중 급히 움직여야 하거나 몸이 피로할 때 이용하면 좋다.

⑥ 앞 좌석
운전석 부근 앞 좌석은 노약자나 몸이 불편한 이를 우선으로 하는 배려석으로 휠체어를 탄 승객을 위한 고정 설비도 갖추고 있다. 되도록 앞 좌석보다는 뒤쪽을 이용하도록 하자.

⑦ 하차벨
한국처럼 빨간 버튼을 누르는 방식이 아닌 창문 위에 달려 있는 줄을 잡아당기는 방식이다. 줄을 잡아당기면 앞쪽 전광판에 'STOP REQUESTED' 표시가 뜨면서 음성 안내도 나온다.

⑧ 반려동물
반려동물도 승차할 수 있다.

⑨ 하차문
기본적으로 문이 자동으로 열리나 혹시 열리지 않는다면 살짝 밀어보자. 손에 닿기만 해도 열리는 경우가 있고 세게 밀어야 가능할 때도 있다.

⑩ 에어컨
연중 버스 안 에어컨 세기가 매우 강렬한 편이니 장시간 버스 이용 시 겉옷을 준비하도록 하며, 버스 가장 뒷좌석 부근에 엔진이 있어 다른 좌석에 비해 비교적 덜 추운 편이다.

⑪ 유모차와 휠체어
승차 시 유모차를 동반하거나 휠체어를 탄 승객을 최우선으로 하므로 무조건 양보하는 자세로 이용하자.

3. 다버스2 활용하기

공식 앱 다버스2 DaBus2를 이용하면 실시간 버스 정보를 더 자세히 알 수 있다. 현재 장소와 시간을 기준으로 목적지까지 가는 버스 번호를 비롯해 정류장 위치가 어디인지, 승차할 예정인 버스가 현재 어디에 있는지, 배차 시간은 언제인지 등을 신속하게 파악할 수 있다. 한국 스마트폰의 지도 앱과 버스정류장에 설치된 전광판 역할을 대신한다고 볼 수 있다.

1 메인 화면에 나오는 4가지 **메뉴** 중 '**MAP**'을 선택한다.

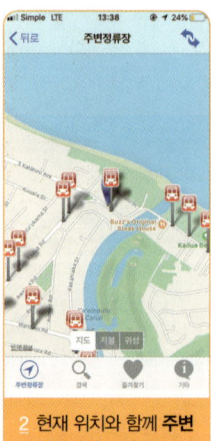

2 현재 위치와 함께 **주변 정류장이 표시**된다.

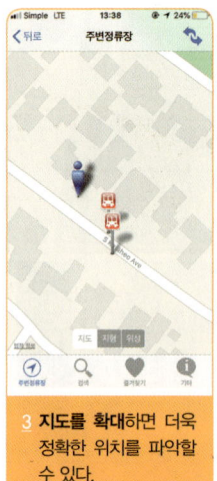

3 **지도를 확대**하면 더욱 정확한 위치를 파악할 수 있다.

4 **정류장을 클릭**하면 정류장 번호와 이름이 표시된다. 정류장 번호는 안내표지판에 표시되어 있어 확인하기 쉽다.

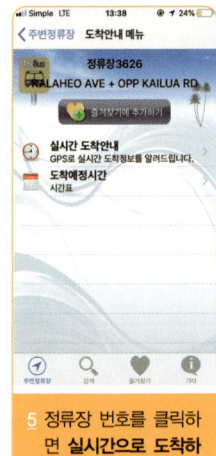

5 정류장 번호를 클릭하면 **실시간으로 도착하는 버스와 버스의 도착 예정시간**을 안내한다.

6 실시간 도착안내를 클릭하면 곧 **도착할 버스 번호와 시간**이 표시된다.

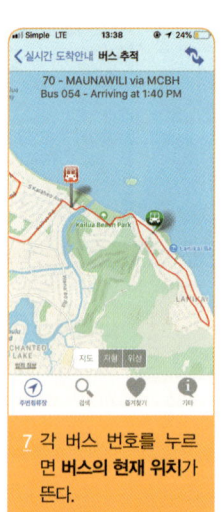

7 각 버스 번호를 누르면 **버스의 현재 위치**가 뜬다.

more & more 택시와 차량 배차 서비스 이용하기

면허증을 가지고 있지 않거나 운전이 미숙한 이라면 대중교통을 이용하는 것이 최선. 호놀룰루를 포함하여 오아후섬의 대다수 관광지는 더 버스나 트롤리를 이용해 이동할 수 있으나 이웃섬이라면 얘기가 달라진다. 물론 오아후섬에서 어쩔 수 없이 택시를 이용해야 하는 경우도 반드시 발생하므로 택시에 관해 어느 정도 지식을 가지고 있는 편이 편리하다.

1. 하와이의 택시

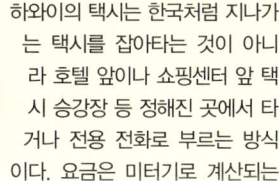

하와이의 택시는 한국처럼 지나가는 택시를 잡아타는 것이 아니라 호텔 앞이나 쇼핑센터 앞 택시 승강장 등 정해진 곳에서 타거나 전용 전화로 부르는 방식이다. 요금은 미터로 계산되는데, 첫 승차 시 기본 $4.30 정도로, 이후 200m마다 $0.56씩 가산된다. 너무 먼 거리가 아니라면 단거리는 이용해도 괜찮은 가격대이다. 팁은 승차요금의 15~20%를 건네면 된다. 신용카드 결제가 불가능한 경우가 있으므로 현금을 소지하도록 한다. 택시 회사는 '더 캡 하와이 The Cab Hawaii', '찰리스 택시 Charley's Taxi', '하나택시 Hana Taxi' 등이 있다.

홈피 더 캡 하와이 www.thecabhawaii.com
　　찰리스 택시 charleystaxi.com
　　하나택시 hana.taxi

2. 미국의 차량 배차 서비스

한국의 카카오택시와 같이 스마트폰을 통한 차량 배차 서비스는 하와이에서도 널리 이용되는 시스템이다. 대표적으로 '우버 Uber'와 '리프트 Lyft'가 있는데, 요금과 이용방법은 크게 다르지 않으므로 직접 사용해보고 쓰기 편한 앱을 선택하면 된다. 인터넷 검색을 통해 할인 코드 Promotion Code를 얻어 더 저렴하게 이용할 수 있으니 참고하자. 요금은 등록된 카드에서 차감되며, 자신이 직접 팁을 설정할 수 있으므로 재량껏 내면 된다. 차량을 호출한 후부터 도착할 때까지 수시로 정보를 알려주므로 안심하고 이용할 수 있다.

앱 사용 방법
앱 실행 → 출발지(Pick-up) 입력 → 도착지(Drop-off) 입력 → 차량 플랜 선택(가장 저렴한 차량을 선택해도 상관없다) → 배차된 차량 정보 확인 → 정확한 출발지에서 대기 → 차량 번호를 확인 후 탑승 → 도착지에 도착하면 별도 요금 부과 없이 하차 → 드라이버 평가와 팁 입력

택시 예상 요금
와이키키 비치를 기준으로 한 주요 명소까지의 예상 요금이다. 차량 배차 서비스를 이용하면 요금은 더욱 저렴하다.

와이키키 비치 → 호놀룰루 공항
: 요금 $35, 소요 시간 30분

와이키키 비치 → 다이아몬드 헤드 입구
: 요금 $15, 소요 시간 10분

와이키키 비치 → 알라 모아나 센터
: 요금 $10, 소요 시간 10분

와이키키 비치 → 이올라니 궁전
: 요금 $15, 소요 시간 20분

와이키키 비치 → 카일루아
: 요금 $55, 소요 시간 40분

Food 1

심층 분석! 하와이 로컬 먹거리

미국 50번째 주인 하와이이지만 특유의 식문화가 발달한 덕분에 본토와는 또 다른 스타일의 음식을 만나볼 수 있다. 또한, 기나긴 이민의 역사로 인해 여러 나라의 문화에서 영향받은 음식도 많아 어딘가 모를 익숙함이 느껴지기도 한다.

로코모코 *Loco Moco*

로코(하와이 현지인)의 소울푸드 하면 이것. 1940~1950년대 모두가 가난하던 옛 시절, 빅아일랜드 힐로 지방에서 돈 없고 배고픈 학생들에게 고봉밥 위에 햄버그스테이크와 달걀 프라이를 얹고 그레이비 소스를 뿌려 덮밥으로 제공하던 것에서 유래되었다고 한다. 지금의 스타일과 거의 다를 바 없이 그 방식 그대로 내려오고 있다. 우리가 흔히 먹는 일본식 햄버그스테이크에 계란을 얹은 음식이라 생각하면 맛이 짐작갈 것. 가게마다 담는 방식과 소스 맛이 다르며, 저마다 개성을 살려 선보인다. 모든 재료를 비벼서 먹는 것이 로코 스타일. 볼륨 넘치는 조합이라 금방 배가 불러온다. 한국인의 입맛에는 조금 느끼할 수도 있으니 샐러드나 채소를 곁들여 먹자. 현지인이 즐겨 찾는 식당부터 세련된 분위기의 카페까지 다양한 곳에서 만나볼 수 있다.

정통 로코모코 음식점
1 레인보우 드라이브 인 p.156
2 니코스 피어 38 p.154
3 릴리하 베이커리 p.155

립 스테이크를 얹은 로코모케 음식점
4 모케즈 브레드 & 브렉퍼스트 p.328

Garlic Shrimp

갈릭 슈림프

말 그대로 새우와 마늘의 기가 막힌 조합이다. 오아후섬 북쪽 지방의 카후쿠Kahuku에 밀집한 새우 양식장의 영향으로 탄생한 음식으로 이곳에서 잡은 새우로 맛을 내어 만든 요리를 노스 쇼어North Shore의 수많은 푸드트럭이 판매하면서 명물로 자리 잡았다. 특히 1990년대에 등장한 푸드트럭 '지오반니'에 의해 유행처럼 퍼지면서 더욱 사랑받는 음식이 되었다. 새우를 갈릭 버터에 껍질째로 볶아 밥과 함께 제공되는 플레이트 런치 스타일이 일반적이며, 매운 소스를 뿌린 스파이시Spicy, 레몬과 버터만으로 간을 한 레몬 & 버터Lemon&Butter 등 푸드트럭마다 조금씩 다른 맛의 새우 요리도 선보이고 있다. 굳이 북쪽 지역까지 가지 않아도 호놀룰루 중심가에 갈릭 슈림프를 제공하는 음식점이 많으므로 꼭 한번 도전해보자.

갈릭 슈림프를 만날 수 있는 음식점

1 지오반니 슈림프 트럭 p.342
2 후미즈 p.154
3 니코스 피어 38 p.154
4 빅 웨이브 슈림프 p.342
5 블루 워터 슈림프
6 샘스 키친 p.286
7 엘 & 엘 하와이안 바비큐 p.307

포케 *Poke*

해산물에 해조류와 채소를 더해 간장, 소금, 참기름 등으로 간을 한 요리로 이것을 밥 위에 얹거나 빈 부분에 밥을 따로 넣어 제공한다. 한국의 회덮밥과 비슷한 느낌으로 참치 Ahi, 연어 Salmon, 새우 Shrimp, 문어 Taco, 조개관자 Scallop 등 메인이 되는 해산물에 다양한 조미료로 미리 맛을 낸 것도 있고 주문할 때 소스를 직접 골라 뿌리는 방식도 있다. 간장쇼유 Shoyu, 참깨 Sesame, 고추장 Gochujang, 고추냉이 Wasabi, 스파이시 Spicy 등 종류도 무척 다양한 편이며 대부분이 한국인 입맛에도 맞다. 포케 전문점 외에도 슈퍼마켓 체인 푸드랜드 Foodland에서 판매하는 포케가 로코들 사이에서는 반응이 좋은 편이며, 와이키키 중심가에 있는 편의점 코코 코브 Coco Cove도 푸드랜드와 같은 계열사이므로 같은 포케를 쉽게 접할 수 있으니 꼭 한번 즐겨보자.

포케를 만날 수 있는 음식점
1 오노 시푸드 p.293
2 아히 어세신즈 피시 컴퍼니 p.300
3 샤카 포케 p.284
4 히바치 p.329
5 포케 바 p.284

에그 베네딕트

팬케이크와 함께 하와이의 대표적인 아침 식사 메뉴로 등극한 요리로 잉글리시 머핀 위에 수란과 베이컨, 햄을 얹은 다음 홀랜다이즈 소스를 뿌린 것이다. 호텔 조식 메뉴로 빠짐없이 등장하는 것으로 일반 음식점에서도 만나볼 수 있다.

에그 베네딕트를 만날 수 있는 음식점
6 에그슨 싱스 p.283

Egg Benedict

아사이볼

베리 계열의 브라질산 과일로 '아마존의 보랏빛 진주'라고 일컬어질 만큼 영양이 높고 건강에 좋은 슈퍼푸드 아사이. 열매가 굵직하고 수분이 부족하며 시고 씁쓸한 맛을 내기도 하여 단독으로 먹기보다는 다채로운 재료를 더해 묽게 만들어 먹는 것이 일반적이다. 아사이볼은 아사이를 가장 맛있게 먹는 방법이라 할 수 있다. 하와이에서는 아침 식사에 즐겨 먹는 건강한 식단으로 정착하였다. 비타민, 폴리페놀, 철분, 식이섬유, 칼슘 등 영양소를 듬뿍 섭취할 수 있으며 이는 미용, 변비 해소, 고혈압 개선, 피로 회복 등의 효과를 가져오기 때문. 최근에는 형형색색의 과일이 가지런히 놓인 외형이 포토제닉하다고 평가받아 더욱 큰 인기를 끌고 있다. 각 음식점마다 과일, 그래놀라, 시럽 종류를 달리하여 다양한 입맛을 충족한다.

아사이볼을 만날 수 있는 음식점

1 보가츠 카페 p.255
2 날루 헬스 바 & 카페 p.328
3 비치워크 카페 p.288
4 다코브 헬스 바 & 카페 p.255
5 하와이안 크라운 플랜테이션 p.289
6 할레이바 볼즈 p.345

플레이트 런치

스티로폼 박스에 메인과 사이드, 밥을 넣은 테이크아웃용 도시락을 일컫는 말. 고기나 생선을 중심으로 한 메인 메뉴와 샐러드, 채소 반찬 등의 사이드 메뉴를 고르고 밥 역시 흰쌀밥(화이트White로 표기)과 잡곡밥(브라운Brown으로 표기) 중에서 선택하면 주문이 완료된다. 가게마다 메뉴가 다르나 종류는 풍부한 편이며, 카운터에 진열된 음식을 보고 일일이 고르는 방식도 있어 주문은 어렵지 않다. 캔 음료나 생수도 $1~2 정도에 판매하고 있어 같이 주문하면 된다. 테이크아웃 전문점이 대다수이며 식사를 할 수 있는 테이블을 1, 2개 비치해두는 곳도 있다. 기본적으로 팁은 불필요하나 계산대 옆에 팁을 넣는 통이 마련되어 있어 재량껏 넣으면 된다. 자신만의 도시락을 만들어 즐겨보자.

플레이트 런치를 만날 수 있는 음식점
1 다이아몬드 헤드 마켓 & 그릴 p.256
2 카하이 스트리트 키친 p.300
3 후쿠야 p.301
4 파이오니아 살룬 p.254

스팸 무수비

달콤짭짤하게 간을 한 스팸을 초밥처럼 밥 위에 얹은 다음 김으로 감싼 하와이식 삼각김밥. 제2차 세계대전 당시 미국인 병사들이 하와이에 주둔하면서 스팸을 보급 시켰고 이후 카우아이섬에 사는 일본계 미국인 요리사가 고안하여 판매하면서 하와이 전체에 널리 퍼지게 되었다. 출출할 때 챙겨 먹는 간편식으로 편의점이나 전문점에서 미리 구매해두어도 좋다.

스팸 무수비를 만날 수 있는 음식점
5 무수비 카페 이야스메 p.286
6 세븐일레븐 p.209

햄버거

빠른 조리와 저렴한 가격으로 대중화된 패스트푸드로 한때는 정크푸드로 불리며 소비자에게 등한시되던 시기도 있었지만 신선하고 엄선된 재료를 사용해 제2의 전성기를 누리고 있는 햄버거. 하와이에서도 음식점마다 맛있는 햄버거를 선보이며 현지인의 사랑을 받고 있다. 최대 프랜차이즈 맥도날드는 물론이고 미국 국내를 중심으로 체인점을 운영하는 '잭 인 더 박스Jack in the Box'에서도 판매하고 있다.

햄버거를 만날 수 있는 음식점
1 테디스 비거 버거스 p.283
2 쿠아아이나 p.343
3 잭 인 더 박스

팬케이크

밀가루 반죽을 동그랗게 부쳐 토핑을 듬뿍 얹은 하와이식 팬케이크는 먹음직스러운 생김새만큼이나 맛도 누구나 만족할 만큼 훌륭하다. 과일, 크림, 소스 등 팬케이크 위에 올라간 재료만을 보면 간식으로 생각할 수 있으나 의외로 양이 많고 볼륨 넘쳐 든든한 한 끼 식사로도 제격이다. 하와이에서도 대표적인 조식 메뉴로 알려져 있다. 집에서 만들어보고 싶다면 슈퍼마켓에서 판매하는 팬케이크용 믹스를 구매해보자.

팬케이크를 만날 수 있는 음식점
4 카페 카일라 p.293
5 모케즈 브레드 & 브렉퍼스트 p.307
6 요거 스토리 p.307
7 코아 팬케이크 하우스 p.295

말라사다

겉은 바삭하고 속은 촉촉한 하와이식 도넛. '조잡하고 못생기다'를 의미하는 포르투갈어로 포르투갈에서는 부활절 46일 전인 수요일부터 단식이 이루어지는데, 그 전날인 화요일에 먹었던 도넛이 하와이로 전해지면서 정착한 것이다. 강력분과 베이킹파우더를 섞어 발효한 반죽을 튀겨 설탕과 계핏가루를 묻히면 완성. 포르투갈 이민자 출신이 운영하는 '레너즈 베이커리'가 1952년 문을 열었을 때부터 대박을 터뜨리며 지금까지 인기가 이어져 오고 있다.

말라사다를 만날 수 있는 음식점

1 레너즈 베이커리 p.292
2 카메하메하 베이커리 p.157
3 푸날루우 베이크숍 p.415
4 파이프라인 베이크숍 & 크레머리 p.297
5 나폴레옹 베이커리

셰이브 아이스

연중 더운 날씨가 계속되는 하와이에서 빼놓을 수 없는 디저트로 한국의 팥빙수에 팥이 없는 버전이다. 대신 높게 쌓은 얼음 위에 시럽을 끼얹어 제공한다. 뿔 모양의 종이컵이나 플라스틱 그릇에 담겨 나오며 가게마다 풍부한 시럽 종류 가운데 2~3개 맛을 골라 먹으면 된다. 기호에 맞춰 아이스크림, 떡, 과일을 토핑해 먹기도 한다.

셰이브 아이스를 만날 수 있는 음식점

6 마쓰모토 셰이브 아이스 p.344
7 아오키스 셰이브 아이스 p.344
8 시마즈 셰이브 아이스 p.294
9 몬사라트 셰이브 아이스 p.256
10 와이올라 셰이브 아이스 p.294

사이민 Saimin

20세기 초 하와이로 이주한 일본계 노동자가 새우 육수에 중화면을 넣어 먹던 요리에서 유래된 것으로 중국어로 '얇은 면'을 뜻한다. 현재는 마른 새우에 다시다와 가다랑어포를 첨가한 육수를 사용해 맛이 깔끔하며, 스팸, 채소, 계란 등을 얹어 제공한다.

옥스테일 수프 Oxtail Soup

지방을 제거한 소의 꼬리 부위를 장시간 삶아 만든 수프. 테이블에 비치된 간장쇼유와 생강을 섞은 소스에 고기를 찍어 먹으며 국물을 따로 마시다가 마지막에 국에 밥을 말아 먹는 것이 하와이 스타일.

훌리훌리 치킨 Huli Huli Chicken

'훌리'란 하와이 원주민어로 '돌리다'란 뜻을 가진 단어. 말 그대로 닭을 꼬치에 꽂아 통째로 돌리며 불에 구운 음식으로 할레이바의 '레이즈 키아베 브로일드 키친(p.343)'이 유명하다.

포이 Poi

'칼로Kalo'라는 타로 고구마를 찐 다음 으깬 것으로 고대 하와이 왕국의 주식이었다. 죽과 비슷한 식감이다.

Food 2
하와이 음식점 이용 매뉴얼

하와이 음식을 즐기기 전 알아두면 좋은 것을 소개한다. 음식점을 방문했을 때 주의할 점과 영수증 보는 법, 팁 내는 법, 계산 시 유용한 정보 등 반드시 알아야 할 부분과 할인 정보를 참고해 이용하도록 하자.

1. 기본 예절

패스트푸드점, 테이크아웃 전문점을 제외한 대부분의 음식점은 입장한 순간부터 직원이 안내할 때까지 대기해야 하며, 테이블마다 담당 서버가 있어 자리에 앉은 다음 메뉴가 정해지더라도 주문을 받을 때까지 기다리는 것이 기본 상식이다. 큰 목소리로 손을 들어 직원을 부르는 것은 매너 위반. 서버가 필요한 것이 없는지 물어보기 전까지는 여유를 가지고 기다리자. 만약 서버가 오지 않으면 주변에 있는 직원에게 작은 목소리로 "Excuse me"라고 부른 다음 부탁하면 된다.

2. 음주 & 담배

하와이의 음식점은 동시에 두 종류 이상의 주류를 제공하는 것이 법으로 금지되어 있다. 예를 들어 맥주와 와인을 같이 주문하면 맥주가 우선 나오고 와인은 다 마신 다음에야 제공한다. 보드카나 데킬라는 예외로 구분되어 맥주, 칵테일 등과 동시에 즐길 수 있다. 연령을 확인할 수 있는 여권을 반드시 소지할 것! 주류 판매 라이선스가 없는 음식점에는 자신이 직접 사서 갈 수도 있다. 또한 하와이의 모든 음식점은 금연이다.

3. 발레파킹

일부 음식점은 주차 시 발레파킹만 실시한다. 주차요원이 보이면 차를 맡기고 음식점에 들어가면 된다. 영수증에 따로 기재되어 있지 않다면 식사 후 주차요원에게 $2~3의 팁을 내도록 하자.

4. 드레스 코드

최고급 음식점을 제외하곤 복장이 엄격하게 규정되어 있지는 않다. 하지만 반바지나 수영복, 비치샌들 등 비치에서나 볼 법한 차림은 NG. 캐주얼하지만 깔끔하게 차려입은 일반적인 복장으로 방문하자.

비치 샌들, 슬리퍼는 피하자!

5. 예약

유명 음식점 가운데 반드시 방문하고 싶은 곳은 사전에 예약을 해두는 것이 좋다. 전화로 직접 하거나 예약 전문 웹사이트 '오픈 테이블Open Table(영어)'을 통해 예약하는 방법이 있다. 오픈 테이블은 앱도 있어 스마트폰으로 간단히 예약할 수 있다. 예약 시간을 반드시 지키도록 하고 만약 늦는다면 음식점에 연락하는 것을 잊지 말자.

홈피 www.opentable.com

6. 조식 & 브런치

하와이의 아침은 참 빠르다. 해가 빨리 뜨는 편이라 아침 6시면 이미 바깥이 환하다. 그 영향인지 대다수 음식점이 이른 아침부터 문을 연다. 호텔에 조식을 신청하지 않았다면 이러한 곳을 활용하여 일정을 시작하는 것도 좋겠다. 조식과 점심 식사를 겸한 브런치도 하와이에선 자연스러운 문화로 따로 메뉴를 구비해둔 곳도 많다. 대개 오픈 시각부터 11시까지 즐길 수 있다.

7. 해피 아워

점심과 저녁 식사 사이 시간대에 비교적 손님이 적은 점을 이용해 일부 음료와 식사 메뉴를 파격적인 가격에 제공하는 것을 해피 아워라고 한다. 저렴한 가격을 내세워 손님을 부르는 이른바 호객 행위인 것. 보통 오후 2시에서 오후 6시 사이에 실시하며 가게마다 시간은 상이하다. 바쁜 일정 속 점심 시간을 놓쳤거나 잠깐의 휴식을 취할 때 이용하면 좋다. 와이키키 비치 주변 거리를 걷다 보면 'Happy Hour'라고 적힌 입간판이 보일 테니 가벼운 마음으로 들어가보자.

8. 팁

음식점에서 착석하여 시간을 보냈다면 반드시 팁을 내자. 보통 총금액의 15%이며, 저녁 식사를 하는 경우 15~20%, 바는 음료 한 잔당 $1 정도를 내면 된다. 음식점이 임의로 지정한 금액으로 합산되어 나오는 경우가 있고 팁 부분이 따로 있어 고객이 직접 기재하도록 공란으로 두기도 한다. 이 때문에 영수증을 유심히 살펴본 다음 결제를 진행해야 한다. 'Tip'이 아닌 'Gratuity'라 적힌 것도 마찬가지로 팁을 의미하므로 주의하자.

팁 예시

총금액($)	팁(15%)
5	0.75
10	1.5
15	2.25
20	3
25	3.77
30	4.50
35	5.25
40	6
45	6.75
50	5.70
55	8.25
60	9
70	10.50
80	12
90	13.50
100	15

영수증 보는 법

- 매장명
- 매장 주소&전화
- 담당 서버명과 테이블 번호
- 방문 날짜
- 주문한 메뉴와 가격
- 세금 전 총금액과 세금
- 총금액
- 팁 예시

9. 신용카드

미국도 신용카드 사용률이 높은 나라로 대부분의 음식점에서는 신용카드로 결제가 가능한 편이다. 결제하기 전 알아둘 몇 가지 중요한 사항이 있는데, 카드에 기재된 영문 이름과 여권 이름이 일치하는지, 카드 뒷면에 서명이 되어 있는지, 해외에서 사용 가능한 카드인지를 확인해야 한다. 영수증에 서명할 때 한국처럼 하트를 그리거나 줄을 대충 긋는 행위는 삼가자. 카드 뒷면과 동일한 서명을 기재할 것.

10. 일본 무료 잡지 활용

매년 하와이를 방문하는 외국인 관광객 중 가장 많은 비율을 차지하는 일본인. 이들의 하와이 사랑은 시내 곳곳에 비치된 다양한 관광용 책자 수만 봐도 확연히 느낄 수 있다. 하와이의 최신 관광 정보와 음식점, 쇼핑 관련 쿠폰을 담은 무료 잡지는 '카우카우Kaukau', '라니라니LaniLani', '알로하 스트리트Aloha Street', '레아레아Lea Lea', '하와이 러버즈Hawaii Lovers' 등 매우 다양한 편. 잡지는 점포명을 제외하고는 대부분 일본어로 기재되어 있으나 일부 잡지에는 할인과 특전 내용을 영어로 표기하고 있어 걱정하지 않아도 된다. 일본어로만 되어 있다면 잡지를 스캔하여 번역을 해주는 앱을 이용해 확인하면 된다. 쿠폰북과 마찬가지로 주문 시 함께 제시하자.

하와이의 최신 관광 정보와 음식점, 쇼핑 관련 쿠폰을 담은 무료 잡지는 카우카우, 라니라니, 알로하 스트리트, 레아레아, 하와이 러버즈 등 매우 다양하다!

11. 하와이 고메 어워드

매년 9월 하와이의 최고 음식점을 선정하는 시상식은 지역 매체 '호놀룰루 매거진Honolulu Magazine'이 주최하는 '할레 아이나 어워드Hale 'Aina Award'가 대표적이다. 2019년에 36회를 맞이하는 오랜 역사의 시상식으로 할레 아이나는 하와이 원주민어로 '먹는 장소'를 뜻한다. 새롭게 문을 연 음식점부터 각 섬의 최고 음식점까지 다양한 부문으로 나뉘어 선정하며, 각 부문마다 금, 은, 동, 파이널리스트, 최다 득표 등 6개 업체를 뽑는다. 이 외에도 하와이 지역 신문 '호놀룰루 스타애드버타이저Honolulu Star-Advertiser'가 매년 6월에 선정하는 '하와이 베스트Hawaii's Best'는 부문이 할레 아이나보다 더 세세하게 나뉘어 있다. 조식, 뷔페, 빵, 한국 음식, 패스트푸드 등 눈길을 끄는 흥미로운 부문이 많은 편. 인터넷 검색창에 각 시상식의 이름을 넣으면 그 해 선정된 음식점 리스트를 확인할 수 있다. 하와이에서 방문하고 싶은 음식점을 고를 때 참고하도록 하자.

12. 거리 가판대 쿠폰북

와이키키 비치 인근 번화가를 걷다가 마주치게 되는 가판대에 주목하자. 여행 정보를 수록한 잡지와 함께 'Coupons'가 대문짝만하게 쓰여 있는 쿠폰북을 발견할 수 있다. 번화가에 즐비한 유명 음식점의 할인 쿠폰이 들어 있어 유용하게 사용할 수 있다. 여행자뿐만 아니라 현지인에게도 인기 높은 곳이 들어가 있어 의외의 수확을 얻을지도. 할인율도 10~20%로 좋은 편이며, 큰 제약도 없어 기한 내에만 사용하면 된다. 주문할 때 쿠폰북에 있는 해당 페이지를 함께 제시하자.

13. 미국 동전 익히기

적응이 되면 어렵지 않지만 익히는데 조금은 시간이 필요한 미국 동전! 하와이 여행에서, 특히 식당에서 동전을 사용할 기회는 무수히 많으므로 미리 익혀두면 당황하지 않고 실전에 대응할 수 있다.

1센트
페니Penny라고도 불리며, 동전 중 유일하게 황동색이다. 푼돈이라는 의미로도 쓰이며, 단면에는 'One Cent'라 새겨져 있다.

5센트
니켈Nickel이라고도 불리며, 동전 중 유일하게 옆면이 톱니바퀴 모양이 아니다. 단면에 작은 글씨로 'Five Cent'라 새겨져 있다.

10센트
다임Dime이라고도 불리며, 동전 중 가장 크기가 작다. 단면에 'One Dime'이라 새겨져 있다.

25센트
쿼터Quarter라고도 불리며, 동전 중 가장 크기가 크다. 1/4을 의미하는 영어 단어에서 유래했다.

25센트 단면에 주목!
미국 50개 주의 각 지역을 상징하는 풍경이 새겨진 기념주화가 발행되었고, 2008년 카메하메하 대왕으로 디자인된 하와이 버전이 등장하였다. 거스름돈을 받을 때 한 번씩 확인해보도록 하자.

Food 3

로코가 사랑하는 로컬 식당

'로코Loco'란 하와이에 사는 현지인을 일컫는 말. 관광객으로 혼잡한 음식점보다는 현지인이 즐겨 찾는 맛집을 방문하고 싶은 것이 여행자의 공통된 마음일 것이다. 하와이의 전통음식부터 그들의 아침을 책임지는 조식 메뉴, 출출할 때 먹으면 좋은 간식 등 그들이 강력추천하는 음식의 세계로 떠나보자.

지피스 Zippy's

1966년에 오픈한 하와이의 대표적인 패밀리 레스토랑 체인점. 하와이에 우편번호(Zip Code) 제도가 보급되기 시작한 해에 문을 열어 우편처럼 빠른 서비스를 제공하고자 지어진 이름이라 한다. 부동의 인기를 얻고 있으며 슈퍼마켓에 소스가 판매될 정도인 '칠리' 관련 메뉴는 하와이 사람들의 소울푸드이다. 소시지를 얹은 칠리 프랭크Chili Frank를 비롯해 부리토, 나초스, 오믈렛, 로코모코 등이 있다.

주소 601 Kapahulu Ave. Honolulu
위치 더 버스 2, 2L, 13, 14, 24번 이용
운영 06:00~22:00
요금 $12.70
전화 808-733-3725
홈피 www.zippys.com
GPS 21.278315, -157.813760

극비! 일부 종업원만이 아는 일급비밀의 소스로 만든 칠리!

니코스 피어 38 Nico's Pier 38

싱싱한 해산물을 판매하는 피시마켓도 겸하고 있다. 100명 이상은 족히 수용될 만큼의 드넓은 내부 좌석 가운데 바다와 항구가 보이는 창가 자리를 추천한다. 저녁 시간대보다 점심 시간대가 전반적으로 저렴하므로 이 시간대를 공략하자. 바질 페스토를 묻힌 갈릭 슈림프, 니코스의 오리지널 햄버거가 들어간 로코모코가 인기 메뉴다.

주소 1129 N Nimitz Hwy. Honolulu
위치 더 버스 19, 20번 이용
운영 월~토 06:30~21:00,
      일 10:00~21:00 휴무 연중무휴
요금 로코모코 $14.95,
      갈릭 페스토 슈림프 $12.15
전화 808-540-1377
홈피 nicospier38.com
GPS 21.317666, -157.877113

후미즈 Fumis

미국의 한 잡지에서 조사한 '미국에서 가장 먹고 싶은 점심 Best 5'에 선정된 새우 전문점이다. 가게가 운영하는 양식장에서 키워 싱싱한 새우를 사용해 안심하고 즐길 수 있다. 대표적인 버터 갈릭 외에도 레몬 페퍼, 핫 & 스파이시, 코코넛 등 9가지 메뉴를 선보이며, 크기가 큼지막하고 탱글탱글한 새우 식감이 가게 고유의 소스와 잘 어우러져 있다. 더 버스 정류장 부근에도 푸드트럭이 영업 중이다.

주소 56-777 Kamehameha Hwy. Kahuku
위치 더 버스 60, 88A번 이용
운영 10:00~18:30 휴무 부정기
요금 버터 갈릭 슈림프 $16
전화 808-232-8881
GPS 21.687182, -157.964507

릴리하 베이커리 Liliha Bakery

주변에 흔한 관광명소가 없는 주택가 속에 있어 여행자가 방문하기엔 애매한 위치라 할 수 있으나 현지인이 사랑하는 하와이의 맛집임을 고려하면 방문할 가치가 충분한 음식점 겸 빵집. 1950년에 문을 연 노포는 전체적으로 1960~1970년대 미국의 분위기가 풍긴다. 월요일을 제외한 날은 24시간 영업하므로 심야 시간이 아닌 이상 항상 사람들로 북적거린다. 로코모코, 오믈렛, 팬케이크, 사이민 등 조식 메뉴가 인기라 아침 시간대가 가장 붐빈다. 코코 퍼프 Coco Puff로 대표되는 빵 메뉴도 후식으로 추천.

주소	515 N Kuakini St. Honolulu
위치	더 버스 1L, 2, 2L, 10, 13, W3번 이용
운영	06:00~22:00 휴무 부정기
요금	로코모코 $16.50, 코코 퍼프 $2.19
전화	808-531-1651
홈피	www.lilihabakery.com

GPS 21.324030, -157.857942

알라모아나 센터점

주소	1450 Ala Moana Boulevard, Honolulu
운영	일~목 07:00~20:00 금·토 07:00~21:00
전화	808-944-4088

코코 퍼프

릴리하 베이커리 알라모아나 센터점

레인보우 드라이브 인 Rainbow Drive In

건물 상부를 감싸는 무지개색 간판이 인상적인 음식점. 가게 앞 주차장은 넓은 편이나 금방 만차가 될 만큼 인기가 높다. 2개의 햄버그스테이크 위에 2개의 달걀 프라이를 얹고 자체 개발한 특제 그레이비 소스를 듬뿍 뿌려 완성한 볼륨 만점의 로코모코가 대표 음식. 달걀 프라이의 굽기를 선택할 수 있는데 로코가 즐겨 먹는 반숙 '서니 사이드 업 Sunny Side Up'으로 주문하자.

주소 3308 Kanaina Ave. Honolulu
위치 더 버스 2, 13, 14, 24번 이용
운영 07:00~21:00
휴무 1월 1일, 추수감사절, 크리스마스, 부정기
요금 $10.50
전화 808-737-0177
홈피 www.rainbowdrivein.com
GPS 21.275952, -157.814549

하와이안 파이 컴퍼니 Hawaiian Pie Company

가족 모두가 운영에 동참해 삼대가 가업을 잇고 있는 파이숍. 더치 애플, 패션 페어, 피크 피치, 코코넛, 블루 파인애플, 블루베리 피치 등 개업 당시부터 있었던 오리지널 파이를 비롯해 매달 한정으로 선보이는 메뉴 등 10가지 이상을 만나볼 수 있다. 재료가 듬뿍 들어가 묵직하다.

주소 508 Waiakamilo Rd. Honolulu
위치 더 버스 9, 40, 42, 43, 51, 52, 88A, C번 이용
운영 09:00~16:00 휴무 토~화요일
요금 파이 $7.50~
전화 808-988-7828
홈피 hawaiianpieco.com
GPS 21.323362, -157.877141

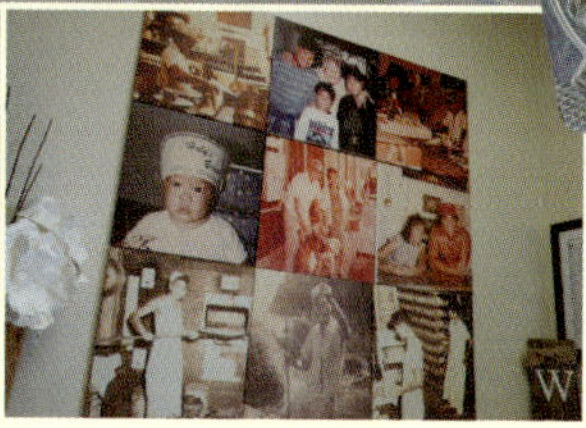

> 과육이 듬뿍 들어가 씹는 맛이 살아 있는 파이

카메하메하 베이커리 Kamehameha Bakery

1978년 개업한 이래 간판 메뉴인 '포이 도넛'을 앞세워 변함없이 굵직한 존재감을 보여주고 있는 빵집. 공장이 모여있는 칼리히Kalihi 지역에 위치하며, 고대 하와이안의 주식이었던 자주색 고구마 음식 포이Poi로 만든 도넛이 명물이다.

주소 1284 Kalani St. Honolulu
위치 더 버스 9, 40, 42, 43, 51, 52, 88A번 이용
운영 월~금 02:00~16:00, 토·일 03:00~16:00
휴무 부정기
요금 $1.05~
전화 808-845-5831
홈피 kamehamebakeryhi.net
GPS 21.321482, -157.875922

Food 4

하와이 과일 & 채소

파머스 마켓, 슈퍼마켓, 거리의 프루트 스탠드에서 찾아볼 수 있는 하와이의 열대 과일을 만나보자!

① 파인애플 Pineapple
하와이 농업의 중심 작물이었던 과일로 현재도 일부 지역에서는 생산이 이루어지고 있다. 하와이를 테마로 한 돌 플랜테이션(p.351)을 추천한다.

② 브래드 프루트 Bread Fruit
직역하면 '빵 과일'을 의미하듯 고대 하와이 왕국의 주식으로 쓰이던 과일이다. 영양가가 높아 예로부터 열대지방인 섬에서 귀중하게 여겨졌다.

③ 릴리코이 Lilikoi
하와이에서는 패션 프루트를 릴리코이라 부른다. 새콤달콤한 맛과 풍부한 향을 자랑한다.

④ 화이트 구아바 White Guava
일반적인 핑크색 구아바보다 달고 영양가도 높다. 주스나 잼을 만들 때 사용된다.

⑤ 드래곤 프루트 Dragon Fruit
한국에서는 용과로 불리는 과일로 외형이 용의 비늘과 닮았다 하여 붙여진 이름이다. 산미가 없고 깔끔한 단맛이 특징인 선인장 열매.

⑥ 망고 Mango
한국에도 널리 보급된 열대 과일의 여왕. 독보적인 단맛 덕분에 주스나 디저트에 자주 사용된다.

⑦ 파파야 Papaya
하와이의 파파야는 품종개량을 거쳐 보통의 것보다 더 달다.

⑧ 포멜로 Pomelo
감귤류 과일로 과육은 탄력이 있고 풍부한 과즙과 산뜻한 산미가 특징이다.

⑨ 사포딜라 Sapodilla
추잉검 나무에서 나온 열매로 감과 비슷한 맛이 난다.

⑩ 아보카도 Avocado
비타민과 미네랄이 다량 함유된 일명 숲에서 나는 버터. 하와이의 각종 요리에도 재료로 쓰인다.

⑪ 카후쿠 콘 Kahuku Corn
오아후섬 북서부의 카후쿠 지방에서 나는 옥수수. 당도가 높아 삶지 않고 그냥 먹어도 맛있다.

Food 5

하와이 커피

한국은 세계에서 손꼽히는 커피 소비 국가로 성인이 한 해에 소비하는 커피는 무려 353잔이고 세계 1인당 소비량의 세 배에 달한다. 이렇듯 커피 사랑을 대대적으로 실천하는 한국인이 세계 3대 커피 생산지인 하와이까지 와서 커피를 안 마시는 것은 상상도 할 수 없다. 한국과 마찬가지로 하와이에서도 언제 어디서든 커피를 쉽게 만나볼 수 있으니 맘껏 만끽해보자.

코나 커피
Kona Coffee

자메이카의 블루 마운틴, 예멘의 모카 마타리(또는 케냐의 킬리만자로)와 함께 세계 3대 명품 커피로 불리는 코나 커피는 빅아일랜드 남서부에 위치하는 코나 지방에서 생산하는 커피이다. 전 세계 커피 생산량의 1% 이하에 불과한 희소성 높은 원두로, 쓴맛이 적고 부드러운 산미와 단 향이 특징이다. 코나는 빅아일랜드의 넓은 면적에 비해 지역 자체는 아주 작으나 화산이 만들어내는 풍부한 토양, 높은 고도와 더불어 강수량, 일조량 등 커피를 재배하는데 필요한 조건을 모두 갖추고 있다.

원두 정제법

커피 열매를 생두로 가공하는 것을 정제라고 한다. 햇볕에 그대로 자연 건조시키는 내추럴Natural, 기계로 껍질을 제거하고 반건조시키는 펄프 내추럴Pulped Natural, 물에 넣어 깨끗이 씻은 다음 말리는 워시드Washed, 물 사용량이 워시드보다는 적은 세미 워시드Semi Washed 등 총 4가지 방법이 있다. 정제 방식에 따라 품질과 맛에도 크게 영향이 간다. 인위적으로 정제될수록 품질이 균일화되어 있으나 원두 본연의 맛이 강한 건 내추럴을 따라올 수 없다.

원두의 등급

원두는 크기가 크면 클수록 숙성도가 높고 맛도 좋다. 크기와 원두 흠집에 따라 등급을 나누는데, 가장 높은 등급순으로 엑스트라 팬시Extra Fance, 팬시Fancy, 넘버 원No.1, 셀렉트Select, 프라임Prime이다. 원두는 보통 열매 하나에 2개의 원두가 들어있다. 가끔 원두가 하나밖에 들어있지 않은 것이 발견되기도 하는데 이러한 원두를 따로 배전한 것을 피베리Peaberry라 하고 엑스트라 팬시와 같은 최고 등급으로 분류한다. 전체 생산량의 3%만을 차지하는 귀중한 커피이다.

라이언 커피 Lion Coffee

미국에서 가장 오랜 역사를 자랑하는 커피 브랜드. 1869년 오하이오주에서 시작하였으나 1979년 하와이로 거점을 옮기며 정착한 것이다. 하와이식 화관 '하쿠 레이 Haku Lei'를 쓴 사자가 그려진 빨간 패키지가 상징인 원두는 슈퍼마켓이나 편의점에서 심심찮게 만나볼 수 있다. 하와이 내 맥도날드와 세븐일레븐에서 판매하는 커피도 이곳의 원두를 사용한다. 호놀룰루 공항에 인접한 칼리히 Kalihi 지역에는 라이언 커피의 모든 상품과 관련 기념품을 판매하는 숍, 다채로운 커피 메뉴와 간식거리를 제공하는 카페를 겸한 커피 공장이 있어 커피를 좋아하는 이라면 강력 추천한다.

주소 1555 Kalani St. Honolulu
위치 더 버스 7, 9, 19, 20, 40, 42, 43, 51, 52, C번 이용
운영 06:30~15:00
　　　　휴무 토·일·공휴일
전화 800-338-8353
홈피 www.lioncoffee.com
GPS 21.324319, -157.879778

※ **라이언 커피 공장 투어**
월~금요일에는 공장을 견학하며 원두의 제조공정을 알아보고 시음도 하는 무료 투어도 실시한다(영어, 일본어). 만 12세 이상이면 누구나 신청 가능하며 선착순 10~15명을 모집한다. 오전 10시와 오후 12시 30분에 약 30분간 진행되며, 시작 15분 전에 도착하여 안내데스크에 있는 태블릿 단말기를 통해 신청하면 된다.
공장 내 안전관리를 위해 발 전체를 감싼 신발을 착용하고 시계와 액세서리 착용은 자제할 것을 권한다. 단, 금요일은 공장 일부가 가동되지 않으므로 참고하자(COVID-19으로 잠정 중단).

아일랜드 빈티지 커피 Island Vintage Coffee

오아후섬과 마우이섬에 6개의 지점을 운영하는 카페 체인점. 코나 커피 원두를 사용한 커피를 비롯해 하와이에서 생산하는 신선한 재료로 만든 아사이볼과 주스, 유기농 식재료만을 고집하는 음식(07:00~21:30에만 제공) 등 풍부한 메뉴를 선보인다. 기념품이나 선물용으로 제격인 이곳만의 상품에도 주목하자. 원두, 초콜릿, 꿀, 그래놀라, 쿠키 등 고를 때 고민이 될 만큼 다양한 라인업을 자랑한다. 재료 하나하나를 선정할 때 심혈을 기울여 품질도 좋다. 여행자가 방문하기 쉬운 지점은 로열 하와이안 센터 2층과 알라 모아나 센터 1층에 있는 곳이다. 로열 하와이안 센터 입구 부근에는 셰이브 아이스 전문점인 아일랜드 빈티지 셰이브 아이스(p.290)가 있으니 함께 방문해보자.

주소 2301 Kalakaua Ave. Honolulu
위치 더 버스 2, 2L, E번 이용
운영 06:00~22:00 **휴무** 연중무휴
요금 아사히 보울 $14.95
전화 808-926-5662
홈피 www.islandvintagecoffee.com
GPS 21.278182, -157.828375

와이알루아 커피 농장 Waialua Estate Coffee & Chocolate

노스 쇼어의 아름다운 비치와 할레이바의 서정적인 마을 분위기를 느끼고 돌아가는 길에 들르면 좋은 곳이다. 할레이바에서 자동차로 7분 정도 걸리는 거리에 위치하는 와이알루아 지역에서도 원두를 재배, 생산하고 있으며 배전 후 판매까지 한 번에 이루어지고 있다. 넓은 매장에는 원두는 물론이고 하와이의 다양한 기념품도 판매하고 있으며 시음 코너가 여기저기 있어 입맛에 맞는 원두를 찾기도 쉽다(2021년까지 진행됐던 커피 농장 투어는 COVID-19으로 잠정 중단).

주소 67 Kupahu St. Waialua
위치 더 버스 76, 83번 이용
운영 09:00~17:00 **휴무** 부정기
전화 808-637-0201
홈피 waialuaestate.com
GPS 21.572949, -158.124312

스타벅스 Starbucks

이국적인 남태평양의 풍경에 하와이가 미국임을 잠시 잊고 있었다. 코나 커피 생산지의 대표 격인 만큼 커피 전문점의 대표 주자가 없을 리 없다. 하와이 각지에서도 스타벅스를 어렵지 않게 찾아볼 수 있는데, 호놀룰루의 중심 와이키키에는 프리미엄 브랜드 매장인 '스타벅스 리저브 Starbucks Reserve'도 영업 중이다. 하와이의 열대 과일과 농산물을 사용한 한정 메뉴도 선보인다.

주소 2255 Kuhio Ave. #101, Honolulu
위치 더 버스 2, 2L, 8, 13, 19, 20, 22, 23, 42, 98A, E번 이용
운영 04:30~21:00 **휴무** 연중무휴
전화 808-284-0208
홈피 www.starbucks.com
GPS 21.279904, -157.826989

Food 6

하와이 맥주 & 칵테일

기나긴 시간을 호텔에서 그냥 흘려보내기엔 아까운 하와이의 밤. 마시는 순간 피로가 싹 가시면서 속을 시원하게 해주는 맥주와 칵테일로 하루를 마무리하자. 이왕이면 하와이에서만 마실 수 있는 것이면 좋지 않을까.

칵테일 Cocktail

1 블루 하와이 Blue Hawaii
하와이의 푸른 바다를 형상화한 것으로 럼, 블루 큐라소, 파인애플 주스, 레몬 주스를 넣어 완성한다.

2 치치 Chichi
트로피컬 칵테일의 대표 격. 보드카, 코코넛 밀크, 파인애플 주스로 만드는데, 알코올을 넣지 않은 버진 치치도 있다.

3 라바 플로우 Lava Flow
화산 용암이 흘러내리는 장면을 칵테일로 표현한 것. 럼, 딸기 소스, 파인애플 주스, 바나나, 코코넛 밀크를 조합했다.

4 마이 타이 Mai Tai
폴리네시안 언어로 '최고'를 뜻하는 칵테일. 라이트 럼, 오렌지 퀴라소 Curaçao, 파인애플 주스, 오렌지 주스, 레몬 주스를 넣는다.

5 피나콜라다 Piñacolada
스페인어로 '파인애플이 무성한 언덕'을 의미하는 말로 라이트 럼, 코코넛 밀크, 파인애플 주스로 만든다.

6 프린세스 카이울라니 펀치 Princess Kaiulani Punch
하와이 왕국 최후의 여왕 이름을 딴 칵테일로 진, 파인애플 주스, 레몬 과즙으로 이루어져 있다.

맥주 Beer

1 롱 보드 Long Board
빅아일랜드 코나 지역에서 탄생한 '코나 맥주'의 대표격. 쓴맛은 적으면서도 향은 상쾌한 라거 맥주이다.

2 빅 웨이브 Big Wave
롱 보드와 함께 코나 맥주를 대표하는 것으로 감귤 향이 그윽한 에일 맥주이다.

3 와일루아 위트 Wailua Wheat
패션 프루트의 산뜻한 향과 부드러운 보리 맛이 전해지는 에일 맥주이다.

4 하날레이 Hanalei
패션 프루트, 오렌지, 구아바 3가지 과일로 만든 IPA 맥주. 싱그러운 향과 산뜻한 산미가 특징이다.

5 파이어 록 Fire Rock
쓴맛이 적어 부담 없이 즐길 수 있는 페일 에일. 곡물의 맛을 여과 없이 느낄 수 있다.

6 파이프라인 Pipeline
코나 커피와 맥아 향이 진한 맥주로 코나 커피를 좋아하는 이에게 추천하는 맛이다.

7 알로하 비어 Aloha Beer
호놀룰루에서 탄생한 크래프트 맥주. 맥아의 맛과 향을 살려 누구나 부담 없이 즐길 수 있는 깔끔한 맥주를 지향한다.

8 프리모 Primo
하와이에서 가장 오래된 맥주. 단맛이 느껴지는 라거 맥주로 가볍게 알코올을 즐기고 싶다면 추천한다.

하와이 레인보우 디저트

여행에서 쌓인 피로와 더불어 강렬한 태양이 주는 갈증을 해소해주는 무지갯빛 알록달록 디저트! 몸이 절로 즐거워지는 달콤함에 푹 빠져보자.

코코로 카페 Kokoro Cafe

하와이 특유의 손동작인 샤카를 와플 콘으로 한 아이스크림 '샤카 붐 Shaka Boom'을 비롯해 포토제닉한 아이스크림을 선보이는 디저트 전문점이다.

주소 2233 Kalakaua Ave. Honolulu
위치 로열 하와이안 센터 내 푸드코트
운영 11:00~19:00
　휴무 로열 하와이안 센터 휴무에 따름
요금 샤카 붐 $8, 아이스크림 $4
전화 808-388-6552
홈피 kokorohawaii.com
GPS 21.278537, -157.829085

래퍼츠 하와이 Lappert's Hawaii p.444

카우아이에서 시작한 아이스크림 전문점. 바삭한 와플 콘에 담긴 젤라토와 셔벗이 간판 메뉴. 화산을 형상화한 선데 아이스크림과 커피도 판매한다. 예쁜 비주얼과 달콤한 맛을 함께 즐겨보자.

주소 2005 Kalia Rd. Honolulu
위치 힐튼 하와이안 빌리지 내
운영 07:00~21:00
　휴무 힐튼 하와이안 빌리지 휴무에 따름
요금 아이스크림 $4.85~
전화 808-943-0256
홈피 www.lappertshawaii.com
GPS 21.282928, -157.837589

울루라니 하와이안 셰이브 아이스
Ululani's Hawaiian Shave Ice p.388

마우이에 6개 지점을 운영하는 셰이브 아이스 전문점으로 빅아일랜드에도 진출했다. 열대 과일을 내세운 콤보 할레아칼라, 선셋 비치, 노카오이를 추천한다.

주소	790 Front St. Lahaina
위치	마우이 버스 20, 23, 25, 28번 이용
운영	11:00~20:00 휴무 연중무휴
전화	808-757-8286
홈피	www.ululanishawaiianshaveice.com

스칸디나비안 셰이브 아이스
Scandinavian Shave Ice p.419

빅아일랜드 코나 지방의 대표적인 셰이브 아이스 전문점. 귀여운 벽화와 입간판이 손님을 반긴다. 65개 종류의 셰이브 아이스와 볼케이노 아이스크림이 간판 메뉴.

주소	75-5699 Alii Dr. Kailua
위치	코나 트롤리 이용
운영	월~토 11:00~21:00, 일 11:00~20:00 휴무 부정기
요금	셰이브 아이스 스몰 $5, 미디엄 $7, 라지 $10 아이스크림 $4.50~
전화	808-326-2522
홈피	www.scandinavianshaveice.com

매그놀리아 아이스크림 & 트리츠
Magnolia Ice Cream & Treats p.291

바나나, 팥, 코코넛, 슈가 팜 과일, 코코넛 젤리, 잭프루트, 셰이브 아이스, 크런치 쌀 시리얼 순으로 차근차근 컵에 담고 마지막으로 시그니처 아이스크림인 자주색 참마를 얹으면 디저트 완성!

주소	2330 Kalakaua Ave. Honolulu
위치	더 버스 2, 2L, 8, 13, 19, 20, 22, 23, 42, 98번 이용
운영	10:00~22:00 요금 $7.49~
전화	808-489-9355
홈피	www.magnoliatreats.com

헨리스 플레이스 **Henry's Place** p.289

청과물상이 운영하는 아이스크림 전문점. 냉동고 왼쪽은 아이스크림, 오른쪽은 셔벗이며, 컵에 자세한 내용이 적혀 있다. 이름을 보고 맛을 고른 다음 문을 열어 꺼내도록 하자.

주소	234 Beach Walk, Honolulu
위치	더 버스 8, 19, 20, 23, 42, 98A, E번 이용
운영	09:00~23:00 휴무 연중무휴
요금	$9.55~
전화	808-255-6323

Shopping 1
하와이 대표 아이템

하와이 여행을 기념해 구매하기 좋은 아이템들. 가격은 비싸지 않으면서 귀국해서도 하와이 여행의 여운을 만끽할 수 있는 먹거리를 위주로 소개한다. 하와이에서 생산한 '100% Made in Hawaii' 제품을 만나보자.

쿠키 & 초콜릿

1 호놀룰루 쿠키 컴퍼니 Honolulu Cookie Company 파인애플 로고와 민트색 패키지로 대표되는 하와이 쿠키의 최고 히트 상품. 건강을 고려해 인공첨가물과 착색료는 일절 사용하지 않으므로 유효기간은 다소 짧은 편. 하와이산 재료를 고집하며 마카다미아 너트, 코나 커피, 파인애플 등 16종류를 선보인다. **2 빅아일랜드 캔디스** Big Island Candies 1977년 빅아일랜드 힐로 Hilo 지방에서 탄생한 쿠키 전문 브랜드로 오아후에도 지점을 운영하고 있다. 창업 당시부터 지금까지 가장 많은 인기를 얻고 있는 상품은 '초콜릿 딥 마카다미아 너트 쇼트브레드 Macadamia Nut Shortbread Dark Chocolate Dipped'이다. **3 카우아이 쿠키 & 마우이 쿠키** Kauai Cookie & Maui Cookie 카우아이, 마우이도 마찬가지로 쿠키 전문 회사를 보유하고 있다. 고용 창출과 지역 대표 상품 개발의 일환으로 주 정부에서 권장한 것이 바로 쿠키 사업이기 때문에. 지역 생산물을 가공해 만든 제품은 슈퍼마켓, 편의점, 드러그 스토어에서 판매되므로 저렴한 가격에 구매할 수 있다. **4 하와이안 호스트** Hawaiian Host 세계에서 처음으로 속에 마카다미아 너트를 넣은 초콜릿을 발명한 초콜릿 브랜드. 1927년에 문을 열어 긴 세월 동안 사랑을 받고 있다. 일반 초콜릿보다 단맛이 적어 남녀노소 누구나 즐길 수 있다. **5 하와이안 선** Hawaiian Sun 주스와 팬케이크 믹스로 인기가 높은 식품 브랜드로 초콜릿 역시 주력 상품 중 하나이다. 대형 슈퍼마켓에서 판매하는 15~20개 단위 세트 제품은 기념품으로 추천한다.

6 더 쿠키 코너 The Cookie Corner 빨간 패키지에 하얀 히비스커스 꽃이 그려진 로고가 사랑하는 No.1 쿠키. 부드럽고 쫀득한 쿠키 사이에 초코 크런키가 송송 박혀 있다. **7 다이아몬드 베이커리** Diamond Bakery 90년 이상의 역사를 자랑하는 과자 브랜드. 소맥분과 전립분을 섞어 만든 반죽으로 크래커와 쿠키를 만든다. 비타민과 식이섬유도 함유되어 있어 영양도 좋다. **8 피아카 파인애플 쇼트케이크** Piaca Pineapple Shortcake 부드러운 쿠키 속에 노스 쇼어 지역 농장의 파인애플로 만든 앙금을 넣어 완성한 쇼트브레드. 쿠키 하나당 파인애플 1/6개를 사용해 본연의 맛이 농축된 달달함을 느낄 수 있다. **9 마노아 초콜릿** Manoa Chocolate 엄선된 카카오만을 사용하여 깔끔하면서도 고급스러운 맛이 일품인 초콜릿 브랜드. 카일루아 공장에서는 월요일부터 토요일까지 오전 11시, 오후 3시에 공장 견학을 진행한다($15). **10 메네후네 맥** Menehune Mac 1939년에 탄생한 초콜릿 브랜드. 코나 커피, 파인애플 스노우 맥 너트, 다크 초콜릿 아라레, 릴리코이 샌드바 등이 인기 상품. **11 말리에 카이 초콜릿** Malie Kai Chocolates 오아후섬 북부 노스 쇼어 지역에서 나는 카카오 '싱글 오리진'을 사용한 브랜드. 극소량만을 생산하므로 희소가치가 높다. 카카오의 깊고 진한 풍미를 느낄 수 있다. **12 피에르 마르콜리니** Pierre Marcolini 벨기에의 고급 초콜릿 브랜드를 하와이에서도 만나볼 수 있다. 오로지 하와이에서만 선보이는 한정 초콜릿 '마린 라이프 Marine Life'는 코나 커피, 시 솔트 등 하와이다운 맛을 낸다.

커피

1 라이언 커피 Lion Coffee 슈퍼마켓, 편의점, 쇼핑센터, 드러그 스토어 등 쇼핑과 관련된 곳이라면 어디서든 만나볼 수 있는 대표 커피 브랜드. 바닐라 마카다미아, 토스티드 코코넛, 트로피컬 아마레토 등 가향 커피가 유명하다. **2 아일랜드 빈티지 커피** Island Vintage Coffee 와이키키, 알라 모아나, 노스 쇼어 등 주요 관광지에 지점을 운영하는 카페. 100% 코나 커피와 빅아일랜드 카우 지역의 커피 원두를 판매한다. **3 호놀룰루 커피 컴퍼니** Honolulu Coffee Company 하와이의 유명 카페로 빅아일랜드 농장에서 직송한 고품질의 원두를 매일 배전하여 신선한 맛을 추구한다. 새콤달콤한 맛과 풍부한 향이 특징. 100% 코나 커피와 블렌드가 인기이다. **4 하와이 셀렉션** Hawaii Selection 프리미엄 식품 브랜드가 선보이는 인스턴트 커피. 병과 개별 포장한 스틱 타입 2가지가 있다. **5 멀바디** Mulvadi 하와이의 고급 호텔과 음식점에서 사용하는 커피 브랜드. 인스턴트용 커피도 선보인다. **6 하와이안 아일스 코나 커피 컴퍼니** Hawaiian Isles Kona Coffee Company 코나 커피를 10% 블렌드한 가향 커피가 유명. 가향 커피를 처음 접하는 이에게 추천한다. **7 로열 코나** Royal Kona 라이언 커피의 고급 버전. 품평회에서 최고급으로 인정된 원두만을 사용한다. **8 카우아이 커피** Kauai Coffee 카우아이섬에 있는 미국 최대의 커피 농장으로 전체 생산량 1위를 차지한다. **9 딘 & 델루카** Dean & Deluca 뉴욕의 식료품 셀렉트숍으로 하와이에 지점을 보유. 코나, 마우이, 카우 커피를 한정으로 판매한다.

너트 & 꿀 & 팬케이크 믹스

1 마우나 로아 Mauna Loa 전 세계 점유율 1위에 빛나는 마카다미아 너트 전문 브랜드. 향긋하고 구수한 맛이 특징이다. **2 하마쿠아**Hamakua 빅아일랜드 남쪽에 마우나 로아가 있다면 북쪽엔 하마쿠아가 있다. 풍부한 풍미와 독특한 식감이 특징이다. **3 하와이안 호스트**Hawaiian Host 초콜릿으로 유명한 브랜드로 너트도 개별 판매하고 있다. 맛은 갈릭 어니언, 시 솔트, 코나 커피 등이 있다. **4 마노아 허니 컴퍼니**Manoa Honey Company 귀여운 곰돌이 모양의 패키지로 마음을 사로잡은 꿀 브랜드. 선물로 좋으며 풍미가 있는 꿀을 홍차, 팬케이크, 요거트에 곁들여 먹으면 좋다. **5 레어 하와이안**Rare Hawaiian 100% 하와이산 유기농 꿀로 세계 최고급으로 평가. 반투명한 보통의 꿀과 달리 하얀색을 띤다. **6 하와이안 레인보우 비즈**Hawaiian Rainbow Bees 빅아일랜드의 화산 용암지대에서 피는 전설의 희귀꽃 '레후아'Lehua'의 꿀이 대표적이다. **7 하와이안 선**Hawaiian Sun 주요 슈퍼마켓에서 쉽게 찾아볼 수 있는 믹스. 바나나, 딸기, 파인애플, 마카다미아 너트 등 다양한 맛이 있다. **8 타로 팬케이크**Taro Pancake 타로 맛 팬케이크. 타로 고유의 풍미와 쫄깃한 식감이 느껴져 자꾸 먹고 싶어진다. **9 에그슨 싱스**Eggs'n Things 와이키키의 유명 팬케이크 전문점인 에그슨 싱스에서도 팬케이크 믹스를 판매한다. 가게에서 먹는 맛과 거의 흡사하다.

Shopping 2

하와이 한정 기념품

오로지 하와이에서만 손에 넣을 수 있는 한정 상품! 전 세계에 매장을 운영하는 글로벌 브랜드부터 하와이의 로컬 브랜드까지 총망라하였다.

스타벅스 Starbucks
국내에서 지역별 한정 상품을 출시하는 스타벅스는 하와이에도 마찬가지로 한정 상품을 내놓는다. 하와이의 상징인 파인애플 모양의 텀블러가 폭발적인 반응을 얻고 있다.

주소 2586 Kalakaua Ave. Honolulu
위치 더 버스 14, 19, 20, 22번 이용
운영 월~금 04:30~21:00,
      토·일 04:30~20:00 휴무 연중무휴
전화 808-923-5726   홈피 starbucks.com
GPS 21.271787, -157.822628

파타고니아 Patagonia
지구를 사랑하는 환경친화적인 의류 브랜드로 한국에서도 마니아가 형성될 만큼 유명하다. 오아후섬 북부의 할레이바 지점에서는 하와이 한정 라인 '파탈로하 Pataloha'를 판매한다.

주소 66-250 Kamehameha Hwy. Haleiwa
위치 더 버스 52, 60, 88A번 이용
운영 10:00~18:00 휴무 부정기
전화 808-637-1245   홈피 www.patagonia.com
GPS 21.586099, -158.102912

할리 데이비슨 Harley Davidson
1903년에 창업한 미국의 오토바이 브랜드로 라이더들에게 '드림바이크'로 꼽히는 할리 데이비슨의 하와이 기념품숍에는 알로하 셔츠, 티셔츠, 원피스 등 하와이 한정 아이템을 선보인다.

주소 2201 Kalakaua Ave. Honolulu
위치 더 버스 2L, 22, E번 이용
운영 11:00~21:00 휴무 로열 하와이안 센터 휴무일에 따름
전화 808-791-7880   홈피 www.cyclecityhawaiistore.com
GPS 21.279475, -157.829684

딘 & 델루카 Dean & Deluca

하와이에 2개 지점을 보유한 식재료 셀렉트숍에서는 하와이 한정 토트백을 선보인다. 아침 6시에 줄을 서서 정리권을 배부할 만큼 선풍적인 인기를 끌고 있다. 1인당 1개씩만 구매 가능하다.

- **주소** 383 Kalaimoku St. Honolulu
- **위치** 더 버스 2, 8, 13, 19, 20, 23, 42, 98A, W1, W2, W3번 이용
- **운영** 07:00~17:00 휴무 부정기
- **전화** 808-729-9720
- **홈피** www.deandeluca-hawaii.com
- **GPS** 21.282601, -157.830333

레스포삭 Lesportsac

가볍고 방수성이 뛰어난 나일론 소재과 널찍한 수납, 다양한 제품군 등 실용적인 면에서는 누구에게도 뒤지지 않는 미국의 가방 브랜드. 하와이를 연상시키는 꽃무늬 한정 라인을 매년 출시한다.

- **주소** 2233 Kalakaua Ave. Honolulu
- **위치** 더 버스 2L, 22, E번 이용
- **운영** 11:00~20:00
  휴무 로열 하와이안 센터
  휴무일에 따름
- **전화** 808-971-2920
- **홈피** www.lesportsac.com
- **GPS** 21.278752, -157.829385

하이드로 플라스크 Hydro Flask

미국 오리건주에서 시작된 스테인리스 보틀 브랜드로 가벼우면서도 보냉과 보온성이 탁월하여 널리 이용되고 있다. 하와이의 무지갯빛을 표현한 한정 상품을 매년 출시한다.

- **주소** 로열 하와이안 골프숍 지점
  2201 Kalakaua Ave, Honolulu
- **위치** 더 버스 2L, 22, E번 이용
- **운영** 11:00~20:00
  휴무 로열 하와이안 센터 휴무일에 따름
- **전화** 808-924-0144
- **GPS** 21.279539, -157.830027

레너즈 베이커리 Leonard's Bakery p.292

하와이의 명물 도넛 말라사다를 유행시킨 주인공. 도넛을 의인화한 귀여운 캐릭터 인형과 핑크색을 테마로 한 깜찍한 상품은 도넛 못지않은 인기를 끌고 있다.

주소 933 Kapahulu Ave. Honolulu
위치 더 버스 13, 14, 18, 24번 이용
운영 05:30~19:00
전화 808-593-2686
홈피 www.leonardshawaii.com
GPS 21.284925, -157.813269

마쓰모토 셰이브 아이스
Matsumoto Shave Ice p.344

1951년 문을 열어 변함없는 사랑을 받는 할레이바의 셰이브 아이스 전문점. 티셔츠, 에코백, 액세서리 등 오리지널 상품도 충실하여 할레이바를 찾은 이들의 필수 명소로 꼽힌다.

주소 66-087 Kamehameha Hwy. Haleiwa
위치 더 버스 52, 60, 88A 이용
운영 10:00~18:00
　　　 휴무 1월 1일, 추수감사절, 크리스마스
전화 808-637-4827
홈피 matsumotoshaveice.com
GPS 21.591132, -158.102870

와우 와우 하와이안 레모네이드
Wow Wow Hawaiian Lemonade

파머스 마켓의 인기 주스 바가 할레이바에 카페를 오픈한 뒤 명물로 자리 잡고 있다. 입구가 넓은 식품 보존용 유리병을 음료 가격에 $5만 추가하면 구매할 수 있으니 기념품으로 추천한다.

주소 1279 S Kihei Rd Suite 309, Kihei
위치 마우이 버스 10, 15번 이용
운영 08:00~16:00 휴무 목요일
전화 808-868-0466
홈피 www.wowwowhawaiianlemonade.com
GPS 20.749586, -156.454654

와우 와우 하와이안 레모네이드의 귀여운 유리병!

하와이 대학 University of Hawaii

뻔하지 않은 기념품을 찾는다면 대학교 공식 잡화를 추천한다. 마노아^{Manoa}에 있는 하와이 대학 내 북스토어에서 판매하며 초록색과 H 로고가 상징이다.

주소 2465 Campus Rd. Honolulu
위치 더 버스 6, 18, 80A, 85, 86, 87번 이용
운영 08:00~16:30
      휴무 토·일요일
전화 808-956-6884
홈피 www.bookstore.hawaii.edu/manoa
GPS 21.298861, -157.819060

디즈니 Disney

오아후 서부에 있는 아울라니 디즈니 리조트 & 스파에서 한정 거북이 캐릭터 올루^{Olu}를 개발했다. 디즈니 시의 캐릭터 더피^{Duffy}가 알로하 셔츠를 입은 한정 상품도 판매하고 있다.

주소 92-1185 Ali'inui Dr. Kapolei
위치 H1 고속도로에서 Ali'inui Dr.로 진입
전화 866-443-4763
홈피 www.disneyaulani.com
GPS 21.338877, -158.122970

해피 할레이바 Happy Haleiwa

새침한 표정의 빨간 머리 소녀 캐릭터 해피^{Happy}를 내세워 다양한 기념품을 판매하는 숍으로 와이키키와 할레이바에 지점을 운영하고 있다.

주소 66-145 Kamehameha Hwy. Haleiwa
위치 더 버스 52, 60, 88A번 이용
운영 11:00~17:00 휴무 부정기
전화 808-637-9713
홈피 www.happyhaleiwa.net
GPS 21.589321, -158.103212

Shopping 3

하와이를 상징하는 기념품

야자수가 즐비한 거리 풍경, 푸른 하늘과 바다, 그 속에서 서핑을 즐기는 현지인들, 여우비가 그친 후 찾아온 무지개, 우쿨렐레 음악을 배경으로 훌라 댄스를 추는 하와이안, 미소를 띤 채 인사하는 로코들의 인사말 "알로하~". 하와이를 상징하는 것이 무엇인지 정의하기도 전에 당장 떠오르는 장면은 무궁무진하다. 하와이는 파인애플만 그려놓은 단순한 디자인의 가방이나 옷도 근사한 기념품이 되는 곳이다. 특별한 설명이 필요 없이 물건 하나만으로 이곳을 표현할 상징이 많은 것이다. 장식해두기 좋은 그림과 인형부터 마그넷, 열쇠고리, 목 베개 등 실생활에도 사용 가능한 실용적인 제품까지 폭넓은 제품군을 자랑하므로 보는 순간 행복한 고민에 빠질 것이다.

1. 추천 기념품

파인애플
하와이 대표 과일을
형상화한 인형들.

알로하~
듣기만 해도
기분 좋아지는 하와이어.

서핑보드
서핑을 즐겨 하는 이들에겐
최고의 선물.

하와이 풍경
아름다운 풍경을
한국에서도 느끼고 싶다면.

훌라 댄스
하와이의 대표적인 문화는
역시 훌라.

코코넛
파인애플뿐이 아니다.
깜찍한 코코넛도 있다.

2. 기념품 구매하기 좋은 명소

알로하 스타디움 스왑 밋
Aloha Stadium Swap Meet p.353

벼룩시장을 뜻하는 플리마켓을 하와이에서는 '스왑 밋 Swap Meet'이라 부른다. 풋볼 경기장의 주차장 부지를 활용한 오아후섬의 이 마켓은 하와이 기념품을 가장 저렴하게 구매할 수 있는 곳. 골동품부터 신제품까지 400여 개 업체가 출점하여 판매하는데, 대충 둘러봐도 시간이 꽤 걸릴 정도니 여유를 두고 돌아보자.

주소 99-500 Salt Lake Blvd. Honolulu
위치 더 버스 32, 74번 이용
운영 수·토 08:00~15:00, 일 06:30~15:00
       휴무 1월 1일, 크리스마스
전화 808-486-6704
홈피 www.alohastadiumswapmeet.net
GPS 21.371578, -157.929865

듀크스 마켓플레이스 Duke's Marketplace

알로하 스타디움까지 갈 시간이 부족할 때 대안책으로 방문하면 좋은 곳. 노상 가판대가 즐비한 재래시장을 연상케 한다. 알로하 스타디움보다 비싼 편이고 호객 행위가 다소 심하지만 와이키키 중심가 한가운데에 자리한 점, 다양한 제품을 갖추고 있는 점이 장점으로 꼽힌다. 잘 찾아보면 기념품 전문점보다 저렴하게 구매할 수 있는 제품도 꽤 있는 편이므로 꼼꼼하게 살펴보자.

주소 5 Dukes Ln. Honolulu
위치 더 버스 2L, 22, E번 이용
운영 09:00~23:00 **휴무** 연중무휴
GPS 21.278489, -157.827582

Shopping 4
하와이안이 된 캐릭터 & 인물

순식간에 구매욕을 높이는 귀엽고 깜찍한 인기 캐릭터와 미국을 대표하는 인물이 하와이안이 되어 돌아왔다. 마주친 순간 함박웃음과 함께 지갑이 절로 열리는 신기한 경험을 하게 될 것이다.

피너츠 Peanuts

세계가 사랑하는 만화이자 스누피와 찰리 브라운으로 대표되는 캐릭터로도 유명한 피너츠가 하와이안으로 변신. 이 모습은 검게 그을린 스누피를 앞세운 '모니 호놀룰루'와 서핑을 즐기는 스누피가 반기는 '스누피 서프숍'에서 만날 수 있다. 전자는 와이키키 중심가에 3개 지점을 운영하고 있으므로 하와이에서만 만날 수 있는 스누피를 꼭 찾아가보자.

모니 모아나 Moni Moana
주소 2365 Kalākaua Ave, Honolulu
위치 더 버스 E번 이용
운영 10:00~21:00
전화 808-926-8844
GPS 21.27613, -157.82591

스누피 서프숍 Snoppy's Surf Shop
주소 3302 Campbell Ave Honolulu
위치 더 버스 52, 60, 88A번 이용
운영 10:00~16:00
　　 휴무 추수감사절, 크리스마스
전화 808-734-3011
홈피 snoopysurf.com
GPS 21.278046, -157.813394

도라에몽 & 키티 Doraemon & Kitty

하와이를 방문하는 외국인 여행자 중 가장 많은 수를 자랑하는 나라는 일본이다. 일본인의 하와이 사랑은 수십 년에 걸쳐 계속되고 있으며 현재도 부동의 인기를 누리고 있어 미국인도 혀를 내두를 정도다. 이들이 두루 영향을 미치고 있는데, 기념품도 예외는 아니다. 일본의 국민 캐릭터 도라에몽과 키티가 햇볕에 검게 그을린 얼굴을 하고 하와이안으로 변신한 모습이 재미있다.

주소 네오 플라자 2250 Kalakaua Ave. #103, Honolulu
위치 더 버스 2, 2L, E번 이용
운영 10:00~20:00 휴무 부정기
전화 808-971-0010
GPS 21.279307, -157.828160

무민 Moomin

핀란드의 국민 캐릭터 무민도 이에 질세라 하와이 오아후섬 최대 쇼핑센터인 알라 모아나 센터에 진출했다. 하와이의 야자수와 비치를 배경으로 수영복 차림을 한 무민이 애교 있게 손을 흔들고 있다. 티셔츠, 머그잔, 스티커, 볼펜, 스마트폰 케이스 등 실용성을 내세운 제품이 중심이다.

주소 1450 Ala Moana Blvd. Shop #3560, Honolulu
위치 알라 모아나 센터 에바 윙 3층
운영 월~토 11:00~19:00, 일 11:00~18:00
　　　휴무 알라 모아나 센터 휴무에 따름
전화 808-945-9707
홈피 www.moomin.shophawaii.com
GPS 21.291877, -157.845031

오바마 & 트럼프
Obama & Trump

미국의 또 다른 상징이라고 할 수 있는 대통령이 그려진 제품도 기념품으로 제격이다. 하와이 출신 첫 대통령으로 현재까지도 로코의 사랑을 듬뿍 받고 있는 버락 오바마와 현 대통령 도널드 트럼프가 로코 모습으로 활짝 웃고 있다.

Shopping 5

도전! 로코로 변신하는 하와이 패션

여행을 떠나기 전 잔뜩 기대를 품고 현지에서 입을 옷과 패션 잡화 쇼핑에 여념이 없는 이여, 하와이에 도착한 순간 왜 그랬을까 하는 후회가 밀려올 테니 윈도 쇼핑을 그만 멈추길 바란다. 현지의 분위기를 한껏 표현한 스타일은 오직 현지에서 사는 것이 정답. 하와이에 도착하자마자 여행 기분을 돋우는 아이템을 찾아 나서자. 차근차근 따라 하다 보면 자신도 모르게 어느새 로코로 변신해 있을 것이다.

1

무무 드레스 & 리조트 드레스 Mu'umu'u & Resort Dress

옛 하와이의 민족의상으로 19세기경 정식 의상이 없었던 한 미국인 선교사가 여성의 몸을 감추기 위해 입혔던 것이 첫 시작이라 한다. 무무란 하와이 원주민어로 '짧게 자르다'를 의미하는 단어. 일반 드레스를 입히기에는 날씨가 더웠기에 통풍이 되도록 옷자락과 소매를 잘라 입었던 것에서 이름 붙여졌다. 현재도 평상복으로 즐겨 입거나 훌라 댄스를 출 때, 파티에 참석할 때 입는다. 무무 드레스가 부담스럽다면 일반 리조트 드레스를 선택하자. 알로하 셔츠와 마찬가지로 쇼핑 시설에서 쉽게 찾아볼 수 있으며, 디자인도 천차만별이라 무엇을 골라야 할지 행복한 고민에 빠질지도 모른다.

※ 머리 장식과 꽃목걸이
드레스를 골랐다면 머리 장식과 꽃목걸이도 잊지 말자. 이것이 갖춰져야 비로소 진정한 로코에 한 발짝 더 다가섰다고 할 수 있다. ABC 스토어에 가면 쉽게 구할 수 있을 것. 꽃목걸이는 머리에 꽂는 위치에 따라 의미가 달라진다(p.49 참조).

알로하 셔츠 Aloha Shirt

하와이 여행의 즐거움을 만끽하기 위해 착용하는 의류 가운데 남녀노소 상관없이 가장 많이 입는 옷일 것이다. 1800년대 후반 사탕수수 노동자로 하와이에 이주한 일본인이 포르투갈의 작업복을 변형시킨 것에서 유래했다고 전해진다. 현재는 생활복 외에 비즈니스 정장으로도 사용되고 있다. 1930년대부터 등장한 알로하 셔츠 전문 브랜드는 하와이에서 가장 오래된 브랜드 카할라Kahala, 정통 디자인을 내세운 레인 스푸너Rayn Spooner, 세련되고 깔끔한 스타일의 토리 리차드Tori Richard 등이 있으며 소재와 디자인이 모두 뛰어나지만 다소 가격이 높은 것이 단점이다. 와이키키 중심가에 자리하는 쇼핑시설에서 대부분 판매하고 있으며 각종 브랜드에서 한정으로 제작한 것도 많다. 특히 슈퍼마켓이나 편의점은 괜찮은 가격대에 판매하고 있다. 벼룩시장이나 마켓 등 발품을 팔면 더욱 저렴하면서도 품질, 디자인이 뛰어난 셔츠도 발견할 수 있다. 온 가족이 커플로 맞추고 싶다면 월마트나 ABC 스토어에 아기와 어린이를 위한 사이즈도 판매하고 있으니 참고하자.

3

티셔츠 T-Shirt

알로하 셔츠와 드레스가 어색한 이들에게 추천하는 의상. 부담 없는 복장이고 하와이 상징이 그려진 예쁜 티셔츠는 차고 넘치기 때문에 워스트 드레서가 될 걱정도 없다. 디자인부터 제조, 판매까지 모든 공정을 하와이에서 하는 '메이드 인 하와이' 크레이지 셔츠Crazy Shirts, 유기농 소재와 로코의 일상이 담긴 디자인이 귀여운 위미니 하와이Wimini Hawaii, 캐릭터 '야야'가 사랑스러운 88티88tees, 하와이 출신 디자이너가 만든 레이 팜Lei Palm 등 하와이 오리지널 브랜드라면 누구나 만족할 것이다. 리조트웨어 전문 브랜드 빌라봉Billabong과 록시Roxy, 멋스러운 편집숍 어반 아웃피터스Urban Outfitters에서도 찾을 수 있고, 대다수 브랜드는 와이키키 중심가에서 만나볼 수 있다.

4

비치웨어 Beach Wear

물놀이에 필요한 수영복과 비치타월, 트레킹을 제외한 관광에 필요한 비치샌들도 당연히 현지에서 조달 가능한 품목이다. 쇼핑시설은 물론이고 앞서 나열한 티셔츠 브랜드 중 리조트웨어 전문 브랜드와 편집숍에서는 수영복을 판매하고 있으며 대형 슈퍼마켓에서도 찾아볼 수 있다. 깜빡하고 가지고 오지 않아 수영복 구매에 큰 투자를 하고 싶지 않다면 와이키키 곳곳에 있는 아웃렛을 이용하는 것도 하나의 방법이다. 사이즈와 종류가 충분해 잘 고르면 마음에 드는 물건을 $20~40선에서 구할 수 있을 것이다. 비치샌들도 마찬가지로 브랜드에서 구매할 경우 $30 이상은 들지만, 월마트 같은 대형 슈퍼마켓에서라면 $10 이하에 구매할 수 있다. 비치타월은 타겟이 디자인도 풍부하고 가격대도 괜찮다. 하와이스러운 예쁜 상품도 많이 갖추고 있으므로 가격이 저렴하다고 디자인을 포기해야 하는 일은 없을 것이다.

Shopping 6

쇼핑센터 & 아웃렛 천국 하와이

관광과 먹거리 탐방만큼이나 일정에서 큰 부분을 차지하는 쇼핑. 쇼핑센터와 전문 숍으로 가득한 하와이 번화가를 그냥 지나치기란 하늘의 별 따기다. 멋스럽고 예쁜 상품이 제발 나를 가져가 달라며 존재감을 마구마구 드러내기 때문에 쉽사리 유혹을 뿌리치기가 어렵다. 쇼핑을 즐기기로 마음먹었다면 주요 시설과 정보를 숙지하고 움직이자. 현명하게 소비하며 만족스러운 전리품을 남길 수 있을 것이다.

1. 쇼핑센터

와이키키 비치 뒤편에 있는 호놀룰루 최대의 번화가 칼라카우아 애비뉴Kalakaua Avenue에는 굵직한 쇼핑센터와 숍이 즐비하다. 고급 브랜드가 들어선 종합 쇼핑몰 **인터내셔널 마켓플레이스**(p.315)와 **로열 하와이안 센터**(p.314)를 비롯해 거리에는 면세점 **T 갤러리아 DFS**(p.313), SPA 브랜드 **H&M**과 **포에버21**, 라이프스타일 편집숍 **어반 아웃피터스**, 화장품 편집숍 **세포라** 등 관광객이 선호하는 쇼핑몰이 대거 모여 있다. 에르메스, 코치, 티파니 앤 코, 루이비통, 막스마라 등 명품 브랜드의 단독 매장도 지나칠 수 없으며 곳곳에 있는 기념품숍도 놓치기 어려울 것이다. 하와이 최대 쇼핑센터인 **알라 모아나 센터**(p.302)까지 발을 뻗치면 쇼핑을 더 이상 멈출 수 없게 된다. 센터 부근에 24시간 영업하는 슈퍼마켓 월마트와 드러그 스토어 월그린, 종합 쇼핑몰 타겟이 떡하니 자리하고 있기 때문. 이 동선으로 움직이면 꼬박 하루는 투자해야 제대로 둘러봤다고 할 수 있을 것이다.

2. 아웃렛

쇼핑센터에 질세라 등장하는 것이 바로 아웃렛이다. 평소에 즐겨 입거나 한번쯤은 사고 싶었던 브랜드의 제품을 저렴한 가격에 구매할 수 있어 많은 이들이 선호한다. 여기서 잠깐, 아웃렛과 오프 프라이스의 차이를 짚고 넘어가자. 아웃렛은 판매 후 남은 이월 상품과 샘플 상품을 주로 판매하는 곳이다. 오프 프라이스는 브랜드의 전문 숍과 백화점에서 시즌 도중 재고 처분한 상품을 바이어가 직접 사들인 것으로 현재 시즌 중인 아이템을 저렴한 가격에 구매할 수 있다. 두 곳 모두 브랜드가 보증하는 진품이며 일반 상품과 비교해 품질이 떨어지지 않는다. 번화가에서 다소 거리가 떨어져 있음에도 하와이 쇼핑의 필수 코스로 꼽히는 **와이켈레 프리미엄 아웃렛**(p.354)과 와이키키와 **와드 빌리지**(p.319)에 있는 노드스트롬 랙, 알라 모아나 센터 내에 있는 삭스 피프스 애비뉴 오프는 아웃렛, 와드 빌리지 내에 있는 티제이맥스 T.J. MAXX와 로스는 오프 프라이스이다.

3. 쇼핑에 도움되는 정보

하와이에서 쇼핑하기 전 반드시 알아야 할 정보들! 더 합리적인 소비를 위해서라면 이 정도 정보는 익혀두어야 이득이다. 한 푼 두 푼 알뜰하게 절약해 원하는 물건을 모두 손에 넣도록 하자.

세일 기간 Sale

- **2월 셋째 주 월요일**
  프레지던트 데이 세일
- **3월 하순~4월 상순** 이스터 세일
- **5월 마지막 주 월요일**
  메모리얼 데이 위크 엔드 세일
- **7월 4일 독립기념일 전날~8월 중순**
  슈퍼 섬머 세일
- **9월 첫째 주 월요일** 노동절 세일
- **10월 둘째 주 월요일**
  디스커버 데이 세일
- **11월 넷째 주 목요일인 추수감사절~1월 상순**
  홀리데이 시즌 슈퍼 윈터 세일
- **11월 넷째 주 금요일**
  블랙 프라이데이 세일
- **11월 마지막 주 월요일**
  사이버 먼데이 세일
- **12월 26일** 애프터 크리스마스 세일
- **1월 1일** 애프터 홀리데이 세일

사전 면세와 사후 면세
Duty Free & Tax Free

사전 면세란 관세와 내국세가 제외된 가격으로 물품을 구매하는 것이고, 사후 면세는 세금이 포함된 가격으로 물품을 구매한 다음 추후에 부가가치세와 개별소비세를 환급해주는 것을 말한다. 하와이에서 사전 면세로 물건을 판매하는 곳은 'T 갤러리아 DFS'이며, 사후 면세 제도는 시행하지 않는다.

※ **한국 입국 시 면세 범위**
주류 1병, 종류 상관없이 1ℓ 이하로 $400 이하만 가능
담배 궐련 200개비(1보루), 엽궐련 50개비, 기타 250g
향수 60㎖
기타 물품 미화 $600 이하(자가 사용, 선물용, 신변용품 등으로 한정)
· 만 19세 미만은 주류 및 담배 면세 제외
· 주류, 향수, 담배는 $600 면세 한도에 미포함

가격 조정 Price Adjustments

어제 산 물건이 오늘부터 세일 품목이라는 쓰라린 경험을 한 이들도 적지 않을 것이다. 알라 모아나 센터 내에 있는 백화점 니만 마커스 Neiman Marcus와 메이시스 Macy's는 10일 이내에 구매한 품목에 한해 1회 가격 조정을 거쳐 차액을 지불해준다. 상품과 영수증을 반드시 지참할 것.

프리미어 패스포트 Premier Passport

알라 모아나 센터 홈페이지 내 교환권을 인쇄한 후 내용을 기입하고 1층 고객서비스 센터에 제출하면 프리미어 패스포트 쿠폰북을 증정한다. 여권과 함께 스마트폰 화면으로 교환권을 보여줘도 가능하다. 수량은 1인 1개이다.

홈피 www.alamoanacenter.com/ko/premier-passport.html

가격 보증 Pricing Guarantee

와이키키 중심가에 자리한 면세점 T 갤러리아 DFS는 하와이주 내에 있는 쇼핑센터와 같거나 저렴한 가격 정책을 펼치고 있다. 만일 동일 제품의 세금 포함 가격이 T 갤러리아 DFS보다 저렴하다면 그 가격에서 다시 10%를 할인해 판매한다.

생일 특전 Birthday Gift

미국의 유명 화장품 편집숍 세포라 Sephora에서는 사전에 홈페이지를 통해 무료 회원 뷰티 인사이더 Beauty Insider를 등록하고 생일이 있는 달에 방문하면 미니 화장품 세트를 증정한다. 알라 모아나와 와이키키에 지점을 운영한다.

홈피 www.sephora.com/about-beauty-insider

VIP 쇼퍼 클럽 VIP Shopper Club
와이켈레 프리미엄 아웃렛은 홈페이지를 통해 VIP 쇼퍼 클럽에 가입하면 쿠폰북 교환권을 발급해준다. 프린트 후 지참하여 인포메이션 센터에서 교환 받도록 하자. 일부 신용카드사에서도 발급하므로 방문 전 체크해볼 것.
홈피 www.premiumoutlets.com/vip

세이빙 패스 Savings Pass
알라 모아나 센터 내 블루밍데일스bloomingdale's도 아메리칸 익스프레스 카드를 소지한 이에게 15% 할인 혜택이 주어지는 세이빙 패스를 증정한다. 1층 웰컴 센터에서 받을 수 있다.

사이즈표

여성 의류

사이즈	XXS	XS	S	M	L	XL	XXL	XXXL
한국	–	44	55	66	77	88	–	–
미국	0	2	4	6	8	10	12	14

여성 신발

한국	210	220	230	240	250	260	270	280	290
미국	4	5	6	7	8	9	10	11	12

남성 셔츠 & 재킷 & 외투

사이즈	XS	S	M	L	XL	XXL	XXXL
목둘레(cm)	33~34	35~37	38~39	40~42	43~45	46~47	48~49
가슴둘레	84~86	89~94	96~102	107~112	116~122	127~132	137~140
소매	80~81	82~84	85~86	87~89	90~91	91~93	93~94

남성 수트 & 스포츠 코트

한국	85~90	90~95	95~100	100~105	105~110	110~	–	–	–
미국	34	36	38	40	42	44	46	48	50

남성 바지 & 수영복

한국	XS		S		M		L		XL		XXL	
미국	24	26	28	30	32	34	36	38	40	42	44	46

남성 신발

한국	240	245	250	255	260	265	270	275	280	285	290	295	300	305
미국	6	6.5	7	7.5	8	8.5	9	9.5	10	10.5	11	11.5	12	12.5

Shopping 7

하와이에서 만난 패션 브랜드

미국 브랜드의 제품을 가장 저렴하게 구입할 수 있는 곳은 당연하게도 미국이다. 하와이에 와서 브랜드 제품을 중심으로 쇼핑하고 싶다면 이것을 염두에 두고 계획을 세우자. 각 브랜드 매장이 있는 쇼핑몰을 정리했다.

티파니 앤 코 Tiffany&Co.
위치 칼라카우아 애비뉴, 알라 모아나 센터

코치 Coach
위치 칼라카우아 애비뉴, T 갤러리아 DFS, 와이켈레 프리미엄 아웃렛

토리버치 Tory Burch
위치 로열 하와이안 센터, 알라 모아나 센터, 와이켈레 프리미엄 아웃렛

케이트 스페이드 Kate Spade
위치 로열 하와이안 센터, T 갤러리아 DFS, 와이켈레 프리미엄 아웃렛

마이클 코어스 Michael Kors
위치 메이시스, T 갤러리아 DFS, 와이켈레 프리미엄 아웃렛

마크 제이콥스 Marc Jacobs
위치 T 갤러리아 DFS

투미 Tumi
위치 칼라카우아 애비뉴, T 갤러리아 DFS

폴로 랄프로렌 Polo Ralph Lauren
위치 T 갤러리아 DFS, 다니엘 K. 이노우에 국제공항, 와이켈레 프리미엄 아웃렛

타미 힐피거 Tommy Hilfiger
위치 와이켈레 프리미엄 아웃렛

캘빈 클라인 Calvin Clien
위치 메이시스, T 갤러리아 DFS, 와이켈레 프리미엄 아웃렛

제이크루 J.Crew
위치 알라 모아나 센터

리바이스 Levi's
위치 알라 모아나 센터, 와이켈레 프리미엄 아웃렛

게스 Guess
위치 알라 모아나 센터, 와이켈레 프리미엄 아웃렛

갭 Gap
위치 알라 모아나 센터, 와이켈레 프리미엄 아웃렛

바나나 리퍼블릭 Banana Republic
위치 인터내셔널 마켓플레이스, 알라 모아나 센터, 와이켈레 프리미엄 아웃렛

빅토리아 시크릿 Victoria Secret
위치 칼라카우아 애비뉴

존 마스터 오가닉 John Masters Organic
위치 알라 모아나 센터

배스 & 바디 웍스 Bate&Body Works
위치 알라 모아나 센터

Shopping 8
로컬처럼 하와이 마켓 탐방

여행에서 빡빡한 일정으로 유명한 관광명소만을 돌아다니던 시대는 이제 막을 내렸다. 현지에 사는 이들처럼 일상을 보내듯 여유롭게 여행지를 만끽하는 여행 스타일이 늘어난 만큼 현지인이 즐겨 찾는 마켓도 하나의 필수 관광명소이자 쇼핑명소가 되었다. 하와이는 관광명소 주변에서 열리는 마켓이 많은 편이니 일정이 맞으면 비교적 쉽게 방문할 수 있다.

1. 파머스 마켓이란?

파머스 마켓은 Farmer's Market 은 산지에서 직송한 신선한 식재료, 간단한 식사와 간식거리, 직접 만든 수제 공예품 등 개인이 출품한 다양한 상품을 한데 모은 야외 마켓이다. 매일 열리는 재래시장과 달리 정해진 요일과 날짜에만 개최하며 참가자도 매번 바뀌는 경우가 많다. 구매한 물건을 담을 에코백이나 봉투, 먹거리를 즐길 때 필요한 물티슈와 돗자리, 무더위를 이겨낼 모자, 선글라스, 휴대용 선풍기 등을 지참하면 더욱 편리하다. 현금은 고액권이 아닌 동전이나 작은 단위의 지폐를 사용하자.

홈피 www.hfbf.org/farmers-markets/oahu/

오아후 마켓 일정

월요일
16:00~20:00
와이키키 파머스 마켓
위치 하얏트 리젠시 호텔 1층 워터 폴 아트리움

16:00~20:00
하얏트 파머스 마켓
위치 하얏트 리젠트 와이키키 비치 리조트 앤 스파

화요일
06:00~14:00
마노아 파머스 마켓
위치 마노아 마켓플레이스

08:00~14:30
하와이 대학 마켓
위치 하와이 대학 1층 캠퍼스 센터

수요일
16:00~19:00
호놀룰루 파머스 마켓
위치 닐 브라이스델 센터

16:00~20:00
하얏트 파머스 마켓
위치 하얏트 리젠트 와이키키 비치 리조트 앤 스파

목요일
07:00~14:00
마노아 파머스 마켓
위치 마노아 마켓플레이스

16:00~19:00
카일루아 파머스 마켓
위치 카일루아 타운 센터

토요일
07:30~11:00
KCC 파머스 마켓
위치 카피올라니 커뮤니티 칼리지 주차장

08:00~12:00
카카아코 파머스 마켓
위치 와드 빌리지 웨어하우스

일요일
07:00~14:00
마노아 파머스 마켓
위치 마노아 마켓플레이스

08:00~12:00
카일루아 타운 파머스 마켓
위치 카일루아 초등학교

2. 하와이 주요 파머스 마켓

KCC 파머스 마켓 KCC Farmer's Market

다이아몬드 헤드 정문 앞에 자리한 카피올라니 커뮤니티 칼리지 Kapi'olani Community College 주차장은 하와이가 자랑하는 최대 규모 마켓의 보금자리이다. 매주 두 번 화요일과 토요일에 개최하는데, 화요일은 오후 4시와 7시 사이에(10~2월은 오후 3시 30분부터 6시 30분까지) 토요일은 오전 7시 30분부터 11시까지 열린다. 특히 토요일은 하와이의 명물로 꼽히는 유명 업체 70여 개가 한데 모여 진행하기 때문에 문전성시를 이룬다. 하와이에서 화제인 업체가 출점하므로 인기 있는 음식이 무엇인지 가늠할 수 있으며 맛있는 먹거리를 원한다면 반드시 방문해야 한다.

주소 4303 Diamond Head Rd. Honolulu
운영 토 07:30~11:00
전화 808-848-2074

카일루아 타운 파머스 마켓 Kailua Town Farmer's Market

KCC 파머스 마켓이 관광객 중심이라면 카일루아 타운은 현지인 중심이다. 휴일을 이용해 매주 일요일 오전에 초등학교에서 열리는 마켓으로 인근에 사는 가족들이 나들이를 겸해 찾거나 비치로 놀러 가는 여행자가 잠깐 들르기도 한다. 소박한 분위기 속에서 간단한 식사, 생화, 수제 잡화, 예술 작품 등을 판매한다.

주소 1090 Keolu Drive. Kailua
운영 일 08:00~12:00
전화 808-388-9696

하얏트 파머스 마켓
Hyatt's Farmers Market

와이키키 중심가의 고급 호텔 하얏트 리젠시 와이키키 리조트 & 스파 내에서 열리는 마켓으로 호텔 총주방장이 주최하여 다양한 음식을 선보이며 현지 예술가의 작품도 판매한다. 간단한 야식이나 간식을 구매하거나 나만을 위한 기념품을 구하기에 좋다.

주소 2424 Kalakaua Ave. Honolulu
운영 월·수 16:00~20:00
전화 808-923-1234

호놀룰루 파머스 마켓 Honolulu Farmer's Market

오후 느지막이 시작하여 퇴근하는 현지인이 저녁거리와 재료를 구할 목적으로 주로 구경하는 마켓. 아침에 열려 많은 인파가 붐비는 마켓들과 달리 조용하고 한산한 편으로 천천히 둘러보는 맛이 있다. 다운타운의 인기폭발 베트남 음식점인 더 피그 & 더 레이디 The Pig & The Lady가 출점하여 쌀국수를 판매하는 곳으로도 알려져 있다.

주소 777 Ward Ave. Honolulu
운영 수 16:00~19:00
전화 808-848-1921

카카아코 파머스 마켓 Kaka'ako Farmer's Market

현재 하와이에서 가장 핫한 파머스 마켓으로 유기농으로 재배한 과일과 채소, 먹음직스러운 플레이트 런치와 음료수를 비롯해 빵, 디저트, 잼, 버터, 꿀 등 다양한 먹거리를 판매한다. KCC 파머스 마켓과 동일한 요일과 시간대에 개최하므로 비교적 관광객이 적은 편이다.

주소 919 Ala Moana Blvd. Honolulu (Makai), 210 Ward Ave. Honolulu (Mauka)
운영 토 08:00~12:00
전화 808-388-9696

마노아 파머스 마켓 Manoa Farmer's Market

마노아 폭포로 향하는 도중에 위치한 마노아 마켓플레이스Manoa Market place 내에서 개최하는 마켓. 슈퍼마켓 세이프웨이Safeway, 드러그 스토어 롱스 드럭스Longs Drugs가 자리하여 함께 쇼핑하기에 편리하다. 싱싱한 청과물이 메인 상품이다.

주소 2851, Manoa Market Place, E Manoa Rd. Honolulu
운영 화·목·일 07:00~14:00

Shopping 9
하와이 슈퍼마켓 나들이

어느 나라를 방문하든 필수 명소가 되어버린 슈퍼마켓. 하와이의 슈퍼마켓도 여느 곳 못지않게 브랜드가 다양한 편이며 각기 다른 개성을 내세워 고객을 유혹하고 있다. 슈퍼마켓의 특징과 정보를 참고하여 즐거운 슈퍼마켓 나들이를 떠나보자.

1. 하와이 대표 슈퍼마켓

월마트 Walmart

대형 슈퍼마켓의 대명사. 의류, 식품, 가전, 의약품 등 다루는 품목이 다양하고 종류도 많은 것이 최대 장점이다. 알라 모아나 지점은 24시간 영업하므로 귀국 전날 관광을 모두 마친 후 마지막으로 방문하기 딱 좋다. 입구 부근에는 관광객이 찾을 법한 커피, 초콜릿, 기념품이 진열되어 있어 쇼핑하기 편리하며, 마카다미아 너트 초콜릿 같은 경우는 상자째 판매하고 있다. 일부 과일을 제외하면 식재료 자체는 적은 편이므로 참고하자.

주소 700 Ke'eaumoku St. Honolulu
위치 더 버스 3, 9, 13번 이용
운영 06:00~23:00
전화 808-955-8441
홈피 walmart.com
GPS 21.294704, -157.842992

타겟 Target

월마트와 함께 미국 대형 슈퍼마켓을 대표하는 브랜드. 의류와 생활 잡화의 종류가 풍부한 것이 강점이다. 오리지널 상품이 충실한 편으로 인기 브랜드와의 협업도 활발하게 진행한다. 인테리어 잡화, 어린이 관련 제품, 침구 상품은 센스 있는 디자인이면서도 저렴해 추천한다. 알라 모아나 센터 마우카윙 2, 3층에 있는 지점과 쇼핑센터 앞 단독 매장이 주로 찾는 곳이다.

주소 1450 Ala Moana Blvd. Ste 2401, Honolulu
위치 더 버스 3, 9, 13, 23, 60, 65, 67, 88A, A번 이용
운영 08:00~22:00 휴무 연중무휴
전화 808-206-7162   **홈피** target.com
GPS 21.292432, -157.842282

홀 푸드 마켓 Whole Foods Market

2017년 글로벌 온라인 쇼핑몰 아마존에 인수되어 미국을 떠들썩하게 한 유기농 전문 슈퍼마켓. 지역 경제의 활성화를 위해 현지에서 생산한 식재료와 식품을 위주로 판매하며, 인공첨가물을 일절 넣지 않은 상품 중심으로 구성하고 있다. 자사 오리지널 PB 상품의 질이 높기로 정평 나 있으며, 유기농 화장품과 간편한 식품에도 심혈을 기울이고 있다. 카카아코, 카일루아, 카할라 지점이 유명하다.

주소 388 Kamakee St. Ste 100, Honolulu
위치 더 버스 6, 19, 20, 42, 60, 65, 57, 88A번 이용
운영 07:00~22:00 휴무 부정기
전화 808-379-1800
홈피 www.wholefoodsmarket.com
GPS 21.294500, -157.852270

푸드랜드 Foodland

현지인이 주로 찾는 지역밀착형 슈퍼마켓으로 식재료, 과일, 먹거리, 와인 등 식품류 중심으로 판매한다. 건강을 생각한 좋은 품질을 내세우며, 알라 모아나 센터 에바 윙 1층에 있는 지점은 100석 이상의 식사 공간을 마련하여 피자, 빵, 셰이브 아이스 등을 판매한다. 창립 70주년을 맞이하여 자사 브랜드 마이카이 Maikai 를 출시, 땅콩류, 드라이 프루트, 초콜릿, 과자 등 기념으로 구입하기 좋은 상품이 진열되어 있다.

주소 1450 Ala Moana Blvd. Honolulu
위치 더 버스 8, 60, 65, 67, 88A번 이용
운영 06:00~21:00 휴무 부정기
전화 808-949-5044
홈피 foodland.com
GPS 21.292496, -157.846738

세이프웨이 Safeway

폭넓은 상품 구성과 합리적인 가격이 장점인 슈퍼마켓. 자사 브랜드 오 오가닉스O Organics는 몸에 해롭지 않은 안전한 식품을 안심하고 먹을 수 있도록 만들어진 것으로 현지 로코에게 인기가 높다. 카파훌루와 마노아에 지점이 있다.

주소 888 Kapahulu Ave. Honolulu
위치 더 버스 13, 14, 24번 이용
운영 24시간
전화 808-733-2600
홈피 safeway.com
GPS 21.283984, -157.814749

타임즈 Times

1949년 일본 오키나와 출신 이민자가 창립한 슈퍼마켓. 신선한 채소와 과일을 위주로 한 식품이 중심이며, 의약품 전문 코너도 마련되어 있다. 현지인이 주로 찾는 로컬 슈퍼마켓의 대표주자. 카파훌루, 사우스 킹 스트리트 등 주택가 사이에 있다.

주소 1772 S King St. Honolulu
위치 더 버스 1, 6번 이용
운영 06:00~23:00 휴무 부정기
전화 808-973-5868
홈피 www.timessupermarkets.com
GPS 21.296242, -157.832764

다운 투 어스 Down to Earth

하와이에서 탄생한 유기농 전문 슈퍼마켓. 신선한 하와이산 유기농 제품을 고집한 구성이 눈에 띈다. 식재료, 유기농 화장품, 건강식품을 주로 판매하며 델리 코너에서는 샐러드, 디저트, 간편식도 만날 수 있다. 사우스 킹 스트리트와 카카아코에 지점이 있다.

주소 2525 S King St. Honolulu
위치 더 버스 1, 1L, 4, A번 이용
운영 06:00~22:00 휴무 부정기
전화 808-947-7678
홈피 downtoearth.com
GPS 21.292168, -157.823243

2. 한국계 슈퍼마켓

한국 음식이 먹고 싶거나 한국 제품을 구매하고 싶다면 한국계 이민자가 운영하는 슈퍼마켓을 이용하자. 팔라마 슈퍼, H마트는 알라 모아나 센터 인근에 있어 뛰어난 접근성을 자랑한다. 웬만한 상품은 다 갖추고 있어 컵라면이나 레토르트 식품은 굳이 한국에서 들고 오지 않아도 된다. 팔라마 슈퍼 내에 있는 푸드 코너에서는 양념 갈비, 비빔국수, 불고기 등 풍부한 한식 메뉴를 선보이며, 가격도 $7~12.50으로 저렴한 편이다.

팔라마 슈퍼 Palama Supermarket
- 주소 1670 Makaloa St. Honolulu
- 위치 더 버스 2, 2L번 이용
- 운영 08:00~21:00 휴무 부정기
- 전화 808-447-7777
- 홈피 palamamarket.com

GPS 21.293216, -157.837275

H마트 H Mart
- 주소 458 Keawe St, Honolulu
- 위치 더 버스 20, 42번 이용
- 운영 08:00~22:00
- 전화 808-219-0924
- 홈피 www.hmart.com

GPS 21.30021, -157.86

3. 일본계 슈퍼마켓

일본을 여행한 이라면 다들 알 만한 종합 쇼핑몰 돈키호테와 지역 주민이 주로 이용하는 니지야 마켓이 대표적이다. 돈키호테는 폭넓은 상품 구성과 24시간 영업이 특징이며, 니지야 마켓은 일식 도시락이 호평을 얻고 있는 곳이다.

돈키호테 Don Quijote
- 주소 801 Kaheka St. Honolulu
- 위치 더 버스 5, 6, 17, 18번 이용
- 운영 24시간 전화 808-973-4800
- 홈피 donquijotehawaii.com

GPS 21.293686, -157.838682

니지야 마켓 Nijiya Market
- 주소 1009 University Ave. #101, Honolulu
- 위치 더 버스 1, 4A, 6번 이용
- 운영 09:00~21:00 휴무 부정기
- 전화 808-979-8777
- 홈피 nijiya.com

GPS 21.292245, -157.821568

Shopping 10
하와이 슈퍼마켓 추천 상품

하와이 슈퍼마켓에는 하와이에서만 만나볼 수 있는 과자, 음료, 조미료 등 다양하고 새로운 식품들이 가득하다. 한국인 입맛에 꼭 맞는 제품부터 색다른 맛의 제품까지 추천 상품 리스트를 참고해 골라보자.

과자

마우이 스타일
Maui Style

현지인이 강력추천하는 감자칩. 특히 '마우이 양파 Maui Onion 맛'은 한국인 입맛에 꼭 맞는다.

하와이안 Hawaiian

적당히 딱딱해서 씹는 맛이 있는 감자칩. '망고 하바네로 Mango Habanero'와 '루아우 비비큐 Luau BBQ'가 인기이다.

하와이안 밸류 Hawaiian Value

바다 위 서핑보드가 그려진 패키지가 귀여운 감자칩. 짜지 않을 정도로 적절히 간이 되어 있으며 얇다.

하와이안 칩 컴퍼니
Hawaiian Chip Company

오렌지 포테이토, 타로 고구마, 자색 고구마 등 영양가 높은 재료로 만들어진 감자칩이다.

아일랜드 프린세스
Island Princess

마카다미아 너트가 들어있는 캐러멜 팝콘. 초콜릿으로 코팅된 마카다미아 너트 맛도 맛있다.

하와이안 허리케인 팝콘
Hawaiian Hurricane Popcorn

일본 전통 과자와 김을 섞어 만든 팝콘. 김치 맛과 매실 맛도 등장했다.

음료

하와이안 선 Hawaiian Sun
캔 주스의 양대산맥 중 하나. 릴리코이패션, 구아바넥타, 파인애플오렌지, 딸기구아바 등이 인기이다.

알로하 메이드 Aloha Maid
알록달록하고 귀여운 패키지가 매력적인 주스. 하와이안 선과 라인업이 많이 겹치니 비교해도 좋을 듯하다.

로열 밀스 Royal Mills
하와이의 대표적인 캔 커피. 커피 사탕 같은 달달한 맛을 선호하는 이에게 추천한다.

하와이안 아일랜드 티 컴퍼니
Hawaiian Island Tea Company
재료를 그림으로 표현한 패키지가 고급스러운 홍차. 구아바, 망고, 파인애플 등 과일 향이 중심이다.

하와이안 내추럴 티
Hawaiian Natural Tea
유기농 재료를 고집하는 홍차 브랜드. 미국 농림수산부가 인증한 제품으로 품질에 비해 가격이 저렴하다.

애리조나 그린티 Arizona Tea
& 아놀드파마 하프앤하프
한국의 녹차와 달리 달달한 맛이 특징. 전설의 골퍼 아놀드파마가 즐겨 마셨다던 레모네이드와 아이스티 믹스 하프앤하프도 추천한다.

기타 식품

스팸 Spam
하와이 식문화에 빼놓을 수 없는 존재. 할라피뇨, 갈릭, 베이컨, 스모크, 저염분 등 한국에는 없는 종류를 판매한다.

하와이안 선 Hawaiian Sun
달달한 음료로 널리 알려진 하와이안 선에서 과일 맛 잼을 선보인다. 릴리코이, 구아바, 파인애플, 파파야 등 종류도 다양하다.

프루트 오브 더 아일랜드
Fruit of the Island
땅콩류 전문 회사에서 출시한 피넛 버터. 와이알루아 커피와 코코넛 2가지 맛이 있다.

기타 상품
커피, 초콜릿, 꿀, 너트, 팬케이크 믹스 등 대표적인 상품들도 슈퍼마켓에서 쉽게 찾아볼 수 있다. 자세한 사항은 p.170을 참조하자.

조미료

마우이 스타일 스위트 어니언
Maui Style Sweet Onion

하와이의 샐러드 드레싱 하면 이것. 새콤달콤한 양파 향이 입안에서 은은하게 퍼진다.

아도보로코 하와이안
Adoboloco Hawaiian

최근 하와이를 넘어 미국 전역에서 유행하고 있는 핫 소스. 할라피뇨, 파인애플, 하와이안 순으로 맵다.

미나토 Minato

하와이의 명물 갈릭 슈림프를 집에서 만들어 먹을 수 있는 새우 양념장. 양념장을 새우와 섞어 볶기만 하면 완성이다.

킹스 하와이안
King's Hawaiian

하와이에서 일반적으로 먹는 바비큐 소스. 스테이크, 햄버거 등에 뿌려 먹으면 맛있다.

알라에아 Alaea

미네랄이 듬뿍 담긴 천연 하와이안 시 솔트. 화산성 토양인 적토에서 만든 것이다.

이지 치즈 Easy Cheese

뿌리면 진한 치즈 소스가 쭉 나오는 스프레이. 체다, 베이컨, 아메리칸 등 여러 종류가 있다. 감자튀김, 치킨에 어울린다.

올드 하와이안 레시피스
Old Hawaiian Recipes

팬케이크나 푸딩 같은 디저트에 뿌리면 맛이 더욱 살아나는 코코넛 시럽이다.

스파이시 닌자 소스
Spicy Ninja Sauce

파인애플과 코코넛 맛이 나는 칠리 소스. 피나콜라다, 마우나 케아 등 이름도 하와이스럽다.

포케 믹스 Poke Mix

해조류와 조미료가 들어있어 참치, 연어, 문어를 믹스에 섞기만 해도 포케가 완성된다. 참기름을 곁들이면 더욱 맛있다.

슈퍼마켓 알뜰하게 이용하기

장바구니 지참하기
미국에서 처음으로 비닐봉지를 금지한 곳이 하와이다. 한국과 마찬가지로 슈퍼에서 봉투를 구매할 경우 15센트를 지불해야 하는데, 환경을 생각하여 재이용 가능한 가방과 재생지 봉투만을 판매하고 있다. 되도록 에코백이나 물건을 따로 담을 가방을 지참하도록 하자.

할인 정보 모으기
각 슈퍼마켓 공식 홈페이지에는 현재 할인하는 상품이 무엇인지 친절하게 소개되어 있다. 지점 페이지에 'Weekly AD'를 클릭하면 된다. 하와이에 머무는 기간에 일요일이 포함된다면 호텔 신문 서비스를 통해 일요일판 신문을 입수하자. 각종 할인 쿠폰 전단지가 들어 있어 요긴하게 쓰인다. 60세 이상 여행자라면 시니어 데이Senior Day를 적극 활용해보자. 슈퍼마켓 푸드랜드(목요일, 식료품과 생활 잡화 5%)와 일본계 슈퍼마켓 돈키호테(화요일, 일부 제외 5~10%)에서는 매주 할인 이벤트를 실시한다. 참고로 의류 할인 매장 로스Ross도 55세 이상 고객에게 매주 화요일 10% 할인을 해준다.

회원 카드 만들기
세이프웨이와 푸드랜드, 드러그 스토어 롱스 드럭스와 월그린은 회원으로 등록하면 할인 특전이 주어진다. 가격표에 따로 붙은 노란 종이가 회원가로 'Club Price'라 적혀 있다. '2/5.00'이라 적힌 표시는 2개를 사는 경우 $5라는 의미. 직원에게 회원이 되고 싶다고 말한 다음 이름, 메일주소, 전화번호를 입력하면 된다. 호텔 번호로도 가입할 수 있으며 그 자리에서 즉시 발급되어 할인을 받을 수 있다.

Shopping 11

하와이 드러그 스토어 총정리

슈퍼마켓만큼이나 시간과 에너지를 들여야 하는 쇼핑 명소는 드러그 스토어다. 한국의 드러그 스토어처럼 체험해보고 싶은 아이템이 넘쳐 시간 가는 줄도 모르고 구경하게 되는 마성의 장소이기 때문. 신기하고 재미난 세계로 출발해보자.

1. 드러그 스토어 추천 상품

글로벌 직구 시대가 열렸다고는 하나 아직 외국의 드러그 스토어 상품은 미지의 세계다. 메이드 인 하와이라면 더더욱 그렇다. 하와이와 미국 본토에서 인기 높은 상품을 소개한다.

하와이안 트로픽 & 바나나 보트
Hawaiian Tropic & Banana Boat
하와이에서 가장 인기가 높은 자외선 관련 브랜드. 차단 지수와 묶기에 따라 종류도 천차만별이다.

요가 미스트 Yoga Mist
요가 전문 미스트로 요가 룸, 요가 매트, 몸 어디든 뿌릴 수 있다. 티트리, 그레이프 프루트, 스위트 오렌지의 3가지 향이 있다.

뉴트라 시 Nutra Sea
캐나다산의 마시는 오메가3 영양제로 레몬 맛이 난다. 하루 한 스푼씩 복용. 어린이용도 있다.

나디놀라 Nadinola
저렴한 가격에 비해 효과는 우수한 기미 크림. 미백 성분인 하이드로키논이 함유되어 있다.

샷 Shotz
아사이 맛 천연 에너지 드링크. 비타민C와 비타민B 성분이 들어 있다. 망고, 석류, 딸기 맛도 인기이다.

닥터 틸즈 Dr Teal's
반신욕에 좋은 바스 솔트. 따뜻한 물에 넣어 20분간 몸을 담그면 땀이 나면서 피로 회복을 도와준다.

아델Ardell
붙이는 속눈썹 전문 브랜드에서 만든 속눈썹용 핀셋. 눈의 형태와 관계없이 쉽고 잘 붙을 수 있게 도와준다.

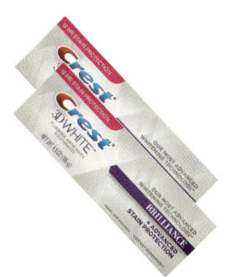

크레스트Crest
커피와 녹차를 마신 다음에 생기는 착색과 찌꺼기를 제거해주고 미연에 방지해주는 미백 전문 치약이다.

오일스 오브 알로하 Oils of Aloha
천연 재배한 쿠쿠이 열매에서 추출한 100% 유기농 오일. 건조하고 예민한 피부에게 추천한다.

제이크맨스Jakemans
100년 넘는 역사를 가진 꿀과 레몬을 첨가한 목캔디. 체리, 페퍼민트, 블랙커런트 등의 맛도 있다.

CVS 헬스CVS Health
항균력이 높은 것으로 알려진 마누카 꿀을 바른 반창고. 롱스 드럭스의 PB 상품이다.

스테리팟Steripod
식물 성분을 함유한 캡슐을 장착하여 세균을 보호해주는 칫솔 커버. 습기가 많은 화장실에 반드시 필요한 제품이다.

쉐아 모이스처 Shea Moisture
100% 버진 코코넛 오일과 코코넛 밀크를 첨가한 오일 세럼. 머리에 부드러움과 광택을 더해주는 기능을 한다.

알바 보타니카 Alba Botanica
미국에서 인기가 높은 화장품 브랜드. 하와이의 화산에서 추출한 성분으로 제작한 'Volcanic Clay'를 추천한다.

텀스Tums
임산부도 안심하고 복용할 수 있는 천연 소화제이자 제산제. 주성분은 탄산칼슘으로 물 없이 사탕처럼 먹을 수 있다.

2. 대표적인 드러그 스토어 매장

롱스 드럭스 Longs Drugs

하와이에만 40여 개 지점을 운영하는 지역밀착형 드러그 스토어. 관광객이 많이 찾는 번화가 지점에는 기념품, 의약품, 생활 잡화, 비치 용품, 주류, 먹거리도 판매한다. 자사 브랜드 '뷰티360 Beauty360'도 출시하여 페이셜 케어, 메이크업, 보디 케어 등 다양한 상품을 저렴한 가격에 구매할 수 있다. 간단한 정보를 입력해 회원 카드를 만들면 할인 혜택이 주어진다 (p.203 참조).

주소 2155 Kalakaua Ave. Honolulu
위치 더 버스 8, 19, 20, 23, 42, 98A, E번 이용
운영 24시간
전화 808-922-8790
홈피 www.cvs.com
GPS 21.280528, -157.830306

월그린 Walgreens

미국 최대 약국 체인점으로 자사 브랜드는 좋은 품질과 저렴한 가격을 내세우며 인기를 끌고 있는데, '웰Well'은 생활용품과 영양제, '나이스!Nice!'는 식품을 전문으로 한다.

주소 1121 S Beretania St, Honolulu
위치 더 버스 8, 17, 18번 이용
운영 06:00~24:00
전화 808-593-0403
GPS 21.301241, -157.844505

3. 드러그 스토어 & 슈퍼마켓 에코백 기념품

비닐봉지 사용을 금지하며, 가게에서 물건을 담아주는 봉투를 전부 유료화한 하와이. 덕분에 하와이의 각종 슈퍼마켓과 드러그 스토어를 방문했을 때 눈에 띄는 것이 바로 에코백이다. 예쁜 디자인과 사용하기 편한 실용성을 갖춰 나만을 위한 기념품으로 으뜸이며 귀국해서 쓰기에도 좋다.

1 홀 푸드 마켓　**2** 푸드랜드　**3** 롱스 드럭스　**4** 월그린　**5** ABC 스토어　**6** 다운 투 어스　**7** 세이프웨이

more & more 드러그 스토어 외에서 구매할 수 있는 화장품

드러그 스토어에서는 판매하고 있지 않으나 슈퍼마켓, 쇼핑몰 등에서 구매하면 좋은 추천 화장품을 소개한다.

로우 러브 Raw Love
천연 자외선 차단제. 마우이산 코코넛 오일로 만든 100% 천연 소재의 미네랄 선스크린. 다운 투 어스에서 판매한다.

말리에 Malie
바디 폴리시. 카우아이섬의 대자연에서 영감을 받은 유기농 스파 브랜드. 주요 호텔의 어메티니나 스파에서 사용된다. 알라모아나 센터에 입점.

필티 팜걸 소프 Filthy Farmgirl Soap
빅아일랜드에서 탄생한 브랜드로 복고풍 패키지와 천연 소재로 만든 수제 비누가 특징. 홀 푸드 마켓에서 판매한다.

Shopping 12

ABC 스토어 완전 공략

오아후섬의 주요 호텔이 밀집된 와이키키 비치 근처에만 10곳이 넘는 지점을 운영하는 ABC 스토어ABC Store. 이곳은 아마도 여행자가 가장 많이 이용하는 쇼핑 명소일 것이다. 먹거리, 주류, 기념품, 물놀이 관련 용품, 화장품 등 풍부한 제품군에 어딜 가도 눈에 보이는 기가 막힌 위치 선정 등 편의성 부분에서 이곳을 넘는 곳은 없기 때문. 하와이 여행의 든든한 동반자 ABC 스토어에 대해 자세히 알아보자.

골드 카드 제도를 기억하자!

물건을 구매하고 받은 영수증은 버리지 말고 반드시 보관하자. $100 이상 구매한 영수증을 제시하면 소소한 선물을 증정하는 골드 카드 제도가 있다. 선물은 머그잔, 에코백, 달력, 티셔츠, 비치타월 등 주어진 상품 가운데 선택할 수 있으며, $100, $300, $500, $700마다 고를 수 있는 선물이 달라진다. 전 지점에서 행사를 진행하므로 어떠한 지점에서 구매해도 합산된 영수증을 제시하면 된다. 단, 2주 이내에 구매한 영수증만 해당한다.

Made in Hawaii를 찾아라!

가게 진열대를 유심히 살펴보면 'Made in Hawaii'라고 표기된 것이 보일 것이다. 순수하게 하와이에서 만들어진 특산품을 의미하며, 이웃섬에 있는 지점에서도 'Made in Big Island'와 같이 각 섬의 특산품을 표시하고 있다. 기념품을 고를 때 참고하면 좋다.

간단하게 한 끼 해결하기!

국수, 샌드위치, 초밥, 과일, 스팸 무수비 등 간편하게 해결할 수 있는 식사 메뉴도 판매한다. 이른 아침에 시작해 늦은 밤까지 영업하므로 아침 식사나 야식을 구매하기에 좋다. 특히 와이키키 비치 워크 부근에 있는 38호점은 음식 메뉴가 충실한 편이다.

주소 205 Lewers St. Honolulu
위치 더 버스 8, 19, 20, 23, 42, 98A, W1, W2, W3번 이용
운영 06:30~23:00 휴무 연중무휴
전화 808-926-1811   **홈피** abcstore.com
GPS 21.278790, -157.831224

급하게 필요한 물건도 이곳에서!

먹거리와 당장 필요한 물건을 구하기에 제격인 ABC 스토어. 해열제, 감기약 같은 의약품도 있으며, 물놀이 때 젖은 귀를 건조시키는 스윔 이어Swim Ear도 판매하고 있으니 기억해두자. 이 외에도 기념품으로 구매하면 좋은 추천 상품도 다양하다.

ABC 스토어 추천 상품

※ 주류 구매 시 여권 지참, 아침 6시~밤 12시에만 구매 가능.

코나 커피 버터 Kona Coffee Butter
코나 커피를 100% 사용한 카페오레 맛 스프레드.

타바스코 초콜릿 Tabasco Chocolate
매운 소스의 대명사 타바스코 맛 초콜릿.

쿨라 허브스 Kula Herbs
마우이섬 쿨라 지방의 수제 비누. 하와이의 향을 듬뿍 담았다.

손톱 정리 줄 Nail File
서핑보드 모양의 손톱 정리 줄. ABC 스토어의 오리지널 상품.

패치 MD Patch MD
붙이는 영양제. 영양이 부족할 때 붙여주기만 해도 효과가 있다고 한다.

오션 Ocean
사탕수수와 해양심층수로 만든 보드카. 마우이섬 할레아칼라 부근에서 생산.

Shopping 13
24시간 이용 가능한 편의점

ABC 스토어를 포함해 하와이에 운영 중인 대다수 편의점은 새벽에 문을 열어 밤 12시가 되면 문을 닫는다. 유일하게 24시간 내내 손님을 맞이하는 편의점으로는 세븐일레븐이 있다.

세븐일레븐 7-Eleven

미국 텍사스에서 탄생한 편의점 브랜드. 하와이에 있는 지점은 한국보다는 일본 편의점에 가까운 분위기를 띠며 실제로 일본에서 조달한 상품들도 눈에 띈다. 판매하는 상품은 전체적으로 한국과 비슷한 편이다. 간편한 식사 거리를 비롯해 과자, 음료수, 빵, 핫 푸드 등의 먹거리와 구강용품, 의약품, 면도기, 선크림, 마스크팩 등 생활용품도 있다. 와이키키와 알라 모아나 등 번화가에는 단 3곳뿐이지만 오아후섬에만 50여 군데 지점이 운영 중이어서 여행 중 많은 도움을 얻을 수 있을 것이다.

와이키키 지점
주소 1922 Kalakaua Ave, Honolulu
위치 더 버스 2, 8, 13번 이용
운영 24시간
전화 808-949-8173
홈피 7-eleven.com
GPS 21.286561, -157.833217

세븐일레븐 추천 상품

햄 & 치즈 스위트브레드 샌드위치
로코들 사이에서 부동의 인기 No.1 샌드위치. 폭신한 빵 사이에 햄과 치즈를 끼운 단순한 조합이지만 예상 가능한 맛이 아닌 신선한 식감과 감칠맛이 느껴진다.

스팸 무수비
하와이의 대표적인 맛을 선정하는 시상식에서도 이름을 올린 세븐일레븐의 스팸 무수비. 다양한 재료를 조합하여 고르는 재미가 있다.

나초
3천 원대 퀄리티라고는 믿어지지 않을 만큼 맛있는 나초. 나초칩을 먼저 구매한 다음 비치된 치즈와 칠리 소스를 반드시 뿌릴 것. 안주로 딱 좋다.

쌀국수
현지 로코가 자신 있게 권하는 베트남식 쌀국수. 뚜껑을 열고 아무것도 넣지 말고 그대로 2분 20초간 전자레인지에 돌리면 완성!

슬러피
콜라, 환타, 마운틴듀 등 다양한 탄산음료를 슬러피Slurpee로 맛볼 수 있다. 컵 크기는 5종류로 대용량을 골라도 2천 원 정도의 저렴한 가격대를 자랑한다.

세븐일레븐 커피
$1.39~1.69의 저렴한 가격으로 따뜻한 커피 한잔! 무려 라이언 커피가 제공하는 원두로 만든다는 사실을 아는 이는 의외로 많지 않다. 구비된 크림과 설탕을 넣고 마시면 더 좋다.

---

more & more 하와이 기타 편의점

ABC 스토어, 세븐일레븐과 비슷한 역할을 하는 편의점으로는 로손 스테이션Lawson Station이 있다. 로손 스테이션은 세븐일레븐과 비슷하지만 24시간 영업을 하지 않는다.

로손 스테이션
주소 2365 Kalakaua Ave. Honolulu
위치 더 버스 2L, 22, E번 이용
운영 09:00~23:00
　　　휴무 연중무휴
전화 808-926-1819
홈피 hawaiilawson.com
GPS 21.276308, -157.826117

Stay 1
하와이 호텔 이용 전 알아두기

여행 일정만큼 신중하게 고르는 것이 바로 호텔이다. 동선, 서비스, 분위기, 요금 등 고려해야 할 사항이 많고 여행으로 쌓인 피로를 풀고 심신 안정을 안겨다 주는 안락함은 오로지 호텔 객실에서만 느낄 수 있기 때문이다. 호텔을 이용하기에 앞서 알아두면 좋을 아래의 정보를 참고해 활용할 수 있는 것은 모두 경험해 보도록 하자.

호텔 선정
유명 호텔 브랜드가 밀집된 와이키키 비치 부근이 여행하기에 가장 편리하며, 서비스가 충실하여 고객 만족도도 높은 편이다. 성수기는 여름 휴가철인 7, 8월과 12, 1월 연말연시, 일본의 휴가철인 4월 하순부터 5월 상순 사이인 골든위크로 이때는 기본적으로 요금이 높으니 보다 저렴한 가격을 원한다면 예약 시기를 앞당기는 것이 좋다. 최근에는 숙박 공유 사이트 에어비앤비Airbnb에서 예약을 하는 이들도 늘어났는데, 반드시 정부에 허가를 받은 숙소인지 확인을 하고 진행해야 한다. 호스트 상세 내역에서 License 또는 Registration Number를 꼭 확인하자.

리조트 피
하와이 호텔과 리조트를 이용할 때 숙박료와 별도로 내는 시설 이용비가 있다. 'Hospitality Fee', 'Resort Charge', 'Activity Package' 등 호텔마다 부르는 명칭이 다르며, 금액은 1박당 $10~35 정도이다. 제공받는 서비스 내용은 DVD 대여, 컬처 클래스, 액티비티 체험, 클럽 입장, 방수 카메라 대여, 쿠폰북 증정 등 천차만별이다.

체크인 & 체크아웃
호텔에 입실 가능한 시간을 '체크인', 퇴실 가능한 시간은 '체크아웃'이라 한다. 대개 체크인은 오후 2~4시 사이, 체크아웃은 오전 10~12시 사이에 진행된다. 정해진 시간보다 일찍 입실할 경우 '얼리Early 체크인', 늦게 퇴실할 경우 '레이트Late 체크아웃'이라 한다.

발레파킹
호텔마다 정책이 다르나 셀프 주차가 가능한 곳이 있고 어떤 곳은 대리 주차만 허용되는 곳이 있다. 주차 방식에 따라 주차비가 다르며, 외출 시 로비로 차를 직접 가져다주었을 때 직원에게 $2~5의 팁을 건네는 것이 일반적이다.

팁
객실을 청소하는 하우스키퍼에게 감사함의 표시로 매일 아침 베개 위에 $1~2를 올려놓으면 된다. 짐을 들어준 벨보이나 룸서비스를 제공한 직원(서비스 요금이 가산되지 않은 경우)에게도 마찬가지로 $1~2를 내면 된다.

객실 열쇠
대다수 호텔은 카드 형식의 열쇠가 제공된다. 카드를 객실 문 주변 장치에 갖다 대거나 꽂으면 열리는 시스템이다.

웰컴 드링크
체크인 시 투숙객에게 기본적으로 제공되는 무료 음료. 객실에 놓인 생수 외에 따로 직원에 의해 주스, 커피, 칵테일 등이 제공되기도 한다. 'Complementary'라고도 부른다.

어메니티

욕실에 있는 샴푸, 컨디셔너, 보디워시, 보디크림과 같이 객실에 비치된 편의 용품을 의미한다. 고급 호텔은 브랜드에 각별히 신경 써서 선정하기도 하며, 사용하고 남은 것은 가지고 돌아가도 좋다.

미니 바

객실 내 작은 매점이라 생각하면 이해하기 빠를 것이다. 작은 냉장고 속 음료수나 금고 부근에 마련된 공간의 초콜릿, 과자, 라면 등이 해당되며 모두 유료이다. 체크아웃할 때 정산하거나 추후 신용카드로 결제된다.

턴 다운 서비스

턴 다운 서비스Turn Down Service는 취침 전 호텔에서 제공하는 서비스로 객실을 잠들기 편안한 분위기로 만들거나 수건, 생수와 같은 물건을 챙겨주는 등 편안한 잠자리를 위한 정리정돈 서비스라 보면 된다.

두 낫 디스터브

두 낫 디스터브Do Not Disturb는 객실 청소가 필요 없음을 의미하는 말. 표기된 푯말을 문 앞에 걸어두면 하우스키퍼는 출입하지 않는다. 다음 날 객실에서 늦은 시간까지 쉬고 싶다면 푯말을 걸어두면 된다. 반대로 청소를 원하는 경우 'Make Up' 또는 'Clean Up' 부분으로 푯말을 걸어두면 된다.

룸서비스

숙박객의 요청으로 식사와 음료를 객실에 직접 보내주는 서비스. 객실에 놓인 메뉴판을 보고 전화로 주문하면 되고 가격은 다소 비싸게 책정되어 있다.

컨시어지

호텔에 상주하는 안내원이 여행과 관련한 궁금증과 요구사항을 들어주는 서비스. 관광지 정보를 알려주거나 음식점과 투어를 예약하는 등 고객이 원하는 부분을 최선을 다해 처리해준다.

부가서비스

호텔 건물 내 숙박객을 위해 수영장, 피트니스 센터, 사우나, 스파 등의 시설을 갖추고 있으며 세탁, 짐 보관, 우산 대여 등의 서비스를 하고 있다.

이벤트

하와이의 고급 호텔은 다양한 이벤트를 매일 실시하고 있으니 홈페이지나 프런트를 통해 확인 후 반드시 참가해보자.

── Stay 2 ──
하와이 호텔 속 숨은 카페

호텔 로비의 공간을 활용해 만든 다양한 숍들 가운데 감춰진 멋스러운 카페를 찾아보자. 숙박객이 아니어도 누구나 언제든지 방문하여 즐길 수 있다.

하이드 아웃 Hideout
(in 더 레이로우 오토그래프 컬렉션)

건물로 들어가는 에스컬레이터를 타고 2층으로 올라가면 왼쪽의 호텔 프런트 반대편에 탁 트인 야외 카페가 눈에 들어온다. 야자수와 높은 건물이 뒤섞인 와이키키를 배경으로 각종 음료를 즐길 수 있는데, 커피와 차 외에 칵테일, 와인, 위스키, 테킬라 등 주류도 판매하고 있다.

주소 2299 Kuhio Ave. Honolulu
운영 일~목 06:00~15:30, 17:00~21:30
금·토 06:00~15:30, 17:00~23:30
전화 808-628-3060
홈피 www.hideoutwaikiki.com
GPS 21.279248, -157.826545

서프잭 숍 Surfjack Sho

하와이안 무드를 테마로 한 인테리어가 전체적으로 사랑스러운 분위기를 띠는 카페. 카운터부터 사용되는 종이컵까지 하나하나 신경 쓴 흔적이 엿보인다. 호텔 기념품숍도 겸하고 있으므로 잊지 말고 둘러볼 것. 기념품마저도 한눈에 반할 만큼 예쁘다.

주소 412 Lewers St. Honolulu
운영 07:00~18:00
　휴무 연중무휴
전화 808-921-2233
홈피 www.surfjackshop.com
GPS 21.282026, -157.828226

너츠 커피 로스터스 Knots Coffee Roasters (in 퀸 카피올라니 호텔)

2019년 전 객실과 내부 시설을 새롭게 단장하여 문을 연 호텔 1층에 멋스러운 카페가 등장했다. 파인애플이 서핑을 즐기는 재미난 그림과 더불어 향기로운 커피 향과 그윽한 빵 냄새가 손님을 맞이한다. 널찍한 자리에 테이블 수도 많은 편이므로 서두를 필요 없이 여유 있게 즐길 수 있다.

주소 150 Kapahulu Ave. Honolulu
운영 06:00~16:00 **휴무** 연중무휴
전화 808-931-4842
홈피 www.knotscoffee.com
GPS 21.271900, -157.821164

하와이안 아로마 카페 Hawaiian Aroma Caffe (in 와이키키 비치콤버 바이 아웃리거)

와이키키 비치 부근 호텔 내 세 군데의 카페를 운영 중인 커피 전문점으로 다양한 종류의 와플, 아사이볼, 파니니, 빵, 샌드위치 등 간단한 식사 메뉴도 갖추고 있다. 직접 로스팅한 원두를 이용해 정통 이탈리안 커피를 제공하는 것이 특징. 식사 메뉴와 함께 브런치를 즐겨도 좋다. 분위기나 접근성도 좋은 편이니 들러보자.

주소 2300 Kalakaua Ave. Honolulu
운영 월~목 06:00~19:00, 금~일 06:00~20:00
휴무 연중무휴
전화 808-256-2602
홈피 www.hawaiianaromacaffe.com
GPS 21.278363, -157.827591

카이 커피 하와이 Kai Coffee Hawaii (in 하얏트 리젠시 와이키키 비치 리조트 & 스파)

다채로운 문화 공연이 펼쳐지는 호텔 1층 그레이트 홀에 위치하는 카페. 하와이산 원두와 마찬가지로 하와이에서 생산한 마카다미아 너트 시럽을 조합한 '카이 라테Kai Latte'가 유명하다. 미리 확인하여 홀에서 개최하는 이벤트를 감상하며 커피를 음미하는 것도 즐거운 시간을 보내는 방법이다.

주소 2424 Kalakaua Ave. #129, Honolulu
운영 06:00~21:00 **휴무** 연중무휴
전화 808-923-1700
홈피 kaicoffeehawaii.com
GPS 21.276148, -157.825030

더 선라이즈 샤크 와이키키 The Sunrise Shack Waikiki
(in 아웃리거 와이키키 비치 리조트 와이키키)

노스 쇼어 선셋 비치 부근의 명물 주스 바가 와이키키에도 진출했다. 하와이에서 나고 자란 서퍼 3인이 과일을 파는 푸르트 스탠드를 오픈한 것이 역사의 시작. 콜드 프레스 주스, 스무디, 방탄 커피 등 다른 카페에서는 찾아보기 어려운 메뉴로 구성되어 있다.

주소 2335 Kalakaua Ave. Honolulu
운영 06:00~19:00 **휴무** 연중무휴
전화 808-926-6460
홈피 www.sunriseshack-hawaii.com
GPS 21.277080, -157.827127

Stay 3

추천! 하와이 호텔 머천다이즈

하와이의 유명 호텔이 제작한 다양한 머천다이즈. 호텔 고유의 인테리어를 본뜬 디자인이 특징으로 호텔만큼이나 세련되고 멋스럽다. 구매 욕구를 마구 자극하는 상품을 모아보았다.

① 로열 하와이안 럭셔리 컬렉션 리조트
The Royal Hawaiian a Luxury Collection Resort

'핑크 궁전'이라는 닉네임을 가진 호텔답게 상품 대부분에 핑크색이 사용되어 눈에 띈다. 장식용으로 좋은 깜찍한 테디베어와 실용성과 디자인을 모두 갖춘 머그잔 등 다양한 상품을 구비하고 있다.

② 더 서프잭 호텔 & 스윔 클럽
The Surfjack Hotel & Swim Club

현재 하와이에서 가장 핫한 부티크 호텔은 머천다이즈마저도 눈길을 사로잡는다. 호텔 내부에 있는 카페 겸 셀렉트숍 '올리브 & 올리버'에서 판매하고 있다.

③ **더 레이로우 오토그래프 컬렉션**
The Laylow Autograph Collection

객실 인테리어를 그대로 비치샌들에 옮겨놓았다. 실제 객실에도 비치된 어메니티로 숙박객은 사용 후 가지고 돌아가도 OK. 호텔이 선사하는 뜻밖의 선물은 언제 받아도 기분이 좋다.

④ **할레쿨라니** Halekulani

숙박객에게 압도적으로 높은 평가를 얻고 있는 이 고급 호텔에서도 머천다이즈를 판매한다. 호텔을 상징하는 난초 로고가 새겨진 비치백, 컵, 샤워가운 등 생활에서 사용할 수 있는 제품이 많다.

⑤ **모아나 서프라이더**
웨스틴 리조트 & 스파
Moana Surfrider a Westin Resort & Spa

와이키키에서 가장 오랜 역사를 자랑하는 호텔로 '와이키키의 귀부인'이라는 애칭을 지닌 모아나 서프라이더의 명물은 애프터눈 티. 애프터눈 티와 함께 즐기는 홍차 '모아나 로열 티'를 별도로 판매한다.

219

하와이를 즐기는
가장 완벽한 방법

오아후 OAHU

'하와이' 하면 떠오르는 호놀룰루, 와이키키, 노스 쇼어, 진주만 등의 단어는 8개의 주요 섬 가운데 오아후섬에 있는 지역과 명소를 이르는 말이다. 즉, 하와이 여행이라는 것은 실은 오아후 여행을 말하는 것이라고 봐도 무방하다. 하와이 여행의 핵심이자 하와이를 대표하는 오아후는 주도 호놀룰루가 위치한 하와이 제도에서 세 번째로 큰 섬이다. 1845년부터 하와이 왕국의 수도로 활약하며 역사적 발자취를 남겼고 그 유산이 지금도 고스란히 자리하고 있다. 관광, 정치, 경제, 문화의 중심으로 하와이 전체 인구 중 80%가 살고 있으며, 도시적인 분위기와 대자연의 풍경을 동시에 만끽할 수 있는 지역이다. 촘촘하게 늘어선 호텔과 상업시설 사이로 푸른빛 바다와 하늘이 가슴 뻥 뚫리듯 시원스럽게 펼쳐지고, 굴곡진 산맥 아래로 광활한 자연 풍광이 고혹한 자태를 뽐내고 있는 대조적인 모습을 모두 즐길 수 있다. 전통문화 체험, 먹거리, 쇼핑 등 어느 하나 빠짐없이 만족감을 채워주는 최고의 관광지임이 틀림없다.

> **오아후섬에서 꼭 해야 할 일 체크!**
> - 오아후섬에 있는 125개 비치 중 나에게 맞는 비치 찾기
> - 드라이브, 트레킹, 액티비티로 대자연 만끽하기
> - 역사적 명소 탐방과 문화 체험으로 하와이에 대해 알아가기
> - 곳곳에 숨은 맛집 돌아다니기
> - 쇼핑센터, 아웃렛, 슈퍼마켓 등에서 쇼퍼홀릭 되기

1. 오아후 들어오기

하와이 여행의 시작은 오아후섬 남쪽에 자리한 다니엘 K. 이노우에 국제공항 Daniel K. Inouye International Airport 이다. 과거 호놀룰루 국제공항이라 불렸던 곳으로 한국과 하와이 간 국제선은 물론 이웃섬 간의 이동을 위한 국내선도 운항한다. 총 3개의 터미널 가운데 제1터미널은 하와이를 거점으로 운항하는 하와이안항공 Hawaiian Airlines 전용으로 운영되어 인천-호놀룰루 출발과 도착, 하와이 국내선 출발과 도착에 이용된다. 제2터미널은 대한항공, 아시아나항공, 진에어, 사우스웨스트 Southwest 항공이 이용한다. 제3터미널은 하와이 국내선 위주로 운항하는 모쿨렐레항공 Mokulele Airlines 이 이용한다.

홈피 airports.hawaii.gov/hnl

2. 공항에서 시내 이동하기

≫ 택시
공항 도착 로비 출구로 나가면 택시를 유도하는 전문직원이 기다리고 있으니 간단히 승차할 수 있다. 목적지를 직접 말하거나 호텔명이 적힌 종이를 보여주면 되며, 하차 시 요금과 함께 팁 15~20%를 더해 내는 것을 잊지 말자.

≫ 차량 배차 서비스
스마트폰 앱을 통한 차량 배차 서비스 우버Uber, 리프트Lyft로도 차를 부를 수 있다. 제2터미널의 2층 출발 로비8과 제1터미널의 2층 출발 로비2 건너편에 있는 라이드 셰어 픽업 존Ride Share Pick Up Zone을 출발지로 설정하자.

≫ 렌터카
공항에서부터 이용할 예정이라면 한국에서 예약하는 것이 좋다. 어떠한 업체든 도착 로비 출입구에서 오른쪽으로 5분 직진 후 왼편에 'Car Rental Center' 내 각 회사 카운터에서 수속이 이루어진다.

≫ 여행사 픽업 샌딩 서비스
와이키키 시내에 호텔을 예약했다면 일정한 인원을 모집해 정기적으로 공항-시내를 오가는 현지 여행사의 서비스도 하나의 방법. 인터넷 검색창에 '하와이 공항 픽업'이라 검색해볼 것.

3. 오아후 안에서 이동하기

≫ 더 버스 The Bus
오아후섬 전체를 연결하는 교통수단으로는 더 버스가 있다. 웬만한 오아후섬의 관광명소는 약 100개 노선을 운행하는 더 버스를 통해 갈 수 있으며, 자동차보다 시간이 다소 오래 걸리는 편이지만 운전이 어려운 이들이라면 안전하게 더 버스에 몸을 맡기는 것이 가장 좋은 방법이다. 정류장은 누구나 알아보기 쉽도록 노란색 표지판으로 표시를 해두었다. 버스 승차 방법은 한국과 유사한 편으로, 앞문으로 타서 요금을 낸 다음 뒷문이나 앞문으로 내리는 방식이다. 요금함에 지폐나 동전을 넣으면 되는데, 거스름돈이 나오지 않기 때문에 요금을 딱 맞춰 내는 것이 좋다. 1일 패스는 기사를 통해 구매할 수 있으며, 1개월 패스는 세븐일레븐 편의점과 푸드랜드, 타임즈 슈퍼마켓에서 구할 수 있다. 공식 앱 'Dabus2(영어)'에서 자세한 노선과 배차시간을 알 수 있다.

요금 **1회** 18세 이상 $3, 6~17세 $1.50, 65세 이상 $1.25,
  1일 최대 승차요금 18세 이상 $7.50, 6~17세 $3.75, 65세 이상 $3,
  어른 동반 5세 이하 1인 무료, 홀로 카드 최소 충전 금액 $3
홈피 thebus.org

▷ 트롤리 Trolley

오아후섬을 둘러볼 수 있는 또 다른 교통수단으로는 트롤리가 있다. 창문이 없는 오픈형 구조에 클래식한 디자인이 특징인 트롤리는 일본계 여행사가 운행하는 트롤리 3개와 오아후섬 주요 관광지와 쇼핑센터를 중심으로 운행하는 와이키키 트롤리Waikiki Trolley를 합쳐 총 네 종류가 있다.

와이키키 트롤리는 한국인 여행자가 다수 이용하는 교통수단으로, 다이아몬드 헤드 주변 명소를 도는 '블루 라인'을 비롯해 총 3개 노선으로 구성되어 있다. 한 노선을 하루 동안 집중적으로 이용하는 1일 패스($30)와 전 노선을 무제한 승하차할 수 있는 1일 패스($55)가 있으며, 공식 홈페이지와 한국 온라인 여행사에서 구매할 수 있다. 단, 쇼핑 명소 위주로 운행하는 '핑크 라인'은 1일 패스 $5로 탑승할 수 있다.

홈피 www.waikikitrolley.com

▷ 택시

길에서 택시를 잡아타는 우리나라와 달리 하와이 택시는 호텔 앞이나 쇼핑센터 앞 택시 승강장 등 정해진 곳에서 타거나 택시 전용 공중전화로 부르는 방식이다. 요금은 미터로 계산되며 첫 승차 시 기본 $4.30 정도로, 이후 200m마다 $0.56씩 가산된다. 팁은 요금의 15~20%를 건네면 된다. 최근에는 한국의 카카오택시와 같이 스마트폰을 통한 차량 배차 서비스를 이용하는 사례가 늘어나고 있는데, 대표적으로 '우버Uber'와 '리프트Lyft'가 있다.

홈피 택시 www.thecabhawaii.com
　　우버 www.uber.com
　　리프트 www.lyft.com

택시 전용 공중전화

▷ 렌터카

버스와 트롤리가 발달한 오아후지만 정류장과 배차 간격을 일일이 확인해야 하는 번거로움과 대중교통이 닿지 않는 명소를 생각했을 때 렌터카 이동이 가장 편한 것은 사실이다. 핸들이 한국과 같은 방향이고 도로도 잘 정비된 편이므로 주의사항(p.128)만 잘 숙지한다면 크게 무서울 것 없다. 대중적으로 알려진 허츠, 알라모, 달러 등을 이용하고 인터넷을 통해 쉽게 예약할 수 있다. 한국에서 예약한 차량을 공항 또는 시내 영업소에서 수령, 반환이 가능한데 반드시 수령한 곳에서 반환할 필요는 없다. 각 업체의 영업소가 곳곳에 있어 동선을 고려해 지정하면 된다.

4. 오아후 추천 일정

직항편을 이용한다면 인천에서 늦은 저녁이나 밤에 출발한 비행기는 8시간 5~35분이 소요되어 현지 시각 오전 9시 40분에서 낮 12시 10분 사이에 공항에 도착한다. 호텔에 도착해 짐을 맡긴다 해도 반나절 이상 시간을 벌어 첫날부터 관광을 즐길 수 있다. 대신 귀국일은 낮 12시 10분에서 2시 55분 사이에 출발하므로 최소 2시간 전에 공항에 도착해야 하는 점을 생각하면 관광할 여유는 없다고 보면 된다.

≫ 오아후 베스트 코스 4박 6일

DAY 1
다니엘 K. 이노우에 국제공항 도착
⋯ 이올라니 궁전(p.269)
⋯ 와이키키 비치(p.240) ⋯ 숙소 체크인
⋯ 와이키키 쇼핑 & 식사

와이키키 비치

DAY 2
다이아몬드 헤드(p.252)
⋯ 몬사라트 애비뉴(p.254) ⋯ 하나우마 베이(p.247)
⋯ 마카푸우 포인트 라이트하우스 트레일(p.258)
⋯ 알라 모아나 센터(p.302)

하나우마 베이

DAY 3
노스 쇼어 비치(p.337) ⋯ 할레이바(p.341)
⋯ 와이켈레 프리미엄 아웃렛(p.354)
⋯ 탄탈루스 전망대 야경(p.260)

알라 모아나 센터

DAY 4
쿠알로아 랜치(p.324)
⋯ 쿠알로아 리저널 파크(모자섬)(p.325)
⋯ 카일루아 비치 & 라니카이 비치(p.330)
⋯ 카일루아(p.327)

탄탈루스 전망대

DAY 5
숙소 체크아웃 ⋯ 다니엘 K. 이노우에 공항 출발

카일루아 비치 & 라니카이 비치

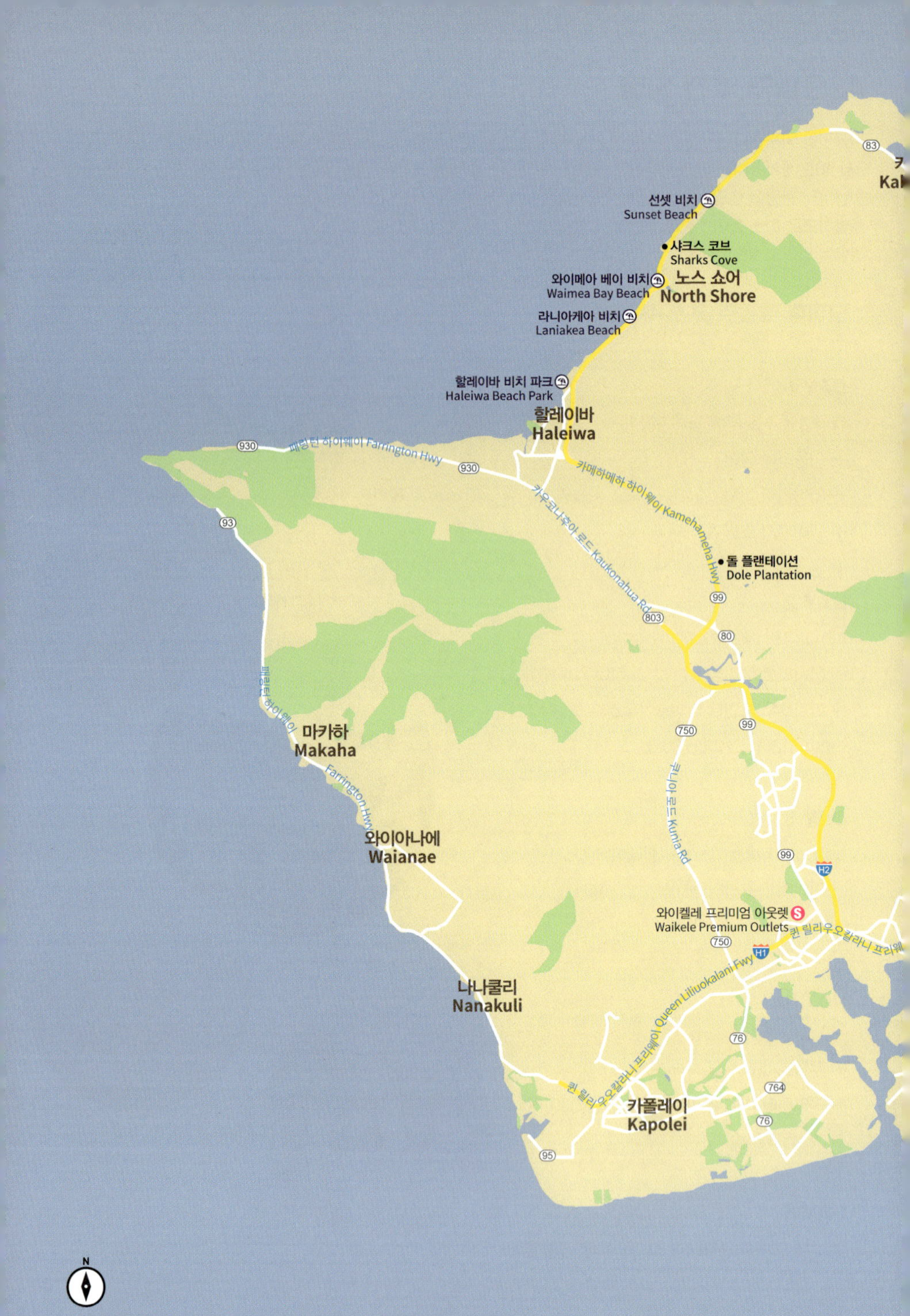
선셋 비치
Sunset Beach
샤크스 코브
Sharks Cove
와이메아 베이 비치
Waimea Bay Beach
노스 쇼어
North Shore
라니아케아 비치
Laniakea Beach
할레이바 비치 파크
Haleiwa Beach Park
할레이바
Haleiwa
파링턴 하이웨이 Farrington Hwy
카메하메하 하이웨이 Kamehameha Hwy
카우코나후아 로드 Kaukonahua Rd
돌 플랜테이션
Dole Plantation
마카하
Makaha
Farrington Hwy
와이아나에
Waianae
쿠니아 로드 Kunia Rd
와이켈레 프리미엄 아웃렛
Waikele Premium Outlets
퀸 릴리우오칼라니 프리웨이 Queen Liliuokalani Fwy
나나쿨리
Nanakuli
카폴레이
Kapolei
83
930
93
99
803
80
750
H2
H1
76
764
95
N

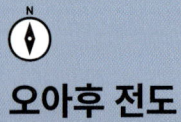

오아후 전도

HONOLULU
하와이 여행의 결정체 호놀룰루(오아후 남부)

하와이 여행이 처음인 사람이라면 가장 오래 머무는 곳이라 해도 과언이 아닌 하와이 여행의 핵심. 하와이를 상징하는 와이키키 비치와 다이아몬드 헤드가 위치한 곳으로 과거 하와이 왕국의 수도였으며 현재는 하와이의 주도이기도 하여 역사적으로 유서가 깊다. 관광의 중심일 뿐 아니라 정치, 경제, 문화가 가장 발달하였고 태평양 해상의 교통 요지로도 활약하는 중요한 지역이기도 하다. 매년 전 세계에서 600만 명 이상이 방문하는 인기 여행지인 만큼 대자연과 더불어 여행을 즐길 수 있는 명소를 시작으로 숙박시설, 쇼핑, 음식점, 액티비티 등 관광 인프라가 잘 갖춰져 있다.

호놀룰루에서 꼭 해야 할 일 체크!

- 와이키키 비치에서 물놀이 하기
- 다이아몬드 헤드 정상 오르기
- 하나우마 베이에서 스노클링 즐기기
- 탄탈루스 전망대에서 시내 전경 감상하기
- 미국의 유일한 궁전인 이올라니 궁전 방문하기
- 와이키키에서 쇼핑 삼매경에 빠지기

공항에서 호놀룰루 이동하기

1. 더 버스
국제선 2층 출발 로비 건너편 중앙분리대 쪽 시티 버스 City Bus 정류장에서 19, 20번을 이용하자.

2. 차량 배차 서비스(우버, 리프트)
제2터미널의 2층 출발 로비8과 제1터미널의 2층 출발 로비2 건너편에 있는 라이드 셰어 픽업 존 Ride Share Pick Up Zone에서 대기하면 된다.

3. 렌터카
도착 로비 출입구에서 오른쪽으로 5분 직진 후 왼편에 있는 'Car Rental Center' 내 각 회사 카운터에서 수속한 뒤 이용하면 된다.

호놀룰루 안에서 이동하기

1. 더 버스
하루 평균 21만 명이 이용하는 오아후섬의 대표적인 대중교통. 104개 노선이 운행, 3,900여 개의 정류장이 설치되어 있어 웬만한 명소는 더 버스를 통해 갈 수 있다. 하루 이용권이 $7.50으로 평균 비용을 따지면 가장 저렴한 이동수단이다.

2. 트롤리
개방형 버스 트롤리도 널리 이용되는 교통수단이다. 호놀룰루 위주로 돌아볼 예정이라면 주요 명소를 잇는 4개의 노선을 잘 활용하면 빠르고 편리하게 이동할 수 있다. 요금은 더 버스보다 비싼 편이다.

3. 택시
호텔 앞이나 쇼핑센터 앞 택시 승강장 등 정해진 곳에서 타거나 전용 공중전화로 부르는 방식으로 지나가는 택시를 손을 들어 세워 타는 일은 거의 없다고 보면 된다.

4. 렌터카
가고 싶은 시간대와 장소를 자유롭게 정할 수 있어 이동을 편하게 할 수 있는 장점이 있으나 주차장 파악이 번거롭고 비용이 많이 들기도 하니 대중교통과 적절히 배분해 이용하자.

더 버스와 트롤리 모두 이용해보자!

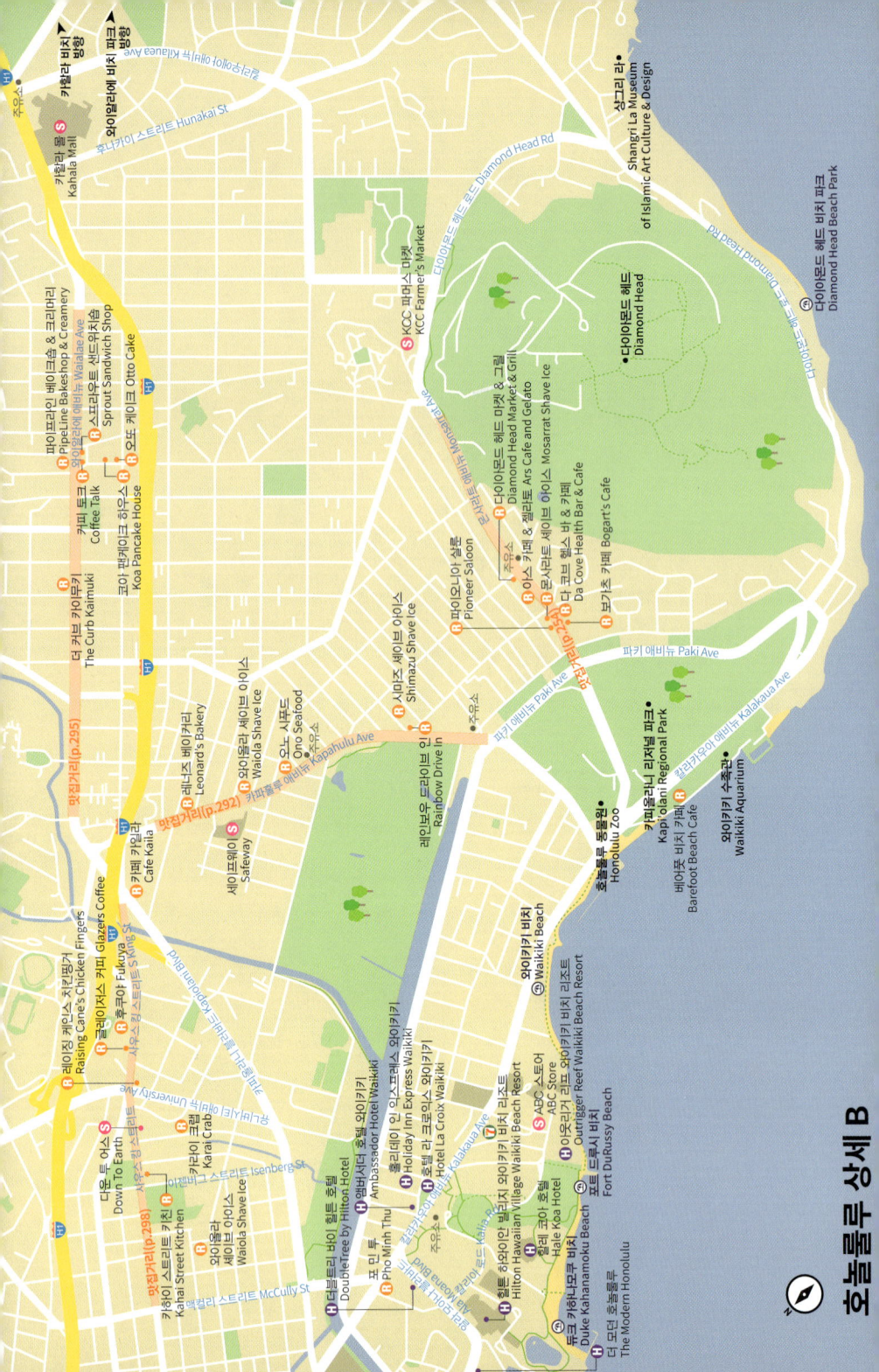

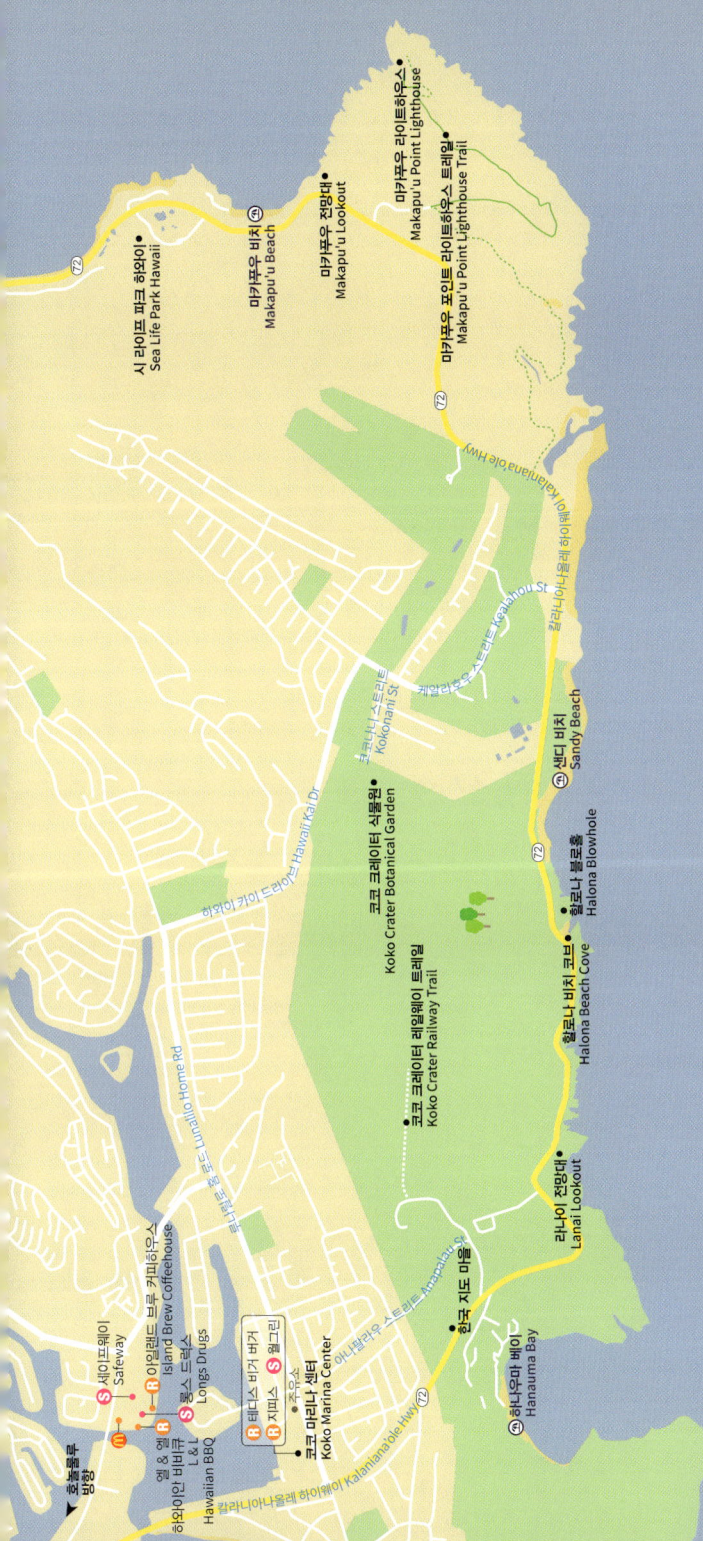

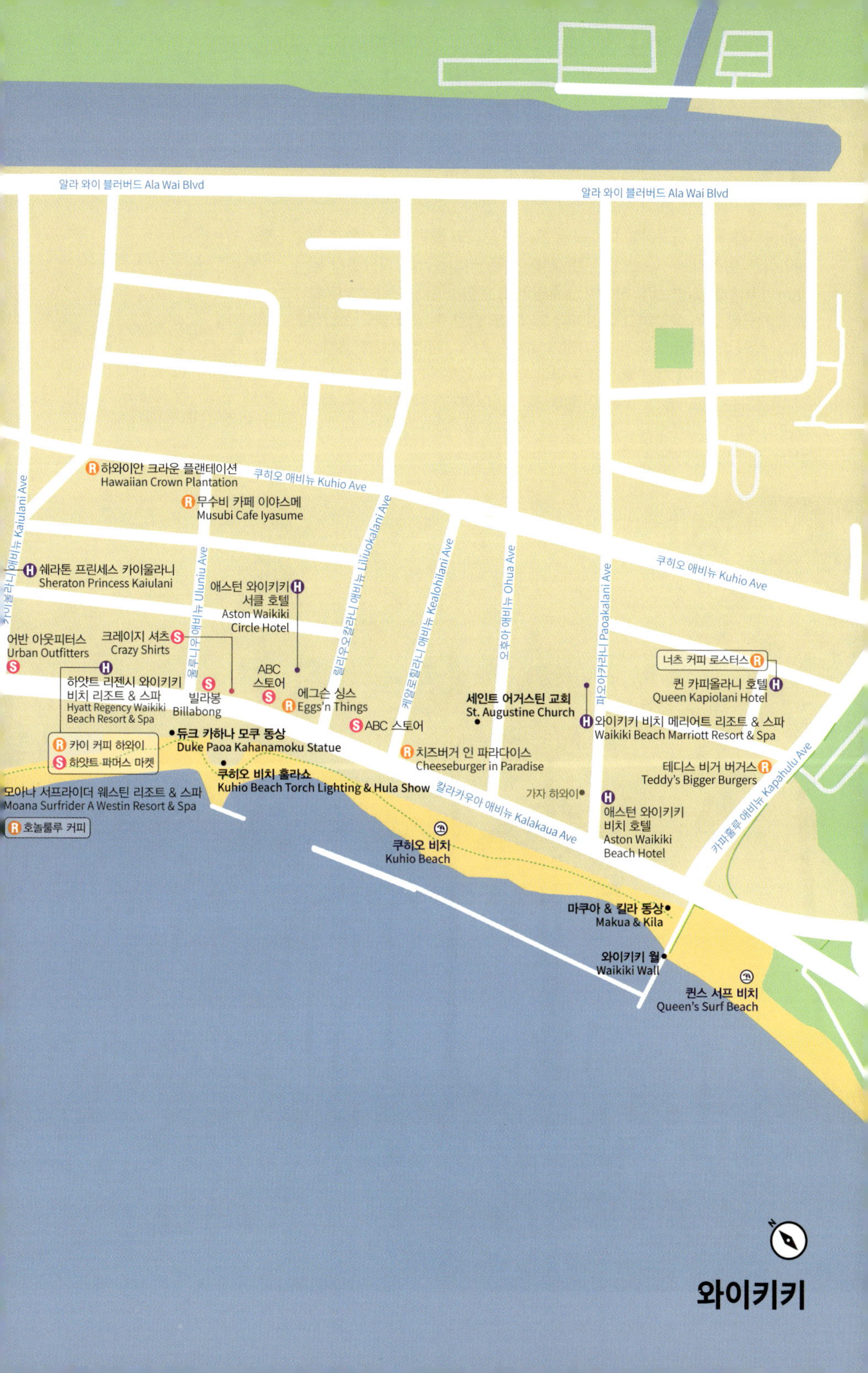

알라 와이 블러버드 Ala Wai Blvd
알라 와이 블러버드 Ala Wai Blvd
쿠히오 애비뉴 Kuhio Ave
쿠히오 애비뉴 Kuhio Ave
Kaiulani Ave
울루니우 애비뉴 Uluniu Ave
릴리우오칼라니 애비뉴 Liliuokalani Ave
케알로힐라니 애비뉴 Kealohilani Ave
오후아 애비뉴 Ohua Ave
파오아카라니 애비뉴 Paoakalani Ave
카파훌루 애비뉴 Kapahulu Ave
칼라카우아 애비뉴 Kalakaua Ave
하와이안 크라운 플랜테이션 Hawaiian Crown Plantation
무수비 카페 이야스메 Musubi Cafe Iyasume
쉐라톤 프린세스 카이울라니 Sheraton Princess Kaiulani
애스턴 와이키키 서클 호텔 Aston Waikiki Circle Hotel
크레이지 셔츠 Crazy Shirts
어반 아웃피터스 Urban Outfitters
하얏트 리젠시 와이키키 비치 리조트 & 스파 Hyatt Regency Waikiki Beach Resort & Spa
빌라봉 Billabong
ABC 스토어
에그슨 싱스 Eggs'n Things
ABC 스토어
카이 커피 하와이
하얏트 파머스 마켓
듀크 카하나 모쿠 동상 Duke Paoa Kahanamoku Statue
쿠히오 비치 훌라쇼 Kuhio Beach Torch Lighting & Hula Show
모아나 서프라이더 웨스틴 리조트 & 스파 Moana Surfrider A Westin Resort & Spa
호놀룰루 커피
쿠히오 비치 Kuhio Beach
세인트 어거스틴 교회 St. Augustine Church
치즈버거 인 파라다이스 Cheeseburger in Paradise
가자 하와이
너츠 커피 로스터스
퀸 카피올라니 호텔 Queen Kapiolani Hotel
와이키키 비치 메리어트 리조트 & 스파 Waikiki Beach Marriott Resort & Spa
테디스 비거 버거스 Teddy's Bigger Burgers
애스턴 와이키키 비치 호텔 Aston Waikiki Beach Hotel
마쿠아 & 킬라 동상 Makua & Kila
와이키키 월 Waikiki Wall
퀸스 서프 비치 Queen's Surf Beach
N
와이키키

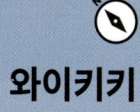

비치

와이키키 비치 Waikiki Beach ★★★

GPS 쿠히오 비치 21.274889, -157.825012

호놀룰루를 넘어 하와이를 대표하는 초승달 모양의 해변으로 서쪽 힐튼 하와이안 빌리지Hilton Hawaiian Village부터 동쪽 카피올라니 파크까지 약 3km의 비치를 일컫는다. 하와이 원주민어로 '분출하는 물'이라는 의미로 맑고 깨끗한 물이 풍부하고 어린이나 노약자도 즐길 수 있을 정도로 안전하다. 왕의 휴양지로 이용된 와이키키 비치는 사실 7개의 비치를 총칭하는 단어. 각 해변이 지닌 특징과 풍경이 달라 여유만 된다면 2, 3곳을 골라 방문하는 것도 좋다. 바쁜 일정에 쫓기는 여행자라면 숙박하는 호텔 부근의 비치를 이용하거나 와이키키의 현관문 쿠히오 비치Kuhio Beach만 방문하는 것을 추천한다.

주소 Waikiki Beach
위치 더 버스 2, 14, 19, 20, 22번 이용

Tip | 서핑은 언제가 좋을까?
서핑을 목적으로 와이키키 비치에 방문한다면 겨울철보다 파도가 높아지는 여름철에 오는 것을 추천한다.

와이키키 비치 상세
힐튼 하와이안 빌리지 와이키키 비치 리조트
Hilton Hawaiian Village Waikiki Beach Resort
할레 코아 호텔
Hale Koa Hotel
힐튼 라군
Hilton Lagoon
아웃리거 리프 와이키키 비치 리조트
Outrigger Reef Waikiki Beach Resort
할레쿨라니
Halekulani
칼라카우아 애비뉴 Kalakaua Avenue
파키 애비뉴 Paki Ave
1
듀크 카하나모쿠 비치
Duke Kahanamoku Beach
2
포트 드루시 비치
Fort DuRussy Beach
3
그레이스 비치
Gray's Beach
5
카할로아 & 울루코우 비치
Kahaloa & Ulukou Beaches
4
쿠히오 비치
Kuhio Beach
호놀룰루 동물원
Honolulu Zoo
6
퀸스 서프 비치
Queen's Surf Beach
카피올라니 리저널 파크
Kapi'olani Regional Park
칼라카우아 애비뉴 Kalakaua Ave
와이키키 수족관
Waikiki Aquarium
7
산 수시 비치
San Souci Beach

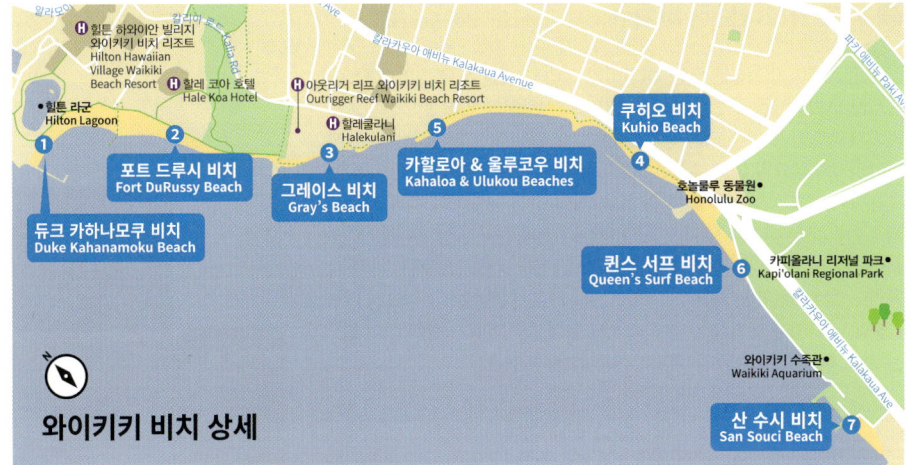

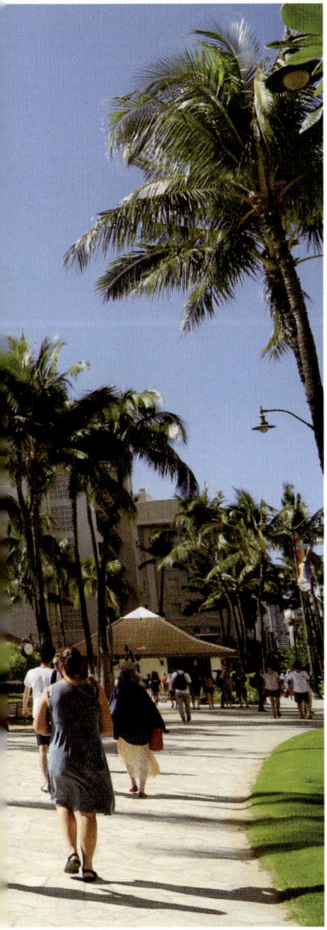

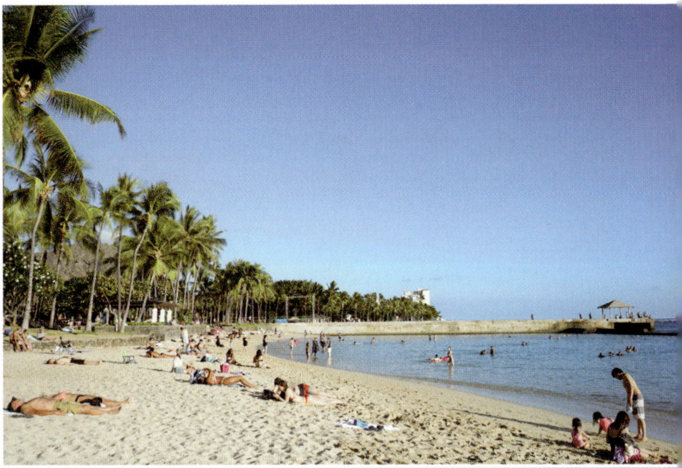

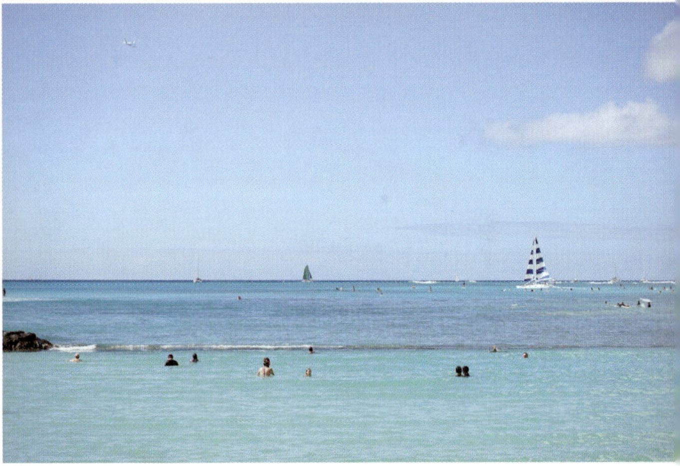

❶ 듀크 카하나모쿠 비치 Duke Kahanamoku Beach

많은 관광객이 이용하는 힐튼 하와이안 빌리지 호텔 바로 앞에 있다. 샤워시설과 화장실을 갖추었고 라이프가드도 상주하고 있어 편의성과 시설 면에서 흠잡을 것이 없다는 평을 듣는다. 이곳의 대표 볼거리는 두 가지. 와이키키의 금요일 밤을 수놓는 '힐튼 불꽃놀이'와 힐튼이 만든 인공연못 '힐튼 라군'이다. 힐튼 불꽃놀이는 와이키키 최대 규모이며, 매주 금요일 저녁 7시 45분부터 약 10분 정도 이어진다. 불꽃놀이가 펼쳐지기 전에는 서핑으로 널리 알려진 올림픽 금메달리스트 듀크 카하나모쿠를 기념하는 공연도 함께 열린다. 와이키키 비치 어디에서든 관람할 수 있으나 힐튼 라군에서 가까이 보거나 호텔 내의 레스토랑에서 저녁 식사를 하며 즐기는 것도 추천한다(COVID-19으로 변동 가능성 있음).

운영 06:00~22:00
불꽃놀이 19:45(6~8월은 20:00)

샤워 ○ 화장실 ○ 매점 ○

밤을 수놓는 힐튼 불꽃놀이

❷ 포트 드루시 비치 Fort Derussy Beach

미군 전용 호텔인 할레 코아 호텔Hale Koa Hotel 앞에 있는 비치로 관광객이 비교적 적은 편에 속한다. 운이 좋으면 바다거북과 멸종위기에 처한 하와이 바다표범 몽크실Monk Seal도 만날 수 있다. 해변이 자리한 공원에는 하와이 미 육군 박물관(화~토 10:00~17:00 운영, 월·일요일 휴무, 무료)도 있으므로 밀리터리 마니아라면 꼭 방문해보자. 실제로 쓰인 무기, 전차, 유니폼을 전시하고 한국전쟁을 비롯한 역사를 소개한다.

운영 24시간
샤워 ○ 화장실 ○ 매점 ○

❸ 그레이스 비치 Gray's Beach

할레쿨라니 호텔Halekulani Hotel과 아웃리거 리프 와이키키 비치 리조트Outrigger Reef Waikiki Beach Resort 앞에 있는 비치. 숙박객이라면 전용 출입구를 통해 이용할 수 있으며, 일반 이용객은 두 호텔 사이에 있는 좁은 길을 통과해 갈 수 있다. 할레쿨라니 호텔 앞 작은 비치는 '카베헤베헤Kawehewehe'라고 불리는 파워 스폿으로 심신을 치유하는 성수가 흐른다고 여겨진다.

운영 24시간
샤워 ○ 화장실 ○ 매점 ○

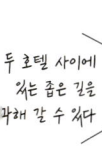

두 호텔 사이에 있는 좁은 길을 통과해 갈 수 있다

❹ 쿠히오 비치 Kuhio Beach

와이키키의 중심부에 위치한 비치로 길이가 가장 길고 뒤편에 높은 건물이 없어 시야가 개방적이다. 파도를 멈추게 하는 방파제에 둘러싸여 있어 잔잔하게 해수욕을 즐길 수 있다. 이곳의 심벌은 '듀크 카하나모쿠 동상Duke Paoa Kahanamoku Statue'이다. 그는 전설의 서퍼라 불리는 인물로 올림픽에 수영선수로 출전해 금메달을 획득한 영웅이다. 비치 끝자락에는 또 하나의 동상이 있는데, 하와이의 동화를 모티브로 한 '마쿠아 & 킬라Makua & Kila'다. 두 동상 앞은 기념 촬영을 즐기는 이들로 항상 북적댄다. 쿠히오 비치의 하이라이트는 일몰쯤 찾아오는 '쿠히오 비치 훌라쇼'로 커다란 반얀트리와 비치를 무대 삼아 훌라를 선사하는 모습은 그 자체로 낭만적이다.

운영 비치 24시간
훌라쇼 2~10월
화·토 18:30~19:30,
11~1월 화·토 18:00~19:00
휴무 월·수·금·일요일

샤워 ◯ 화장실 ◯ 매점 ◯ 보관함 ◯

와이키키 윌

쿠히오 비치 훌라쇼

❺ 카할로아 & 울루코우 비치
Kahaloa & Ulukou Beaches

로열 하와이안 호텔The Royal Hawaiian과 모아나 서프라이더Moana Surfrider 앞에 있는 비치. 호텔 숙박객이 많이 이용하기 때문에 면적 대비 인구 밀도는 꽤 높은 편이다. 로열 하와이안 호텔의 상징인 핑크색 파라솔이 펼쳐져 어느 비치에서 보아도 눈에 띄며 해변과 절묘하게 어우러지는 풍경이 포토제닉하여 사진 촬영하기에도 좋다.

운영 24시간 [샤워○화장실○]

❻ 퀸스 서프 비치 Queen's Surf Beach

방파제 와이키키 월Waikiki Wall을 경계로 시작되는 비치로 중심부에서 조금 떨어져 있어 한적한 편에 속한다. 방파제 끝에 서면 오른쪽에는 다이아몬드 헤드가, 왼쪽에는 핑크색의 로열 하와이안 호텔이 보여 어느 쪽에서 봐도 예쁘고 아름다운 풍경이 펼쳐진다. 다른 비치와 달리 서핑이 금지된 구역이다.

운영 24시간 [샤워○화장실○매점○]

오른쪽에 보이는 다이아몬드 헤드!

❼ 산수시 비치 San Souci Beach

카피올라니 리저널 파크Kapiolani Regional Park 앞에 있는 비치로 인적이 드물고 조용하다. 모래가 곱고 부드러워 아이들이 즐기기에도 부담이 없다. 비치 못지않게 공원도 평화로운 분위기를 자아내며, 다이아몬드 헤드가 정면으로 보여 풍경 또한 기가 막힌다. 하와이에서 가장 오래된 공원으로 하와이 왕국 7대 군주인 칼라카우아왕이 조성하였다. '카이마나Kaimana 비치'로도 불린다.

운영 24시간 [샤워○화장실○]

카피올라니 리저널 파크

하나우마 베이 전경

하나우마 베이 Hanauma Bay ★★★

GPS 21.273932, -157.694455

하와이 원주민어로 '굽은 만'을 뜻하는 하나우마 베이는 바다 생태계를 유지하기 위해 해양보호구역으로 지정된 자연공원이다. 이름 뜻 그대로 말 발굽처럼 휘어진 형태를 띠고 있는데 화산 분화구가 파도로 침식되면서 해안이 육지 쪽으로 파고들어 형성된 것이다. 다채로운 색깔의 산호초와 물고기들이 투명한 바닷속을 수놓아 아름다운 풍경을 자아내기 때문에 스노클링을 즐기기에 적합하다.

무료로 해수욕을 즐길 수 있는 대부분의 비치와 달리 이곳의 입장은 조금 까다로운 편이다. 우선 입장료를 내고 들어가면 해양교육센터에서 환경보호와 관련된 영상을 10분간 의무적으로 감상해야 한다. 영상은 영어로 상영되나 한국어 수신기를 제공한다. 바다에 사는 생물을 건드리거나 가지고 돌아가지 말아야 한다는 점을 유의하고, 자연을 소중히 여기는 마음을 잊지 않고 이용하도록 하자.

비치로 가기 전 매점에서 생수나 먹거리를 사두는 것을 추천한다. 센터에서 비치까지 약 200m의 내리막길을 걸어가는데, 나중에 올라올 때는 반대로 오르막길이 되는 셈이니 노약자와 어린이를 동반한 여행자라면 비치에서 운행하는 트롤리를 이용하자(편도 $1.25, 1일 $2.50). 비치에서 스노클링 도구를 유료로 대여해주기도 하며 대여 시에는 현금이나 신용카드, 신분증을 제시해야 한다(COVID-19으로 변동 가능성 있음).

주소 7455 Kalaniana'ole Hwy. Honolulu
위치 더 버스 22, 23번 이용
운영 수~일 06:45~16:00
(마지막 입장 13:30, 예약필수)
휴무 월·화, 1월 1일, 크리스마스
요금 13세 이상 $25, 12세 이하 무료
전화 808-396-4229
홈피 hanaumabaystatepark.com

주차장 $1

Tip | 알아두면 유용해요!

1. 환경보호영상 감상이 끝나고 명부에 이름을 적으면 향후 1년간 교육 없이 입장할 수 있다.
2. 개장 시간 전에 방문하면 입장료 없이 들어갈 수 있고, 주차장 혼잡도 피할 수 있다.
3. 자연을 훼손하는 수용성 자외선 차단제는 되도록 삼가고 무기자차 선크림을 사용하도록 하자.

more & more 스노클링 용품 준비하기

장비는 현지에서 대여도 가능하나 직접 갖추는 이들도 많다. 필수품인 스노클링 마스크와 오리발을 비롯해 사진 찍을 때 편리한 스마트폰 방수팩, 젖은 귀를 건조하는 스윔 이어Swim Ear는 ABC 스토어를 비롯한 하와이 시내 상점에서 판매하고 있으니 참고하자.

알라 모아나 비치 파크 Ala Moana Beach Park

★★☆

GPS 21.287569, -157.845633

호놀룰루를 방문한 관광객이라면 반드시 방문하는 알라 모아나 센터 부근에는 와이키키 못지않은 풍경을 선사하는 해변이 있다. 서쪽으로는 다이아몬드 헤드와 와이키키의 호텔들이 보이고 동쪽에는 인공적으로 형성한 석호 '매직 아일랜드'가 펼쳐져 현지인의 힐링 장소로 인기가 높다. 무엇보다 이곳이 가장 큰 매력을 발산하는 해질 녘에는 해가 저무는 바다 사이로 저마다의 시간을 보내는 사람들의 모습이 한 장의 그림처럼 연출된다. 쇼핑으로 정신없었던 순간에서 벗어나 망중한을 취하기에 더할 나위 없이 좋은 곳이다.

주소 1501 Ala Moana Blvd. Honolulu
위치 더 버스 19, 20, 42, 60, 65, 67, 88A번 이용

주차장 무료

more & more
알라 모아나 리저널 파크
Ala Moana Regional Park

알라 모아나 센터에서 비치를 향해 걷는 도중에 나타나는 공원은 현지인이 바비큐, 피크닉, 테니스, 액티비티를 하는 곳으로 유명하다. 이러한 것들을 즐길 수 있도록 다양한 시설이 마련되어 있기 때문. 관광객이 적어 여타 비치와는 달리 한가롭게 자연을 누릴 수 있다는 것이 큰 장점이다. 현지인 감각으로 비치를 만끽하고 싶다면 이곳을 방문하도록 하자.

 ★★☆

GPS 와이알라에 비치 파크 21.269617, -157.777660 카할라 비치 21.270790, -157.775109

와이알라에 비치 파크 & 카할라 비치 Waialae Beach Park & Kahala Beach

고급주택가가 즐비한 부촌 카할라 지역에 있는 두 해변은 관광객보다는 현지인이 많이 찾는 지역밀착형 비치. **와이알라에 비치 파크**는 최근 신혼부부의 웨딩 화보 촬영지로 주목받으며 방문하는 이들이 급격하게 늘어났다. 비치를 바라보고 왼쪽으로 쭉 걷다 보면 나타나는 **카할라 비치** 역시 인적이 드물어 유유자적 물놀이를 즐길 수 있는 곳이다. 두 비치 모두 다른 곳보다 모래 입자가 굵은 편이니 걸을 때 주의하자. 주변에 와이알라에 컨트리클럽과 카할라 호텔이 있어 이용객과 숙박객만 갈 수 있는 프라이빗 비치라고 알려진 경우가 있지만, 이는 잘못된 정보이다. 하와이의 비치는 극히 일부를 제외하곤 모두에게 개방되어 있다.

주소 와이알라에 비치 파크 4925 Kahala Ave. Honolulu
카할라 비치 4925 Kahala Ave. Honolulu
위치 더 버스 14, 22번 이용

주차장 무료

와이알라에 비치 파크

카할라 비치

샌디 비치 Sandy Beach

★★☆

GPS 21.285714, -157.672744

넓은 모래사장이 있어 이런 이름이 붙여졌다. 큰 파도가 연속으로 밀려와서 보디보드(부기보드)를 즐기기에 적합하나 반대로 수심이 깊어 해수욕에는 적합하지 않다. 강한 조류와 부서지는 파도로 인해 오아후섬에서 손꼽힐 만큼 많은 사고가 발생하는 지역이라 '브레이크 넥 비치Break Neck Beach'라고 불릴 정도이다. 라이프가드가 상주하고 있으나 초보자는 되도록 물놀이를 삼가도록 하고 파도를 즐길 때는 각별히 주의하자. 다른 비치와 달리 푸드트럭이 장사진을 이루어 다양한 먹거리도 맛볼 수 있다. 대중교통으로 이동이 편리하고, 정류장이 바로 앞에 위치해 접근성이 좋다.

주소 8801 Kalaniana'ole Hwy. Honolulu
위치 더 버스 22번 이용

주차장 무료

다이아몬드 헤드 비치 파크 Diamond Head Beach Park

★☆☆

GPS 21.254988, -157.807108

다이아몬드 헤드 절벽 바로 밑에 있는 자그마한 비치. 서핑과 윈드서핑을 즐기기 딱 좋은 파도 덕분에 온종일 이곳에서 시간을 보내는 현지인이 많다. 대신 조류가 빠르고 암초가 많아 해수욕에는 적합하지 않다. 인적이 드문 편이니 일광욕을 하면서 조용히 시간을 보내고 싶거나 파도 소리를 들으며 휴식을 취하고 싶은 이에게 추천한다.

주소 3300 Diamond Head Rd. Honolulu
위치 더 버스 14, 22번 이용

주차장 무료

마카푸우 비치 Makapu'u Beach

★☆☆

GPS 21.311093, -157.660131

마카푸우 포인트 서쪽에 자리한 비치. 왼쪽을 바라보면 토끼섬과 거북이섬이 한눈에 보이고 오른쪽으로는 마카푸우 등대가 선명하게 보인다. 샌디 비치와 함께 보디보드 포인트로 유명하나 마찬가지로 수영은 적합하지 않아 일부는 물놀이가 금지되어 있다. 다른 비치보다 해가 빨리 지는 편이며, 안타깝게도 석양은 보기 어렵다.

주소 41-95 Kalaniana'ole Hwy. Waimanalo
위치 더 버스 22, 23, 57번 이용

주차장 무료

왼쪽을 바라보면 토끼섬과 거북이섬이 한눈에 보인다!

트레킹 코스

★★★
다이아몬드 헤드 Diamond Head

GPS 21.263564, -157.805361

하와이를 상징하는 랜드마크. 와이키키 시내 어디에서나 보이는 호놀룰루의 아이콘과도 같은 존재다. 30만 년 전 화산 분출로 인해 형성된 해발 232m의 사화산으로 중앙부가 커다란 분화구와 낮은 쇄설구(구릉)로 이루어진 전형적인 형태를 띠고 있다.

본래 하와이 원주민 사이에서는 생김새가 참치 머리와 비슷하다 하여 '레아히(참치의 눈썹)'로 불리다가 19세기경 영국인 선원이 이곳에서 발견한 방해석 결정을 다이아몬드로 착각하여 이런 이름이 붙여졌다는 설이 있다. 이 외에도 이름에 관한 다양한 설이 존재한다.

트레킹 코스는 성인 걸음으로 약 40분이면 정상에 도달할 수 있고, 경사가 급하거나 암석이 지면에 노출된 부분이 있으나 비교적 잘 정비가 되어 있는 편이다. 정상 직전에 나타나는 99개의 비좁은 계단과 어두운 터널이 난관이라면 난관. 걷기에 자신이 없어도 주변 경치를 감상하며 천천히 올라가다 보면 어느새 정상에 도착할 테니 너무 걱정할 필요는 없다. 경치 감상은 약간 포기해야 하지만 우회로(계단 오르기 전 오른편에 위치)를 이용하는 것도 하나의 방법이다. 이른 아침이나 늦은 오후가 트레킹을 즐기기에 좋은 시간임을 기억하자.

주소	Diamond Head Rd. Honolulu
위치	더 버스 2, 13번 이용
운영	06:00~18:00(마지막 입장 16:00)
휴무	1월 1일, 추수감사절, 크리스마스
요금	$5, 3세 이하 무료(예약 필수)
전화	808-587-0400
홈피	gostateparks.hawaii.gov/diamondhead

주차장 $10

Tip | 트레킹 잘 즐기려면?

1. 등산로에는 화장실이 없다. 산에 오르기 전 인포메이션 센터에서 미리 해결해두자.
2. 그늘이 없는 코스가 이어지므로 선글라스와 모자 착용을 권하며, 걷기 쉬운 운동화를 신자. 오르는 도중 충분한 수분공급을 위해 생수도 반드시 준비할 것.

Tip | 사진으로 미리 트레킹해보기!

1. 정상으로 가는 길목에 자리한 터널. 보행자 전용 도로가 있어 차가 오가더라도 안전하게 통과할 수 있다. 2. 경사가 있지만 물을 충분히 마시고 주변 풍경을 감상하며 쉬엄쉬엄 올라가자. 3. 운이 좋으면 무지개와 마주하는 일도!
4. 트레킹 코스 최대 난관인 계단. 5. 고생 끝에 낙이 온다! 눈앞에 펼쳐진 호놀룰루 시내. 6. 계단을 오르면 나오는 터널. 천장이 낮으니 주의! 7. KCC 마켓 부근에서 약 15분 걸어 올라가거나 차로 5분 이동하면 비로소 트레킹 입구인 티켓 판매소와 주차장이 나온다. 도보인 경우 왼쪽, 차는 오른쪽에서 입장료를 지불하도록.

SPECIAL AREA 01

다이아몬드 헤드 옆 미식 로드
몬사라트 애비뉴 Monsarrat Avenue

와이키키 비치와 다이아몬드 헤드에서 도보로 이동할 수 있는 식당 거리. 인근에서 물놀이나 트레킹을 즐긴 현지인이 허기진 배를 채우고 휴식을 취하는 곳으로 알려져 있다. 다양한 레스토랑과 개성 있는 디저트 가게, 카페 등이 자리하고 있어 각자 취향에 맞게 즐길 수 있다. 여행 중 간단한 식사를 하거나 물놀이 또는 트레킹 후 여유롭게 휴식하고 싶은 여행자라면 방문해보자.

▶▶ 파이오니아 살룬 Pioneer Saloon

100여 종이 넘는 도시락을 판매하는 플레이트 런치 전문점. 벽면을 가득 채운 메뉴를 천천히 살펴보면 데리야키 치킨, 진저 포크, 갈릭 살몬, 타코 스파이시 마요 등 다양하고 먹음직스러운 재료와 소스의 조합이 눈에 띈다. 테이블이 많으므로 가게 안에서 먹어도 좋고 테이크아웃한 뒤 카피올라니 파크에서 먹어도 좋다.

GPS 21.269180, -157.813693
주소 3046 Monsarrat Ave. Honolulu
위치 더 버스 2, 23, 24번 이용
운영 11:00~20:00
요금 딥 프라이드 베이비 타코 위드 스파이시 마요 $19
전화 808-732-4001
홈피 www.pioneer-saloon.net
주차장 없음

▶▶ 보가츠 카페 Bogart's Cafe

GPS 21.268854, -157.813845

맛있는 식사로 상쾌한 아침을 맞이하고 싶다면 브런치 카페로 향하자. 이곳은 현지인과 관광객에게 인지도가 높은 카페다. 이곳의 간판 메뉴는 하와이의 대표 메뉴인 아사이보울. 아사이 셔벗 위에 그래놀라를 깔고 바나나, 딸기, 블루베리를 토핑한 뒤 꿀로 마무리한 정통 스타일이다.

- 주소 3045 Monsarrat Ave. Honolulu
- 위치 더 버스 2, 23, 24번 이용
- 운영 07:00~15:00
- 요금 아사이보울 $15
- 전화 808-739-0999
- 홈피 www.bogartscafe.com

주차장 무료

▶▶ 다 코브 헬스 바 & 카페 Da Cove Health Bar & Cafe

GPS 21.268825, -157.813599

수많은 단골손님을 사로잡은 바 겸 카페로 인기 메뉴는 단연 아사이보울이다. 신선한 하와이 빅아일랜드산 과일과 꿀, 식감 좋은 그래놀라와 슈퍼 푸드인 비 폴렌Bee Pollen을 흩뿌려 아사이 스무디와 함께 절묘한 조화를 이룬다. 아사이볼 외에 샌드위치도 함께 판매한다.

- 주소 3045 Monsarrat Ave. Honolulu
- 위치 더 버스 2, 23, 24번 이용
- 운영 09:00~19:00,
- 요금 마나보울 $12
- 전화 808-732-8744
- 홈피 인스타그램 @dacovehawaii

주차장 무료

▶▶ 몬사라트 셰이브 아이스 Mosarrat Shave Ice   GPS 21.269170, -157.813638

파이오니아 살룬 오른편 골목에 들어서 있는 조그마한 셰이브 아이스 전문점. 메뉴는 셰이브 아이스 딱 한 가지로 단출하지만, 맛은 기가 막힌다. 결이 촘촘한 얼음 위에 과육이 꼭꼭 씹히는 생과일 시럽을 듬뿍 끼얹어 맛도 비주얼도 다 사로잡는다. 무료 서비스인 연유를 추가해서 먹으면 더욱 환상적인 맛을 경험할 수 있다.

주소   3046 Monsarrat Ave. Honolulu
위치   더 버스 2, 23, 24번 이용
운영   11:00~16:00 휴무 월~목
요금   셰이브 아이스 $7   전화 808-732-4001
주차장 없음

▶▶ 다이아몬드 헤드 마켓 & 그릴 Diamond Head Market & Grill   GPS 21.269817, -157.811593

왼편으로 다이아몬드 헤드가 훤히 보이는 곳에 자리하고 있는 플레이트 런치 전문점. 이른 아침부터 저녁 시간까지 영업하고 식사 메뉴와 함께 스콘과 케이크 등 델리 메뉴도 판매한다.

주소   3158 Monsarrat Ave. Honolulu
위치   더 버스 2, 23, 24번 이용
운영   **마켓 & 베이커리** 07:30~20:30,
        런치 & 디너
        월~금 11:00~20:00,
        토·일 10:00~20:00
요금   갈비 비프 립 플레이트 $23
전화   808-732-0077
홈피   www.diamondheadmarket.com
주차장 무료

▶▶ 아스 카페 & 젤라토 Ars Cafe & Gelato   GPS 21.269286, -157.812774

작은 갤러리를 겸하고 있는 세련된 분위기의 카페. 파이오니아 살룬의 주인장님 일본인이 새롭게 문을 열었다. 가벼운 아침 식사와 잠깐의 휴식을 위한 음료 메뉴가 중심이다. 음료는 커피 외에도 홍차, 말차, 레모네이드 등이 준비되어 있다.

주소   3116 Monsarrat Ave. Honolul
위치   더 버스 2, 23, 24번 이용
운영   월~토 06:30~16:00,
        일 08:00~16:00 휴무 부정기
요금   커피 $3~, 음식 $6~
전화   808-734-7897
홈피   ars-cafe.com
주차장 없음

마노아 폭포 Manoa Falls

★★☆

GPS 21.342051, -157.799206

코올라니산맥 남쪽의 마노아 계곡 끝자락에는 약 46m 높이에서 쏟아지는 자그마한 폭포가 자리한다. 입구부터 폭포까지 성인 걸음으로 약 30분 정도면 도달하기 때문에 초보자는 물론이고 트레킹을 즐기는 이들에게도 안성맞춤이다. 자연 속에서 삼림욕을 즐기며 힐링을 맛보고 싶은 이에게 강력추천하는 코스. 열대우림이 연상되는 우거진 원시림이지만 누구나 걷기 편하도록 비교적 잘 정비되어 있다. 하와이 신화에 등장하는 바람과 비의 신이 이곳에서 유래했다는 전설이 내려온다. 그 때문일까. 때때로 바닥이 미끄러운 진흙탕 구간이 나타나므로 밑창이 단단한 운동화를 신도록 하자. 가끔 내리는 소나기나 이슬로 인해 주변이 젖을 수도 있으니 우비를 지참하거나 예방책을 마련해두어야 한다. 모기가 기승을 부리니 벌레 퇴치 스프레이와 바르는 모기약도 반드시 소지하도록 하자.

주소 37 Manoa Rd. Honolulu
위치 더 버스 5번 이용
운영 일출~일몰
요금 무료
전화 808-973-9782
홈피 hawaiitrails.hawaii.gov/trails/#/trail/manoa-falls-trail/225

주차장 $7

Tip | 레인보우스 엔드

주차장 옆의 건물 내부에는 셰이브 아이스, 생수, 벌레 퇴치 스프레이 등을 판매하는 매점 레인보우스 엔드 Rainbow's End가 있다. 가게 주변에 화장실도 있으니 출발 전 미리 다녀오기를 권장한다.

★★☆   GPS 21.305089, -157.654940

마카푸우 포인트 라이트하우스 트레일 Makapu'u Point Lighthouse Trail

Tip | 트레킹 잘 즐기려면?

1. 트레킹 코스 중간에 매점과 화장실이 없다는 점을 명심하자. 트레킹에 필요한 생수는 미리 준비해두고 화장실은 트레킹 입구에 도착하기 이전 장소에서 해결하자.
2. 그늘이 거의 없는 코스이므로 모자와 선글라스를 착용하자.
3. 주말에 렌터카로 이동한다면 오전 중에 도착하도록 하자. 오후가 되면 주차장에 자리가 없는 경우가 빈번하다.

시원한 경치를 바라보며 산책하는 기분으로 트레킹을 하고 싶은 초보자에게 추천한다. 출발점부터 도착점까지 모든 길이 포장도로이며, 전체적으로 경사가 완만한 편이라 부담이 없다. 햇빛이 강렬한 편이지만 가끔 나타나는 뷰포인트에서 휴식을 취하며 풍경을 감상하는 것도 트레킹을 즐기는 하나의 방법. 12월부터 4월 사이는 알래스카에서 내려온 혹등고래를 볼 수 있는 절호의 기회이므로 꼭 한번 찾아보자. 빨간 등대가 있는 끝 지점이 보이면 오아후섬의 최동단에 도달한 것이다.

마카푸우의 상징! 빨간 지붕 등대

주소 Makapu'u Lighthouse Rd. Honolulu
위치 더 버스 22, 23번 이용
운영 07:00~18:45(주차장은 ~17:45)
요금 무료
전화 808-587-4175
홈피 dlnr.hawaii.gov/dsp/hiking/oahu/makapuu-point-lighthouse-trail

주차장 무료

전망대

★★☆
누우아누 팔리 전망대 Nu'uanu Pali Lookout

GPS 21.367188, -157.793153

연중 내내 거센 강풍이 불어닥쳐 바람산이라고도 불리는 해발 910m의 산에 둘러싸인 절경 포인트이다. 누우아누 팔리는 하와이 원주민어로 '서늘한 고지대의 절벽'을 뜻한다. 하와이 왕국의 카메하메하왕이 오아후섬을 통치하고자 1795년 최후의 전투를 치렀던 역사적인 장소이기도 하다. 왕은 승리를 거머쥐며 1810년 하와이 제도 전체를 통일하는 데에도 성공하였다. 전망대에는 당시 상황을 재현한 회화를 설치하여 이해를 돕고 있다. 코올라우Koolau산맥의 곧은 절벽과 동부 카네오헤Kaneohe, 카일루아Kailua 지역이 훤히 보이고 화창한 날에는 저 멀리 몰로카이섬도 보인다고 한다. 참고로 코올라우는 '바람이 부는 곳'이라는 의미의 하와이 원주민어. 상상 이상의 바람 세기로 당황스러웠다는 후기가 속출할 만큼 바람이 매서울 때는 몸을 가누지 못할 정도라고 하니 각별히 주의를 기울이자.

주소 Nu'uanu Pali Dr. Kaneohe
위치 와이키키에서 자동차로 약 20분
운영 06:00~18:00 **휴무** 부정기
요금 무료
전화 800-464-2924

주차장 $7

탄탈루스 전망대 Tantalus Lookout

GPS 21.313483, -157.822846

푸우 우알라카아 Pu'u Ualaka'a 주립공원 정상부에 위치한 전망대로 일출, 일몰, 야경 등을 보기 위해 어느 시간대에 방문해도 최고의 풍광을 자랑한다. 코올라우산맥의 산기슭에 발생한 화산 분화로 인해 저절로 언덕이 형성되면서 지금의 '천연 테라스'가 완성되었다고 한다. 호놀룰루의 랜드마크인 다이아몬드 헤드부터 고층빌딩이 들어선 다운타운에 이르기까지 시내를 파노라마로 감상할 수 있다.

해가 지기 전후 30분을 일컫는 '매직아워'는 일몰과 어둑해진 밤 풍경을 동시에 조망할 수 있는 시간대이므로 주차 대란이 일어날 만큼 많은 차량이 한꺼번에 몰려든다. 아름다운 순간을 절묘한 타이밍에 맞이하고 싶은 마음은 모두 같지만 주차장에 정차할 수 있는 차량은 한정되어 있기에 어

주소 Nutridge St. Honolulu
위치 와이키키 비치에서 자동차로 약 20분
운영 07:00~18:45

주차장 무료

여느 도시 못지않은 화려함을 과시하는 호놀룰루 시내

느 정도 눈치 싸움이 필요하다. 일몰은 차 안에서 보고, 야경은 전망대 폐쇄로 인해 보지도 못하고 내려가야 하는 최악의 상황을 맞닥뜨릴 수도 있으니 잘 판단해서 움직여야 한다.

전망대는 이른 시간에 폐쇄하기 때문에 야경을 더 오래 보고 싶다면 또 다른 방법을 추천한다. 바로 전망대로 가기 위해 거치는 도로 라운드 탑 드라이브 Round Top Drive 도중에 차를 세우고 야경을 감상하는 것. 주차를 할 수 있는 공간이 마련되어 있어 전망대 못지않은 풍경을 만끽할 수 있다. 도로가 구불구불한 편이니 운전에 익숙하지 않거나 면허를 소지하지 않은 경우라면 현지 여행사의 투어를 이용하거나 택시를 이용하는 것을 추천한다.

> **Tip | 주의할 점!**
>
> 도난사건이 자주 일어나는 지역이므로 차에서 내릴 때 귀중품을 두고 내리는 일은 없도록 하자. 또 차에서 떠날 때 잠금장치가 잘 잠겼는지 재차 확인하자.

전망대로 향하는 길

공원 정상부에 마련된 전망대

전망대 너머에 자리한 풀밭에서 휴식을 취할 수 있다!

사전에 일몰 시간대를 확인할 것 (p.103 참조)

 ★★☆

GPS 21.309479, -157.656880

마카푸우 전망대 Makapu'u Lookout

오아후섬 최동단에 위치한 곳 '마카푸우 포인트Makapu'u Point'에서 동해안을 조망할 수 있는 전망대이다. 드넓은 바다 사이에 서 있는 2개의 섬이 보이는데, 하나는 봉긋한 모양이 토끼 옆 모습을 닮았다 하여 토끼섬이라는 애칭을 지닌 '마나나Manana', 그리고 토끼섬 앞에 가느다랗게 누워있는 섬은 거북이섬이라 불리는 '카오히카이푸Kaohikaipu'이다. 우연의 일치인지 모르겠으나 우화 속 라이벌 관계였던 토끼와 거북이가 바다에서 다시 조우한 셈이다. 거북이섬 앞에 조그마한 섬은 생쥐섬이라고 불린다.

주소 Kalaniana'ole Hwy. Waimanalo
위치 더 버스 22, 23번 이용
주차장 무료

 ★★☆

GPS 21.282426, -157.677035

할로나 블로홀 Halona Blowhole

호놀룰루의 이름난 드라이브 코스인 72번 국도를 따라 동쪽으로 향하다 보면 자연의 힘찬 움직임을 만나게 된다. 우선 주차장 인근 전망대로 가면 시원한 태평양의 수평선이 한눈에 들어올 것이다. 진득하게 바다를 감상하는 것도 좋으나 밑을 내려다봐야 비로소 이곳의 포인트를 마주하게 된다. 암석에 생긴 틈 사이로 높이 솟아오르는 물기둥이 바로 그것. 바닷속 용암동굴에 있던 해수가 수압으로 인해 위로 올라오면서 일어나는 신비로운 현상으로 자연적으로 형성된 구멍을 통해 물을 내뿜는 광경은 마치 고래가 물을 분출하는 것과 흡사하다.

주소 8483 Hi-72, Honolulu
위치 더 버스 22번 이용
주차장 무료

식물원

★★☆

라이언 수목원 Harold L. Lyon Arboretum

GPS 21.333001, -157.801544

1919년에 탄생한 하와이대학 부속 식물원으로 마노아 폭포 바로 옆에 위치한다. 식물원이 존재한다는 사실을 모른 채 폭포만 보고 돌아가는 이가 많을 정도로 아직은 생소하나 꼭 한번 들르길 추천하는 곳이다. 파괴된 하와이의 삼림을 복원하려 애썼던 식물학자 라이언 해럴드 박사의 연구시설을 일반에 공개한 곳으로 지금도 여전히 전문가와 전공 학생들의 연구기관으로 이용되고 있다. 테마, 기념, 상위라는 3개의 정원으로 나뉘어 허브, 하와이 고유종 등 섹션마다 다른 5천여 종의 열대 식물이 자라나고 있다. 마노아 폭포와의 갈림길에서 수목원 방향 푯말을 보고 올라가면 비지터 센터가 나오는데, 이곳에서 방문자 등록을 해야만 둘러볼 수 있다는 것을 명심하자. 입장료는 따로 없지만 1인당 기부금이 $5로 규정되어 있다. 수목원까지 도달하는 데 약간의 경사 길을 거쳐야 하므로 트레킹에 적합한 운동화를 신고 물을 지참하는 것을 권장한다. 벌레도 많은 편이라 벌레 퇴치 스프레이와 바르는 모기약을 소지하면 더욱 좋겠다.

주소 3860 Manoa Rd. Honolulu
위치 더 버스 5번 이용
운영 월~금 09:00~15:00,
토 09:00~15:00
휴무 토·일, 공휴일(예약 필수)
요금 기부금 $10
전화 808-988-0456
홈피 manoa.hawaii.edu/lyon

주차장 무료
(만차 시 마노아 폭포 주차장 이용)

포스터 식물원 Foster Botanical Garden

GPS 21.316844, -157.859042

호놀룰루에서 가장 오래된 식물원이다. 1850년대 하와이 왕조 카메하메하 3세의 아내, 칼라마 왕비가 자신의 주치의였던 독일인 의사 힐레브란트 박사에게 토지를 임대한 것이 첫 계기이다. 식물학자이기도 했던 박사는 특별 보호종을 포함하여 1만 종 이상의 식물을 재배했고 이후 미국인 선장 포스터가 정원을 사들여 면적을 더욱 확장해 나간다. 1931년 호놀룰루시에 귀속되면서 일반인에게 공개되기 시작하였다. 멸종 위기에 처한 희귀 식물과 150년 이상된 아열대 식물이 자랑거리다.

주소 180 N. Vineyard Blvd. Honolulu
위치 더 버스 2, 13번 이용
운영 09:00~16:00 **휴무** 1월 1일, 크리스마스
요금 13세 이상 $5, 6~12세 $1, 성인 동반 5세 이하 무료
전화 808-522-7064
홈피 www.honolulu.gov/cms-dpr-menu/site-dpr-sitearticles/568-foster-botanical-garden

주차장 무료

코코 크레이터 식물원 Koko Crater Botanical Garden

★★☆
GPS 21.291796, -157.677943

현지인의 인기 트레킹 코스로 알려진 '코코 크레이터 레일웨이 트레일Koko Crater Railway Trail' 인근에 자리한 식물원이다. '러브하와이'라 불리며 하와이의 상징으로도 꼽히는 꽃 플루메리아Plumeria와 중앙아메리카에서 주로 자라는 거대한 목기린 선인장Pereskia Cactus이 이곳을 대표하는 식물이다. 성인 걸음으로 약 1시간 30분이면 모두 돌아볼 수 있는 규모로, 시간 여유가 없다면 초입 부분에 피어 있는 각양각색의 플루메리아를 시작으로 갈림길 오른쪽에 있는 하와이 무궁화 히비스커스Hibiscus와 목기린 선인장만을 보고 내려와도 좋은 산책이 될 것이다. 플루메리아가 만발하는 5~9월 사이에 방문하면 좋다.

주소 7491 Kokonani St. Honolulu
위치 더 버스 23번 이용
운영 일출~일몰
　　　휴무 1월 1일, 크리스마스
요금 무료
전화 808-768-7135
홈피 www.honolulu.gov/cms-dpr-menu/site-dpr-sitearticles/572-koko-crater-botanical-garden

주차장 무료

아이와 즐기는 명소

★★☆

GPS 21.271139, -157.821479

호놀룰루 동물원 Honolulu Zoo

오아후섬을 여행하는 관광객은 물론 현지인에게도 인기가 높은 명소이다. 주로 어린이를 동반한 가족 단위의 방문객이 주를 이루며, 견학이나 소풍 목적으로 찾는 이들도 많다. 산책하는 기분으로 한 바퀴를 돌아보면 성인 기준 1시간 정도가 소요되는 꽤 큰 규모의 동물원으로 총 220종, 1,230여 마리의 동물이 살고 있다. 하와이를 대표하는 희귀 새 '네네Nene', 코끼리, 오랑우탄 등 이곳의 마스코트와도 같은 동물들을 비롯해 아프리카의 황야를 형상화한 인공 열대초원 '아프리칸 사바나African Savanna'가 주요 볼거리이다. 또한, 어린이의 눈높이에 맞춰 만들어진 작은 동물원 '케이키 주Keiki Zoo'와 안전하게 즐길 수 있는 놀이터 '플레이그라운드Playground' 등 아이를 위한 시설도 갖췄다.

주소 151 Kapahulu Ave. Honolulu
위치 더 버스 8, 19, 20, 22, 23, 24, 42번 이용
운영 09:00~16:00(마지막 입장 15:00) 휴무 크리스마스
요금 13세 이상 $19, 3~12세 $11, 2세 이하 무료
전화 808-971-7171 **홈피** honoluluzoo.org

주차장 1시간 $1
(건너편 이벤트장 Waikiki Shell은 무료)

Tip | 호놀룰루 동물원 더 신나게 즐기려면?

1. 햇빛이 강렬한 시간대에는 동물들도 더위를 피해 그늘로 가거나 낮잠을 즐겨 제대로 된 모습을 보기 힘들 수 있다. 오전 중으로 방문하는 것을 추천한다.
2. 지정된 시각에 동물에게 먹이를 주는 이벤트를 실시한다(**코끼리** 매일 13:30, **나무늘보** 매일 14:00, **펭귄** 화요일 제외 매일 10:00, **자이언트 도롱뇽** 수요일·토요일 14:00).
3. 입구 좌측 기념품점에서 귀여운 인형, 의류 등을 판매하니 구경해보자. 유모차와 휠체어 대여도 가능하다(싱글 유모차 $7, 더블 유모차 $10, 휠체어 $10).

와이키키 수족관 Waikiki Aquarium

★☆☆

GPS 21.265930, -157.821726

1904년에 문을 열어 115년의 역사를 가진 수족관으로 미국에서 두 번째로 오래됐다. 하와이 인근 해안과 남태평양에 서식하는 열대어와 어패류, 산호 등의 해양 생물을 전시하며 하와이의 다양한 고유종을 가까이서 관찰할 수 있다. 바다생물에 관한 지식을 갖추고 있지 않아도 오디오 가이드를 실시하고 있어 즐기는 데에 어려움은 없다. 또한, 생물들을 눈으로 보는 것에 그치지 않고 직접 만져볼 수 있는 코너가 마련되어 있으며 어린이도 즐길 수 있도록 액티비티 프로그램을 운영한다.

주소 2777 Kalakaua Ave. Honolulu
위치 더 버스 14, 19, 20, 22번 이용
운영 09:00~17:00
(마지막 입장 16:30)
휴무 크리스마스,
호놀룰루 마라톤 개최일
요금 13~64세 $12,
4~12세·65세 이상 $5,
3세 이하 무료(온라인 예매 가능)
전화 808-923-9741
홈피 www.waikikiaquarium.org

주차장 2시간 무료(협소한 편)

> **Tip | 한국어 오디오 가이드**
>
> 공식 홈페이지(appspot.waikikiaquarium.org/audioguide) 오디오 가이드 메뉴에서 '한국어'를 클릭하면 스마트폰을 통해 즉시 재생이 가능하며(와이파이 완비), 관내 직원에게 문의하면 기기를 무료로 대여해주기도 한다. 각 전시 상단에 있는 번호를 확인해 이용하면 된다.

시 라이프 파크 하와이 Sea Life Park Hawaii

★☆☆

GPS 21.314282, -157.663922

돌고래, 강치, 펭귄, 바다거북, 고래, 상어 등 바다생물을 몸소 체험할 수 있는 마린 파크이다. 돌고래 엄마와 고래 아빠 사이에서 태어난 세상에서 단 하나뿐인 동물 '월핀Wholphin'도 살고 있다. 돌고래와의 스킨십, 함께 수영하기, 강치의 퍼포먼스 즐기기 등 다양한 프로그램을 운영하여 여타 시설과는 확연히 차별된다. 하지만 입장료와 더불어 체험료 역시 다소 비싸다는 것이 단점. 매일 12시 30분부터 탁 트인 야외에서 펼쳐지는 돌고래 라군쇼는 볼 가치가 있으니 한 번쯤 경험해보는 것도 좋다(먹이 주기 체험 $15). '음식물 반입 금지, 파크 내에서 신용카드 사용 시 여권 필수 제시, 16세 미만 어린이 단독 입장 불가' 등 주의사항을 반드시 참고하여 이용하도록 하자. 하와이 정보 관련 웹사이트에서 할인 쿠폰을 제공할 때도 있다. 방문 전 구글에 'Sea Life Park 15% Off'를 검색해보자. 찾은 할인 쿠폰은 인쇄하여 지참하면 된다.

주소	41-202 Kalaniana'ole Hwy. Waimanalo
위치	더 버스 22, 23번 이용
운영	10:00~16:00 휴무 연중무휴
요금	13세 이상 $39.99, 3~12세 $24.99, 2세 이하 무료
전화	808-259-2500
홈피	www.sealifeparkhawaii.com

주차장 1일 $5

Tip | 영화 속 시 라이프 파크

하와이가 배경인 영화 〈첫 키스만 50번째〉에서 조련사 역할로 출연한 아담 샌들러가 일하던 곳이 바로 시 라이프 파크다. 영화 속 장면을 떠올리며 여행을 즐겨보자.

역사 명소

★★★
이올라니 궁전 Iolani Palace

GPS 21.306768, -157.858780

미국의 현존하는 유일한 궁전으로 1882년 빅토리아시대의 피렌체 양식으로 건립된 것이다. 1893년 하와이 왕조가 붕괴되기까지 7대 군주 칼라카우아왕과 그의 여동생이자 후계자인 릴리우오칼라니 여왕이 생활했다. 공식 행사와 무도회가 열렸던 알현실을 비롯해 응접실, 서재, 식당 등 왕족이 생활했던 내부가 그대로 보존, 전시되고 있다. 그들이 썼던 제품은 왕조 붕괴 후 경매를 통해 세계 각지에 판매되기도 했으나 철저한 고증으로 완벽히 재현해냈으며, 이미 팔린 것 중에서 일부 제품은 여러 사람의 도움을 받고 다시 되찾아올 수 있었다.

내부 견학은 반드시 투어를 이용해야 한다. 도슨트가 안내를 하면서 함께 둘러보는 가이드(영어), 오디오 기기의 헤드셋을 끼고 음성을 들으며 개인적으로 돌아보는 셀프 오디오(한국어 지원) 두 종류 중 한 가지를 선택할 수 있다. 궁전에 도착하면 먼저 기념품점과 화장실이 위치한 왼쪽 건물로 들어가자. 기념품점에서 투어를 신청하여 결제를 마치면 지정된 시간에 입장할 수 있다(온라인으로 예매도 가능하다).

주소 364 S King St. Honolulu
위치 더 버스 1, 1L, 2, 2L, 3, 9, 11, 13, 40, 42, 43, 51, 52, 53, 54, 82, 83, 84, 87, 88, 91, 92, 93, 96, 97, 98, 101, 102, A, C, E번 이용
운영 화~토 09:00~16:00
　　　휴무 일·월, 공휴일
요금 **가이드 투어** 18세 이상 $32.95, 13~17세 $29.95, 5~12세 $14.95, 4세 이하 무료
　　　셀프 오디오 투어
　　　18세 이상 $26.95, 13~17세 $21.95, 5~12세 $11.95, 4세 이하 무료
전화 808-522-0822
홈피 www.iolanipalace.org

주차장 있음(협소한 편)

궁전의 정면

칼라카우아 여왕의 대관식이 거행된 장소

공식 알현실

여왕의 침실

비숍 박물관 Bishop Museum

★★☆

GPS 21.332936, -157.870616

1889년에 설립된 하와이 최대 규모의 박물관으로 하와이를 포함한 폴리네시아 문화권의 인류, 생물, 자연과학 등 학술자료와 수집한 미술 공예품을 전시하고 있다. 참고로 폴리네시아는 하와이, 뉴질랜드, 이스터섬을 연결하여 삼각형을 이루는 지역 내 섬들을 뜻하는 단어다. 하와이 카메하메하 왕족의 마지막 직계자손인 파우아히 왕녀가 생을 마감한 후 그의 남편인 찰스 비숍이 추모의 의미로 설립하였다. 박물관의 핵심이라 할 수 있는 본관을 중심으로 갤러리, 기념관, 플라네타륨, 과학관으로 구성되어 있다.

3층으로 된 본관 중앙의 '하와이안 홀'은 층마다 각기 다른 테마를 가지고 있는데, 1층은 하와이 신들의 전설과 신화를, 2층은 인간의 생활상과 자연의 소중함, 그리고 인간과 자연이 공존하는 생활을 소개한다. 3층에서는 하와이 왕족을 통해 하와이의 역사를 배우는 시간을 가지게 된다. 19세기 초기의 하와이 왕족의 초상화와 왕족의 권위를 상징하는 전통소품 카히리Kāhili를 전시한 '카히리 룸', 태평양 제도를 포함한 오세아니아 전역을 다룬 '퍼시픽 홀', 18~19세기의 하와이를 담은 작품을 전시한 '픽처 갤러리'도 볼 만하다.

주소 1525 Bernice St. Honolulu
위치 더 버스 2번 이용
운영 09:00~17:00
　　 휴무 추수감사절, 크리스마스
요금 월~금 18세 이상 $26.95,
　　 4~17세 $18.95, 65세 이상
　　 $23.95, 4세 이하 무료
　　 토·일·공휴일 18세 이상 $28.95,
　　 4~17세 $20.95, 65세 이상
　　 $25.95, 4세 이하 무료
전화 808-847-3511
홈피 www.bishopmuseum.org
주차장 $5

Tip | 가이드 투어

1. 무료 가이드 투어를 진행한다. 매일 10:00, 11:00, 13:00, 15:00에 운영하고, 하와이안 홀 현관에서 집합한다(잠정중단).
2. 음성 가이드를 통한 오디오 투어도 실시한다. 공식 홈페이지 오디오 가이드 메뉴(data.bishopmuseum.org/mobile)에서 한국어를 클릭하면 스마트폰을 통해 즉시 재생이 가능하다(와이파이 완비).

퀸 엠마 여름 궁전 Queen Emma Summer Palace

★☆☆

GPS 21.335964, -157.839124

카메하메하 4세와 그의 부인 엠마 왕비가 이용했던 별장이다. 하와이 원주민어로 '달의 양자'를 뜻하는 하나이아카말라마Hanaiakamalama라는 이름으로도 알려져 있다. 1800년대 중반 엄격했던 궁정 생활을 피해 피신을 왔던 왕과 왕비, 그리고 그들의 아들 앨버트 에드워드 왕자는 이곳에서 행복한 시간을 보냈다고 전해지지만 사실 슬픈 내막이 있다. 1862년에 4살의 어린 왕자가 돌연 병으로 세상을 떠나자 이에 충격을 받은 왕마저 1년 후 죽음을 맞이한 것. 실의에 빠진 왕비는 힘든 나날을 보냈지만 이를 극복하고 영국국교회 설립과 병원 건설에 힘을 쏟았고 훗날 '국민의 왕비'라 불리며 전 국민의 사랑을 받게 된다. 궁전 내부는 왕족의 흔적이 고스란히 담긴 물건들이 그대로 남아 전시되어 있다.

주소 2913 Pali Hwy. Honolulu
위치 더 버스 4, 56, 57, 65번 이용
운영 화~토 09:30~15:30
  휴무 일·월, 공휴일
요금 **도슨트 가이드 투어**
  13세 이상 $20, 62세 이상 $16, 5~12세 $12
  셀프 투어
  13세 이상 $14, 62세 이상 $10, 5~12세 $5(예약 필수)
전화 808-595-3167
홈피 daughtersofhawaii.org

주차장 무료

★☆☆ GPS 21.305504, -157.860053

하와이 주립 최고 재판소 Ali iolani Hale

하와이 원주민어로 '숭고한 왕족의 집'을 의미하는 '알리이올라니 할레'로 불린다. 1874년에 세워져 하와이 왕국 시절 국회의사당으로 사용되던 건축물이다. 본래 카메하메하 5세가 궁전으로 쓰려고 지었으나 완성이 되기도 전에 세상을 떠나버렸다. 현재는 하와이주 최고 재판소로 사용되고 있으며, 1층은 하와이의 재판 역사를 소개하는 사법 역사 박물관이 자리한다. 입구에서 간단한 보안 체크를 거친 다음 무료로 견학할 수 있다.

주소 417 S King St. Honolulu
위치 더 버스 2, 3, 13, 19, 20번 이용
운영 월~금 08:00~16:00
휴무 토·일·공휴일
요금 무료
전화 808-539-4999
홈피 www.jhchawaii.net/aliiolani-hale

하와이 전체를 정복하여 통일된 국가를 세운 초대 국왕 카메하메하 1세 동상!

세인트 앤드류 대성당 The Cathedral of St. Andrew

★☆☆

GPS 21.309866, -157.857196

영국국교회에 큰 감명을 받은 카메하메하 4세와 엠마 여왕의 요청으로 건축된 성당이다. 하지만 안타깝게도 두 사람은 1886년 성당이 완성되기 2년 전에 세상을 떠나고 만다. 이후 둘의 모습이 담긴 스테인드글라스를 설치하여 경의를 표했는데, 훗날 하와이에서 가장 화려하고 웅장한 스테인드글라스로 평가될 만큼 아름다움을 뽐내고 있다. 매주 일요일 오전 7시(영어), 8시(하와이 원주민어), 10시 30분(영어)에 예배가 있다.

주소 229 Queen Emma Squar, Honolulu
위치 더 버스 2, 13, 19, 20번 이용
운영 일~금 09:00~17:00 **휴무** 토요일
요금 무료
전화 808-524-2822
홈피 www.thecathedralof-standrew.org

주차장 무료

카와이아하오 교회 Kawaiaha'o Church

★☆☆

GPS 21.304424, -157.857904

1842년에 탄생한 가장 오래된 교회로 하와이 원주민이 직접 바닷속으로 들어가 채취한 산호를 쌓아 올려 지은 것이다. 1862년까지는 하와이 왕조의 전용 예배당으로 이용되며, 결혼식을 비롯한 왕족의 주요 의식을 행하는 장소로 쓰였다. 내부에는 왕족의 초상화가 걸려 있고, 그들을 상징하는 붉은색과 노란색의 전통 소품 카히리가 장식되어 있다. 건물 바깥에는 하와이에서 처음으로 국민의 손으로 선출된 6대 왕 찰스 루날리오의 무덤이 있다.

주소 957 Punchbowl St. Honolulu
위치 더 버스 2, 13번 이용
운영 08:00~16:30 **휴무** 결혼식 거행 시
요금 무료　　　　　　　　**전화** 808-469-3000
홈피 www.kawaiahao.org

세인트 어거스틴 교회 St. Augustine Church

★☆☆

GPS 21.273685, -157.823063

1854년에 세워진 로마 가톨릭 교회로 와이키키 비치 부근에 있어 접근성이 매우 좋다. 야자수와 푸른 바다를 내세워 마치 하와이 비치를 떠올리게 하는 초대형 스테인드글라스는 보는 순간 감탄사가 절로 나온다. 오전 7시(월~토), 오후 5시(월~목)에 미사가 열리며, 매주 토요일 오후 5시, 일요일 오전 6시, 8시, 10시, 오후 5시에도 모든 이들을 위한 미사가 있다. 수용인원 500명 정도의 큰 규모를 자랑하기에 교회는 누구에게나 열려 있다.

주소 130 Ohua Ave. Honolulu
위치 더 버스 2, 8, 13, 19, 20, 23번 이용
운영 미사 시간
전화 808-923-7024
홈피 staugustinebythesea.com

주차장 무료

센트럴 유니언 교회 Central Union Church

★☆☆

GPS 21.298643, -157.833508

미국 뉴잉글랜드 지역에서 건너온 선교사들이 영어를 할 줄 알던 현지 선원과 어부를 위해 지은 교회가 전신으로, 1924년 지금의 모습으로 재건축되었다. 시원스럽게 뻗은 야자수와 우아한 정원에 둘러싸여 하와이다운 분위기를 자아낸다. 보통 관계자 이외에는 입장이 불가능하나 매주 일요일 예배가 이루어지는 오전 9시부터는 여행자도 방문할 수 있도록 일반 개방하고 있다.

주소 1660 South Beretania St. Honolulu
위치 더 버스 1, 2, 5, 6번 이용
운영 일 07:00, 09:00, 11:00
전화 808-941-0957 **홈피** centralunionchurch.org

주차장 있음

미술관

★★☆

호놀룰루 미술관 The Honolulu Museum of Art

GPS 21.303945, -157.848671

역사적 가치가 뛰어난 작품들이 다수 전시된 하와이 최대의 미술관. 미술 애호가이자 수집가였던 애나 라이스 쿡Anna Rice Cooke이 소장한 4,500여 점의 미술품을 공개하고 있다. 고흐, 고갱, 세잔, 모네 등 우리에게 널리 알려진 유명 인상파 화가의 회화부터 한국, 일본, 이집트, 그리스 등 각 나라의 미술품까지 다채로운 라인업을 갖추고 있다. 하와이 날씨와 자연채광을 최대로 활용한 건축물은 중국과 지중해 지역의 영향을 받은 것이다. 하와이의 지리적 위치를 나타내는 중앙 중정을 기준으로 서쪽 중국 중정은 동양미술을 중심으로, 동쪽 지중해 중정은 유럽과 미주미술을 중심으로 배치하였다. 시대별, 국가별로 세세하게 나누어져 있고 작품 수도 많은 편이니 시간 여유를 두고 감상하는 것이 좋다. 한국어 브로슈어도 참고하여 움직이면 시간을 절약할 수 있다. 전시된 작품 외에도 중정이 워낙 아름다우므로 놓치지 말고 둘러볼 것!

주소 900 South Beretania St. Honolulu
위치 더 버스 1, 2번 이용
운영 일·목 10:00~18:00, 금·토 10:00~21:00
휴무 월~수(부정기, 방문 전 홈페이지 참조)
※ **하이라이트 투어**(영어, 홈페이지 예약)
목~일 14시 정문에서 집합
요금 19세 이상 $20, 18세 이하 무료
전화 808-532-8700
홈피 www.honolulumuseum.org
주차장 5시간 $5, 이후 30분 추가마다 $2

호놀룰루 미술관 카페

Tip | 호놀룰루 미술관 꿀팁

1. 와이키키의 호텔과 미술관을 오가는 무료 셔틀버스가 운행한다. 더 모던, 트럼프 인터내셔널, 하얏트 리젠시, 애스턴 와이키키를 거쳐 호놀룰루 미술관에 정차한다.

2. 호놀룰루 미술관에서 놓치지 말아야 할 작품
   · 〈Two Nudes on a Tahitian Beach〉 폴 고갱
   · 〈Wheat Field〉 빈센트 반 고흐
   · 〈Waterlilies〉 클로드 모네
   · 〈Kamehameha III & Nahi'ena'ena〉 로버트 댐피어
   · 〈Helene Lambert de Thorigny〉 장 바티스트 블랭 드 퐁트네
   · 〈Guanyin(Bodhisattva)〉 작자 미상
   · Korea Art 한국 작가들
   · Hawaii Art 하와이 작가들

샹그리 라 Shangri La Museum of Islamic Art, Culture & Design

★☆☆

GPS 21.256937, -157.795048

아메리칸 타바코 컴퍼니의 설립자인 뷰캐넌 듀크의 외동딸이자 상속자 도리스 듀크^{Doris Duke}가 인생을 바쳐 세운 저택. 23세에 허니문으로 떠난 세계 일주에서 인도 타지마할을 마주하자마자 이슬람 건축에 눈을 뜬 그는 최종 목적지인 하와이에서 이상향 건설에 돌입한다. 이후 이란, 모로코, 시리아 등의 전통 건축양식에서 영감을 받은 샹그리 라를 1937년에 완성한다. 들어서는 순간부터 내부 인테리어에 압도되어 감상에 여념이 없을 테지만 60년에 걸쳐 수집한 2,500여 점의 애장품도 확인해보자. 내부에서는 큰 렌즈를 장착한 DSLR, 셀카봉, 삼각대, 플래시 사용은 금지된다.

주소 4055 Papu Cir, Honolulu
위치 각 투어마다 지정된 시각에 호놀룰루 미술관 앞에서 무료 셔틀버스 탑승
운영 목~토 11:00, 13:00 (예약 필수, 매달 1일 익월 방문 예약 오픈)
휴무 일~수
요금 $25(온라인 예약 수수료 $1.50, 전화 예약 수수료 $2), 8세 이하 입장 불가
전화 808-532-3853
홈피 www.shangrilahawaii.org

주차장 없음

하와이 주립 미술관 Hawaii State Art Museum

GPS 21.308865, -157.858345

하와이 행정의 중심지인 다운타운 지역에 위치한 미술관이다. 미국 정부가 인정한 역사 문화재와 스페인 양식의 건물부터 방문객의 눈을 사로잡는다. 건물 내부에 마련된 전시실에서는 하와이 출신 예술가들의 작품을 주로 전시하며, 가끔 기획 전시도 열려 1시간 정도 투자를 하면 무난하게 즐길 수 있다. 매달 지정된 요일에는 독특하고 재미난 행사를 개최하는 것으로 유명한데, 우선 매월 첫째 주 금요일은 저녁 9시까지 문을 연다. 저녁 6시부터 9시 사이에 다양한 이벤트가 열리므로 예술을 체험하고 싶은 이에게 추천한다. 또한, 매월 둘째 주 토요일에는 무료로 직접 예술품을 만들어보는 시간을 가지는 '핸스 온 아트', 마지막 주 화요일 낮 12시부터 1시까지는 예술가와 점심 식사를 즐기는 '아트 런치'를 실시한다. 1층 뒤편에 조각 정원이 있어 잠깐 산책하는 것도 좋다.

주소 250 South Hotel St. Second Floor, Honolulu
위치 더 버스 13번 이용
운영 월~토 10:00~16:00 **휴무** 일요일·공휴일
요금 무료
전화 808-586-0900   **홈피** hisam.hawaii.gov
주차장 없음(인근 주차장 이용 권장)

SPECIAL AREA 02

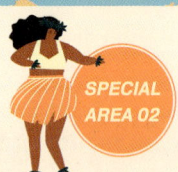

오아후 도심 즐기기
다운타운 Downtown

주요 관공서가 자리하는 하와이의 정치와 경제 중심지이자 1920~1930년대 하와이 왕국 시절의 역사 건축물이 남아 옛 향수를 느끼게 하는 지역이다. 최근에는 개성 강한 음식점과 전문점이 들어서면서 현지인뿐만 아니라 여행자의 이목을 집중시키고 있다. 매달 첫째 주 금요일 저녁에는 음식과 예술을 접목한 이벤트 '퍼스트 프라이데이'를 개최하며 한층 더 업그레이드된 공간을 지향한다. 거리 일부분을 차지하는 차이나타운에서는 동양의 색채가 강한 이국적인 정취도 느낄 수 있다.

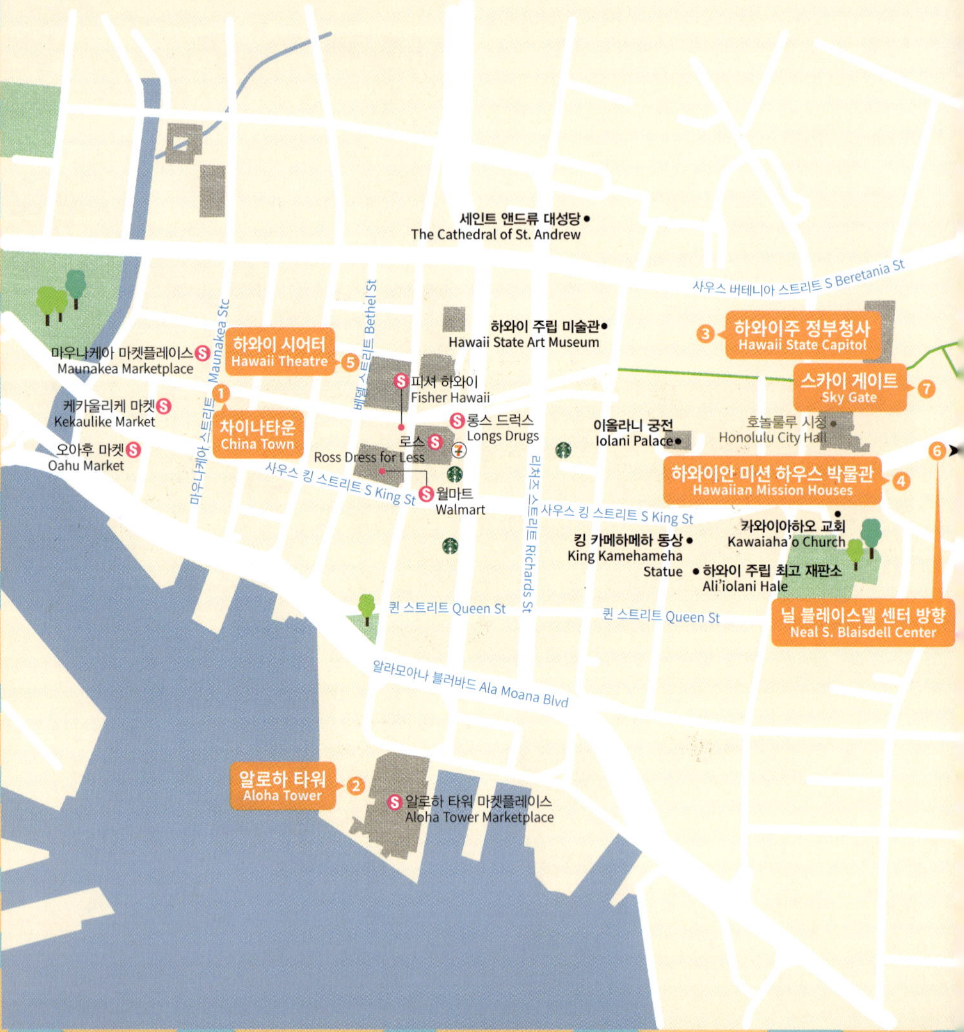

❶ 차이나타운 China Town

전 세계 어디에도 차이나타운이 없는 도시가 없듯이 하와이에도 역시나 존재한다. 19세기 호놀룰루 항구의 개항으로 다양한 문물이 들어오면서 마을이 형성되었다. 중국식 기와가 달린 건물과 한자가 뒤섞인 간판만으로도 이국적인 분위기를 느끼기에 충분하다. 중화요리 전문점과 더불어 차이나타운의 인기 명소로 손꼽는 곳은 바로 시장. 갖가지 채소와 과일, 동양권에서 들여온 조미료와 식료품 그리고 길거리 음식까지 구경만으로도 시간 가는 줄 모를 것이다. 대표적인 시장으로는 마우나케아 마켓플레이스Maunakea Marketplace, 케카울리케 마켓Kekaulike Market, 오아후 마켓Oahu Market이 있다.

주소 1120 Maunakea St. #200, Honolulu
위치 더 버스 1, 2, 3, 9, 13, 19, 20, 40, 42, 43, 81, 83, 84, 90, 91, 92, 93, 96, 97, 98번 이용

마우나케아 마켓플레이스

케카울리케 마켓

오아후 마켓

❷ 알로하 타워 Aloha Tower

GPS 21.307143, -157.866032

1926년에 지어진 높이 56m의 스페인 양식 건축물. 호놀룰루 항구를 상징하는 랜드마크로 하와이판 '자유의 여신상' 역할을 해오고 있으며, 건설 후 40년간 오아후섬에서 가장 높은 건물이었다. 소지품 검사를 마친 후 엘리베이터를 타고 10층으로 올라가면 나오는 전망실에서 항구와 다운타운의 모습을 360도 조망할 수 있다. 타워 1층과 2층은 상업시설 '마켓플레이스'이다.

주소 155 Ala Moana Blvd. onolulu
위치 더 버스 4, 56, 57, 57A, 60, 65, 88A번 이용
운영 07:00~17:00
휴무 연중무휴
요금 무료
전화 808-544-1453
홈피 www.aloha-tower.com

주차장 3시간 $2

알로하 타워에서 바라보는 항구의 풍경

❸ 하와이주 정부청사 Hawaii State Capitol

GPS 21.307208, -157.857412

이올라니 궁전 건너편에 있는 정부청사는 하와이주 상원과 하원의원의 의회가 열리는 주회의사당이다. 이 건물이 지어진 1969년 이전까지는 의회가 궁전에서 열렸다고 한다. 정부 건물이라 일반인 출입이 엄격하다고 생각할 수도 있으나 자유롭게 둘러볼 수 있으니 가벼운 마음으로 입장하자. 5층 주지사 집무실도 사용 중이 아니라면 들여다볼 수 있다. 건물 앞에는 하와이 나병 환자의 아버지라 불리는 다미엔 신부의 동상이, 뒤편에는 하와이 왕국의 마지막 군주 릴리우오칼라니 여왕의 동상이 세워져 있다.

- 주소 415 S Beretania St. Honolulu
- 위치 더 버스 1, 1L, 2, 2L, 3, 9, 11, 13, 40, 42, 43, 51, 52, 53, 54번 이용
- 운영 월~금 07:30~17:30
  휴무 토·일·공휴일
- 요금 무료
- 전화 808-974-4000
- 홈피 capitol.hawaii.gov

주차장 없음

❹ 하와이안 미션 하우스 박물관 Hawaiian Mission Houses

GPS 21.304055, -157.857000

1821~1863년에 기독교 선교사들이 전도 본부로 사용했던 시설로 당시의 생활상을 들여다볼 수 있다. 총 3개 건물 중 미션 하우스는 1821년에 건축되어 현존하는 하와이의 가장 오래된 목조 건축물로 뉴잉글랜드에서 목재를 가지고 와 조립한 것이다. 내부는 투어로만 둘러볼 수 있으며 정시마다 시작한다.

- 주소 553 S King St. Honolulu
- 위치 더 버스 1, 2, 83, 84, 84A, 90번 이용
- 운영 화~금 10:30~14:30, 토 10:30~15:30
  휴무 일·월·공휴일
- 요금 일반 $12, 학생 $5, 5세 이하 무료
- 전화 808-447-3910
- 홈피 missionhouses.org

주차장 없음

⑤ 하와이 시어터 Hawaii Theatre

GPS 21.311030, -157.861126

1922년 건축 당시부터 '태평양의 보배'라 불리며 다운타운을 지키고 있는 역사적 건축물이다. 뮤지컬, 연극, 콘서트 등의 공연장으로 사용되고 있으며, 복고풍 외관은 포토 스폿으로도 인기가 높다.

주소　1130 Bethel St. Honolulu
위치　더 버스 1, 2, 3, 4, 9, 11, 13, 51, 52, 53, 54, 88A번 이용
전화　808-528-0506
홈피　www.hawaiitheatre.com

주차장 없음

⑥ 닐 블레이스델 센터 Neal S. Blaisdell Center

GPS 21.299716, -157.850430

오아후섬의 다양한 이벤트를 개최하는 문화센터이다. 하와이에서 음악, 무용 등 문화 체험을 즐기고 싶다면 홈페이지를 확인해보자.

주소　777 Ward Ave. Honolulu
위치　더 버스 1, 1L, 2, 2L, 15번 이용
전화　808-768-5400　　홈피　blaisdellcenter.com

주차장 이벤트 개최일 $8, 미개최일 $10

⑦ 스카이 게이트 Sky Gate

GPS 21.304487, -157.855628

20세기의 대표적인 건축가 이사무 노구치의 작품. 산과 바다에 둘러싸인 호놀룰루의 낮은 지형과 기후를 형상화한 7.3m의 놀이도구이다.

주소　558 S King St. Honolulu
위치　더 버스 1, 2, 83, 84, 84A, 90번 이용

주차장 없음

추천

테디스 비거 버거스 Teddy's Bigger Burgers

GPS 21.271789, -157.821788

하와이신문의 독자투표로 이루어지는 '하와이 베스트 버거'에 18년 연속 선정되며 기록을 경신하고 있는 하와이 버거의 대표주자. 집 앞 정원 바비큐에서 만든 듯한 양질의 버거를 제공하고 싶어 창업했다고 한다. 오리지널 버거에 토핑을 1~2개 추가해서 먹어도 좋지만, 바카도(베이컨&아보카도), 하와이안, 볼케이노 등 이곳만의 다양한 토핑과 소스가 조합된 메뉴 중 하나를 선택하여 주문하는 것을 추천한다. 100% 소고기 패티를 사용하며 패티 사이즈와 굽기 정도를 선택할 수 있는데 가장 작은 사이즈도 양이 많다. 음료와 프렌치프라이 콤보 또한 사이즈를 선택할 수 있고, 매장에서 먹는 경우 음료는 무한 리필이다.

주소 와이키키 지점 134 Kapahulu Ave. Honolulu
위치 더 버스 2, 8, 14, 19, 20, 23, 24, 42, 98A, W1, W2, W3번 이용
운영 10:00~23:00 **휴무** 연중무휴
요금 햄버거 $9.50
전화 808-926-3444 **홈피** www.teddysbb.com
주차장 인근 주차장 이용

GPS 21.274862, -157.824275

에그슨 싱스 Eggs'n Things

1974년에 오픈했지만 여전히 대기 행렬이 끊이지 않는 인기 레스토랑으로 대표 메뉴는 팬케이크다. 딸기, 휘핑크림, 마카다미아 너트를 얹은 것이 가장 인기 있으며 파인애플, 코코넛, 바나나, 블루베리, 초콜릿 등 팬케이크와 찰떡궁합을 이루는 다양한 토핑도 준비되어 있다. 립아이스테이크, 에그 베네딕트, 오믈렛 등 메뉴에 별(*) 표시가 있는 메뉴는 사이드로 밥, 감자, 팬케이크 3장 중 하나를 선택할 수 있다. 팬케이크를 고르면 휘핑크림과 토핑 1가지를 $6에 추가할 수 있으니 단품 주문보다 이득이다. 코나 커피는 리필이 가능하다.

주소 와이키키 본점 2464 Kalakaua Ave. Honolulu
위치 더 버스 2, 2L, E번 이용
운영 06:00~01:00
요금 트래디셔널 에그 베네딕트 $15.95
전화 808-926-3447
홈피 eggsnthings.com
주차장 없음

치즈케이크 팩토리 Cheesecake Factory

GPS 21.277683, -157.827617

오픈 시간부터 방문객들로 붐비기 시작하여 긴 대기 행렬이 이어지기도 하는 와이키키 유명 레스토랑으로 로열 하와이안 센터 한쪽에 자리한다. 가게 이름에서도 알 수 있듯 맛있는 치즈케이크를 맛볼 수 있는 것으로 잘 알려져 있으나 식사를 위해 찾아오는 손님 또한 만만치 않게 많다. 평일 오후 5시까지 런치 스페셜 메뉴를, 주말에는 오전 10시부터 오후 2시 사이에 브런치 메뉴를 제공한다. 햄버거, 피자, 파스타, 스테이크 등 다양한 선택지로 인해 메뉴 선정에 고민이 될지도 모른다.

주소 2301 Kalakaua Ave. Honolulu
위치 더 버스 2, 2L, 8, 13, 19, 20, 22, 23, 42, 98번 이용
운영 월~금 11:00~23:00, 토·일 10:00~23:00
요금 오리지널 치즈케이크 $9.50~
전화 808-924-5001
홈피 www.thecheesecakefactory.com

주차장 20분당 $2, 시간당 $6

GPS 21.273944, -157.823781

치즈버거 인 파라다이스 Cheeseburger in Paradise

하와이에서 무언가를 먹는다면 햄버거를 빠트릴 수 없다. 마우이섬에서 탄생하여 이제는 와이키키의 대표 햄버거로 손꼽히는 곳으로 치즈버거가 메인 메뉴이다. 그 중 하와이 전통 방식으로 땅속에서 구워낸 칼루아 포크의 패티와 파인애플을 넣은 치즈버거 아일랜드 스타일Cheeseburger Island Style이 유명하다. 하와이 정취가 물씬 풍기는 분위기와 보기만 해도 배가 불러오는 양이 이곳의 장점. 아침에는 햄버거 이외에도 오믈렛, 팬케이크 등 하와이다운 메뉴를 선보인다.

주소 2500 Kalakaua Ave. Honolulu
위치 더 버스 2, 2L, E번 이용 운영 07:00~22:00
요금 치즈버거 인 파라다이스 $18.50
전화 808-923-3731 홈피 cheeseburgernation.com
주차장 없음

추천
포케 바 Poke Bar

참신하고 기발한 아이디어로 색다른 포케를 제공하는 포케 전문점. 기본 베이스가 되는 밥이나 샐러드 위에 해산물, 채소, 과일 등 각종 재료를 올릴 수 있고, 구운 마늘과 양파, 김, 깨 등 토핑, 마지막으로 소스까지 취향에 따라 선택하여 자신만의 포케를 만들 수 있다. 참치는 싱싱하고 맛 좋은 하와이산만 고집한다. 커스터마이징 방식은 패스트푸드점 서브웨이를 떠올리면 쉽다. 모든 재료와 토핑을 사용하고 싶다면 '에브리싱Everything'을 주문하면 된다.

GPS 21.279740, -157.830607
주소 226 Lewers St. l106, Honolulu
위치 더 버스 8, 19, 20, 23, 42, 98A, E번 이용
운영 11:00~21:00
요금 포케볼 스몰 $16.90, 레귤러 $18.90
전화 808-888-8616
홈피 www.ilovepokebar.com

주차장 없음

GPS 21.276540, -157.823697

무수비 카페 이야스메 Musubi Cafe Iyasume

하와이안 무수비의 대명사로 와이키키 비치 부근 2곳을 포함하여 호놀룰루에 총 7개 지점을 운영한다. 하와이 물가를 생각하면 비교적 저렴한 가격으로 한 끼 식사를 해결하기 좋은 곳이다. 초밥과 비슷한 형태로 밥 위에 스팸을 얹은 스팸 무수비 Spam Musubi가 인기 메뉴. 스팸과 함께 베이컨, 아보카도, 달걀말이 등 다양한 토핑을 추가하여 만든 무수비가 진열되어 있다. 30종이 넘는 주먹밥. 곁들여 먹기 좋은 미소된장국, 일본식 카레라이스도 판매한다. 테이크아웃 후 바닷가나 호텔에서 간편하게 먹는 것도 추천한다.

주소	모나크 본점 2427 Kuhio Ave. Honolulu
위치	더 버스 2, 8, 13, 19, 20, 23, 42, 98A, W1, W2, W3번 이용
운영	07:00~20:00 휴무 연중무휴
요금	스팸 무수비 $2.18
전화	808-921-0168
홈피	iyasumehawaii.com

주차장 없음

GPS 21.280508, -157.827895

 추천

샘스 키친 Sam's Kitchen

와이키키 중심부에서 제대로 된 갈릭 슈림프를 즐길 수 있는 플레이트 런치 전문점. 건물 사이 좁다란 골목에 자리한 노천 식당으로 독특한 분위기를 자아낸다. 갈릭을 비롯해 매콤한 스파이시 갈릭, 달콤한 데리야키 등 다른 맛도 선택할 수 있다. 이 외에도 비프스테이크와 포케도 인기 메뉴다. 이곳의 오리지널 파인애플 아이스티와 함께 즐겨보자. 주류는 판매하지 않으나 바깥에서 사온 음료를 지참할 수 있는 BYOB(Bring Your Own Bottles) 시스템이다. 밥과 샐러드는 각 $1씩 추가 요금이 붙는다.

주소	353 Royal Hawaiian Ave. Honolulu
위치	더 버스 2, 8, 13, 19, 20, 23, 42, 98A번 이용
운영	10:00~01:00 휴무 연중무휴
요금	갈릭 슈림프 $14, 비프스테이크 $18
전화	808-271-0010
홈피	www.samskitchenhawaii.com

주차장 없음

포 민 투 Pho Minh Thu

GPS 21.286657, -157.834134

와이키키를 살짝 벗어나 알라 모아나로 향하는 길목에 있는 베트남 음식점. 본토에 가까운 맛을 합리적인 가격에 배불리 먹을 수 있어 인기가 높다. 추천 메뉴는 국물이 일품인 쌀국수Pho와 신선한 재료로 만든 월남쌈이다. 양식으로 겪은 느끼함 때문에 시원한 국물 요리가 생각날 때 쌀국수가 좋은 해결책이 될 것이다.

주소 478 Ena Rd. Honolulu
위치 더 버스 2, 2L번 이용
운영 10:00~21:00
요금 포 $7.95
전화 808-946-2299

주차장 무료

 ## 서울 두부 하우스 Seoul Tofu House

GPS 21.279297, -157.826404

2019년 1월에 오픈한 이래 일찌감치 인기 레스토랑으로 자리매김한 순두부찌개 전문점. 편리한 접근성과 깔끔한 내부가 그 인기요인을 짐작하게 한다. 무엇보다 한국 본토의 맛을 맛볼 수 있다는 점에서 한국인 관광객에겐 반갑지 않을 수 없다. 해물, 소고기, 돼지고기, 김치 등 10가지가 넘는 순두부찌개 메뉴와 LA갈비, 고추장 돼지불고기, 오징어볶음, 냉모밀 등 다양한 식사 메뉴가 군침을 돌게 만든다.

주소 2299 Kuhio Ave. Space C, Honolulu
위치 더 버스 2, 8, 13, 19, 20, 23, 42, 98A번 이용
운영 11:00~21:30
요금 순두부찌개 $13.99
전화 808-376-0018
홈피 seoultofuhouse.business.site

주차장 없음

추천

코나 커피 퍼베이어스 Kona Coffee Purveyors

GPS 21.278856, -157.825622

'호놀룰루 커피 컴퍼니'와 샌프란시스코의 유명 베이커리 '비 파티세리 B.Patisserie'가 함께 운영하는 카페. 와이키키 중심부에서 제대로 된 코나 커피를 마시고 싶다면 추천한다. 비 파티세리의 대표 메뉴인 퀸 아망 Kouign Amann을 비롯해 커피와 함께 곁들이면 좋을 다양한 빵과 케이크가 쇼케이스에 진열되어 있다. 하와이 라테 아트 대회에서 2, 3위에 입상한 바리스타가 근무하는 것도 이곳의 강점. 커피원두와 커피용품도 판매한다. 주차는 인터내셔널 마켓플레이스 주차장을 이용하면 된다.

- 주소 Kuhio Avenue Mall Entrance, International Marketplace, 2330 Kalakaua Ave. #160, Honolulu
- 위치 더 버스 2, 2L, 8, 13, 19, 20, 22, 23, 42, 98A, E번 이용
- 운영 07:00~16:00
- 요금 코나 커피 라테 $6/$6.75
- 전화 808-450-2364
- 홈피 www.konacoffeepurveyors.com

주차장 있음

GPS 21.278865, -157.832038

비치워크 카페 Beachwalk Cafe

와이키키 중심부에서 살짝 벗어나 비교적 한적한 거리에 자리한 카페로 이른 아침부터 문을 여는 까닭에 아침 식사를 즐기려는 방문객이 많다. 아사이볼, 반미 샌드위치, 파니니 등 부담스럽지 않은 메뉴와 커피, 차, 스무디 등 다양한 음료 메뉴를 제공한다. 반미 샌드위치와 파니니는 주문을 받은 후 만들기 시작하므로 시간이 다소 소요된다. 쇼케이스 속 마카롱과 아이스크림도 먹음직스러워 후식까지 해결해도 좋을 곳이다.

- 주소 2170 Kalia Rd. Honolulu
- 위치 더 버스 8, 19, 20, 23, 42, 98A번 버스 이용
- 운영 07:00~22:00
- 요금 비비큐 치킨 반미 샌드위치 $12.95, 아사이볼 $12.25
- 전화 808-923-1650
- 홈피 beachwalkcafe.business.site

주차장 없음

추천

하와이안 크라운 플랜테이션 Hawaiian Crown Plantation

GPS 21.277253, -157.824190

파인애플 농장에서 운영하는 카페. 농장에서 직송해 신선한 파인애플을 사용하여 어떤 메뉴를 고르더라도 맛은 어느 정도 보장되어 있다. 하와이의 파인애플은 신맛이 거의 없고 당도가 매우 높다. 본연의 달콤함을 즐길 수 있는 이곳의 100% 파인애플 주스를 꼭 마셔보길 추천한다. 싱싱한 과일을 사용한 아사이볼은 잘게 썬 파인애플이 토핑되어 색다른 맛을 느껴볼 수 있다. 매주 토요일마다 다이아몬드 헤드 부근에서 열리는 KCC 파머스 마켓에서도 부스를 내어 영업한다. 파인애플을 비롯해 건과일, 커피 원두 등도 판매한다(COVID-19으로 임시휴업).

주소 159 Kaiulani Ave. #105, Honolulu
위치 더 버스 2, 8, 13, 19, 20, 23, 42, 98A, W1, W2, W3번 이용
운영 월~토 08:00~20:00, 일 09:00~18:00
휴무 1월 1일, 크리스마스
요금 아사이볼 단품
스몰 $9.07, 라지 $10.03,
아사이볼 주스 세트
스몰 $14.30, 라지 $15.26,
파인애플 주스
스몰 $5, 라지 $5.73
전화 808-779-7887
홈피 www.hawaiiancrown.com
주차장 없음

GPS 21.279633, -157.831630

헨리스 플레이스 Henry's Place

1981년 과일가게로 시작한 자그마한 간식 전문점으로 과일 본연의 맛을 살려 새콤달콤하고 과즙이 풍부한 수제 과일 셔벗과 아이스크림을 판매한다. 망고, 리치, 파파야, 파인애플 등 열 대과일 맛과 수박과 같은 여름철 과일 맛을 추천한다. 셔벗과 아이스크림을 담아주는 컵에는 '진짜 맛있다'라는 뜻의 조어 'RL(Realicious)'이 적혀 있다. 냉동식품이라 열에 쉽게 녹으니 제품을 미리 고른 후 냉동고 문을 열어 꺼내자.

주소 234 Beach Walk, Honolulu
위치 더 버스 8, 19, 20, 23, 42, 98A, E번 이용
운영 09:00~23:00 **휴무** 연중무휴
요금 각종 아이스크림과 셔벗 $9.55
전화 808-255-6323
주차장 없음

'진짜 맛있다!' 'RL(Realicious)!'

GPS 21.267900, -157.822472

베어풋 비치 카페 Barefoot Beach Cafe

퀸스 서프 비치를 살짝 벗어나 산책로를 걷다 보면 물놀이 후 휴식을 취하기 딱 좋은 노천 카페를 발견하게 된다. 로코모코, 에그 베네딕트, 갈릭 슈림프, 아사이 볼 등 웬만한 하와이 대표 음식은 다 있어 시원한 바다 풍경과 함께 간편하게 식사 한 끼를 즐길 수 있다. 가장 인기인 메뉴는 하와이산 파인애플을 통째로 사용하여 만든 파인애플 스무디 Whole North Shore Pineapple Smoothie. 맛은 물론이고 인증샷을 남겨도 좋은 비주얼이다.

주소 2699 Kalakaua Ave. Honolulu
위치 더 버스 14, 19, 20, 22번 이용
운영 08:00~21:00(마지막 주문 20:30)
요금 파인애플 스무디 $12
전화 808-924-2233
홈피 barefootbeachcafe.com
주차장 없음

눈으로 한 입!
입으로 한 입!

GPS 21.278394, -157.828684

아일랜드 빈티지 셰이브 아이스 Island Vintage Shave Ice

하와이의 스타벅스라 할 수 있는 아일랜드 빈티지 커피에서 운영하는 셰이브 아이스 전문점. 고층 건물이 밀집한 와이키키 중심부인 로열 하와이안 센터 앞에 위치하여 접근성이 매우 뛰어나다. 식품 보존료와 인공 감미료를 일절 사용하지 않고 천연 재료만을 고집하는 부분이 믿음직스럽다. 추천 메뉴는 촘촘한 얼음 위에 딸기와 패션 프루트의 생과즙 시럽을 듬뿍 뿌리고 타피오카와 떡을 토핑한 이곳의 시그니처 메뉴 헤븐리 릴리코이 Heavenly Lilikoi.

주소 2201 Kalakaua Ave. Honolulu
위치 더 버스 2L, 22, E번 이용
운영 10:00~21:00 **휴무** 연중무휴
요금 셰이브 아이스 $10.95
전화 808-922-5662
주차장 없음

매그놀리아 아이스크림 & 트리츠 Magnolia Ice Cream & Treats

GPS 21.278851, -157.825707

인터내셔널 마켓플레이스 2층에 있는 인기 아이스크림 전문점. 망고, 우베, 코코넛, 리치, 구아바 등 합성 착색료를 일절 사용하지 않고 오로지 천연 재료로만 만든 아이스크림을 판매한다. 컵 속에 바나나, 코코넛젤리, 시리얼, 팥, 셰이브 아이스 등 여러 재료를 차곡차곡 쌓아 층을 만들고 마지막으로 아이스크림을 얹어 완성하는 할로할로Halo Halo가 시그니처 메뉴이자 인기 메뉴. 따로 먹지 않고 다양한 재료를 빨대로 섞어서 같이 먹는 것이 가게에서 추천하는 방법이다.

주소 2330 Kalakaua Ave. Honolulu
위치 더 버스 2, 2L, 8, 13, 19, 20, 22, 23, 42, 98번 이용
운영 10:00~20:00
요금 할로할로 $7.49
전화 808-489-9355
홈피 www.magnoliatreats.com

주차장 30분당 $3, $10 구입 시 1시간 무료, 이후 2시간까지 $2

할로할로는 잘 섞어서 먹자!

GPS 21.279869, -157.826926

아이스 몬스터 Ice Monster

대만 3대 빙수 중 하나로 일컬어지는 빙수 전문점이 2019년 2월 하와이에 처음 상륙하였다. 이곳의 빙수는 얼음을 갈아서 시럽을 뿌리는 하와이 정통방식이 아닌 과즙, 커피, 홍차의 맛을 고스란히 살려 얼린 '플레이버 아이스 블록Flavor Ice Block'을 사용하여 만든다. 인기 메뉴는 단연 망고와 딸기. 일본 교토에서 공수한 말차 가루로 맛을 낸 하와이 한정 메뉴 '말차Matcha'도 추천한다.

주소 2255 Kuhio Ave. Honolulu
위치 더 버스 2, 8, 13, 19, 20, 23, 42, 98A번 이용
운영 11:00~22:00
요금 망고 빙수 스몰 $12.80, 몬스터 $15.80
전화 808-762-3192
홈피 www.ice-monster-hi.com

주차장 없음

오아후 맛집 골목 파헤치기 베스트 3

1. 카파훌루(Kapahulu)

와이키키에서 마노아 방면으로 향할 때 거쳐 가는 도로는 '고메 스트리트'라 불릴 만큼 하와이를 대표하는 굵직한 맛집이 모여 있다. 바쁘더라도 반드시 가봐야 할 지역!

▶▶ 레너즈 베이커리 Leonard's Bakery

GPS 21.284883, -157.813343

1952년 영업을 시작한 말라사다의 대명사 격인 곳으로 포르투갈에서 건너온 말라사다가 하와이 대표 먹거리로 정착하는 데 큰 공헌을 하였다. 원색의 네온 사인 간판, 분홍색 박스, 말라사다 인형 등 눈길을 끄는 가게 외관과 아이템은 이곳을 사진으로 담고 싶은 충동을 느끼게 한다. 갓 튀겨져 따끈따끈한 말라사다를 구매하려는 이들로 가게는 연일 문전성시다.

주소 933 Kapahulu Ave. Honolulu
위치 더 버스 13, 14, 18, 24번 이용
운영 05:30~19:00
요금 말라사다 $1.70
전화 808-593-2686
홈피 www.leonardshawaii.com

주차장 무료

레너즈의 상징 핑크색 박스

▶▶ 레인보우 드라이브 인 Rainbow Drive In

GPS 21.275954, -157.814549

하와이 현지인 중 이곳을 모르는 사람이 없다고 해도 과언이 아닐 정도로 유명한 플레이트 런치 전문점. 1961년부터 60년 가까이 합리적인 가격에 푸짐하고 맛있는 음식을 제공하고 있다. 이곳을 처음 방문한다면 하와이의 명물 로코모코 Loco Moco를 먹어보자.

주소 3308 Kanaina Ave. Honolulu
위치 더 버스 2, 13, 14, 24번 이용
운영 07:00~21:00
요금 로코모코 $10.50
전화 808-737-0177
홈피 www.rainbowdrivein.com
주차장 무료

▶▶ 카페 카일라 Cafe Kaila

GPS 21.288097, -157.815117

하와이에서 가장 권위 있는 음식 콘테스트 할레 아이나 어워드 Hale Aina Award의 '최고의 조식' 부문에서 6년 연속 금상을 획득한 브런치 레스토랑이다. 에그 베네딕트, 프렌치토스트, 오믈렛, 와플 등 아침 식사에 걸맞은 메뉴를 선보인다. 이곳의 간판 메뉴는 팬케이크로 딸기, 블루베리, 캐러멜라이즈한 바나나와 사과 등 과일 토핑을 추가하여 먹는 것이 일반적이다.

주소 2919 Kapiolani Blvd. Honolulu
위치 더 버스 1, 1L, 9, 13, 14, 18번 이용
운영 07:00~15:30 휴무 부정기
요금 버터밀크 팬케이크 $11.50, 토핑 $3~4
전화 808-732-3330
홈피 cafe-kaila-hawaii.com 주차장 무료

▶▶ 오노 시푸드 Ono Seafood

GPS 21.281084, -157.813876

참치와 문어 단 두 종류의 해산물만 다루는 포케 전문점. 가게 안으로 들어가면 왼편에는 주문 카운터, 오른편에는 사이드 메뉴와 음료가 진열된 쇼케이스가 있다. 오른편으로 줄을 서서 사이드 메뉴를 고른 다음 벽에 있는 메뉴판을 보고 먹고 싶은 포케를 번호로 부르면 된다. 맛은 간장(쇼유), 하와이안, 미소된장, 스파이시, 와사비 등으로 구성되어 있다.

주소 747 Kapahulu Ave. Honolulu
위치 더 버스 13, 14, 18, 24번 이용
운영 화~토 09:00~16:00 휴무 일·월요일
요금 포케 $17
전화 808-732-4806
주차장 무료

와이올라 셰이브 아이스 Waiola Shave Ice

GPS 21.292474, -157.828635

와이올라 스트리트에 위치해 이런 이름이 붙여졌다. 1940년에 식료품 가게로 시작하여 80년 가까이 같은 장소에서 변함없는 맛을 선보이는 곳으로, 촘촘한 얼음 위에 40여 종의 수제 시럽과 토핑을 끼얹어 눈도 입도 즐겁다.

주소 2135 Waiola St. Honolulu
위치 더 버스 1, 4, 6번 이용
운영 11:00~18:30
요금 셰이브 아이스 스몰컵 $3, 라지보울 $5, 스페셜보울 $7, 점보보울 $8
전화 808-949-2269
홈피 www.waiolashaveice.com
주차장 무료

시마즈 셰이브 아이스 Shimazu Shave Ice

GPS 21.276043, -157.814474

하와이 로컬 푸드숍이 한데 모인 하와이 훼이보릿 키친 Hawaii's Favorite Kitchens 내에 자리한 셰이브 아이스 전문점. 80개가 넘는 종류와 빠르고 친절한 서비스로 현지인에게 인기가 높지만, 여행자에게는 아직 덜 알려진 숨은 명소이다. 어린이에게 맞는 키즈 사이즈부터 사람 얼굴 크기만한 엑스라지 사이즈까지 5가지 크기 중에서 선택 가능하며, 시럽은 3가지를 고를 수 있다.

주소 3111 Castle St. Honolulu
위치 더 버스 2, 13, 14, 24번 이용
운영 일·목·금 10:00~19:00, 월·수 12:00~19:00, 토 09:00~19:00 휴무 화요일
요금 셰이브 아이스 $6
전화 808-744-0465
홈피 hawaiisfavoritekitchens.com
주차장 무료

2. 카이무키(Kaimuki)

1900년대 초반에 지어진 옛 건물들이 즐비한 주택가 사이로 뻗은 중심가 와이알라에^{Waialae} 거리에 소문난 맛집이 속속들이 숨어 있다. 현지인에게 '맛집 거리'로 불리고 있는 지역이다.

▶▶ 코아 팬케이크 하우스 Koa Pancake House

GPS 21.281954, -157.799002

합리적인 가격으로 맛있는 아침 식사를 즐길 수 있는 레스토랑. 계산대에서 주문과 결제를 한 뒤 번호표를 받고 원하는 테이블에 착석하면 음식을 가져다주는 시스템이다. 오믈렛, 팬케이크, 에그 베네딕트, 햄버거, 샌드위치 등 웬만한 미국식 메뉴는 거의 모두 갖추고 있다.

주소 1139 12th Ave. Honolulu
위치 더 버스 1, 1L, 9, 14번 이용
운영 06:30~14:00
요금 시푸드 오믈렛 $12.95
전화 808-739-7778
홈피 www.koapancakehouse.com

주차장 무료

▶▶ 커피 토크 Coffee Talk

GPS 21.282469, -157.798847

과거 은행이었던 곳을 카페로 재탄생시켜 1995년 문을 연 카이무키의 터줏대감. 커피를 마시며 노트북과 책을 벗 삼아 시간을 보내거나 수다를 즐기는 현지인을 볼 수 있다. 레트로 감성이 물씬 풍기는 멋스러운 분위기가 커피 맛을 더욱 특별하게 만들어준다.

주소 3601 Waialae Ave. Honolulu
위치 더 버스 1, 1L, 9, 9S, 14번 이용
운영 월~수 06:00~16:00
    목·금 06:00~16:00, 18:00~24:00
    토 07:00~16:00, 18:00~24:00
    일 07:00~16:00
요금 카페라테 $4
전화 808-737-7444

주차장 없음

▶▶ 더 커브 카이무키 The Curb Kaimuki

커피트럭으로 영업을 시작하여 2014년 카이무키에 정착한 카페. 매주 남미, 아프리카, 하와이산 원두를 번갈아 배전하여 신선한 커피를 선보인다. 바리스타의 정성이 담긴 섬세한 라테 아트와 더불어 향긋한 향과 진한 커피 맛이 기분을 좋게 만들 것이다.

GPS 21.285011, -157.803154
주소 3408 Waialae Ave. #102, Honolulu
위치 더 버스 1, 1L, 9, 9S, 14번 이용
운영 월~금 06:30~14:00,
토·일 07:00~20:00
요금 플랫 화이트 $4.50
전화 808-367-0757
홈피 thecurbkaimuki.com

주차장 무료

▶▶ 오또 케이크 Otto Cake

어머니의 날에 만든 케이크가 주변 사람들에게 호평을 받아 케이크 전문점을 차렸고 30년 가까이 꾸준한 인기를 끌고 있다. 286종의 케이크 중 날마다 9종 정도를 만들어 판매하므로 방문할 때마다 다른 케이크를 만나볼 수 있다. 오리지널 레모네이드도 케이크와 함께 꼭 맛볼 것.

GPS 21.281673, -157.799253
주소 1127 12th Ave. Honolulu
위치 더 버스 1, 1L, 9, 9S, 14번 이용
운영 월~토 11:00~19:00,
일 11:00~15:00
휴무 1월 1일, 크리스마스
요금 치즈케이크 $4.81
전화 808-834-6886
홈피 ottocake.com

주차장 없음

▶▶ 스프라우트 샌드위치숍 Sprout Sandwich Shop

GPS 21.282169, -157.798475

카이무키 사람들을 사로잡은 샌드위치 전문점. 잘 구워진 빵 사이에 채소를 한가득 채워 양은 물론 아삭아삭 살아 있는 식감을 자랑한다. 비건 패티를 사용한 시그니처 메뉴 '스프라위치 Sproutwich'는 채식주의자가 아니더라도 누구나 좋아할 만한 샌드위치다.

주소 1154 Koko Head Ave. Honolulu
위치 더 버스 1, 1L, 9, 14번 이용
운영 10:00~15:00
요금 스프라위치 $13.50
홈피 www.sproutsandwichshop.com
주차장 없음

▶▶ 파이프라인 베이크숍 & 크리머리 Pipeline Bakeshop & Creamery

GPS 21.282628, -157.798458

LA에서 제과를 공부한 오너가 운영하는 말라사다 전문점. 주문을 받은 즉시 제조하여 갓 만들어 뜨끈뜨끈한 말라사다를 제공한다. 수제 아이스크림, 케이크 등도 인기. 말라사다 속을 아이스크림으로 채운 말라모드 Malamode는 오후 2시부터 판매한다.

주소 3632 Waialae Ave. Honolulu
위치 더 버스 1, 1L, 9, 14번 이용
운영 수·목 08:00~18:00
    금~일 09:00~19:00
    휴무 월·화요일
요금 말라사다 $1.50~,
    말라모드 $5.95
전화 808-738-8200
홈피 pipelinebakeshop.com
주차장 없음

3. 사우스 킹 스트리트(South King Street)

하와이 주립 대학교 마노아 캠퍼스가 주변에 있어 학생들로 북적거리는 젊음의 거리이다. 대학가답게 합리적인 가격, 푸짐한 양, 훌륭한 맛이 보장되는 가게가 많다.

▶▶ **카라이 크랩** Karai Crab

GPS 21.291107, -157.824225

매콤한 갑각류 요리를 전문으로 하는 음식점으로 새우, 조개, 홍합, 대게, 왕게, 던저니스 크랩 등을 다양한 맛으로 경험할 수 있다. 카라이 스페셜(갈릭 버터와 케이준 소스를 섞은 것), 갈릭 버터, 레몬 페퍼, 레몬그라스 등의 양념과 마일드부터 시작하는 4단계 맵기 정도를 고르면 주문이 완료되며, 대표 메뉴 외에 새우, 조개, 홍합, 감자, 콘, 소시지에 게를 추가한 카라이 콤보 Karai Combo도 준비되어 있다.

주소 901 Hausten St. Honolulu
위치 더 버스 1, 1L, 4번 이용
운영 월~금 16:00~21:00
     토·일 17:00~21:00
요금 카라이 콤보 $32
전화 808-952-6990
홈피 karaicrab.com

주차장 $2, 발레파킹 $3

카라이 콤보

▶▶ 레이징 케인스 치킨 핑거 Raising Cane's Chicken Fingers

GPS 21.291325, -157.821691

미국 본토에만 400개 지점을 운영하는 치킨 핑거 체인점이 하와이에 상륙했다. 뼈 없는 프라이드치킨에 감자튀김, 코우슬로 샐러드, 텍사스 토스트, 드링크 그리고 각 지점의 지점장만이 비법을 아는 비밀 소스가 하나로 된 콤보 세트를 선보인다. 볼륨 있는 푸짐한 구성의 요리가 $10 정도라는 점도 매력으로 꼽힌다. 참고로 매장 벽에 걸린 강아지 사진은 가게 이름이자 주인장의 반려견 '케인'이다.

주소 2615 S King St. Unit 102, Honolulu
위치 더 버스 1, 1L, 4, A번 이용
운영 일~목 10:00~23:00,
　　　금·토 10:00~24:00
휴무 부정기
요금 박스 콤보 $10.99
전화 808-465-3029
홈피 www.raisingcanes.com

주차장 무료

카하이 스트리트 키친 Kahai Street Kitchen

매일 메뉴가 달라지는 플레이트 런치 전문점. 수많은 호텔과 음식점에서 경험을 쌓은 주인장 데이빗과 나오가 의기투합하여 만들었다. 메뉴의 종류만 해도 30가지가 넘어 골라 먹는 재미가 있다. 주문을 받고 나서 조리를 시작한다. 밥은 흰밥과 브라운 라이스 중에서, 샐러드는 감자 마카로니와 믹스 중에서 선택할 수 있다.

GPS 21.292795, -157.824912

주소 946 Coolidge St. Honolulu
위치 더 버스 1, 6번 이용
운영 월 10:30~14:00,
　　 화~금 10:30~19:00,
　　 토 07:30~14:00
　　 휴무 일요일
요금 플레이트 메뉴 $12.95~
전화 808-845-0320
홈피 www.kahaistreet-kitchen.com
주차장 무료

▶▶ 후쿠야 Fukuya

GPS 21.291092, -157.820019

일본식 도시락을 판매하는 델리숍. 쇼케이스에 진열된 반찬을 직접 골라서 주문한다. 무엇을 먹어야 할지 고민된다면 4가지 종류의 도시락 세트 '벤토Bento' 중에서 고르는 것도 하나의 방법이다. 주먹밥, 유부초밥, 면 요리, 치킨, 비프 등 6가지 음식이 플레이트 안에 푸짐하게 담겨 있다.

주소 2710 S King St. Honolulu
위치 더 버스 1, 4, A번 이용
운영 수~일 06:00~14:00
     휴무 월·화요일
요금 벤토 $13.15~
전화 808-946-2073
홈피 fukuyadeli.com

주차장 무료

▶▶ 글레이저스 커피 Glazers Coffee

GPS 21.291278, -157.820456

하와이 주립 대학교 학생들의 아지트와도 같은 카페. 노트북을 하거나 책을 읽는 학생들의 모습을 심심찮게 볼 수 있다. '음료 한잔에도 마음을 담아 만든다'라는 콘셉트로 풍미가 깊고 뒷맛이 깔끔한 커피를 정성껏 만들며, 공정무역에서 인증한 유기농 아라비카 원두만 사용한다.

주소 2700 S King St. Honolulu   위치 더 버스 1, 1L, 4, A번 이용
운영 월~금 07:00~18:00, 토 08:00~15:00 휴무 일요일
요금 커피 $2.75 주차장 없음

알라 모아나 센터 Ala Moana Center

GPS 21.291096, -157.843514

명실상부한 하와이 최고의 쇼핑센터. 총면적 26㎡로 입점한 점포 수만도 350개가 넘어 하와이 최대 규모를 자랑한다. 쇼핑, 맛집, 엔터테인먼트 등 다양한 시설이 들어서 있어 하루 종일 둘러보아도 시간이 모자랄 정도다. 일정이 빠듯한 여행자라면 쇼핑몰 몇 군데를 들르지 않고 알라 모아나만을 둘러봐도 어느 정도 만족할 만한 쇼핑을 기대할 수 있다.

또한, 매일 오후 1시부터 센터 스테이지에서 훌라쇼를 개최하여 즐거움을 선사한다. 주로 저녁에 퍼포먼스를 진행하는 다른 쇼핑센터와 달리 이곳은 낮 시간대에 쇼를 즐길 수 있다. 매년 7월 4~7일에는 미국 독립기념일을 맞이하여 하와이 최고의 불꽃 축제가 열리므로 이 시기에 방문한다면 절대로 놓치지 말자.

주소 1450 Ala Moana Blvd. Honolulu
위치 더 버스 5, 6, 8, 17, 18, 19, 20, 23, 42, 56, 57, 57A, 60, 65, 88A, 98A, E번
운영 10:00~20:00
휴무 연중무휴
전화 808-955-9517
홈피 www.alamoanacenter.com

주차장 무료

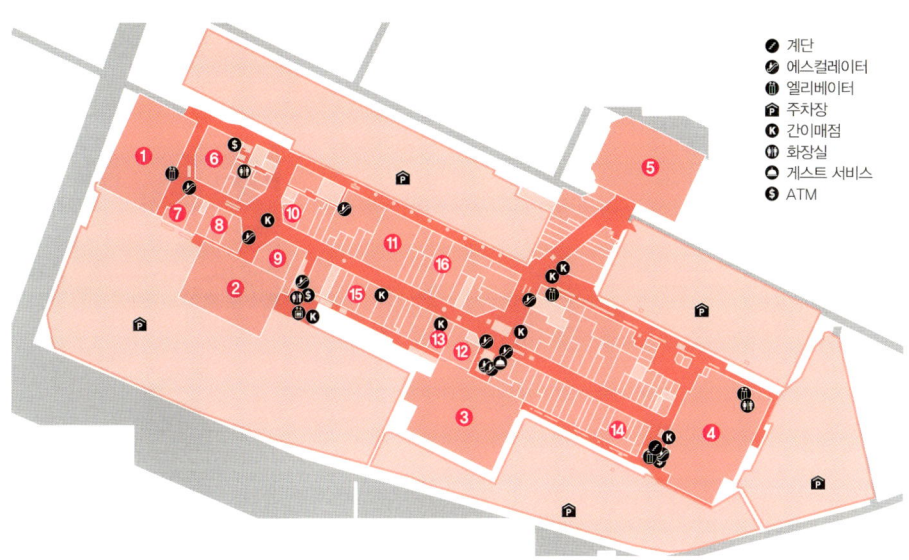

알라 모아나 센터 내부도(2F)

- ① 노드스트롬
- ② 블루밍데일스
- ③ 니만 마커스
- ④ 메이시스
- ⑤ 타겟
- ⑥ 자라
- ⑦ 유니클로
- ⑧ 코치
- ⑨ 에르메스
- ⑩ 디올
- ⑪ 빅토리아 시크릿
- ⑫ 구찌
- ⑬ 프라다
- ⑭ 애플
- ⑮ 셀린느
- ⑯ 세포라

more & more 알라 모아나 센터 추천 먹거리

판다 익스프레스 Panda Express Chinese Kitchen
다채로운 중국 요리를 원하는 대로 다양하게 골라 맛볼 수 있는 중국 음식 패스트푸드점. 볶은 면, 볶은 밥, 일반 밥 중 하나를 고르고 반찬을 여러 개 선택하는 방식으로 주문하면 된다.

아자 Aja
일본, 한국, 중국, 필리핀 등 다양한 아시아 요리를 도시락으로 만들어 판매하는 곳. 생선구이와 튀김류를 밥 위에 얹은 덮밥 형태의 도시락이 주를 이룬다.

잠바주스 Jamba Juice
신선한 주스와 스무디를 전문으로 하는 잠바주스. 한국에도 이미 진출했지만, 하와이 한정 메뉴 '알로하 파인애플 주스'와 '아사이볼'은 기회가 된다면 먹어보자.

more & more 알라 모아나 센터 추천 브랜드

노드스트롬 Nordstrom
시애틀에서 구두 전문점으로 시작하여 현재는 미국을 대표하는 고급 백화점 브랜드로 성장하였다. 역시나 구두가 강점으로 재고도 많은 편이다. 마놀로 블라닉, 크리스찬 루부탱 등 '구두' 하면 떠오르는 브랜드도 당연히 입점하고 있다.

메이시스 Macy's
모든 층을 사용해 넓은 면적을 활용한 다양한 아이템을 선보인다. DKNY, 캘빈클라인과 같이 미국을 대표하는 브랜드는 이곳에서만 만날 수 있다. 메이시스 독점으로 진행하는 랄프로렌 폴로의 세컨드 브랜드 로렌Lauren도 꼭 둘러보자.

타겟 Target
빨간색 간판이 눈에 띄는 미국의 대형 유통 체인. 비교적 저렴한 가격과 다양한 종류를 내세워 영업한다. 2층과 3층, 2개 층을 사용하여 2층은 의류, 잡화, 인테리어 관련 제품을, 3층은 화장품, 아기용품을 위주로 판매한다.

블루밍데일스 Bloomingdale's
1872년에 탄생한 뉴욕의 노포 백화점. 자사 한정 패션 라인 아쿠아Aqua와 하와이를 콘셉트로 한 기념품 코너는 꼭 한번 둘러볼 것.

니만 마커스 Neiman Marcus
텍사스주 댈러스에서 시작한 고급 백화점으로 3층 먹거리 전용 기프트 코너 에피큐어Epicure는 미식가라면 놓치지 말아야 하는 곳. 하와이 로컬 브랜드와 협업한 다양한 한정품을 선보이는데, 대부분이 '메이드 인 하와이'이다.

삭스 피프스 애비뉴 오프 Saks Fifth Avenue Off 5th
뉴욕 5번가에 자리한 고급 백화점의 이월 상품을 판매하는 매장. 알라 모아나 센터 내에 있는 유일한 아웃렛이다. 캐주얼 라인부터 비즈니스 라인까지 800개 이상의 브랜드를 최대 70% 할인된 가격에 만날 수 있다.

푸드랜드 Foodland
하와이의 대표 슈퍼마켓 체인. 건강을 생각한 제품, 싱싱한 과일과 채소, 육류 등을 주로 판매하며, 일반 슈퍼에서 볼 수 있는 제품들도 거의 다 판매하고 있다. 현지인이 강력추천하는 이곳만의 명물 포케Poke도 시간이 된다면 먹어보자(내부에 식사 공간이 있다).

SPECIAL AREA 04

쇼핑과 맛집을 한번에!
알라 모아나 Ala Moana

'하와이의 쇼핑' 하면 알라 모아나 센터를 떠올리는 이가 많을 것이다. 많은 브랜드가 입점해 있으며, 먹거리와 볼거리도 충분히 갖추고 있어 필수 코스라 불릴 정도인데 놀라운 것은 이뿐만이 아니다. 월마트, 돈키호테, 타겟, 월그린 등 대형 슈퍼마켓과 드러그 스토어 역시 주변에 자리하고 있다는 점이다. 현지인이 사랑하는 로컬 맛집이 포진해있는 곳이기도 하다. 쇼핑만 즐기기엔 아까우니 인근 음식점에 들러 허기진 배를 채워보는 건 어떨까.

▶▶ 그레이스 인 Grace's Inn

GPS 21.300928, -157.841033

현지인이 즐겨 찾는 플레이트 런치 전문점이다. 오른편에 있는 카운터에서 주문을 하고 계산한 다음 음식이 나오면 왼편 식사 공간에서 자리를 잡고 먹는 형식이다. 치킨커틀릿이 간판 메뉴. 플레이트는 샐러드 종류에 따라 미니(2종류)와 레귤러(3종류)로 나뉘며, 마카로니 샐러드, 아시안 코우슬로, 그린 샐러드, 김치 중에서 선택할 수 있다. 가격이 합리적이며 음식도 맛있다.

주소 1296 S Beretania St. # 101, Honolulu
위치 더 버스 1, 2번 이용
운영 월~토 06:00~21:30, 일 07:00~21:30
휴무 부정기
요금 치킨커틀릿(Chicken Katsu) 미니 $6.20, 레귤러 $9
전화 808-593-2202
주차장 없음

▶▶ 엘 & 엘 하와이안 바비큐 L & L Hawaiian Barbecue

GPS 21.29413, -157.85271

월마트 내에 있는 음식점으로 1976년 하와이에서 시작하여 현재는 미국 전역에 200여 개 지점을 운영하는 플레이트 런치 체인점이다. 갈릭 슈림프, 로코모코, 스팸 무수비, 사이민 등 하와이 전통음식을 비롯해 치킨커틀릿 카레, 바비큐 치킨, 치즈버거 등 메뉴 구성도 다양한 편이다. 음료는 셀프서비스다.

주소 310 Kamakee St, Honolulu
위치 더 버스 E, 6번 이용
운영 월~토 08:30~21:00,
일 10:00~21:00
휴무 부정기
요금 플레이트 메뉴 $9.45~
전화 808-597-9088
홈피 www.hawaiianbarbecue.com

주차장 무료

▶▶ 요거 스토리 Yogur Story

GPS 21.296382, -157.840520

보라색 소스로 뒤덮인 팬케이크가 간판 메뉴인 브런치 레스토랑. 참마의 한 종류인 '우베Ube'를 이용해 재료 본연의 색과 맛으로 만든다. 여기에 코코넛 밀크를 추가해 고소하면서도 부드러운 맛을 낸다. 팬케이크와도 궁합이 잘 맞는다. 코나 커피를 주문하면 무료로 리필이 가능하다.

주소 815 Ke'eaumoku St. Honolulu
위치 더 버스 5, 6, 17, 18번 이용
운영 07:00~15:30
휴무 부정기
요금 우베 팬케이크 $13.95
전화 808-942-0505

주차장 무료

▶▶ 호놀룰루 커피 Honolulu Coffee Experience Center

GPS 21.290103, -157.835124

1991년 조그마한 커피 스탠드로 출발하여 이제는 어엿한 호놀룰루 대표 커피 전문점으로 성장하였다. 머리에 빨간 꽃을 장식한 여인이 그려진 로고에서 하와이 분위기가 물씬 풍긴다. 빅아일랜드 코나^{Kona} 지구에서 엄선한 최고급 원두만을 사용한 코나 커피를 맛볼 수 있다. 매장에 자리한 로스팅 기계에서 원두를 배전하는 풍경을 볼 수 있는 점도 신선하다.

주소 1800 Kalakaua Ave. Honolulu
위치 더 버스 2, 2L, 3, 4, 9, 13번 이용
운영 06:30~16:30
요금 카페라테 $5.50~
전화 808-202-2562
홈피 www.honolulucoffee.com

주차장 무료

▶▶ 아일랜드 브루 커피하우스 Island Brew Coffeehouse

GPS 21.291780, -157.845918

알라 모아나 센터에서 쇼핑에 지쳐 쉴 공간을 찾는다면 3층 블루밍데일스^{Bloomingdales}로 가는 길목에 자리한 카페로 가자. 빅아일랜드에서 재배한 코나 커피와 카우 커피 등 오로지 하와이산 원두만을 고집하므로 진짜 하와이 커피를 마시고자 한다면 이곳이 제격이다.

주소 1450 Ala Moana Blvd. Honolulu
위치 더 버스 5, 6, 17, 18번 이용
운영 월~토 07:30~20:00, 일 07:30~18:00
요금 카페라테 $4.95~
전화 808-944-3788
홈피 www.islandbrewcoffeehouse.com

주차장 무료

지금 가장 핫한 곳
카카아코 Kaka'ako

SPECIAL AREA 05

형형색색의 그라피티와 세련된 숍이 밀집해 있어 젊은이들의 아지트로 급부상했다. 1960년대 호놀룰루 국제공항과 중심지 사이에 있던 창고가 즐비한 거리였으나 대대적인 재개발이 확정되고 난 후 서서히 주목을 받기 시작했다. 매년 2월에 개최하는 이벤트 '파우! 와우! 하와이^{Pow! Wow! Hawaii}'에서는 각국에서 참가한 예술가들이 카카아코의 벽을 캔버스 삼아 아름다운 작품을 만들어낸다. 방문할 때마다 분위기가 달라지고, 감도 높은 멋스러운 가게들도 이곳의 재미를 더해준다.

▶▶ 그라피티 Graffiti

카카아코 하면 역시 그라피티를 빼놓을 수 없다. 어디서 찍어도 멋있는 배경이 되는 벽화 앞에서 기념촬영을 즐겨보자. 셰퍼드 페어리^{Shepard Fairey}, 크리스 고토^{Kris Goto} 등 유명 예술가들이 참가한 그림들은 놀라우리만큼 퀄리티가 좋다. 알라 모아나^{Ala Moana} 거리와 포후카이나^{Pohukaina} 거리 부근에 밀집되어 있다.

GPS 21.299372, -157.859234
주소 690 Pohukaina St. Honolulu
위치 더 버스 1, 2, 3, 9, 13, 19, 20, 40, 42, 43, 81, 83, 84, 90, 91, 92, 93, 96, 97, 98번 이용

▶▶ 피셔 하와이 Fisher Hawaii

GPS 21.299673, -157.85909

다양한 문구류를 합리적인 가격에 선보이는 공장형 문구점. 나를 위한 기념품은 물론 선물하기에도 좋은 수많은 제품이 진열되어 있다. 색다른 디자인과 실용성을 갖추고 있어 문구 마니아에게는 더할 나위 없이 즐겁다. 카카아코의 상징인 벽화 'Kevin Lyons Wall'이 건물 벽에 그려져 있다.

주소　690 Pohukaina St. Honolulu
위치　더 버스 6, 19, 20, 42, 56, 57, 57A, 60, 65, 88A번 이용
운영　월~금 08:30~18:00,
　　　토 08:30~17:00,
　　　일 10:00~15:00
휴무　1월 1일, 4월 12일, 추수감사절, 크리스마스
전화　808-356-1800
홈피　www.fisherhawaii.biz
주차장 무료

카카아코의 상징
'Kevin Lyons Wall' 벽화

▶▶ 솔트 Salt at our Kaka'ako

GPS 21.298183, -157.861434

2016년에 생겨 인기 레스토랑과 숍이 입점하면서 카카아코 지역의 핫플레이스로 급부상한 곳. 2018년 '올해의 쇼핑센터 상The Shopping Center of the Year'을 수상하는 영광을 안았다. 건물 전체를 뒤덮는 그라피티가 멀리서도 알아볼 수 있을 만큼 그 존재감을 강하게 드러낸다. 40여 개의 점포가 들어선 솔트는 라이브 음악, 요가, 아트 이벤트 등 문화의 발신지 역할도 톡톡히 해내고 있다.

주소　691 Auahi St. Honolulu
위치　더 버스 19, 20, 42, 56, 57, 57A, 60, 65, 88A번 이용
운영　매장마다 다름
전화　808-260-5692
홈피　saltatkakaako.com
주차장 시설 이용 시 1시간 무료, 2시간 $1, 3시간 $3, 주차전용 1시간 $6

▶▶ 홀 푸드 마켓 Whole Foods Market

GPS 21.294423, -157.852301

미국 유명 유통업체 아마존이 인수해 화제가 된 슈퍼마켓. 식품의 안정성을 중시한 유기농 상품 위주로 채소, 과일, 영양제, 생활용품을 판매한다. 견과류, 커피, 시리얼 등 질 좋은 먹거리를 먹고 싶은 만큼 살 수 있는 코너도 마련되어 있다. 또한 신선한 유기농 채소와 재료로 만든 각종 요리를 샐러드바 형태로 판매한다. 박스에 원하는 요리를 담고 계산한 뒤 먹으면 된다.

주소	388 Kamakee St. Ste 100, Honolulu
위치	더 버스 6, 19, 20, 42, 56, 57, 57A, 60, 65, 88A번 이용
운영	07:00~22:00 휴무 연중무휴
전화	808-379-1800
홈피	wholefoodsmarket.com

주차장 무료

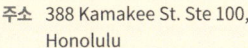

▶▶ 행크스 오트 도그 Hank's Haute Dogs

GPS 21.297930, -157.861039

핫도그의 본고장 시카고에서 온 점주가 운영하는 아메리칸 스타일의 핫도그 전문점. 가게 이름에 있는 오트 Haute는 프랑스어로 '고급'이라는 뜻으로 최고의 핫도그를 제공한다는 의미이다. 간판 메뉴인 시카고 도그 Chicago Dog는 100% 소고기로 만든 비엔나소시지를 사용하고 청양고추만큼 매운 멕시칸 고추 할라페뇨와 오이 피클이 들어 있어 매콤하고 감칠맛이 돈다.

주소	324 Coral St. Honolulu
위치	더 버스 6, 19, 20, 42, 56, 57, 57A, 60, 65, 88A번 이용
운영	월~목 11:00~16:00 금·토 11:00~19:00, 일 1:00~18:00
요금	시카고 도그 $8.95
전화	808-532-4265
홈피	hankshautedogs.com

주차장 1시간 무료

▶▶ 미스터 티 카페 Mr.tea Cafe

GPS 21.298330, -157.852821

대만 스타일의 쫀득한 타피오카 펄이 든 달달한 버블 밀크티를 하와이에서 즐기자. 블랙, 재스민 그린, 초코, 딸기 등 10종의 밀크티 메뉴와 아이스티, 스무디 등 음료 종류가 다양하다. 타피오카 펄뿐만 아니라 커피 젤리, 라이치 젤리, 코코넛, 팥, 아이스크림 등 토핑이 있으니 취향에 맞게 주문해 마셔보자.

주소	909 Kapiolani Blvd. Honolulu
위치	더 버스 3, 9, 13, 40, 51, 52, 53번 이용
운영	11:00~22:30
요금	블랙 밀크티 레귤러 $3.75, 라지 $4.50
전화	808-593-2686
홈피	www.mrteacafe.com

주차장 없음

T 갤러리아 DFS T Galleria By DFS Hawaii

GPS 21.280431, -157.828710

하와이의 유일한 정부공인 면세점. 3층 면세구역 외에 1, 2층 비면세구역도 하와이 주세 4.712%는 미가산되므로 표시된 가격만 지불하면 된다. 버버리, 에르메스, 코치, 살바토레 페라가모 등 고급 패션 브랜드는 물론이고 에스티로더, 랑콤, 라메르 등 화장품과 까르띠에, 피아제, 불가리 등 주얼리도 충실한 편이다. 헤네시, 조니워커와 같은 주류와 고디바, 호놀룰루 쿠키, 라이언 커피 등 식품 브랜드도 입점해 있어 기념품 쇼핑에 최적화되어 있다. 하와이 오리지널 로컬 브랜드와 일부 브랜드에서 한정품도 판매 중이므로 선물 쇼핑에도 제격이다.(COVID-19로 임시휴업)

Tip | 쇼핑 전 이것부터!

3층 면세구역에서 쇼핑하기 전 반드시 해두어야 할 일은 1층 고객서비스 카운터에서 귀국편 정보를 입력한 쇼핑카드를 작성하는 것. 쇼핑카드는 쇼핑할 때 반드시 지참해야 한다. 구입한 상품을 출국일에 공항 출발 게이트에서 수령하는 방식이기 때문이다.

주소 330 Royal Hawaiian Ave. Honolulu
위치 더 버스 2, 8, 13, 19, 20, 23, 42번 이용
운영 09:30~23:00   **전화** 808-931-2700
홈피 www.dfs.com/en/hawaii
주차장 구매 고객 무료

로열 하와이안 센터 Royal Hawaiian Center

GPS 21.279334, -157.829728

와이키키 지역 최대 규모의 쇼핑센터로 고급 패션 브랜드부터 하와이 전통공예품까지 다채로운 라인업을 선보인다. 4층 높이의 세 건물로 구성되어 서로 연결된 B관과 C관, 단독으로 지어진 A관이 나란히 자리한다. 고급 부티크가 즐비하여 미국 베벌리힐스 패션 거리인 로데오 드라이브의 와이키키 버전이라 불린다. 푸드코트와 유명 음식점이 적절히 배치되어 있어 끼니를 해결하기에도 좋다.

무엇보다도 이곳이 유명한 이유는 하와이의 전통문화를 무료로 배울 수 있기 때문이다. 레이, 우쿨렐레, 훌라댄스, 로미 로미 마사지, 위빙, 퀼트 등 매일 프로그램 내용이 바뀌는데, 프로 강사가 꼼꼼하게 지도하기 때문에 시간을 들여 체험해도 아깝지 않을 만큼 괜찮다. 체험 프로그램은 성수기에는 정원 초과로 수업을 받지 못할 수도 있으니 여유를 가지고 미리 방문할 것을 권하며 수업 장소는 자주 변동되므로 인포메이션 센터에서 확인하자. B관과 C관 사이에 있는 로열 글로브 가든에서는 매주 화~토요일 오후 6시부터 퍼포먼스와 라이브 공연도 개최한다.

주소 2201 Kalakaua Ave. Honolulu
위치 더 버스 2, 2L, 8, 13, 19, 20, 22, 23, 42, 98번 이용
운영 10:00~21:00
전화 808-922-2299
홈피 www.royalhawaiiancenter.com

주차장 20분 $2, 시간당 $6

more & more 로열 하와이안 센터 문화 교실

센터에서는 하와이 문화를 직접 배워보는 수업을 매일 주최한다. 아래 시간표를 참고하여 참여해보자. 대부분 선착순으로 진행하며 수업 시간 30분~1시간 전에는 도착하는 것을 추천한다. 장소는 변동 가능성이 있으므로 홈페이지나 안내데스크에서 확인하도록 하자.

요일별 수업 내용
우쿨렐레 월 11:00~12:00
훌라 댄스 화 11:00~12:00
어린이 훌라 목 11:00~12:00
라우할라 위빙 수 11:00~12:00
레이 금 12:00~13:00

인터내셔널 마켓플레이스 International Market Place

GPS 21.277569, -157.826979

수령 160년 이상 된 반얀트리 나무를 감싸는 구조로 지어진 건물들 사이로 쇼핑과 먹거리를 즐길 수 있는 멋스러운 쇼핑센터. 하와이에서만 만날 수 있는 고유종 식물들을 벗 삼아 걸어보자. 뉴욕 5번가에 자리한 고급 백화점 삭스 피프스 애비뉴를 비롯해 3.1 필립 림, 올리버 피플, 펜할리곤스 등 하와이에 처음 진출하는 브랜드가 다수 입점하고 있으며, 하와이 느낌이 물씬 풍기는 오리지널 브랜드숍도 만나볼 수 있다.

1957년에 문을 연 유서 깊은 장소인 만큼 역사와 문화를 알리는 패널, 동상 등이 곳곳에 설치되어 소소한 재미를 준다. 또 퀸스 코트 상설무대에서 매일 오후 7시(9~2월은 저녁 6시 30분)부터 훌라 댄스와 불쇼를 가미한 퍼포먼스가 펼쳐지며, 매달 둘째 주 목요일 오후 2시부터 로열 하와이안 밴드의 미니 콘서트도 열린다. 이 외에도 레이, 요가 등 무료 레슨도 열린다. 또한 쉼터에 핸드폰 충전이 가능한 콘센트가 구비되어 있다.

주소 2330 Kalakaua Ave. Honolulu
위치 더 버스 2, 2L, 8, 13, 19, 20, 22, 23, 42, 98번 이용
운영 11:00~21:00
전화 808-921-0537
홈피 www.shopinternational-marketplace.com

주차장 30분당 $3, $10 구입 시 1시간 무료, 이후 2시간까지 $2

Tip | 쿠폰북 할인받기!

다양한 할인 혜택이 주어지는 쿠폰북을 받고 쇼핑을 시작하자. 검색창에 'Coupon' 또는 '쿠폰'이라 검색하면 나오는 인터넷 화면을 1층 고객서비스 데스크에 제시하면 쿠폰북을 받을 수 있다.

로스 Ross Dress for Less

GPS 21.279272, -157.827420

의류, 잡화, 액세서리, 가구, 주방용품, 식품 등 다양한 품목의 제품을 적게는 20%, 많게는 80% 저렴하게 판매하고 있는 할인 전문 매장이다. 미국 전역에 1천여 개의 점포를 운영하고 있으며, 오아후 외에 마우이, 빅아일랜드, 카우아이에도 지점이 있어 알아두면 유용하게 이용할 수 있는 곳이다. 의류는 종류와 사이즈별로 나뉘어 진열되어 있는데, 잘 살펴보면 고급 브랜드도 있어 마치 보물찾기를 하는 기분이 든다. 이월 상품이나 재고 처리용으로 나온 제품을 판매하고 있어 품질에는 문제가 없다.

주소 333 Seaside Ave. Honolulu
위치 더 버스 2, 2L, 8, 13, 19, 20, 22, 23, E번 이용
운영 08:00~22:00
전화 808-922-2984
홈피 www.rossstores.com

주차장 $3 구입 당 30분 무료, 최대 2시간 $12 이용 가능

노드스트롬 랙 Nordstrom Rack

GPS 21.279688, -157.826990

미국의 고급 백화점 브랜드 노드스트롬의 이월 상품을 30~70% 할인 판매하는 전문 매장. 의류, 잡화를 품목별로 나누고, 많은 이들이 즐겨 찾는 품목은 브랜드별로 세분화해 찾기 편리하다. 로스보다는 진열 방식이 정갈하고 깔끔한 편이라 둘러보기에 더욱 편하다. 토리버치, 케이트 스페이드, 코치 등 미국 브랜드가 저렴하고 종류도 다양해 괜찮은 제품을 득템할 수 있다. 상품 교체 주기가 빠른 편이라 같은 해에 나온 모델도 할인된 가격에 나오는 경우가 있다.

주소 2255 Kuhio Ave. Suite 200, Honolulu
위치 더 버스 2, 2L, 8, 13, 19, 20, 22, 23, E번 이용
운영 10:00~21:00
전화 808-275-2555
홈피 stores.nordstromrack.com

주차장 시간당 $10

카할라 몰 Kahala Mall

멋쟁이 현지인이 자주 이용하는 하와이 대표 쇼핑센터. 할리우드 스타와 글로벌 기업 회장의 별장으로 유명한 고급주택가 카할라에 위치해 지역 주민의 놀이터 역할을 한다. 세련된 브랜드가 다수 입점하고 있는데, 기념품으로 안성맞춤인 인테리어 소품, 하와이 현지에서 사용해도 좋은 비치웨어, 어린이 선물로 제격인 의류 잡화 등 구경하는 맛이 있다. 이 외에도 유기농 슈퍼마켓 '홀 푸드 마켓Whole Foods Market'의 하와이 1호점, 할인 매장 '로스Ross', 드러그 스토어 '롱스 드럭스Longs Drugs', 백화점 체인 '메이시스Macy's', '애플 스토어' 등이 모여 있어 쇼핑하기에도 편리하다. 와이키키의 쇼핑몰과 알라 모아나 센터를 방문한 이라면 일부러 찾아올 필요는 없으나 72번 국도를 드라이브하거나 하나우마 베이에서 물놀이를 마치고 돌아오는 길에 시간적 여유가 있다면 한 번쯤 들러도 좋다. 몰 내부에 있는 푸드코트도 이용할 만하다.

GPS 21.277105, -157.786424
주소 4211 Waialae Ave. Honolulu
위치 더 버스 1, 1L, 14, 22, 24번 이용
운영 월~토 10:00~21:00, 일 10:00~18:00
휴무 추수감사절, 크리스마스
전화 808-732-7736
홈피 www.kahalamallcenter.com

주차장 무료

와이키키 비치 워크 Waikiki Beach Walk

GPS 21.279057, -157.830713

개성 강한 브랜드숍, 다양한 수상 경력을 자랑하는 음식점, 하와이 전통문화를 무료로 체험하는 액티비티, 라이브 음악과 퍼포먼스를 감상할 수 있는 엔터테인먼트 이벤트 등 다채로운 경험을 선사하는 복합시설. 특히 하와이의 전통문화 체험은 우쿨렐레, 퀼트, 도장공예, 훌라 댄스 등 매일 색다른 것을 무료로 배울 수 있다는 점이 큰 매력이다. 홈페이지를 참조하면 자세한 사항이 기재되어 있으므로 참고하여 방문하도록 하자.

주소 227 Lewers St. Honolulu
위치 더 버스 8, 19, 20, 23, 42, 98A, E번 이용
운영 09:30~21:00
　　　 휴무 연중무휴
전화 808-931-3591
홈피 waikikibeachwalk.com

주차장 30분당 $4, 9시간 $12(초과 시 30분당 $4)

와이키키 쇼핑 플라자 Waikiki Shopping Plaza

GPS 21.279253, -157.828511

SPA 패션 브랜드의 대표주자 H&M, 요가복의 샤넬이라 불리는 룰루레몬Lululemon, 세계적인 화장품 유통사 세포라Sephora, 미국의 비즈니스 가방 전문 브랜드 투미Tumi, 미국의 유명 란제리 브랜드 빅토리아 시크릿Victoria's Secret, 하와이 전통의상 전문점 알로하 아웃렛Aloha Outlet 등 굵직한 브랜드가 입점한 쇼핑몰이다.

주소 2250 Kalakaua Ave. Honolulu
위치 더 버스 2L, 22, E번 이용
운영 06:30~24:00　　　**전화** 808-923-1191
홈피 waikikishoppingplaza.com

주차장 30분당 $2.50
(월~금 06:30~13:30 $5, 일~목 17:00~24:00 $7,
토·일 17:00~02:00 $7, 06:30~24:00 $10)

와드 빌리지 Ward Village

알라 모아나 센터 서쪽에 있는 복합시설로 크게 와드 센터Ward Center, 와드 빌리지숍Ward Village Shops, 와드 엔터테인먼트 센터Ward Entertainment Center, 와드 게이트웨이 센터Ward Gateway Center 4개 구역으로 나뉘어 있다. 쇼핑, 음식점, 영화관, 슈퍼마켓 등 100개가 넘는 점포가 입점해 있으며, 노드스트롬의 이월 상품을 30~70% 할인해 판매하는 노드스트롬 랙, 유명 패션 브랜드 의류 제품을 저렴하게 판매하는 티제이맥스T.J Maxx, 하와이에서 시작한 오리지널 로컬 브랜드로 채워진 사우스 쇼어 마켓South Shore Market이 방문하기 좋은 곳이다.

GPS 21.292574, -157.851107
주소 1240 Ala Moana Blvd. #200, Honolulu
위치 더 버스 19, 20, 42번 이용
운영 일~목 11:00~18:00,
　　　금·토 11:00~19:00,
　　　휴무 추수감사절, 크리스마스
전화 808-369-9600
홈피 www.wardvillage.com

주차장 무료

Tip | 와드 빌리지에서 열리는 마켓

1. **카카아코 파머스 마켓**
   at 와드 게이트웨이 센터
   토요일 08:00~12:00
2. **요가 수업**
   at 빅토리아 와드 파크
   매주 목요일 17:30~18:30
3. **영화 이벤트**
   '시네마 인 더 파크'
   매달 둘째 주 수요일
   19:00~21:00
4. **예술 행사**
   '뉴웨이브 프라이데이'
   매달 둘째 주 금요일
   17:00~21:00
5. **훌라 댄스 이벤트**
   '코나 누이 나이트'
   at 빅토리아 와드 파크
   매달 셋째 주 수요일
   18:00~20:00

EAST OAHU

대자연과 액티비티의 절묘한 만남 오아후 동부

동해안의 코발트블루색 바다와 장난감처럼 오밀조밀 모여 있는 주택가 '카일루아', 해안선을 따라 연결된 고속도로 카메하메하 하이웨이를 타고 올라가면 나오는 2개의 테마파크 '쿠알로아 랜치'와 '폴리네시안 문화센터' 등 굵직한 관광명소가 반기는 지역이다. 특히 이 지역의 비치는 바다 본연의 아름다움뿐만 아니라 바다에서 바라보는 풍경 또한 감탄사가 나올 정도인데, 바다 사이에 불쑥 튀어나온 섬들이 감초 역할을 톡톡히 해내고 있다.

오아후 동부에서 꼭 해야 할 일 체크!

- 쿠알로아 랜치에서 대자연 속 액티비티 즐기기
- 폴리네시안 문화센터의 전통 쇼 감상하기
- 동해안 핫플레이스 카일루아 탐방하기

공항에서 오아후 동부 이동하기

1. 더 버스
국제선 2층 출발 로비 건너편 중앙분리대 쪽 시티 버스 City Bus 정류장에서 56, 57번 이용(카일루아 기준).

2. 렌터카
한국에서 사전에 예약한 후 공항 출입구 밖 'Car Rental Center'에서 수령. 카일루아까지 25~30분 소요.

호놀룰루에서 오아후 동부 이동하기

더 버스 와이키키에서 직통으로 가는 버스는 없으나 알라 모아나 센터나 다운타운 버스 정류장에서 출발하면 카일루아는 66, 67번, 쿠알로아 랜치는 60, 88A번, 폴리네시안 문화센터는 55번을 이용해 갈 수 있다.

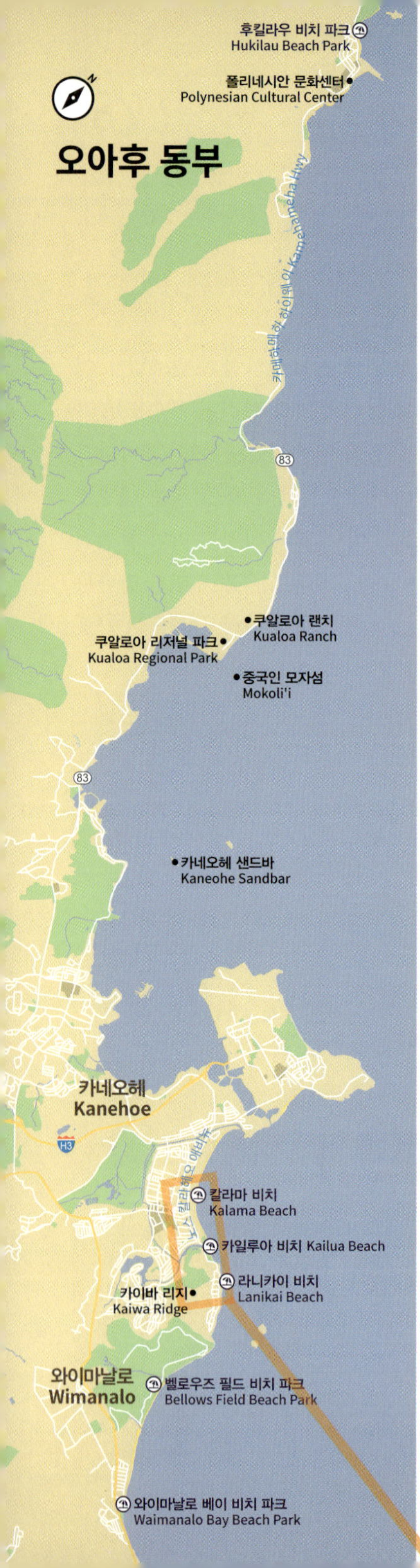
오아후 동부
후킬라우 비치 파크
Hukilau Beach Park
폴리네시안 문화센터
Polynesian Cultural Center
카메하메하 하이웨이 Kamehameha Hwy
83
쿠알로아 랜치
Kualoa Ranch
쿠알로아 리저널 파크
Kualoa Regional Park
중국인 모자섬
Mokoli'i
83
카네오헤 샌드바
Kaneohe Sandbar
카네오헤
Kanehoe
H3
칼라마 비치
Kalama Beach
카일루아 비치 Kailua Beach
라니카이 비치
Lanikai Beach
카이바 리지
Kaiwa Ridge
와이마날로
Wimanalo
벨로우즈 필드 비치 파크
Bellows Field Beach Park
와이마날로 베이 비치 파크
Waimanalo Bay Beach Park

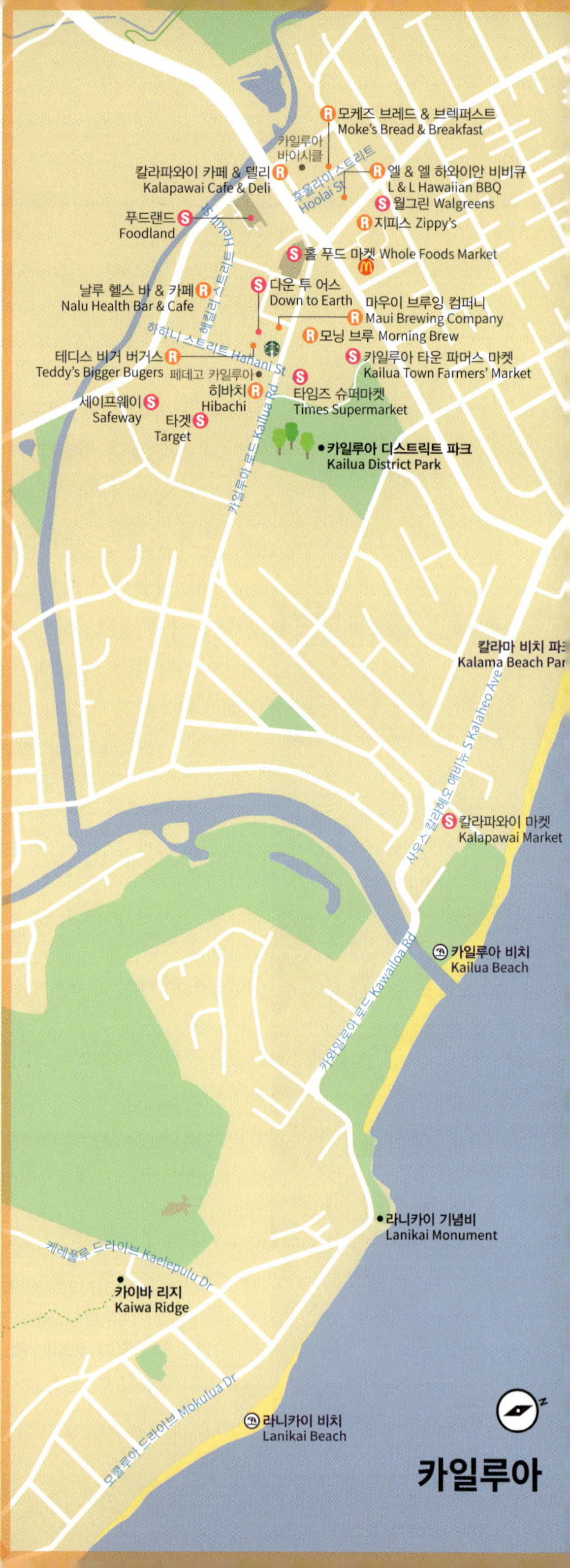
모케즈 브레드 & 브렉퍼스트
Moke's Bread & Breakfast
카일루아 바이시클
칼라파와이 카페 & 델리
Kalapawai Cafe & Deli
후훌라이 스트리트 Hoolai St
엘 & 엘 하와이안 비비큐
L & L Hawaiian BBQ
월그린 Walgreens
푸드랜드
Foodland
지피스 Zippy's
헤칼리 스트리트 Hekili St
홀 푸드 마켓 Whole Foods Market
날루 헬스 바 & 카페
Nalu Health Bar & Cafe
다운 투 어스
Down to Earth
마우이 브루잉 컴퍼니
Maui Brewing Company
하하니 스트리트 Hahani St
모닝 브루 Morning Brew
테디스 비거 버거스
Teddy's Bigger Bugers
페데고 카일루아
카일루아 타운 파머스 마켓
Kailua Town Farmers' Market
히바치
Hibachi
타임즈 슈퍼마켓
Times Supermarket
세이프웨이
Safeway
타겟
Target
카일루아 로드 Kailua Rd
카일루아 디스트릭트 파크
Kailua District Park
칼라마 비치 파크
Kalama Beach Park
사우스 칼라헤오 애비뉴 S Kalaheo Ave
칼라파와이 마켓
Kalapawai Market
카일루아 비치
Kailua Beach
카와일로아 로드 Kawailoa Rd
라니카이 기념비
Lanikai Monument
케레풀루 드라이브 Kaelepulu Dr
카이바 리지
Kaiwa Ridge
라니카이 비치
Lanikai Beach
모쿨루아 드라이브 Mokulua Dr
카일루아

폴리네시안 문화센터 Polynesian Cultural Center

★★★

GPS 21.638958, -157.919862

하와이, 사모아, 타히티, 피지, 통가, 아오테아로아(뉴질랜드)라는 폴리네시아 문화권의 6개 섬을 주제로 댄스, 카누쇼, 이브닝쇼 등 박력 넘치는 공연과 훌라 댄스, 우쿨렐레, 아이맥스 영화, 문신 등 다채로운 체험을 할 수 있는 테마파크이다. 섬마다 작은 마을을 형성하여 각종 퍼포먼스와 액티비티를 시간별로 경험할 수 있으며, 마을을 잇는 수로에서는 폴리네시안 신화를 주제로 한 카누 수상쇼 후키Huki도 열린다. 하이라이트는 100명 이상이 참가하는 하와이 최대 규모의 이브닝쇼 '하: 브레스 오브 라이프Ha: Breath of Life'로 폴리네시안 노래와 댄스, 파이어 나이프로 펼치는 불쇼 그리고 주인공 마나의 탄생부터 전사가 되기까지의 일대기를 그린 감동적인 스토리까지 풍성한 볼거리로 채워져 있다.
폴리네시안 문화센터의 스마트폰 공식 앱을 이용하면 더욱 편리하게 둘러볼 수 있다. 안내도, 공연 스케줄, 문화 이야기 등 다양한 내용이 수록되어 있으니 참고하자.

주소 55-370 Kamehameha Hwy. Laie
위치 더 버스 60, 88A번 이용
운영 12:30~21:00
 휴무 수 · 일 · 추수감사절 · 크리스마스
요금 12세 이상 $79.95~, 4~11세 $63.96~
 ※ 도착 10일 전 온라인을 통해 예약하면 10% 할인을 받을 수 있다.
전화 800-367-7060
홈피 polynesia.co.kr
주차장 무료

Tip | 폴리네시안 문화센터 패키지

1. **슈퍼 앰배서더 루아우 패키지**
 프라이빗 가이드 투어, 알리이 루아우 뷔페, 루아우쇼 중앙 블록 앞 좌석

2. **알리이 루아우 패키지**
 그룹 가이드 투어, 알리이 루아우 뷔페, 루아우쇼 중앙 블록 좌석

3. **게이트웨이 뷔페 패키지**
 셀프 가이드, 게이트웨이 뷔페, 루아우쇼 사이드 블록 좌석

4. **아일랜드 오브 폴리네시아 & HA쇼 패키지**
 셀프 가이드, 루아우쇼 사이드 또는 뒷 블록 좌석

5. **아일랜드 오브 폴리네시아**
 셀프 가이드

 ★★★
GPS 21.520697, -157.837282

쿠알로아 랜치 Kualoa Ranch

왕족만 들어갈 수 있었던 480만 평의 신성한 땅이 자연보호구역으로 지정된 후 오감을 만족시키는 체험 공간으로 탈바꿈하였다.

하와이 왕조 카메하메하 3세로부터 토지를 구매한 게리트 저드 박사가 1850년 목장을 설립하였고 이후 후손들이 관리하고 있다. 쿠알로아는 하와이 원주민어로 '긴 허리'를 뜻하는 단어. 이 지역을 둘러싼 산맥이 기다랗게 이어져 있어 이런 이름이 붙었다. 대자연 속 드넓은 목장을 누비며 다채로운 액티비티를 즐길 수 있으며 줄을 타고 빠른 속도로 내려가는 집라인, 시속 20km의 사륜오토바이를 타고 목장을 둘러보는 ATV, 카우보이가 된 기분으로 말을 타고 대자연을 만끽하는 승마, 다인승 사륜구동차 UTV 랩터 등 듣기만 해도 가슴 두근거리는 프로

그램이 가득하다.
가장 인기가 높고 목장에서도 추천하는 프로그램은 '문화체험 패키지'로 〈쥬라기 공원〉, 〈첫 키스만 50번째〉, 〈쥬만지〉, 〈고질라〉 등 영화와 〈로스트〉와 같은 드라마 촬영지를 둘러보는 투어와 쿠알로아의 산골짜기를 탐험하는 정글체험, 하와이산 과일을 시식해보는 '쿠알로아의 맛'으로 이루어져 있다. 단, 3세 미만 영아가 있는 경우는 '쿠알로아의 맛' 대신 크루즈를 타고 카네오헤 베이에서 선상 산책을 즐기는 오션보야지로 대체된다.

주소	49-560 Kamehameha Hwy. Kaneohe
위치	더 버스 60, 88A번 이용
운영	07:30~18:00 휴무 1월 1일, 크리스마스
요금	$51.95~
전화	808-237-7321
홈피	www.kualoa.com

주차장 무료

Tip | 쿠알로아 랜치 주요 투어 리스트

1. 헐리우드 영화 촬영지 투어
2. 주라기 계곡 짚라인 투어
3. UTV 랩터 투어
4. 승마 투어
5. 정글 탐험 투어
   추천 투어 패키지 – 익스피리언스 패키지
   헐리우드 영화 촬영지 투어 + 정글 탐험 투어 + 쿠알로아 그로운 투어

---

more & more 쿠알로아 리저널 파크 Kualoa Regional Park

쿠알로아 랜치 맞은편의 쿠알로아 리저널 파크는 풍경을 감상하기에 좋은 곳이다. '중국인 모자섬'으로 불리는 모콜리이섬이 우뚝 솟은 카네오헤 베이가 한눈에 보이는데 그 풍경이 또 다른 아름다움을 선사한다. 쿠알로아 랜치를 방문한다면 꼭 함께 들러보자.

카이바 리지 Kaiwa Ridge

★★☆

GPS 21.390048, -157.718972

카일루아 타운에서 출발하여 낮은 산에 있는 필박스까지 이어지는 트레킹 코스가 큰 인기를 끌고 있다. 급경사가 있긴 해도 거리 자체는 그리 길지 않아 기분 좋게 올라갈 수 있다.

필박스란 전쟁 당시 사용되었던 콘크리트제 사격 진지인데 상륙하는 적을 내려다볼 목적으로 높은 위치에 만들어졌다. 위치가 높은 만큼 조망이 빼어난 점은 말할 필요가 없다. 카일루아 주택가와 새파란 바다의 파노라마가 시원하게 펼쳐진다. 알록달록 꾸며진 필박스에 앉아서 찍는 인증샷도 잊지 말 것.

주소 265 Kaelepulu Dr. Kailua
위치 더 버스 70번 이용
운영 일출~일몰

주차장 없음

카일루아 Kailua

★★★

GPS 21.392398, -157.741870

호놀룰루의 위성도시 역할을 하던 베드타운이자 퇴직한 현지인의 생활 터전이었던 지역이 에메랄드빛 바다와 새하얀 모래사장이 빚어내는 아름다움으로 주목받기 시작하면서 핫플레이스로 떠올랐다. 관광객의 이목을 끈 후 개성 있는 음식점과 숍이 생겨나기 시작했고, 하루를 모두 투자해도 알찬 여행지로 거듭났다. 카일루아는 사이클링을 즐기기에 좋은 지역이다. 자전거 도로가 잘 정비되어 있어 자전거를 타며 인근 명소를 둘러보기에 딱 좋다. 타운 중심지에서 카일루아 비치와 라니카이 비치로 이동할 때 즐겨보길 바란다.

주소 Pali Lanes, 120 Hekili St. Kailua
위치 더 버스 66, 67번 이용

파머스 마켓

more & more
카일루아 이모저모

1. 카일루아의 자전거 대여점
카일루아 바이시클 Kailua Bicycle
주소 18 Kainehe St.
전화 808-261-1200
페데고 카일루아 Pedego Kailua
주소 319 Hahani St.
전화 808-261-2453

2. 카일루아의 대형마트
카일루아 타운에서도 쇼핑을 즐길 수 있다! 타겟, 홀 푸드 마켓, 다운 투 어스, 세이프웨이, 푸드랜드 등 굵직한 대형마트가 중심가에 위치한다.

3. 카일루아의 파머스 마켓
카일루아에서도 파머스 마켓이 열린다. 저렴하지만 신선한 청과물과 다양한 수제품을 판매하니 들러보자.
운영 일요일 08:00~12:00

SPECIAL AREA 06

맛집이 궁금해?
카일루아 추천 스폿

카일루아 근처에는 의외로 보석 같은 맛집이 가득하다. 마을을 산책하다 가볍게 커피 한잔의 여유를 즐기는 것도 좋고, 팬케이크나 로코모케로 한 끼 식사를 해결하는 것도 추천한다.

▶▶ 모케즈 브레드 & 브렉퍼스트 Moke's Bread & Breakfast

GPS 21.394462, -157.745032

카일루아의 대표적인 아침 식사 레스토랑. 쫀득한 팬케이크와 새콤한 패션 프루트 소스의 절묘한 조화가 입맛을 돋우는 릴리코이 팬케이크 Liliko'i Pancakes와 햄버거 패티 대신 립아이스테이크를 밥 위에 얹은 로코모케 Loco Moke는 이곳의 빼놓을 수 없는 간판 메뉴이다.

주소 27 Hoolai St. Kailua
위치 더 버스 57, 57A, 70, 87번 이용
운영 수~금 07:30~13:00, 토·일 07:00~13:00 휴무 월·화
요금 릴리코이 팬케이크 2장 $12.95, 3장 $13.95, 로코모케 $21.95
전화 808-261-5565
홈피 mokeshawaii.com
주차장 없음

▶▶ 날루 헬스 바 & 카페 Nalu Health Bar & Cafe

GPS 21.392109, -157.742185

카일루아의 인기 카페로 아마존에서 직송된 유기농 아사이로 만든 날루볼이 대표 메뉴이다. 건강을 생각해 슈퍼푸드인 비 폴렌을 토핑했다. 하와이안 유기농 재료로 만든 샐러드, 샌드위치, 스무디 등 다양한 메뉴가 마련되어 있다.

주소 131 Hekili St. #109, Kailua
위치 더 버스 57, 57A, 70, 87번 이용
운영 09:00~18:00 휴무 부정기
요금 날루보울 $7.25
전화 808-263-6258
홈피 naluhealthbar.com
주차장 없음

▶▶ 모닝 브루 Morning Brew

GPS 21.394145, -157.740882

1995년 카일루아에서 탄생한 보헤미안 스타일의 카페로 2008년 지금의 자리로 이전한 이후에도 한결같은 사랑을 받고 있다. 신선한 유기농 커피와 차 메뉴를 제공하고 콜드 브루, 저먼 모카, 카페 비엔나, 에스프레소 마키아토, 아메리카노 등 커피 메뉴만 10가지가 넘는다.

주소 600 Kailua Rd. Kailua
운영 06:00~16:00
전화 808-262-7770
위치 더 버스 57, 57A, 70, 87번 이용
요금 콜드 브루 $3.85~
홈피 www.morningbrewhawaii.com

주차장 있음

▶▶ 히바치 Hibachi

GPS 21.393272, -157.739888

호놀룰루 출신 소꿉친구들이 의기투합하여 2009년에 오픈한 포케 전문점. 와사비 간장, 고추장, 하바네로, 김치 등 오리지널리티가 돋보이는 매콤한 포케가 가득하다. 밥 대신 샐러드를 베이스로 깔 수 있다. KCC 파머스 마켓과 카일루아 마켓에서도 이곳의 포케를 판매하고 있다.

주소 515 Kailua Rd. Kailua
위치 더 버스 57, 57A, 70, 87번 이용
운영 일~목 11:00~17:30,
금·토 11:00~18:30
요금 포케볼 $10~
전화 808-263-7980
홈피 thehibachihawaii.net

주차장 무료

⛵ 카일루아 비치 Kailua Beach
★★★

GPS 21.397271, -157.727228

'미국 No.1 비치', '순백의 모래사장', '에메랄드그린빛 바다', '라이프가드와 샤워, 화장실, 매점 등 시설 완비', '윈드서핑의 성지' 등 다양한 수식어를 보유한 동쪽 지역 최고의 비치. 카일루아 베이에 있는 3km의 기다란 해변으로 카약, 스탠드업 패들, 스노클링, 보디보드 등 다양한 마린 스포츠를 즐길 수 있어 만능 비치로 손꼽힌다. 카일루아 타운에서는 다소 위치가 떨어져 있으므로 산책하는 기분으로 걷거나 버스를 타고 이동하도록 하자(단, 버스 배차 간격은 길다).

주소 526 Kawailoa Rd. Kailua
위치 더 버스 56, 57번 이용 후 카일루아 타운에서 70번 이용
주차장 무료

라니카이 비치 Lanikai Beach

★★★

GPS 21.393070, -157.715445

하와이 원주민어로 '라니'는 천국, '카이'는 바다를 뜻한다. 이름 그대로 '천국의 바다'를 의미하는 비치. 카일루아 타운에서 도보로 약 20분, 자전거로는 약 7분이 소요되어 가벼운 산책이나 사이클링을 즐기기에 안성맞춤이다. 주택가 사이로 난 골목길을 지나야 비치에 갈 수 있는데, 길 사이 사이에 슬쩍 보이는 바다 풍경 또한 무척 아름답다. 바다 한가운데에 우뚝 솟은 모쿠누이, 모쿠이키 두 섬이 눈앞에 펼쳐지고, 한가로이 물놀이를 즐기는 이들은 한 폭의 그림 같다. 태양이 높이 뜨는 오전에서 오후 사이가 바다색의 그러데이션이 가장 선명한 때이며, 수평선이 황금색으로 빛나는 일출도 아름답다고 하니 방문 시 참고하자.

주소 Kailua
위치 더 버스 70번 이용

주차장 카일루아 비치 주차장 이용

칼라마 비치 Kalama Beach

★☆☆

GPS 21.404688, -157.739714

오바마 전 미국 대통령이 유소년기에 자주 찾던 비치로 '오바마 비치'라는 이름으로도 불린다. 카일루아 비치와 라니카이 비치보다는 덜 알려져 있으나 그에 못지않은 풍경을 선사하므로 한적하고 조용한 곳에서의 휴식을 원한다면 이곳을 추천한다. 또 두 비치보다 파도가 높은 편이라 보디보드를 타기에도 좋은 환경이다.

주소 248 N Kalaheo Ave. Kailua
위치 더 버스 70, 87번 이용

주차장 무료

⛵ 와이마날로 베이 비치 파크 Waimanalo Bay Beach Park

★☆☆ GPS 21.332406, -157.693612

새하얀 백사장과 에메랄드블루빛의 바다가 아름다운 풍경을 만들어내는 비치. 길쭉한 나무들 사이로 난 길을 조금 걷다 보면 비로소 나타나는 해변은 동서로 끝없이 펼쳐지는데, 해안선이 총 8.9km로 오아후섬에서 가장 길다. 특히 남쪽 부근의 해변이 선명하고 깨끗한 색으로 정평이 나 있다.
홈리스가 사는 지역이기도 하니 소지품 관리에 유의하도록 하며 늦은 시간까지 있기보다는 낮 시간대에 즐긴 후 해가 지기 전에 이동하자.

주소 41-741 Kalanianaole Hwy. Waimanalo
위치 더 버스 57, 69, 89번 이용
주차장 무료

⛵ 벨로우즈 필드 비치 파크 Bellows Field Beach Park

★☆☆ GPS 21.357504, -157.708963

벨로우즈 군사 기지 내에 있어 주말에만 일반 개방을 하는 비밀의 비치. 오바마 전 미국 대통령이 임기 중 여름 휴가 때 방문한 곳으로 알려져 있으나 관광객은 거의 방문하지 않을 정도로 인지도는 적은 편이다. 서쪽으로는 자연보호구역으로 지정된 모쿠누이, 모쿠이키 두 섬이 보이고, 동쪽으로는 토끼섬이 보이는 경치도 무척 아름답다. 버스정류장에서 도보 30분 이상이 소요되므로 되도록 렌터카로 이동하자.

주소 41-43 Kalanianaole Hwy. Waimanalo
위치 더 버스 57, 69, 89번 이용
운영 금 12:00~20:00, 토·일 06:00~20:00
휴무 월~목
주차장 무료

모쿠누이섬 모쿠이키섬

카네오헤 샌드바 Kaneohe Sandbar

★☆☆

GPS 21.463580, -157.808355

주소 Kaneohe
위치 선착장까지 더 버스 60번 이용

'천국의 바다'라 불리는 비치로 달의 영휴에 따라 나타나는 신비로운 곳이다. 영화 〈캐리비안의 해적 3〉에서 주인공 잭 스패로가 해적선 블랙 펄을 정박하는 장면을 찍었던 촬영지이기도 하다. 미국 해병대 기지가 있는 카네오헤 베이에 위치하며, 미국에서 가장 산호가 많은 곳이다. 수심이 얕아 물은 무릎 밑까지 온다. 카누나 보트를 대여해서 개인적으로 가는 것도 가능하나 이용객은 매우 드물며 대다수가 투어를 통해 보트를 타고 들어간다. 스노클링, 시 워커, 카약, 비치발리볼 등 다양한 액티비티를 즐길 수 있다.

후킬라우 비치 파크 Hukilau Beach Park

★☆☆

GPS 21.652880, -157.928342

주소 55-692 Kamehameha Hwy. Laie
위치 더 버스 60, 88A번 이용
주차장 무료

훌라 댄스를 출 때 자주 흘러나오는 '후킬라우~ 후킬라우~'. 하와이안 송의 대표곡 '후킬라우 송Hukilau Song'이 탄생한 비치이다. 후킬라우는 하와이 원주민어로 '그물망'을 의미하는 단어로, 이곳은 옛날에 그물망으로 고기를 잡던 장소라고 한다. 잘 알려지지 않은 숨은 명소로 인적이 드물고 평화로운 분위기를 자아낸다.

NORTH OAHU
큰 파도가 밀려드는 서퍼의 성지 **오아후 북부**

와이키키에서 하이웨이를 따라 자동차로 약 1시간을 달리면 목조 건물이 즐비하여 옛 정취가 풍기는 서프 타운 노스 쇼어가 나타난다. 올드 하와이의 대표 지역으로 19세기 사탕수수와 파인애플 산업이 번영하면서 함께 성장하였다. 현지인의 쉼터 역할을 하는 여름의 잔잔한 바닷가는 파도가 높아지는 겨울이 되면 전 세계에서 모여드는 서퍼들의 놀이터로 변신한다. 다양한 해양 스포츠를 즐길 수 있는 인기 명소이며, 관광지로 발돋움한 할레이바가 이곳의 대표적인 마을이다.

오아후 북부에서 꼭 해야 할 일 체크!
- 최북단 비치에서 물놀이하기
- 노스 쇼어의 자랑 할레이바 만끽하기

공항에서 오아후 북부 이동하기

1. 더 버스 국제선 2층 출발 로비 건너편 중앙분리대 쪽 시티 버스 City Bus 정류장에서 52, 60, 76, 83, 88A번을 이용(할레이바 기준)한다.

2. 렌터카 한국에서 사전에 예약한 후 공항 출입구 밖 'Car Rental Center'에서 수령할 수 있다. 할레이바 타운까지 35분 소요.

호놀룰루에서 오아후 북부 이동하기

1. 더 버스 와이키키에서 할레이바까지 직통으로 가는 버스는 없으나 알라 모아나 센터 정류장에서 52번을 이용하면 한 번에 갈 수 있다.

2. 택시 호놀룰루에서 북부 지역까지 이어지는 83번 도로는 드라이브 코스로 인기. 이동이 꽤 긴 편이기 때문에 시간도 아낄 겸 렌터카를 이용하는 것이 좋다.

3. 렌터카 자동차로 55분~1시간 정도 소요되는 거리이나 출퇴근 시간으로 인한 교통체증과 맞물리면 1시간 30분 이상 걸리는 것도 염두에 두자. 최저가 $80 이상은 각오해야 한다.

3

와이메아 베이 비치 Waimea Bay Beach

★★☆

GPS 21.639750, -158.063355

노스 쇼어의 대표적인 U자형 비치로 연일 방문객이 끊이질 않는 인기 명소다. 겨울이 되면 큰 파도가 밀려오는 서핑 포인트로 유명하며, 전설의 서퍼 에디 아이카우Eddie Aikau를 추모하는 서핑 콘테스트가 개최되기도 한다. 비치 왼편에 있는 커다란 암석에서 사람들이 다이빙을 즐기는 것이 이 비치를 상징하는 모습이다. 사실 다이빙은 금지되어 있으나 줄을 설 정도로 많은 이들이 뛰어내리고 있다. 라이프가드가 항시 상주하고 있으며 샤워, 화장실, 주차장 등 편의시설이 완비되어 있어 가족 단위의 방문자가 많은 곳이다. 주말이 되면 주차장이 혼잡하므로 이른 시간에 방문하는 것이 좋다.

주소 61-31 Kamehameha Hwy. Haleiwa
위치 더 버스 60, 88A번 이용
주차장 무료

Tip | 와이메아 계곡 Waimea Valley

비치 반대편 내륙 방향으로 위치한 자연공원 와이메아 계곡도 꼭 들러보자. 와이메아강 부근에 조성된 공원의 주요 볼거리는 5,000여 종의 보호 식물과 편도 30분 거리에 있는 높이 12m, 수심 9m의 박력 넘치는 폭포이다. 공원 초입부터 폭포까지 가는 길은 트레일로도 인기가 높다.

주소 59-864 Kamehameha Hwy. Haleiwa
위치 더 버스 60, 88A번 이용
운영 09:00~16:00
　　　휴무 월요일
요금 13~61세 $25,
　　　학생(학생증을 소지한
　　　모든 이) · 62세~ $18,
　　　4~12세 $14, 3세 이하 무료
전화 808-638-7766
홈피 www.waimeavalley.net
주차장 와이메아 베이 비치 주차장 이용

★★☆

할레이바 비치 파크 Haleiwa Beach Park

GPS 21.599777, -158.102790

할레이바 타운에서 레인보우 브리지(아나훌루 브리지)를 건너면 왼편에 있는 비치. 참고로 다리를 건너기 전 왼쪽으로 들어가면 할레이바 알리이 비치가 나온다. 카누, 카약 명소로 알려져 있어 레슨을 받거나 개인적으로 액티비티를 즐기는 이들의 모습이 자주 보인다. 해변 근처에 암석이 많은 편이니 주의해서 걷자.

주소 62-449 Kamehameha Hwy. Haleiwa
위치 더 버스 60, 88A번 이용
주차장 무료

레인보우 브리지

★★☆

할레이바 알리이 비치 파크 Haleiwa Ali'i Beach Park

GPS 21.592377, -158.108912

겨울 시즌에는 서핑 대회가 열릴 만큼 파도가 강하기로 유명한 비치 파크. 이 시기는 수영하기에 적합하지 않으나 비치 남쪽 부근에서는 수영할 수 있다. 할레이바 타운에서 도보로 갈 수 있어 접근성이 좋다. 참고로, 알리이란 하와이 원주민어로 '왕족, 수장'을 뜻하는 단어이다.

주소 66-167 Haleiwa Rd. Haleiwa
위치 더 버스 76, 83번 이용
주차장 무료

> **Tip** 바다거북도 볼 수 있다고~?
>
> 할레이바 알리이 비치 파크는 바다거북이 자주 출몰하는 곳으로 운이 좋으면 바다거북을 만날 수도 있다. 오전부터 오후 1시 사이에 등장한다고 하니 기대해보자.

선셋 비치 Sunset Beach

★★☆

GPS 21.670946, -158.045352

이름 그대로 석양이 물드는 비치의 모습이 아름다운 곳이다. 여름에는 휴식 공간으로 활용되어 잔잔한 파도를 벗 삼아 하얀 모래사장 위에서 쉴 수 있고, 겨울에는 프로 서퍼들의 놀이터가 된다. 물의 투명도가 높아 스노클링을 즐기기에도 좋다. 바닷가 방향으로 자라나는 한 그루의 야자수가 사랑받고 있다. 겨울보다 여름에 이용객이 적어 한적하고 조용한 편이다.

주소 59-144 Kamehameha Hwy. Haleiwa
위치 더 버스 60, 88A번 이용
주차장 무료

> 바닷가 방향으로 자라나는 한 그루의 야자수

샤크스 코브 Sharks Cove

★★☆

GPS 21.650011, -158.062835

남쪽에 하나우마 베이가 있다면 북쪽에는 샤크스 코브가 있다. 신비로운 물고기들이 헤엄을 치고 있는 광경을 지켜볼 수 있어 스노클링 명소로 알려져 있다. 단, 조류와 파도가 잔잔한 봄~가을철(5월~10월)이 좋고 겨울철(11~4월)은 파도가 높아 스노클링이 금지되어 있다. 작은 만에 있는 암초가 상어와 닮았다 하여 상어 동굴이라는 이름이 지어졌지만 실제로 상어를 볼 가능성은 희박하다.

주소 59694-59698 Kamehameha Hwy. Haleiwa
위치 더 버스 60, 88A번 이용
주차장 무료

339

 ★☆☆   GPS 21.618785, -158.085438

라니아케아 비치 Laniakea Beach

'바다거북 비치'로도 불리는 곳으로 해변에서 일광욕을 즐기는 바다거북을 만날 수 있다. 이전에는 바다거북을 볼 확률이 100%였으나 최근에는 보지 못했다는 후기도 종종 흘러나오고 있으니 운에 맡겨야 한다. 행운이 따른다면 해초를 먹는 거북이의 모습을 보거나 물놀이를 즐길 때 거북이와 함께 헤엄을 칠 수도 있다. 여름 시즌에는 스노클링 명소로 인기가 있다.

주소 574, 61-574 Pohaku Loa Way, Haleiwa
위치 더 버스 60, 88A번 이용

주차장 무료

 ★☆☆   GPS 21.665058, -158.050822

에후카이 비치 파크 Ehukai Beach Park

프로 서퍼가 찬양하는 서핑 포인트 반자이 파이프라인Banzai Pipeline이 있다. 서핑하기 좋은 형태의 파도가 밀려오며, 그 파도의 모양이 공사장에서 사용하는 파이프라인과 닮아 이런 이름이 붙여졌다. 세계적인 서핑 대회가 사계절 내내 열리는 곳이기도 하다. 겨울에는 강력한 힘을 지닌 8m 이상의 파도가 밀려온다. 서퍼가 파도로 형성된 거대한 터널 속을 빠져나오는 스릴만점 풍경을 이곳에서 볼 수 있다. 물의 세기가 워낙 거세므로 물놀이는 가급적 자제하는 것이 좋으며, 프로들의 파도타기를 감상하기에는 이곳만큼 좋은 곳도 없다.

주소 59-337 Ke Nui Rd. Haleiwa
위치 더 버스 60, 88A번 이용

주차장 무료

★★★ 할레이바 Haleiwa

GPS 21.585897, -158.102993

노스 쇼어의 대표 올드타운이자 서퍼들의 성지로 불리는 곳. 인근 지대에 농업이 발달하며 전성기를 누렸으나 시간이 흘러 산업이 쇠퇴하면서 그 인기가 멈추는 듯했다. 그러나 높은 파도를 일으키는 지리적 특성 덕분에 해양 스포츠를 즐기는 이들이 변함없이 이곳을 찾았고 새로운 음식점과 쇼핑 시설이 오픈하며 제2의 전성기를 맞이하고 있다. 옛것과 새것이 공존하는 분위기와 바닷가 주변에 자리한 뛰어난 접근성 덕에 앞으로도 그 인기는 쉽게 시들지 않을 것이다. 출퇴근 시간에는 차량 정체가 심한 편이니 시간 계산을 잘해서 움직이자.

주소 66-250 Kamehameha Hwy. D203, Haleiwa
위치 더 버스 60, 76, 83, 88A번 이용
주차장 무료

more & more
인증샷 필수! 할레이바의 인스타 포토 스폿

할레이바에는 예쁜 일러스트와 함께 인증샷을 남길 수 있는 포토 스폿이 마련되어 있다. 귀여운 그림을 배경으로 인생샷을 남겨보자.

글로벌 크리에이션스 인테리어스

샌드 피플 할레이바

아오키스 셰이브 아이스

마쓰모토 셰이브 아이스

할레이바 아트 갤러리

추천

지오반니 슈림프 트럭 Giovanni's Shrimp Truck

GPS 21.580715, -158.105021

노스 쇼어의 명물 갈릭 슈림프를 하와이 대표 음식으로 만든 푸드 트럭. 탱글탱글한 새우와 입안에 퍼지는 진한 마늘 풍미가 일품인 슈림프 스캠피 Shrimp Scampi 를 먹으러 찾아오는 방문객으로 인해 연일 대기 행렬이 이어진다.

- **주소** 66-472 Kamehameha Hwy. Haleiwa
- **위치** 더 버스 52, 60, 88A 이용
- **운영** 10:30~17:00 휴무 연중무휴
- **요금** 슈림프 스캠피 $16
- **전화** 808-293-1839
- **홈피** www.giovannisshrimptruck.com

주차장 있음

빅 웨이브 슈림프 Big Wave Shrimp

GPS 21.579484, -158.105475

할레이바 타운으로 진입하는 카메하메하 고속도로 초입에 자리한 슈림프 트럭. 정통 스타일 갈릭 버터 외에도 레몬 페퍼, 스파이시, 크런키 등 이름만으로도 군침이 도는 메뉴들이 손님을 기다린다. 새우 껍질을 벗기기 귀찮다면 필드 갈릭 슈림프 Peeled Garlic Shrimp 를 주문하자. 깔끔하게 새우살만 남아 있는 갈릭 슈림프를 맛볼 수 있다.

- **주소** 66-521 Kamehameha Hwy, Haleiwa
- **위치** 더 버스 52, 60, 83, 88A 이용
- **운영** 10:00~18:30
- **요금** 갈릭 버터 슈림프 $15.50
- **전화** 808-366-2016
- **홈피** www.bigwaveshrimp.com

주차장 있음

추천

레이즈 키아베 브로일드 치킨 Ray's Kiawe Broiled Chicken

GPS 21.588584, -158.102694

저렴한 가격과 훌륭한 맛 두 마리 토끼를 잡은 훌리훌리 치킨(통닭 숯불구이) 가게. 훌리훌리Hulihuli란 하와이어로 '돌리다'를 뜻하는데 치킨을 쇠꼬챙이에 꽂아 서서히 굴려가며 참숯에 구워내는 방식이다. 홀 치킨Whole Chicken을 주문하면 한 마리가 통째로 나오거나 먹기 쉽도록 잘라주기도 한다. 주말에만 문을 열기 때문에 평일에는 맛볼 수 없다는 점이 아쉽다.

주소	66-190 Kamehameha Hwy. Haleiwa
위치	더 버스 52, 60, 88A번 이용
운영	09:00~16:00
	휴무 월~금요일
요금	치킨 한 마리 $12
전화	808-351-6258

주차장 있음

추천

쿠아아이나 Kua'aina

GPS 21.589014, -158.102704

1975년에 생긴 이후로 줄곧 수제버거를 제공해온 할레이바의 터줏대감으로 가게 이름은 하와이어로 '시골'을 의미한다. 치즈, 베이컨, 파인애플 등 7가지 종류의 햄버거 중 가장 인기 있는 메뉴는 이곳의 시그니처인 아보카도 버거. 싱싱한 아보카도 덩어리를 통째로 넣어 패티와 함께 절묘한 맛의 조화를 이룬다.

주소	66-160 Kamehameha Hwy. Haleiwa
위치	더 버스 52, 60, 88A번 이용
운영	11:00~20:00
	휴무 추수감사절, 크리스마스
요금	아보카도 버거 1/3 파운드 $12.10, 1/2 파운드 $12.50
전화	808-637-6067
홈피	kua-ainahawaii.com

주차장 있음

추천

마츠모토 셰이브 아이스 Matsumoto Shave Ice

GPS 21.591132, -158.102870

하와이에서 가장 유명한 셰이브 아이스 전문점이라고 해도 과언이 아닐 정도로 엄청난 인지도를 자랑한다. 긴 대기 행렬이 이어지지만 금방 줄이 빠지므로 걱정하지 않아도 된다. 딸기, 파인애플, 레몬이 조합된 레인보우 Rainbow에 연유를 추가하는 것을 추천한다. 티셔츠, 모자, 에코백, 마그넷 등 깜찍한 기념품도 판매하므로 놓치지 말고 체크해보자.

주소 66-087 Kamehameha Hwy. Haleiwa
위치 더 버스 52, 60, 88A 이용
운영 10:00~18:00 **휴무** 1월 1일, 추수감사절, 크리스마스
요금 셰이브 아이스 스몰 $3.50, 라지 $4, 연유 추가 $0.50
전화 808-637-4827
홈피 matsumotoshaveice.com

주차장 없음

GPS 21.591388, -158.102699

아오키스 셰이브 아이스 Aoki's Shave Ice

4대째 가족이 경영하고 있는 노포 셰이브 아이스 전문점. 2017년 새 단장 후 오픈하였다. 가게 군데군데 셔터를 멈출 수 없을 정도로 깜찍하고 귀여운 장식이 이목을 끈다. 볼케이노, 레인보우, 할레이바 등 다채로운 맛 조합을 선택하거나 취향에 따라 원하는 맛을 세 가지 고를 수 있다. 떡을 추가하여 알록달록한 색감과 쫄깃쫄깃한 식감을 동시에 즐겨보자.

주소 66-082 Kamehameha Hwy, Haleiwa
위치 더 버스 52, 60, 88A 이용
운영 11:00~18:30
　　　 휴무 화·목, 12월 24일, 크리스마스, 12월 31일
요금 셰이브 아이스 스몰 $4, 라지 $5, 떡 추가 $0.75
전화 808-637-7017
홈피 www.aokishaveice.com

주차장 없음

할레이바 볼즈 Haleiwa Bowls

GPS 21.592842, -158.103240

현지인과 관광객 모두에게 사랑받고 있는 아사이볼 전문점. 하와이산 과일을 사용하여 만든 아사이볼과 스무디가 이곳의 대표 메뉴. 여느 아사이볼과는 달리 독특한 색을 띠는 블루매직볼Blue Majik Bowl이 인기를 끌고 있는데 건강식품으로 주목받는 스피루리나를 넣어 맛과 건강 모두 챙겼다.

주소 66-030 Kamehameha Hwy. Haleiwa
위치 더 버스 52, 60, 88A번 이용
운영 07:30~18:30
요금 블루매직볼 스몰 $11, 라지 $13
전화 808-226-4979
홈피 www.haleiwabowls.com
주차장 없음

 ## 커피 갤러리 Coffee Gallery

GPS 21.585664, -158.102676

엄선한 원두를 매일 자가 배전하는 인기 카페. 가게 안으로 들어서면 왼편에 이곳만의 오리지널 블렌딩 원두가 가득 진열되어 있다. 종류가 매우 다양하므로 선택에도 고민이 될 터. 할레이바에서 제대로 된 커피를 즐기고 싶다면 이곳을 추천한다.

주소 66-250 Kamehameha Hwy. C106, Haleiwa
위치 더 버스 52, 60, 88A번 이용
운영 06:30~18:00(추수감사절, 크리스마스 07:30~16:00)
휴무 부정기
요금 커피 $2.20~
전화 808-637-5355
홈피 www.coffee-gallery.com
주차장 있음

GPS 21.591048, -158.103079

할레이바 스토어 로츠 Haleiwa Store Lots

할레이바에서 오랜 시간 영업을 해온 숍을 비롯해 마쓰모토 셰이브 아이스가 있는 곳으로 잘 알려진 쇼핑몰. 단층 건물의 아기자기한 숍들이 다닥다닥 붙어 있는데 각 숍마다 개성이 강해 구경만 해도 시간 가는 줄 모를 것이다. 쇼핑에 지쳤다면 무료화장실을 이용하거나 큰 나무 아래 벤치에서 시원한 셰이브 아이스를 즐기며 휴식을 취해보자.

주소 66-111 Kamehameha Hwy. Haleiwa
위치 더 버스 52, 60, 88A번 이용
운영 07:00~21:00
전화 808-523-8320
홈피 haleiwastorelots.com
주차장 있음

GPS 22.48199, -157.22367

파타고니아 Patagonia

미국의 대표적인 아웃도어 브랜드로 친환경 소재를 사용한 제품을 선보이며 사회기여에도 앞장서고 있다. 할레이바 지점에서는 하와이 한정 라인 파탈로하Pataloha를 비롯해 일반 라인업도 다양하게 판매되고 있으니 소중한 이에게 전할 선물이나 나만의 기념품을 찾는다면 꼭 방문해보자.

주소 66-250 Kamehameha Hwy. Haleiwa
위치 더 버스 52, 60, 88A번 이용
운영 10:00~18:00 휴무 부정기
전화 808-637-1245
홈피 www.patagonia.com
주차장 무료

노스 쇼어 마켓플레이스 North Shore Marketplace

GPS 21.585602, -158.102959

노스 쇼어 서퍼와 현지 아티스트가 애용하는 숍이 한데 모여 있는 쇼핑몰로 1982년에 문을 열었다. 할레이바 스토어 로츠와 함께 할레이바 타운의 인기 쇼핑 명소 중 하나이다. 파타고니아와 카페 커피 갤러리가 이곳의 대표적인 인기 스폿이다.

주소 66-250 Kamehameha Hwy. D203, Haleiwa
위치 더 버스 52, 60, 88A번 이용
운영 07:00~22:00
전화 808-637-4416
홈피 northshoremarketplacehawaii.com
주차장 있음

카이 쿠 할레 Kai Ku Hale

GPS 21.589362, -158.103203

하와이어로 '해변의 평화로운 집'이란 뜻을 지닌 바다 콘셉트의 인테리어 잡화 전문점. 하와이의 아름다운 바다 풍경을 고스란히 담은 상품들이 가게 안을 빽빽이 채우고 있다. 누군가에게 선물할 만한 기념품을 구매하기에도 안성맞춤인 곳이다.

주소 66-235 Kamehameha Hwy. D203, Haleiwa
위치 더 버스 52, 60, 88A번 이용
운영 11:00~17:00
휴무 부정기
전화 808-636-2244
홈피 www.kaikuhale.com
주차장 없음

구아바숍 Guava Shop

GPS 21.590519, -158.102905

LA에서 패션을 전공한 노스 쇼어 출신 점주의 센스가 돋보이는 부티크숍. 주로 젊은 여성층을 타깃으로 한 패션의류와 잡화를 판매한다. 지갑이 저절로 열릴 정도로 귀엽고 깜찍한 상품들만 모아두었다.

주소 66-111 Kamehameha Hwy. #204, Haleiwa
위치 더 버스 52, 60, 88A번 이용
운영 월~목 10:00~18:00,
금·토 10:00~18:30,
일 10:00~17:30
전화 808-637-9670
홈피 guavahawaii.com
주차장 있음

CENTRAL OAHU

긴 역사를 간직한 하와이안의 터전 **오아후 중부**

오아후섬은 와이아나에 Wai'anae 산과 코올라우 Ko'olau 산, 두 화산의 활동으로 형성되었다. 이들 산맥 사이에 자리한 지역으로 하와이를 지탱하던 드넓은 파인애플밭이 이곳을 대표하는 장소였다. 파인애플을 내세운 테마파크, 역사가 담겨 있는 미군 사령부, 스포츠팀의 그라운드로 활약하다 일요일이 되면 거대한 마켓으로 변신하는 경기장, 하와이의 유일한 아웃렛 등 의외로 즐길 거리가 곳곳에 위치한다.

오아후 중부에서 꼭 해야 할 일 체크!

- 파인애플 테마파크 돌 플랜테이션에서 아이스크림 먹기
- 펄 하버에서 역사 공부하기
- 쇼핑 필수 코스 알로하 스타디움 스왑 밋과 와이켈레 아웃렛 방문하기

공항에서 오아후 중부 이동하기

1. 더 버스 국제선 2층 출발 로비 건너편 중앙분리대 쪽 시티 버스 City Bus 정류장에서 20, 40, 42번을 이용(알로하 스타디움 기준).

2. 렌트카 한국에서 사전에 예약한 후 공항 출입구 밖 'Car Rental Center'에서 수령.

호놀룰루에서 오아후 중부 이동하기

1. 더 버스
와이키키에서 중부로 곧장 향하는 직통버스는 없으나 알라모아나 센터 정류장에서는 한 번에 도달한다. 펄 하버와 알로하 스타디움은 40번, 돌 플랜테이션은 52번을 이용한다.

2. 셔틀버스
현지 여행사 '가자 하와이'에서는 와이키키에서 와이켈레 프리미엄 아웃렛과 와이켈레 만 오가는 셔틀버스를 운행한다. 셔틀버스 운행 시각은 호텔마다 다르며, 보통 09시 30분부터 10시 사이에 출발한다.

돌 플랜테이션 Dole Plantation ★★☆

GPS 21.526059, -158.03765

세계적인 식품 브랜드 돌Dole이 운영하는 파인애플 농원. 1950년대 오아후섬 중앙부 일대는 대부분 파인애플밭 또는 사탕수수밭으로 쓰였으며, 당시 밭에서 딴 파인애플을 노상 가판대에서 팔던 것이 역사의 시작이다. 1989년 다양한 체험을 할 수 있는 테마파크로서 정식 오픈한 후 연간 100만 명 이상이 찾는 하와이의 대표 관광명소로 인기를 끌고 있다.

농원에 들어서자마자 보이는 플랜테이션 센터는 오리지널 기념품과 파인애플 관련 상품을 판매하는 기념품점, 새콤달콤 파인애플 아이스크림이 명물인 음식 코너 플랜테이션 그릴로 구성되어 있다. 잠깐 휴식하기 위해 들렀다면 센터만 둘러봐도 좋다.

농원에서 선보이는 액티비티 프로그램은 미니 열차를 타고 20분간 밭을 누비는 '파인애플 익스프레스 트레인 투어', 플랜테이션 내 8개의 미니 정원을 산책하며 둘러보는 '플랜테이션 가든 투어', 1만 2천 평이 넘는 광대한 토지를 조성하여 기네스북에 오른 '파인애플 가든 미로'로 구성되어 있으며 남녀노소 누구나 즐길 수 있는 재미난 요소가 가득하다.

주소 64-1550 Kamehameha Hwy. Wahiawa
위치 더 버스 52, 83, 88A번 이용
운영 09:30~17:30(투어는 ~17:00)
휴무 크리스마스
요금 입장료 무료
트레인 투어 13세 이상 $13.75, 4~12세 $11.75
가든 투어
13세 이상 $8, 4~12세 $7.25
가든 미로
13세 이상 $9.25, 4~12세 $7.25
전화 808-621-8408
홈피 doleplantation.com

주차장 무료

more & more 보기만 해도 심쿵! 파인애플 기념품

플랜테이션 센터에서 파는 각종 기념품과 먹거리! 파인애플을 형상화한 깜찍한 캐릭터 인형과 이곳에서 나고 자란 파인애플로 만든 아이스크림은 놓치지 말자.

개성 있는 티셔츠

파인애플 아이스크림

귀여운 인형들

달콤한 마카다미아 너트

펄 하버 Pearl Harbor

★★☆

GPS 21.367615, -157.938921

우리에게는 진주만이라는 이름으로 알려진 곳으로 실제 해군기지 내에 당시 상황을 자세히 설명한 각종 자료와 실제로 사용되었던 군사 무기를 전시하고 있다. 1941년 태평양 전쟁 당시 일본군의 공습으로 인해 격침된 전함 애리조나를 비롯해 '마이티 모'라는 애칭으로 불리는 미국의 마지막 전함 미주리, 제2차 세계대전에서 사용된 잠수함, 옛 전쟁에서 활약했던 전투기와 현역 전투기 등을 전시하며 직접 들어가 가까이서 볼 수 있다는 점이 큰 특징이다.

무료로 입장 가능한 비지터 센터를 통해 모든 장소로 이동할 수 있다. 전쟁과 공격을 테마로 한 2개의 전시실, 무기를 전시한 야외 시설, 기념품점, 매점 등이 있으며, 센터에서 매일 아침 7시부터 애리조나 기념관으로 향하는 이동수단인 보트 티켓 약 1,300장을 선착순으로 배부한다. 전함 미주리 기념관과 태평양 항공 박물관은 센터에서 출발하는 셔틀버스를 이용하자. USS 애리조나와 전함 미주리 기념관은 유료 오디오 투어도 실시하며 한국어를 지원한다.

주소 1 Arizona Memorial Pl. Honolulu
위치 더 버스 20, 40, 42번 이용
운영 07:00~17:00
휴무 1월 1일, 추수감사절, 크리스마스
요금 펄 하버 패스포트 13세 이상 $89.99, 4~12세 $44.99
비지터 센터 무료(자유 기부)
태평양 항공 박물관 13세 이상 $25.99, 4~12세 $14.99
전함 미주리 기념관 13세 이상 $34.99, 4~12세 $17.49
USS 애리조나 기념관 당일 티켓 무료,
오디오 가이드 투어 $7.50
USS보핀잠수함박물관 13세 이상 $21.99, 4~12세 $12.99
전화 808-422-3399
홈피 pearlharborhistoricsites.org

주차장 무료

Tip | 가방 보관하기

펄 하버 내부에서는 가방 소지를 허용하지 않는다. 핸드폰과 지갑은 호주머니에 넣고 카메라만 손에 들고 입장할 것. 부득이하게 소지한 경우 센터 입구에 있는 로커에 보관하자.

비지터 센터 부근 야외에 마련된 광장

전함 미주리

애리조나 기념관

전쟁 당시 상황을 전시한 로드 투 워 뮤지엄

GPS 21.371654, -157.929865

알로하 스타디움 스왑 밋 Aloha Stadium Swap Meet

대학 풋볼팀 하와이 레인보우 워리어스Hawaii Rainbow Warriors의 주 경기장 앞 주차장에서 펼쳐지는 플리마켓. 메이드 인 하와이 제품은 물론 수공예품, 수입제품, 먹거리 등을 판매하는 400개 업체가 참여한다. 기념품과 선물 고민에 빠진 이들을 구제할 다양한 제품이 늘어서 있는데, 호놀룰루 시내에서 사는 것보다 가격이 저렴하고 종류도 다양하다. 동일 제품이더라도 판매자에 따라 가격이 다르므로 충분히 둘러본 다음 결정하는 것이 좋다. 디자인이 똑같아 보여도 질적인 부분에서 조금씩 차이가 나는 제품도 있으니 신중히 선택하여 고르도록 하자. 입구와 가까운 쪽에 있는 가게들이 비교적 비싼 경우가 많고 안으로 들어갈수록 가격이 점점 낮아지는 편이다. 가장 많은 업체가 문을 여는 일요일에 방문하면 이곳을 완벽히 누릴 수 있으니 참고하자. 화장실과 휴게소도 완비되어 있다.

주소 99-500 Salt Lake Blvd. Honolulu
위치 더 버스 20, 40, 42, A번 이용
운영 수 토 08:00~15:00, 일 06:30~15:00
휴무 월·화·목, 1월 1일, 크리스마스
요금 $2
전화 808-486-6704
홈피 www.alohastadiumswap-meet.net

주차장 무료

Tip | 무료로 기념 촬영하기

마켓 개최일 오전 10시, 11시, 낮 12시, 1시에 스타디움 내부에서 무료 기념 촬영 이벤트를 실시한다. 촬영하고 싶다면 노스 플라자 'C-Gear Store Section V' 앞에서 집합하면 된다.

GPS 21.402311, -158.006796

와이켈레 프리미엄 아웃렛 Waikele Premium Outlet

하와이의 유일한 아웃렛. 고급 백화점에 입점한 패션 브랜드부터 대중에게 알려진 유명 캐주얼 브랜드까지 다양한 라인업을 갖추고 있다. 호놀룰루 중심가에서 다소 떨어져 있지만, 만족스러운 쇼핑을 할 수 있어 한국 여행객에게는 필수 코스로 꼽힌다. 다양한 제품을 기존 가격보다 25~70% 저렴하게 선보이며, 특히 폴로 랄프로렌, 토리버치, 코치, 마이클 코어스, 캘빈 클라인 등 미국 고급 브랜드 할인 폭이 큰 편이라 해당 브랜드의 제품을 구매하기 위해 방문하는 이들도 적지 않다. 뉴욕의 고급 백화점 삭스 피프스 애비뉴의 이월 상품을 판매하는 전문 매장 '삭스 피프스 애비뉴 오프'도 크게 자리하고 있다. 또한 타미 힐피거, 리바이스, 게스, 바나나 리퍼블릭, 컨버스, 반스, 스케쳐스, 크록스 등 미국 캐주얼 브랜드도 만날 수 있다.

브랜드 직영 아웃렛이 모인 '프리미엄 아웃렛' 외에도 대형 할인 매장이 모인 '와이켈레 센터'도 있으니 함께 둘러보면 좋다. 아웃렛 내부에는 간단히 한 끼 식사를 해결할 수 있는 푸드트럭과 매점도 운영하고 있다.

주소 94-790 Lumiaina St. Waipahu
위치 더 버스 42, E번 이용 후 와이파후 트랜짓 센터 (Waipahu Transit Center)에서 433번으로 환승
운영 월~목 11:00~19:00, 금·토 11:00~20:00, 일 11:00~18:00
휴무 크리스마스
전화 808-676-5656
홈피 www.premiumoutlets.com/outlet/waikele

주차장 무료

Tip | 알아두면 유용해요!

1. 홈페이지(www.premiumoutlets.com/vip)를 통해 VIP 쇼퍼 클럽에 가입하면 쿠폰북 교환권을 발급해준다. 프린트 후 지참하여 인포메이션 센터에서 교환하자. 일부 신용카드 회사에서도 발급하므로 방문 전 확인할 것.
2. 물건 수가 많은 오픈 시간에 맞춰서 방문하는 것을 추천한다.

오아후 숙소

Waikiki   GPS 21.277530, -157.829091

로열 하와이안 럭셔리 컬렉션 리조트
The Royal Hawaiian a Luxury Collection Resort 5성급

'태평양의 핑크 궁전'이라는 별명을 가진 하와이 최고급 호텔로 1927년에 개업했다. 외관은 물론 로비나 프런트 등 곳곳이 전부 분홍색이다. 천장이 높고 통풍이 잘 되도록 설계한 스페인 양식의 건물로 2015년에 리뉴얼하여 최신 설비를 갖추고 있다.

- **주소** 2259 Kalakaua Ave. Honolulu
- **위치** 더 버스 2L, 22, E번 이용
- **운영** 체크인 15:00, 체크아웃 12:00
- **요금** $700~
- **전화** 808-923-7311
- **홈피** www.marriott.com/hotels/travel/hnllc-the-royal-hawaiian-a-luxury-collection-resort-waikiki

Waikiki   GPS 21.276562, -157.826601

모아나 서프라이더 웨스틴 리조트 & 스파
Moana Surfrider a Westin Resort & Spa 4.5성급

와이키키에 처음으로 문을 연 호텔로 '와이키키의 퍼스트레이디'라고 불린다. 빅토리아 양식의 우아한 분위기를 자랑하며 미국 정부가 지정한 역사적 건축물로도 등록되어 있다. 정원에 우뚝 서 있는 수령 100년 이상의 반얀트리가 마스코트이다.

- **주소** 2365 Kalakaua Ave. Honolulu
- **위치** 더 버스 2, 8, 13, 19, 20, 23, 42, 98A, W1, W2, W3번 이용
- **운영** 체크인 15:00, 체크아웃 11:00
- **요금** $700~
- **전화** 808-922-3111
- **홈피** www.marriott.com/hotels/travel/hnlwi-moana-surfrider-a-westin-resort-and-spa-waikiki-beach

Waikiki
할레쿨라니 Halekulani [5성급]

GPS 21.278033, -157.831834

하와이 원주민어로 '천국에 어울리는 집'이라는 뜻을 지닌 고급 호텔. 체크인을 객실에서 실시하는 등 고객의 프라이버시를 중시하는 서비스가 눈에 띈다. 수영장을 통해 입장할 수 있는 비치는 신성한 기운이 깃든 파워 스폿으로 사랑받는 곳이다(p.243 참조).

주소 2199 Kalia Rd. Honolulu
위치 더 버스 8, 19, 20, 23, 42, 98A, W1, W2, W3번 이용
운영 체크인 15:00, 체크아웃 12:00
요금 $600~
전화 808-923-2311
홈피 www.halekulani.com

Kahala
카할라 호텔 & 리조트 The Kahala Hotel & Resort [5성급]

GPS 21.271859, -157.773652

고급주택가가 밀집한 카할라 지역에 위치한 럭셔리 호텔. 하와이를 방문하는 국빈과 유명인사가 머물렀던 곳으로 알려져 있으며 할리우드 스타의 결혼식이 거행되기도 하여 '카할리우드'라고 불렸다고 한다. 전체적으로 차분하고 깔끔한 분위기이다.

주소 5000 Kahala Ave. Honolulu
위치 더 버스 14, 22번 이용
운영 체크인 15:00, 체크아웃 12:00
요금 $600~
전화 808-739-8888
홈피 www.kahalaresort.com

Waikiki
GPS 21.286536, -157.840211

프린스 와이키키 Prince Waikiki [4.5성급]

2017년 진행한 리뉴얼을 통해 포근하고 깨끗한 분위기의 객실과 예술작품과도 같은 멋스러운 수영장이 탄생하였다. 전 객실이 오션 뷰이며 하와이의 전설을 모티브로 한 인테리어를 채용하여 객실 디자인에도 심혈을 기울였다.

- 주소 100 Holomoana St. Honolulu
- 위치 더 버스 8, 19, 20, 23, 42, 98A, E번 이용
- 운영 체크인 15:00, 체크아웃 12:00
- 요금 $350~
- 전화 855-622-7558
- 홈피 www.princewaikiki.com

Waikiki
GPS 21.279487, -157.832262

트럼프 인터내셔널 호텔 와이키키 Trump International Hotel Waikiki [5성급]

미국 대통령 도널드 트럼프가 소유한 호텔 브랜드로 미국 경제 전문지 《포브스》에서 5년 연속 '우수 5성급 호텔'로 선정했는데, 오아후섬에서는 이곳이 유일하다. 서비스에 특히 신경을 써 고객 만족도가 높은 편이다. 객실에 부엌시설이 완비되어 있으며, 취사도구도 제공한다.

- 주소 223 Saratoga Rd. Honolulu
- 위치 더 버스 8, 19, 20, 23, 42, 98A, E, W1, W2, W3번 이용
- 운영 체크인 16:00, 체크아웃 12:00
- 요금 $400~   전화 808-683-7777
- 홈피 www.trumphotels.com

Waikiki

힐튼 하와이안 빌리지 와이키키 비치 리조트
Hilton Hawaiian Village Waikiki Beach Resort [4성급]

GPS 21.283977, -157.836167

숙박시설뿐만 아니라 고급부티크, 음식점 등 90개 업체가 들어선 상업시설의 역할도 하는 호텔. 와이키키 비치의 서쪽 끝자락에 자리하며 인공연못 힐튼 라군도 있다. 매주 금요일 밤에는 불꽃놀이도 펼쳐진다.

- 주소 2005 Kalia Rd. Honolulu
- 위치 더 버스 8, 19, 20, 23, 42, 98A번 이용
- 운영 체크인 15:00, 체크아웃 11:00
- 요금 $250~
- 전화 808-949-4321
- 홈피 www.hiltonhawaiianvillage.com

Waikiki

하얏트 리젠시 와이키키 비치 리조트 & 스파
Hyatt Regency Waikiki Beach Resort & Spa [4성급]

GPS 21.276106, -157.825357

1,200여 개의 객실을 보유한 호텔로 와이키키 비치에 나란히 우뚝 솟은 2개의 높은 건물은 이 지역의 랜드마크이기도 하다. 2015년 전면 리뉴얼하였고, 전 객실에 발코니가 있으며 비치를 조망하기에도 좋은 위치이다.

- 주소 2424 Kalakaua Ave. Honolulu
- 위치 더 버스 2, 8, 13, 19, 20, 22, 23, 42, 98A번 이용
- 운영 체크인 15:00, 체크아웃 11:00
- 요금 $260~
- 전화 808-923-1234
- 홈피 www.hyatt.com/en-US/hotel/hawaii/hyatt-regency-waikiki-beach-resort-and-spa/hnlrw

Waikiki

쉐라톤 와이키키
Sheraton Waikiki [4성급]

GPS 21.277068, -157.830195

1971년 하와이에서 처음으로 1,000개가 넘는 객실을 보유한 호텔로 문을 열었다. 성인 전용 인피니티 풀과 21m 워터 슬라이드를 갖춘 플레이 그라운드 등 어른과 아이가 동시에 즐길 수 있는 시설을 구비하였다.

- 주소 2255 Kalakaua Ave. Honolulu
- 위치 더 버스 2L, 22, E번 이용
- 운영 체크인 15:00, 체크아웃 11:00
- 요금 $500~   전화 808-922-4422
- 홈피 www.marriott.com/hotels/travel/hnlws-sheraton-waikiki

Waikiki
GPS 21.278258, -157.832957

아웃리거 리프 와이키키 비치 리조트 Outrigger Reef Waikiki Beach Resort 4성급

눈앞에 와이키키 비치가 펼쳐지는 리조트 호텔이다. 비치 한가운데 자리하고 있어 접근성도 매우 좋다. 건물의 건축 양식과 내부 인테리어는 모두 하와이 스타일. 18세기에 사용된 각종 물품을 전시하며 클래식한 분위기로 인기를 끈다.

주소 2169 Kalia Rd. Honolulu
위치 더 버스 8, 19, 20, 23, 42, 98A, W1, W2, W3번 이용
운영 체크인 15:00, 체크아웃 11:00
요금 $400~
전화 808-923-3111
홈피 www.outriggerreef-onthebeach.com

Waikiki
GPS 21.273385, -157.822507

와이키키 비치 메리어트 리조트 & 스파 Waikiki Beach Marriott Resort & Spa 4성급

와이키키 비치의 중심가 칼라카우아 애비뉴에 있는 호텔. 다이아몬드 헤드가 바로 앞에 펼쳐지고 비치, 동물원, 수족관, 공원에서도 가까워 편리하다. 새롭게 단장한 로비와 호텔 건물 바로 옆에 스타벅스가 있다.

주소 2552 Kalakaua Ave. Honolulu
위치 더 버스 2, 8, 14, 19, 20, 23, 24, 42, 98A, W1, W2, W3번 이용
운영 체크인 15:00, 체크아웃 11:00
요금 $400~
전화 808-922-6611
홈피 www.marriott.com/hotels/travel/hnlmc-waikiki-beach-marriott-resort-and-spa

Waikiki
GPS 21.274699, -157.823367

알로힐라니 리조트 와이키키 비치 Alohilani Resort Waikiki Beach 5성급

퍼시픽 비치 호텔이 리뉴얼을 거쳐 2017년 10월 새로운 이름으로 재탄생했다. 열대어가 헤엄치는 로비의 커다란 수조는 그대로지만 이 외의 시설은 5성급에 걸맞은 고급스러운 디자인으로 바꿨다. 인피니티 풀, 전 객실 비데 등 편의시설을 갖추고 있다.

주소 2490 Kalakaua Ave. Honolulu
위치 더 버스 2L, 22, E번 이용
운영 체크인 15:00, 체크아웃 11:00
요금 $250~ **전화** 808-922-1233
홈피 www.alohilaniresort.com

Ko'olina   GPS 21.338877, -158.122970
아울라니 디즈니 리조트 & 스파 Aulani a Disney Resort & Spa 4.5성급

하와이와 디즈니가 만났다! 고대 하와이 왕족의 휴양지였던 오아후섬 서쪽 코올리나 지역에 위치한다. 리조트 내에서는 깜찍한 디즈니 캐릭터를 만날 수 있으며 하와이 전통문화를 테마로 한 디즈니쇼도 감상할 수 있다. 꿈같은 디즈니 세상 안에서 일상 탈출의 즐거움을 느껴보자.

주소   92-1185 Ali'inui Dr. Kapolei
위치   H1 고속도로에서 Ali'inui Dr.로 진입
운영   체크인 16:00, 체크아웃 11:00
요금 $700~
전화   866-443-4763
홈피   www.disneyaulani.com

Waikiki   GPS 21.285027, -157.839173
더 모던 호놀룰루
The Modern Honolulu 4.5성급

'라이프 스타일 호텔'이 콘셉트인 곳으로, 이곳에 숙박하는 것만으로도 특별한 경험이 될 수 있다. 각종 디자인상을 받은 이력에 맞게 전체적으로 세련된 모습이다. 흰색과 나무를 사용하여 청결하면서도 자연스러운 인테리어와 분위기를 지향하고 있다.

주소   1775 Ala Moana Blvd. Honolulu
위치   더 버스 8, 19, 20, 23, 42, 98A, E, W1, W2, W3번 이용
운영   체크인 15:00, 체크아웃 12:00
요금 $300~   전화 808-943-5800
홈피   www.themodernhonolulu.com

Waikiki   GPS 21.281934, -157.828241
더 서프잭 호텔 & 스윔 클럽
The Surfjack Hotel & Swim Club 3.5성급

호놀룰루에서 가장 핫한 호텔로 꼽히는 곳으로 인기 No.1이라고 해도 과언이 아니다. 하와이의 서브컬처를 테마로 한 인테리어가 놀라우리만큼 멋스러워 인증샷을 찍는 이들을 자주 목격할 수 있다. 'Wish You Were Here'라고 적힌 수영장이 압권이다.

주소   412 Lewers St. Honolulu
위치   더 버스 2, 8, 14, 19, 20, 23, 24, 42, 98A, W1, W2, W3번 이용
운영   체크인 15:00, 체크아웃 12:00
요금 $250~   전화 808-923-8882   홈피 surfjack.com

Waikiki
GPS 21.279312, -157.826407

더 레이로우 오토그래프 컬렉션 The Laylow Autograph Collection 5성급

아기자기한 감성이 느껴지는 인테리어와 각종 디자인 요소 등 젊은 세대가 좋아할 만한 것들을 갖춘 최신 호텔이다. 쇼핑과 관광을 즐길 수 있는 와이키키 중심가에 자리한다. 귀여운 디자인의 비치 샌들과 웰컴 바스켓은 집으로 가지고 돌아가도 좋다.

- **주소** 2299 Kuhio Ave. Honolulu
- **위치** 더 버스 2, 2L, 8, 13, 19, 20, 22, 23, 42, 9A, E번 이용
- **운영** 체크인 15:00, 체크아웃 11:00
- **요금** $350~
- **전화** 808-922-6600
- **홈피** www.marriott.com/hotels/travel/hnlak-the-laylow-autograph-collection

Waikiki
GPS 21.274925, -157.824143

애스턴 와이키키 서클 호텔
Aston Waikiki Circle Hotel 3성급

와이키키 비치 중심에 있는 호텔로, 최고의 접근성을 갖추었지만 가격대는 저렴하다. 관광, 쇼핑 등 와이키키 주변에서 많은 시간을 보낼 계획이라면 이곳이 적합하다. 와이키키 비치가 펼쳐지는 오션 뷰 객실도 좋은 반응을 얻고 있다.

- **주소** 2464 Kalakaua Ave. Honolulu
- **위치** 더 버스 1, 2, 3, 9, 11, 13, 51, 52, 53, 54, 88A번 이용
- **운영** 체크인 15:00, 체크아웃 12:00
- **요금** $200~   **전화** 808-923-1571
- **홈피** www.aquaaston.com

Waikiki
GPS 21.290345, -157.839600

알라 모아나 호텔
Ala Moana Hotel 3.5성급

호놀룰루에서의 쇼핑을 계획한 관광객의 필수 코스인 알라 모아나 센터. 그 바로 옆에 위치한 호텔로 관광보다 쇼핑에 집중하고 싶은 이들에게 추천한다. 여행사를 통한 투어도 대부분 이곳에서 출발하므로 투어 위주 여행자에게도 좋다.

- **주소** 410 Atkinson Dr. Honolulu
- **위치** 더 버스 3, 6, 8, 9, 13, 23, 56, 67, 57A, 60, 65, 88A, E번 이용
- **운영** 체크인 15:00, 체크아웃 11:00
- **요금** $200~
- **전화** 808-955-4811
- **홈피** www.alamoanahotelhonolulu.com

Waikiki
퀸 카피올라니 호텔 Queen Kapiolani Hotel [4성급]

GPS 21.272129, -157.820993

와이키키 비치 동쪽 끝자락 퀸스 비치 부근에 있는 호텔로 다이아몬드 헤드가 잘 보이는 뷰가 이곳의 자랑이다. 1969년에 오픈했고 이후 대대적인 리뉴얼을 통해 클래식함과 모던함을 동시에 느낄 수 있는 곳으로 업그레이드되었다. 중심지와 가깝고 가격대가 합리적이다.

- 주소 150 Kapahulu Ave. Honolulu
- 위치 더 버스 2, 2L, 8, 13, 14, 19, 20, 22, 23, 24, 42, 98A, E번 이용
- 운영 체크인 15:00, 체크아웃 12:00
- 요금 $200~
- 전화 808-922-1941
- 홈피 www.queenkapiolani.com

Waikiki
와이키키 리조트 호텔 Waikiki Resort Hotel [3.5성급]

GPS 21.275446, -157.823577

호놀룰루 관광의 중심에 있는 호텔. 해변까지 도보로 이동할 수 있고 인근 쇼핑센터와도 인접하여 가격 대비 접근성이 좋은 편이다. 대한항공을 소유한 한진그룹에서 운영하고 있다.

- 주소 2460 Koa Ave. Honolulu
- 위치 더 버스 2, 2L, 8, 13, 19, 20, 22, 23, 42, 98A, E번 이용
- 운영 체크인 15:00, 체크아웃 11:00
- 요금 $200~   전화 808-922-4911
- 홈피 www.waikikiresort.com

Waikiki
홀리데이 인 익스프레스 와이키키 Holiday Inn Express Waikiki [2.5성급]

GPS 21.283871, -157.830931

세계적인 호텔 체인 IHG 소속으로 합리적인 가격에 깔끔한 객실과 친절한 서비스를 제공하는 것을 목표로 운영한다. 와이키키의 중심부라고 하기에는 어려운 위치이지만 이동에는 전혀 불편함이 없는 곳이다. 객실 내에 전자레인지와 전기포트가 구비되어 있다.

- 주소 2058 Kuhio Ave. Honolulu
- 위치 더 버스 2, 2L, 13, 22번 이용
- 운영 체크인 15:00, 체크아웃 12:00
- 요금 $150~
- 전화 808-947-2828
- 홈피 www.ihg.com

Waikiki   GPS 21.283404, -157.831158

호텔 라 크로익스 와이키키 Hotel La Croix Waikiki 3성급

푸른색을 기반으로 한 깔끔하고 예쁜 인테리어가 인상적인 호텔. 원래 와이키키 게이트웨이 호텔이라는 이름으로 영업했으나 리뉴얼 후 새롭게 단장하면서 이름도 바꿨다. 와이키키 비치까지는 도보로 다소 시간이 소요되지만, 버스를 이용하면 그리 멀지 않다.

주소   2070 Kalakaua Ave. Honolulu
위치   더 버스 2, 2L, 13, 22번 이용
운영   체크인 15:00, 체크아웃 11:00
요금 $125~
전화   808-955-3741
홈피   www.lacroixhotels.com

Waikiki   GPS 21.272733, -157.821870

와이키키 비치사이드 호스텔
Waikiki Beachside Hostel

와이키키의 대표적인 호스텔이다. 와이키키 비치까지 도보 2분이면 도착하는 최고의 위치를 자랑한다. 숙박 비용이 부담되거나 장기간 체류할 경우 추천하는 곳이다. 매주 수요일 오후 동부를 무료로 둘러보는 투어를 실시한다.

주소   2556 Lemon Rd. B101, Honolulu.
위치   더 버스 2, 2L, 8, 13, 14, 19, 20, 22, 23, 24, 42, 98A, E번 이용
운영   체크인 15:00, 체크아웃 12:00
요금 $40~   전화 808-923-9566
홈피   www.waikikibeachsidehostel.com

Waikiki   GPS 21.272389, -157.821218

비치 와이키키 부티크 호스텔
The Beach Waikiki Boutique Hostel

와이키키 비치, 동물원, 수족관, 공원에 인접한 호스텔로 간단한 조식을 무료로 제공하고 금요일에는 피자 이벤트를 실시하기도 한다. 여성 전용 도미토리, 혼성 도미토리, 2~3인용 개인실 중에서 선택할 수 있다. 매일 다양한 투어도 실시한다.

주소   2569 Cartwright Rd. Honolulu
위치   더 버스 2, 2L, 8, 13, 14, 19, 20, 22, 23, 24, 42, 98A, E번 이용
운영   체크인 14:00, 체크아웃 11:00
요금 $40~   전화 808-922-9190
홈피   www.thebeachwaikikihostel.com

마우이 MAUI

하와이에서 두 번째로 크기가 큰 마우이섬은 사람의 상반신을 닮았다. 약 130만 년 전 할레아칼라산이 있는 동쪽 마우이와 푸우쿠쿠이(Puu Kukui)산이 있는 서쪽 마우이가 화산 분화로 인해 하나로 합쳐져 지금의 형태가 되었다고 한다. 세상에서 가장 아름다운 일출을 선사하는 태양의 집 '할레아칼라 국립공원', 하와이 왕국이 시작되었던 초기에 수도였던 곳이자 관광의 중심지인 '라하이나', 세계에서 손꼽히는 최고급 리조트 단지 '카아나팔리' 등 매력적인 관광지를 보유하고 있어 오아후섬 다음으로 많은 여행자가 방문한다. 예부터 이어져 내려온 사탕수수, 파인애플, 양파 등 농업이 여전히 활발히 이루어지고 있어 자원도 풍부하다.

> **마우이에서 꼭 해야 할 일 체크!**
> - 할레아칼라 국립공원에서 일출 감상하기
> - 마우이 관광의 중심지이자 역사가 서린 라하이나 둘러보기
> - 꿈에 그리던 럭셔리 리조트 단지, 카아나팔리 걷기

1. 마우이 들어오기

마우이섬은 총 3개의 공항이 있으며 이 중 카훌루이(Kahului) 공항(OGG)이 메인이다. 오아후, 빅아일랜드, 카우아이 등 다른 섬을 잇는 항공편은 하와이안(Hawaiian)항공과 모쿨렐레(Mokulele)항공, 사우스웨스트(Southwest)항공이 운행하며, 기타 미국 본토를 연결하는 항공편은 대부분 미국 항공사가 운행한다. 오아후섬 호놀룰루의 다니엘 K. 이노우에 국제공항과 비교하면 규모가 작아 수속하는 과정이 어렵지는 않다. 참고로 모쿨렐레항공은 메인 터미널 뒤편에 있는 전용 커뮤터(Commuter) 터미널에서 수속과 탑승을 진행한다. 호놀룰루에서 35~45분이면 마우이에 도착하며 매일 운항한다.

홈피 airports.hawaii.gov/ogg

▶ 인천국제공항에서 경유편 이용하기

대한항공, 아시아나항공, 하와이안항공이 마우이의 카훌루이 공항을 연결하는 경유편을 운항한다. 인천-호놀룰루, 호놀룰루-마우이처럼 따로 구매도 가능하나 되도록 한꺼번에 발권이 되게끔 예약하는 것이 좋다. 우선 오아후섬 호놀룰루에 도착해 짐을 찾고 세관 검사를 통과하면 왼편에 있는 카운터에서 수하물을 위탁하고 게이트로 가면 된다. 단, 진에어를 이용하고 주내선을 따로 발권한 경우에는 수하물 위탁이 불가능하므로 주내선 터미널까지 짐을 들고 체크인을 진행해야 한다.

2. 공항에서 시내 이동하기

▶ 버스

마우이 버스 35번과 40번이 카훌루이 공항을 지나간다. 35번은 파이아에서 카훌루이, 40번은 푸칼라니에서 카훌루이 간을 운행하는 버스로 이 지역에 숙박하는 경우에 이용하기 좋다. 단돈 $2라는 저렴한 가격을 자랑하나 다소 시간이 걸린다는 단점이 있다.

▶ 렌터카

공항 도착 로비를 빠져나와 정면에 보이는 정류장에서 초록색 트램을 타고 카훌루이 공항 건물 인근에 있는 렌터카 전용 센터로 이동하자. 이 트램은 공항~렌터카 전용 센터를 잇는 무료 이동 수단이다. 전용 센터에는 알라모, 허츠, 달러 등 주요 렌터카 회사가 모여 있으며 이곳에서 수속을 진행한다.

▶ 택시

도착 로비를 나와 바로 오른쪽에 있는 택시 전용 정류장에서 세워진 택시를 타면 된다.

3. 마우이 안에서 이동하기

▷ 마우이 버스 Maui Bus

마우이도 다른 섬과 마찬가지로 렌터카를 대여해 돌아보는 것이 가장 빠르고 편리한 방법이다. 하지만 뚜벅이 여행자에게도 희망은 있다. 바로 마우이의 유일한 대중교통인 마우이 버스를 이용하는 것이다. 모든 관광지를 둘러볼 수는 없으나 라하이나, 카아나팔리, 파이아, 카훌루이 등은 버스로도 이동할 수 있기 때문. 배차 간격이 다소 길고 각 지역을 일일이 거쳐 가므로 시간이 오래 걸리는 편이지만 시간과 동선을 잘 계산해 계획을 세우면 문제없다. 버스로 가지 못하는 관광지는 현지 투어를 이용하도록 하자. 대부분의 버스는 카훌루이 지역 '퀸 카아후마누 센터' 내에 있는 버스터미널에서 출발하며, 카아나팔리와 카팔루아로 가는 버스는 라하이나에서 출발한다.

요금 1회 $2, 1일 $4, 한 달 $45, 5세 이하 무료
홈피 www.mauicounty.gov/605/Bus-Service-Information

마우이 버스 노선도

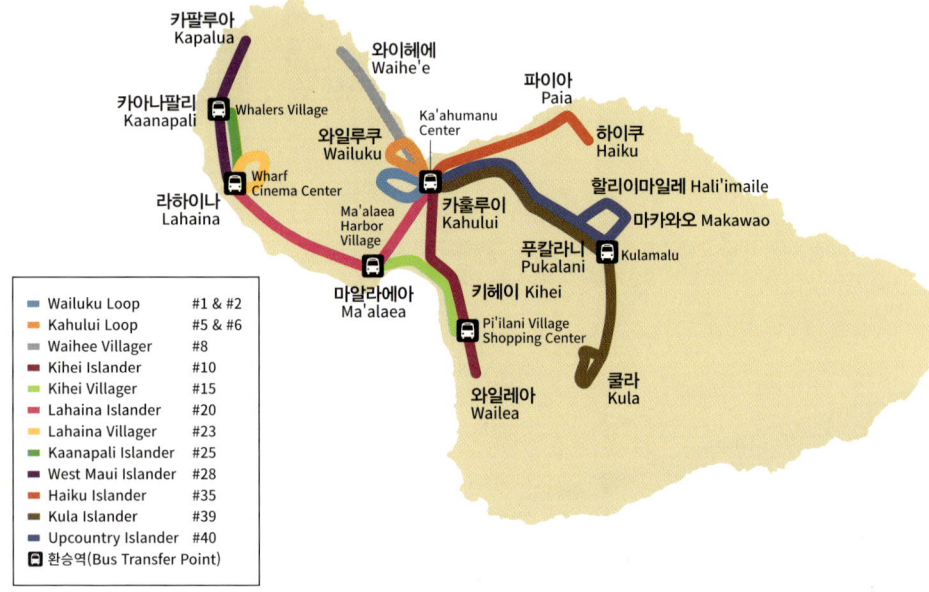

▷ 택시

한국처럼 거리를 지나가거나 멈춰서 승객을 기다리는 택시가 드문 편이므로 택시 전용 공중전화로 택시를 부르거나 스마트폰을 통한 차량 배차 서비스 우버Uber와 리프트Lyft를 이용하는 것이 일반적이다.
홈피 우버 www.uber.com, 리프트 www.lyft.com

4. 마우이 추천 일정

세계적인 리조트 단지가 속한 섬인 만큼 관광과 휴양을 적절히 배분해 즐길 것을 권한다. 당일치기도 가능하나 1박 정도는 투자해 여유롭게 돌아보자. 할레아칼라는 적어도 반나절은 투자해야 할 명소. 고산병과 험한 도로 사정을 고려해 산 정상까지의 이동시간이 다소 오래 걸리는 편이다. 중간중간에 위치하는 전망대를 모두 둘러보고 내려오는 것을 전제로 일정을 잡자.

≫ 마우이 베스트 코스 1박 2일

DAY 1
카훌루이 공항 도착
⋯ 이아오 계곡 주립공원(p.381)
⋯ 카훌루이(p.382) ⋯ 카아나팔리 비치(p.383)
⋯ 숙소 체크인 ⋯ 라하이나(p.377)

DAY 2
숙소 체크아웃
⋯ 할레아칼라 국립공원(p.372)
⋯ 파이아(p.384) ⋯ 호오키파 비치 파크(p.386)
⋯ 카훌루이 공항 출발

이아오 계곡 주립공원

카아나팔리 비치

할레아칼라 국립공원

호오키파 비치 파크

마우이

할레아칼라 국립공원 Haleakala National Park
★★★

GPS 20.769090, -156.243047

해발 3,055m의 할레아칼라산이 있는 국립공원으로 마우이 여행에서 빼놓을 수 없는 필수 관광명소다. 1790년에 분화한 이후 현재까지 뚜렷한 활동을 보이지 않는 휴화산으로 세계에서 가장 깊은 910m의 분화구를 보유하고 있다. 세계 영화사에 길이 남을 명작인 스탠리 큐브릭의 〈2001 스페이스 오디세이〉 속 달 착륙 장면이 이곳에서 촬영되었다고 한다. 할레아칼라는 하와이 원주민어로 '태양의 집'을 뜻하는 단어. 반신반인의 신인 마우이가 화산 정상에서 이동 중인 태양을 올가미로 낚아 일몰을 늦추면서 낮이 길어졌다는 전설이 있다.

주소 30000 Haleakala Hwy. Kula
위치 카훌루이 공항에서 자동차로 약 50분
운영 24시간
요금 자동차 $30, 오토바이 $25, 자전거·하이킹 $15 (유효기간 3일)
전화 808-572-4459
홈피 www.nps.gov/hale

주차장 있음

Tip │ 방문 시 주의할 점!

1. 낮에도 운해로 인해 시야가 방해되는 곳이 많으므로 운전 시 조심하도록 하자. 정면에서 햇볕이 내리쬐는 구간이 있으니 선글라스도 반드시 챙기자.
2. 머리가 아프거나 멀미가 나는 등 고산병 증세가 나타나면 호흡을 천천히 길게 내쉬고 휴식을 취하도록 하자.
3. 천연기념물과 멸종 위기의 생물이 자생하는 지역이므로 만지거나 먹이를 주는 행위는 삼가자.
4. 드론 촬영은 금지되어 있다.

more & more 할레아칼라의 마스코트! 은검초 Ahinahina

뾰족한 잎 모양이 마치 칼날 같다. 은검초는 빛이 반사된 잎이 은색 칼처럼 빛난다고 하여 지어진 이름. 국립공원 내 고도 1,800~3,700m에서 자생하는 희귀종으로 할레아칼라 이외에 빅아일랜드의 마우나 케아와 네팔의 히말라야에서만 볼 수 있다고 한다. 일생에 단 한 번 붉은 색 꽃을 피우고 생을 마감하며 6월부터 10월 사이에 나타난다.

> **more & more** **할레아칼라 국립공원 뷰 포인트!**

할레아칼라의 전경을 정상에서만 볼 수 있는 것은 아니다. 시설마다 보이는 풍경이 제각기 다르고 분위기도 조금씩 바뀌기 때문에 시간이 허락된다면 다양한 전망대를 모두 들러보는 것이 좋다.

❶ 푸우 울라울라(레드힐)
Pu'u Ula'ula Summit(Red Hill)
해발 3,055m인 할레아칼라의 정상이자 별 관측소이다.

❷ 할레아칼라 비지터 센터
Haleakala Visitor Center
해발 2,968m로 정상부인 레드힐보다 조망이 더 뛰어난 곳으로 알려진 장소다. 분화구 내부를 볼 수 있으며, 일출도 볼 수 있다. 미니 트레일 코스가 있어 가볍게 트레킹을 즐길 수도 있다.

❸ 칼라하쿠 전망대
Kalahaku Overlook
해발 2,842m 지점에 있는 전망대이다. '볼케이닉 파노라마'라 불릴 정도로 비지터 센터 못지않은 풍경을 선사한다. 칼데라의 형태를 더욱 자세히 관찰할 수 있다.

❹ 렐레이위 전망대
Leleiwi Overlook
해발 2,652m 지점에 있는 전망대로 구름 위를 걷는 느낌의 풍경이 눈앞에 펼쳐진다.

❺ 공원 관리 사무소
Park Headquarters Visitor Center
공원에 진입하여 요금을 내면 가장 먼저 눈앞에 나타나는 건물이다. 이곳에서 정상까지 약 30분이 소요된다.

할레아칼라의 하이라이트!
일출

할레아칼라의 풍경을 바라보는 것만으로도 가슴이 벅차오르지만, 더욱 깊은 감동을 원한다면 이곳의 일출 보기를 주저 없이 추천한다. 소설가 마크 트웨인이 "지금껏 본 풍경 가운데 가장 숭고한 경치"라고 표현했다 하니 그 아름다움은 어떤 수식어로도 표현할 방법이 없다. 하지만 이러한 아름다움을 감상하기에는 여러모로 어려운 점이 있으므로 잘 숙지한 후 방문하자.

▶▶ 예약은 필수!

이곳을 자유롭게 입장할 수 있다는 것도 옛말. 환경보호를 위해 일출 시간대에는 입장 가능한 인원수를 제한하고 있으며, 영어 가이드가 동행하는 미국 여행사 단 네 곳만이 투어를 실시하고 있다. 투어가 아닌 개인적으로 방문할 경우 오전 3시부터 7시 사이에는 반드시 온라인을 통해 예약해야만 입장할 수 있다는 점을 명심하자. 예약은 하와이 기준으로 60일 전 또는 이틀 전 오후 4시부터 가능하다. 이틀 전에 예약한다면 경쟁이 매우 치열하므로 오픈 시간에 맞춰 접속하자. 사이트에 미리 접속해 회원가입을 한 후 여권번호와 신용카드를 준비해두자(예약수수료 $1, 홈피 www.recreation.gov).

▶▶ 준비물을 잊지 말자!

할레아칼라 정상은 계절에 상관없이 매우 춥다. 한여름에도 최저 기온이 6~8도를 기록하기 때문에 따뜻한 겉옷을 입고 핫팩과 담요를 준비해 철저한 방한 대책을 세우자. 본인 확인이 필요한 여권은 반드시 지참할 것! 또 공원 인근에는 슈퍼와 매점이 없다. 미리 생수와 간단한 먹거리를 챙기자.

▶▶ 일출 시각은 언제?

일출 당일 새벽 3시부터 7시 사이에 입장할 수 있다. 카훌루이 공항을 기준으로 국립공원 입구까지는 50분이 소요되나 이른 아침이라 도로가 어둡다는 점, 국립공원 입구부터 정상까지는 길이 구불거리고 험난한 점을 감안하여 충분히 여유를 두고 움직여야 한다. 적어도 해가 떠오르기 30분 전에는 정상에 도착하는 것이 좋고, 조금 더 서둘러 도착하면 별이 쏟아지는 밤 풍경도 볼 수 있다. 해가 떠오르고 15~20분이 지나면 더욱 강렬한 하늘의 색 대비로 인해 멋진 풍경을 찍을 수 있으니 사진에 욕심이 있다면 참고하자.

▶▶ 날짜별 일출 시각 *2022년 기준

날짜	일출	날짜	일출	날짜	일출
1월 1일	07:09	5월 1일	05:59	9월 1일	06:15
1월 15일	07:11	5월 15일	05:52	9월 15일	06:18
2월 1일	07:08	6월 1일	05:48	10월 1일	06:22
2월 15일	07:01	6월 15일	05:49	10월 15일	06:27
3월 1일	06:50	7월 1일	05:53	11월 1일	06:34
3월 15일	06:38	7월 15일	05:58	11월 15일	06:42
4월 1일	06:23	8월 1일	06:05	12월 1일	06:53
4월 15일	06:11	8월 15일	06:10	12월 15일	07:01

라하이나 Lahaina ★★★

GPS 20.874971, -156.679559

마우이 관광의 중심지이자 역사가 서린 옛 수도. 1795년에 카메하메하 1세가 하와이 제도 전체를 통일하고 하와이 왕국을 건설했을 때부터 1845년에 호놀룰루로 천도하기 전까지 수도였다. 대항해시대에 미국 포경선의 기지로도 이용되면서 마우이에서 가장 번영을 누렸던 곳이기도 하다. 한차례 쇠퇴를 겪기도 했으나 국립역사보호구역으로 지정된 후 관광지로 변신, 현재는 여행자로 발 디딜 틈이 없을 정도로 인기가 높다. 해안선에 닿아 있는 프런트 스트리트Front Street를 중심으로 역사유적지, 음식점, 부티크 등이 몰려 있다. 하와이 원주민어로 '불타는 태양'이라는 의미를 지닌 만큼 햇볕이 강렬한 편이다. 모자와 선글라스를 착용하고 둘러보도록 하자.

주소 Front St. Lahaina
위치 마우이 버스 20, 23, 25, 28번 이용
홈피 lahainatown.com

SPECIAL AREA 02

옛 수도의 흔적을 찾아서
라하이나 유적 트레일

하와이 왕국 시절 수도였던 라하이나는 하와이의 오랜 역사를 품은 마을로 곳곳에 옛 자취가 고스란히 남아 있다. 사적으로 지정되어 보호 받는 시설 앞에는 역사와 배경이 적힌 간판이 설치되어 있으니 살펴보자.

▶▶ 반얀트리 Banyan Tree

1873년 라하이나의 기독교 포교 50주년을 기념하여 심은 나무로 언뜻 보면 여러 개이나 실은 하나의 나무가 점점 넓어져 800평을 차지할 만큼 거대해진 것이다. 주민들이 휴식을 취하는 곳으로 라하이나항 바로 옆에 위치한다. 다양한 공예 전시가 열리기도 하며 주변에 작은 기념품점도 있으니 여유를 가지고 천천히 둘러보자.

▶▶ 옛 요새 The Fort

1832년에 선원들에 대항할 목적으로 만들어진 요새다. 재료는 인근 바닷가에서 채취한 산호이며, 한 번 철거되었다가 1964년에 복원되었다.

▶▶ 코트 하우스 The Courthouse

1859년에 건축된 재판소로 범죄를 저지른 선원에게 형을 집행하던 곳이다. 1925년에 미니 갤러리 겸 관광안내소로 개조하였으며, 옛 모습도 일부 남아 있다.

▶▶ 파이오니아 인 The Pioneer Inn

1901년에 문을 연 이래 현재도 영업 중인 호텔로 1950년까지는 라하이나의 유일한 숙박시설이었다. 옛 미국을 연상케 하는 복고풍 외관은 포토 스폿으로도 인기다.

▶▶ 궁전터 The Brick Palace

1800년 전후로 카메하메하왕의 명을 받고 지어진 하와이 최초의 서양식 건축물이다. 지금은 터만 남아 있으나 당시에는 보기 드물었던 빨간 2층 벽돌집이었다 한다.

▶▶ 라하이나항 Lahaina Harbor

라하이나의 작은 항구로 수중에서 즐기는 다양한 액티비티 투어는 이곳에서 출발한다. 돌에 앉아 발을 씻으면 병과 상처가 낫는다고 하는 소파 모양의 '하우올라의 돌 Hauola Stone'도 찾아보자.

▶▶ 볼드윈 홈 박물관 The Baldwin Home

미국 본토 뉴잉글랜드 출신의 선교사이자 의사 드와이트 볼드윈이 1838년부터 1871년까지 거주했던 건물이다. 교회, 진료소로도 이용됐다.

> **알아두면 유용해요~**
> 1. 코트 하우스 1층 관광안내소에는 마우이를 기념할 수 있는 다양한 기념품과 라하이나 시내 음식점과 숍의 할인 쿠폰을 구비해 두었으니 꼭 방문해보자.
> 2. 영화 〈포레스트 검프〉의 촬영지로도 이용된 프런트 스트리트에는 영화를 연상시키는 벤치, 초콜릿 상자, 검프의 나이키 운동화 오브제가 설치되어 있다. 음식점 부바 검프 Bubba Gump 옆에 있다.

▶▶ 우힝 사원 The Wo Hing Museum

중국 도교 사원으로 중국의 이민 역사를 말해주는 다양한 자료가 전시되어 있다. 발명가 토마스 에디슨이 1898년과 1906년에 하와이의 모습을 찍은 필름도 전시되어 있다.

▶▶ 할레 파아하오 감옥 Hale Pa'ahao Prison

1852년에 카메하메하 3세의 지시로 지어진 형무소이다. 당시의 모습을 재현한 수감실과 다양한 종류의 식물이 주요 볼거리다.

▶▶ 영국 국교파 교회 Holy Innocents Episcopal Church

1862년에 세워진 영국 국교파 교회로 제단에 걸린 회화 〈하와이안 마돈나〉에 주목하자.

▶▶ 에밀리스 비치 Emily's Beach

물놀이를 즐길 수 있는 작은 비치로 현지인이 주로 찾는다.

이아오 계곡 주립공원 Iao Valley State Park ★★☆

비와 바람에 의해 침식되어 바늘처럼 뾰족한 형태로 형성된 365m의 산봉우리 쿠카에모쿠^{Kukaemoku}로 대표되는 주립공원. 하와이 왕국 시절부터 영험한 기운이 흘러나오는 신성한 장소로 불렸으며, 소설 『톰 소여의 모험』으로 유명한 마크 트웨인이 '태평양의 요세미티'라고 칭한 바 있다. 봉우리를 조망하는 전망대가 따로 마련되어 있고 주차장에서 전망대까지 가는 길도 잘 정비되어 있다.

이 일대는 하와이에서 두 번째로 비가 많이 내리는 지역이므로 봉우리가 구름에 가려져 있는 경우가 종종 있다. 비교적 비가 덜 내리는 오전에 방문하는 것을 추천한다. 전망대로 가는 도중에는 한국, 중국, 일본, 포르투갈 등 이민 역사를 기념한 케파니와이^{Kepaniwai} 파크가 있으니 함께 둘러보자.

GPS 20.880944, -156.545215

주소 54 S High St. Wailuku
위치 카훌루이 공항에서 자동차로 20분
운영 07:00~18:00 **휴무** 연중무휴
요금 차 1대 $5, 3세 이하 무료 (예약 필수)
홈피 dlnr.hawaii.gov/dsp/parks/maui/iao-valley-state-monument

주차장 $10

케파니와이 공원에 있는 한국 정자

포르투갈 집과 정원을 재현한 시설

포르투갈 집과 정원을 재현한 시설

계곡 아래 개울가에서 물놀이를 즐기는 사람들

뾰족한 봉우리가 인상적인 이아오 계곡

카훌루이 Kahului

★★☆

GPS 퀸 카아후마누 센터 20.887557, -156.475233

마우이의 심장부이자 메인 공항인 카훌루이 공항이 있는 지역. 공항 서쪽에 있는 다운타운에는 마우이 버스의 출발점이자 다양한 브랜드가 입점한 쇼핑센터 퀸 카아후마누 센터 Queen Ka'ahumanu Center와 유기농 전문 슈퍼마켓 홀 푸드 마켓, 할인 전문 매장 티제이맥스 T.J. Maxx, 로스 Ross가 입점한 마우이 몰 Maui Mall 등 굵직한 상업시설이 모여 있다. 프랜차이즈 음식점, 드러그 스토어, 은행, 주유소도 몰려 있어 여행 중 필요한 일을 해결하기에는 더할 나위 없이 편리한 곳이다. 마우이 버스는 대부분 퀸 카아후마누 센터 내에 있는 버스터미널에서 출발하며 종점 또한 이곳이다. 렌터카가 없는 뚜벅이 여행자라면 이 주변 숙박시설을 이용하는 것이 최선이다. 주말에는 주변 공터를 활용한 마켓도 열린다.

주소 퀸 카아후마누 센터
275 W Kaahumanu Ave. Kahului
위치 마우이 버스 1, 2, 5, 6, 8, 10, 20, 35, 39, 40번 이용

more & more 마우이 선데이 마켓

매주 일요일 오후 4시부터 8시 사이 카훌루이 쇼핑센터 앞 공터에 푸드트럭이 집결한다. 입장 및 주차 요금이 무료이며 이용객을 위한 하와이안 음악 이벤트도 열린다. 하와이안 플레이트 런치로 간편하게 식사를 해결하고 싶다면 이곳이 제격이다.

주소 Kahului Shopping Center, 65 W Kaahumanu Ave, Kahului
운영 일 16:00~20:00
홈피 mauisundaymarket.com

카아나팔리 비치 Kaanapali Beach

★★★

GPS 20.924929, -156.695210

주소 Kaanapali
위치 마우이 버스 25, 28번 이용

인근 호텔 유료 주차장 이용

계획적으로 조성된 최초의 리조트 단지인 카아나팔리의 근처에 있는 비치. 리조트와 골프장이 밀집한 구역을 들여다보면 푸르고 드넓은 비치와 새하얀 모래사장이 드러난다. '마우이의 황금 해안'이라 일컫는 이유를 단번에 납득할 수 있을 만큼 끝내주는 풍경이 펼쳐지고 절로 물에 들어가고 싶은 마음이 든다. 바다를 마주보고 오른쪽 끝자락에는 바다 사이로 튀어 나온 검은 암석 '블랙 록 Black Rock'이 있다. 옛날 마우이의 추장이 병사들의 사기를 북돋기 위해 암석에서 바다로 뛰어내렸다는 전설이 내려오는데, 이 때문인지 다이빙을 즐기는 남성들의 모습을 심심찮게 볼 수 있다. 실제 블랙 록 비치는 스노클링 명소로 알려져 있다. 겨울철에는 혹등고래를 관찰하는 명소로 각광받는다. 가끔 상어가 출몰한다는 목격담이 전해지는데, 실제로 사람이 상어에 물려서 사망한 사건도 있으니 주의하자.

다이빙을 즐길 수 있는 블랙 록!

 **파이아** Paia ★★☆

인적이 드문 곳에서 서퍼들의 핫플레이스로 변모한 아담한 마을. 중심가에는 알록달록하고 귀여운 복고풍의 옛 건물과 집을 개조한 음식점, 숍이 즐비하다. 사탕수수밭으로 둘러싸였던 마을로 산업이 쇠퇴하면서 한때는 아무도 찾지 않았다. 1970년대에 들어서 본격적으로 젊은 히피들이 터를 잡기 시작했다. 마을 인근의 호오키파 비치가 서핑을 즐기기에 좋다는 사실이 알려지면서 여기저기에서 찾아온 서퍼들로 마을은 북적거리게 되었다. 자연 친화적인 삶을 지향하는 이들의 터전으로 인기를 얻고 있다.

GPS 20.916106, -156.381212

주소 Paia
위치 마우이 버스 35번 이용
홈피 www.paiamaui.com

파이아

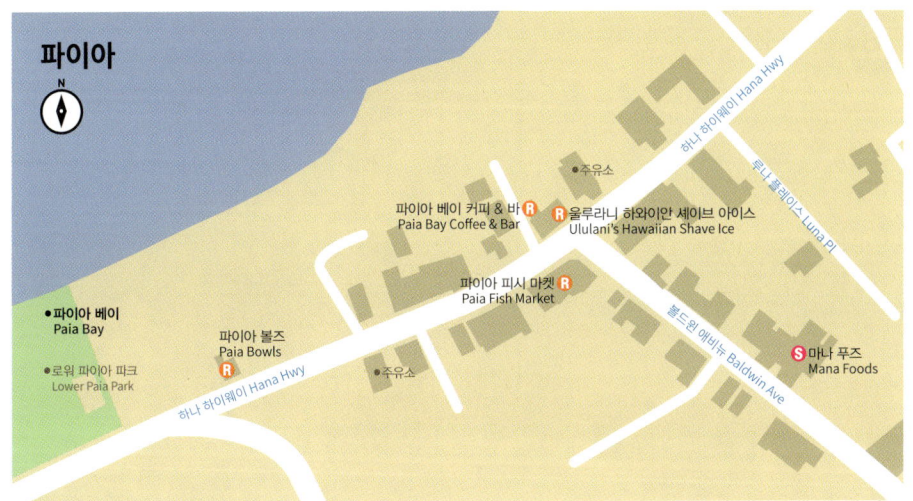

GPS 20.915644, -156.383872

★☆☆ 파이아 베이 Paia Bay

파이아에서 조금만 직진하면 나오는 호오키파 비치도 무척이나 좋지만 멀리 갈 것 없이 마을 바로 앞 파이아 베이 역시 충분히 멋지고 아름답다. 다른 비치보다 찾는 이가 적고 주변 경관도 조용한 편이라 소소한 물놀이를 즐기거나 바다 풍경을 만끽하기에 좋다. 서핑이나 부기보드도 중급자 이상의 실력을 지니고 있다면 도전해볼 것.

주소 28 Hana Hwy. Paia
위치 마우이 버스 35번 이용

주차장 있음

📷 몰로키니 Molokini ★☆☆

GPS 20.630949, -156.495419

마우이 남서부 해안에 덩그러니 떠 있는 초승달 모양의 무인도. 해저 화산의 외륜산이 수면 위로 오른 것으로 하와이주가 지정한 해양생물보호구역이다. 해저가 훤히 보일 정도로 수중 투명도가 매우 높아 여행자에게는 스쿠버다이빙과 스노클링을 즐기는 명소로 알려져 있다. 열대어와 산호초를 벗 삼아 즐기는 액티비티는 현지 투어를 통해서 참가할 수 있다. 크루즈는 마알라에아Maalaea항 또는 라하이나Lahaina항에서 이른 아침에 출발해 섬까지 약 40분이면 도착한다. 12~4월에는 고래도 관찰할 수 있다고 한다.

주소 Molokini

⛵ 호오키파 비치 파크 Ho'okipa Beach Park ★★☆

GPS 20.933817, -156.356293

오아후의 노스 쇼어가 '서핑의 성지'라면 마우이의 노스 쇼어는 '윈드서핑의 성지'라 할 수 있다. 윈드서핑으로 대표적인 곳은 바로 호오키파 비치. 강한 무역풍의 영향으로 높은 파도가 발생해 윈드서핑에 최적화된 곳이다. 겨울이면 파도가 더욱 강력해져 윈드서핑을 즐기려는 여행객들로 인산인해를 이룬다. 평소에도 현지인이 다양한 액티비티를 즐기는 곳으로 유명하며, 운이 좋다면 푸른바다거북과 몽크실을 만날 수 있다.
직접 서핑을 즐기지 않아도 시원한 바람과 파도를 맞으며 풍경을 구경하러 오는 여행객도 많은 편이다. 경치가 아름다워 사진 찍기에도 좋은 곳이니 마우이에서의 잊지 못할 추억을 사진으로 남겨 보자.

주소 179 Hana Hwy. Paia
위치 카훌루이 공항에서 자동차로 15분
주차장 있음

로드 투 하나 Road to Hana

★☆☆

GPS 하나 베이 비치 파크 20.755022, -155.983435

카훌루이Kahului에서 시작해 하나Hana까지 마우이섬 동쪽으로 끝없이 이어지는 36번 고속도로 '하나 하이웨이Hana Highway'는 '천국으로 가는 길'이라 일컫는 드라이빙 루트로 617개의 곡선 도로와 59개의 다리를 지나야 하는 난코스 중의 난코스이다. 약 83km의 구불거리는 도로를 지나는데 적어도 편도 2시간 30분에서 3시간이 소요되며 1차선 폭이 좁아 운전하기 쉽지가 않다. 자동차 1대가 통과할 정도의 다리 크기도 걸림돌이다. 전체적으로 코스가 험난한 편이기 때문에 운전 기술이 어느 정도 숙달된 운전자가 아니라면 추천하지 않는다. 그럼에도 이 코스가 인기를 끌고 있는 이유는 도로 양쪽으로 펼쳐지는 하와이의 아름다운 대자연 때문이다. 다른 지역처럼 리조트 단지로 조성되지 않아, 있는 그대로의 자연을 마주하고 흠뻑 취할 수 있다. 모험심 강한 이라면 정복욕에 불타오를 것이다. 무리하지 않고 주변 환경을 느끼며 천천히 운전하다 보면 어느새 하나에 도착해 있을 것이다.

주소 하나 베이 비치 파크
150 Keawa Pl. Hana

Tip | 로드 투 하나에서 주의할 점

1. 이른 아침에 출발해 점심 전에는 하나에 도착하는 것이 좋다. 해 질 녘이나 해가 진 후의 운전은 위험하므로 해가 떠 있을 때 하나에서 돌아오는 것을 염두에 두고 계획을 세우자.
2. 본격적인 드라이브에 나서기 전 마지막으로 나오는 번화가 파이아Paia에서 주유를 하고 먹거리를 구비해두자.
3. 도로 자체가 크지 않기 때문에 몸체가 작은 차량이 운전하기 편하다.
4. 'Yield' 표식에 주목하자. 1차선인 다리를 건널 때 앞에서 오고 있는 차량이 먼저 통과하도록 양보를 하는 것이 규칙이다.

추천

키모스 마우이 Kimo's Maui

1977년에 문을 연 라하이나의 대표 음식점이다. 새파란 바다가 훤히 보이는 테라스석은 개방적이고 시원한 분위기를 자아낸다. 음식점에서 사용되는 식재료는 마우이 현지에서 하나하나 조달한 것이다. 해산물 요리 위주로 판매하며 스테이크, 햄버거, 샌드위치 등도 선보인다. 이곳의 명물인 커다란 아이스크림 케이크 훌라 파이도 도전해보자.

주소 845 Front St. a, Lahaina
위치 마우이 버스 20, 23, 25, 28번 이용
운영 11:30~21:00 **휴무** 연중무휴
요금 키모스 베이크 $27,
   코코넛 슈림프 $21,
   오리지널 훌라 파이 $14
전화 808-661-4811
홈피 www.kimosmaui.com

주차장 없음

GPS 20.875113, -156.679362

울루라니 하와이안 셰이브 아이스 Ululani's Hawaiian Shave Ice

마우이의 셰이브 아이스 하면 이곳! 마우이산 재료를 사용한 40가지 종류의 시럽은 이 집에서 고안한 조리법으로 손수 만들었다. 설탕도 100% 사탕수수로 만든 것이다. 아이스의 개수와 사이즈를 고르고 맛과 추가 토핑을 선택해 주문하면 된다. 시럽은 메뉴판을 보고 3가지를 고르면 되는데, 패션오렌지, 망고, 구아바 맛 콤보인 선셋 비치 Sunset Beach가 가장 인기 높다.

주소 790 Front St. Lahaina
위치 마우이 버스 20, 23, 25, 28번 이용
운영 11:00~20:00 **휴무** 연중무휴
요금 셰이브 아이스 키즈 $5.99,
   울루 $7.25
전화 808-757-8286
홈피 www.ululanishawaiianshav-eice.com

주차장 없음

상큼한 디저트로 추천!

추천

파이아 피시 마켓 Paia Fish Market

GPS 20.915917, -156.381326

파이아 중심가 한가운데 떡하니 자리한 캐주얼 레스토랑. 1989년에 문을 연 이후 파이아를 대표하는 해산물 전문 음식점으로 자리매김했다. 간판 메뉴는 구운 생선을 토르티야 반죽, 토마토, 양배추, 치즈 등 재료와 조합해 멕시칸 스타일로 승화시킨 '피시 소프트 타코'이다. 새우, 오징어, 생선을 튀긴 요리나 햄버거, 파스타, 샐러드 등도 선보인다. 인기가 높아 긴 대기줄을 각오해야 한다. 점심과 저녁 시간을 피해 방문하는 것을 추천한다.

주소 100 Baldwin Ave. Paia
위치 마우이 버스 35번 이용
운영 일·월 07:30~15:00,
화~토 07:30~22:00
요금 $3~
전화 808-579-8030
홈피 paiabaycoffeeandbar.com
주차장 없음

파이아 베이 커피 & 바 Paia Bay Coffee & Bar

GPS 20.916243, -156.381493

파이아의 한적한 골목길에 숨어있는 카페. 내부로 들어가도 마치 야외 테라스 같은 분위기를 자아낸다. 커피가 메인이며 조식이나 간단한 식사 메뉴도 판매한다. 건물 틈 사이로 들어오는 따사로운 햇볕을 느끼며 휴식을 취하기에 좋은 곳이다.

주소 115 Hana Hwy. Paia
위치 마우이 버스 35번 이용
운영 화~토 07:30~19:00,
일 07:30~12:00
휴무 월
요금 커피 $2.75~
전화 808-579-3111
홈피 paiabaycoffee.com
주차장 없음

추천
마나 푸즈 Mana Foods

1983년에 문을 연 파이아의 터줏대감이다. 마우이에서 생산해 신선하고 건강에 좋은 고품질 상품을 중심으로 청과물, 식료품, 농산물, 육류, 곡물 등 400여 업체에서 들여온 상품이 종류별로 진열되어 있다. 슈퍼 내부에서 직접 만드는 델리와 카페 메뉴, 영양제와 유기농 상품을 위주로 구비해놓은 비타민 룸 코너를 주목하자. 입구 부근에 있는 슈퍼 내부 안내도를 참고해 쇼핑을 즐기자.

GPS 20.915501, -156.379996

주소 49 Baldwin Ave. Paia
위치 마우이 버스 35번 이용
운영 08:00~20:30 휴무 부정기
전화 808-579-8078
홈피 manafoodsmaui.com

영수증 제시 시 주차장 1시간 무료

GPS 20.887557, -156.475233

퀸 카아후마누 센터 Queen Ka'ahumanu Center

마우이에서 규모가 가장 큰 쇼핑몰로 120여 개의 브랜드, 식당, 마켓 등이 입점해 있어 다양한 쇼핑을 즐길 수 있다. 로컬 브랜드가 많아 저렴한 생필품이나 기념품을 구매하기 좋으며 2층에는 푸드코트가 있어 간단히 식사를 해결할 수 있다. 화요일, 수요일, 금요일 오전에는 신선한 현지 농산물, 생선, 꽃 등을 판매하는 파머스 마켓도 열린다.

주소 275 W Kaahumanu Ave. Kahului
위치 마우이 버스 1, 2, 5, 6, 8, 10, 20, 35, 39, 40번 이용
운영 월~목 10:00~20:00, 금·토 10:00~21:00, 일 10:00~17:00
전화 808-877-4325
홈피 queenkaahumanucenter.com 주차장 있음

Kaanapali　　　　　　　　　　　　　　　　　GPS 20.926324, -156.694295

쉐라톤 마우이 리조트 & 스파 Sheraton Maui Resort & Spa [4성급]

카아나팔리 일대가 리조트 지역으로 조성될 때 지어진 호텔로 카아나팔리를 대표한다. '검은 바위 위 요새'라는 별칭답게 블랙 록 비치 부근에 자리하고 있다. 바다와 어우러지는 야외 수영장이 있으며, 카아나팔리 안을 순환하는 셔틀을 운행한다.

주소　2605 Kaanapali Pkwy. Lahaina
위치　마우이 버스 25, 28번 이용
운영　체크인 15:00, 체크아웃 11:00
요금　$500~
전화　808-661-0031
홈피　www.marriott.com/hotels/travel/hnmsi-sheraton-maui-resort-and-spa

Kaanapali　　　　　　　　　　　　　　　　　GPS 20.919770, -156.695017

웨스틴 마우이 리조트 & 스파 Westin Maui Resort & Spa [4성급]

카아나팔리 비치 중심에 위치하는 고급 호텔이다. 푸른 바다를 배경으로 한 뷰와 성인 전용 리조트라는 점이 자랑거리이다. 워터 슬라이드가 설치된 5개의 개성 강한 수영장으로도 주목받는다. 매주 화요일, 목요일, 일요일에는 하와이의 전통 공연 루아우Luau를 개최하니 참고하자.

주소　2365 Kaanapali Pkwy. Lahaina
위치　마우이 버스 25, 28번 이용
운영　체크인 16:00, 체크아웃 11:00
요금　$350~
전화　808-667-2525
홈피　www.marriott.com/hotels/travel/hnmwi-the-westin-maui-resort-and-spa-kaanapali

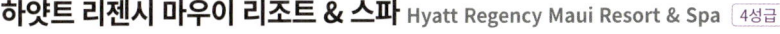

Kaanapali　　　　　　　　　　　　　　　　　GPS 20.912992, -156.692180

하얏트 리젠시 마우이 리조트 & 스파 Hyatt Regency Maui Resort & Spa [4성급]

마우이의 리조트 단지 카아나팔리에 있다. 5만 평 가까이 되는 넓은 정원을 조성해 마치 정글 속에 있는 듯한 느낌이 든다. 마우이에서 유일하게 오션 뷰 스파를 제공한다. 스파에서 바다가 바로 보여 아름답다. 객실마다 풍경을 조망하는 전용 발코니가 설치되어 있다.

주소　200 Nohea Kai Dr. Lahaina
위치　마우이 버스 25, 28번 이용
운영　체크인 16:00, 체크아웃 11:00
요금　$300~　　　　전화　808-661-1234
홈피　www.hyatt.com/en-US/hotel/hawaii/hyatt-regency-maui-resort-and-spa

Kapalua
리츠칼튼 카팔루아 Ritz-Carlton Kapalua 5성급

GPS 21.000440, -156.653959

최고급 리조트가 모여 있는 카팔루아 지역을 상징하는 호텔이다. 6만 6천 평의 드넓은 부지 위에 골프 코스, 야외 수영장, 테니스 코트, 쇼핑센터, 음식점 등 다양한 시설을 갖추고 있다. 인근 해변에서 즐길 수 있는 서핑, 카누, 패들보드, 스노클링, 고래 관찰 등의 액티비티 프로그램도 제공한다.

주소 1 Ritz Carlton Dr. Lahaina
위치 마우이 버스 28번 이용
운영 체크인 16:00, 체크아웃 12:00
요금 $700~
전화 808-669-6200
홈피 www.ritzcarlton.com/en/hotels/kapalua-maui

Wailea
포시즌스 리조트 마우이 앳 와일레아 Four Seasons Resort Maui at Wailea 5성급

GPS 20.680277, -156.442180

카아나팔리보다 3배 큰 규모를 자랑하는 럭셔리 리조트 단지로 인기 급부상 중인 와일레아 지역의 대표 호텔. 남쪽에 위치하여 번화가와는 다소 거리가 있지만 그만큼 한적하고 고요해 휴식을 취하기에 좋다.

주소 3900 Wailea Alanui Dr. Kihei
위치 카훌루이 공항에서 자동차로 25분
운영 체크인 15:00, 체크아웃 12:00
요금 $650~   전화 808-874-8000
홈피 www.fourseasons.com/maui/?seo=google_local_mau1_amer

Kahului
마우이 시사이드 호텔 Maui Seaside Hotel 2성급

GPS 20.890907, -156.470062

카훌루이 공항에서 가까운 거리에 위치하며 마우이 버스의 출발점인 퀸 카아후마누 센터를 도보로 이동할 수 있다. 뚜벅이 여행자에게 적합한 호텔이다. 가격도 다른 호텔과 비교해 저렴한 편이며, 시설이 낡긴 했으나 깔끔하고 깨끗하다. 리조트 수수료가 없다는 것도 장점이다.

주소 100 W Kaahumanu Ave. Kahului
위치 마우이 버스 1, 2, 5, 6, 8, 10, 20, 35, 39, 40번 이용
운영 체크인 16:00, 체크아웃 12:00
요금 $175~
전화 808-877-3311
홈피 www.mauiseasidehotel.com

Kaanapali
마우이 비치 호텔 Maui Beach Hotel 2성급

GPS 20.890325, -156.472476

카훌루이 공항에 인접한 번화가 카훌루이에 있는 호텔. 주변에 마우이 몰과 퀸 카아후마누 쇼핑센터가 있어 관광 후 남은 시간을 보내기에 좋다. 내부에 수영장 딸린 정원이 아름답기로 유명하다.

주소	170 Kaahumanu Ave. Kahului
위치	마우이 버스 1, 2, 5, 6, 8, 10, 20, 35, 39, 40번 이용
운영	체크인 15:00, 체크아웃 12:00
요금	$200~
전화	808-954-7421
홈피	www.mauibeachhotel.net

Wailea
안다즈 마우이 Andaz Maui 5성급

GPS 20.692801, -156.442208

세계적인 호텔 브랜드 하얏트가 야심차게 선보이는 럭셔리 호텔. 마우이 남쪽 리조트 단지 와일레아 내에 자리하며 1만 8천 평 부지를 확보해 드넓은 비치 조망도 기대할 수 있다. 바로 앞 모카푸 비치도 맘껏 즐길 수 있다.

주소	3550 Wailea Alanui Dr. Wailea	위치	카훌루이 공항에서 자동차로 25분
운영	체크인 16:00, 체크아웃 11:00	요금	$700~
전화	808-573-1234		
홈피	maui.andaz.hyatt.com/Maui		

Kahului
코트야드 바이 메리어트 마우이 Courtyard by Marriott Maui Kahului 3성급

GPS 20.888387, -156.449616

카훌루이 공항과 가까운 호텔들 가운데 비교적 등급이 높은 곳으로 메리어트 계열의 브랜드 호텔이다. 넓은 수영장에서 물놀이를 즐긴 후 마련되어 있는 따뜻한 욕조에서 휴식을 취하기에 좋다.

주소	532 Keolani Pl. Kahului
위치	마우이 버스 1, 2, 5, 6, 8, 10, 20, 35, 39, 40번 이용
운영	체크인 15:00, 체크아웃 12:00
요금	$550~
전화	808-871-1800
홈피	www.marriott.com/hotels/travel/hnmmk-courtyard-maui-kahului-airport

BIG ISLAND
빅아일랜드

빅아일랜드 BIG ISLAND

정식 명칭은 하와이섬 Island of Hawaii이나 '커다란 섬'을 의미하는 애칭 빅아일랜드로 더 익숙한 섬이다. 하와이 제도에서 가장 큰 섬으로 나머지 7개 섬의 면적을 모두 합쳐도 이곳이 2배가 더 크며, 우리나라의 제주도보다 8배 큰 면적을 자랑한다. 5개의 화산이 융합해 생긴 섬으로 검은 용암으로 뒤덮여 있는 흔적을 곳곳에서 발견할 수 있다. 거대한 섬의 드넓은 대지에는 지구상에 존재하는 13가지 기후 중 사막과 극지방 기후를 제외한 모든 기후대가 존재한다. 여전히 활발하게 화산 활동을 하는 활화산 킬라우에아 Kilauea가 대표적인 관광명소이며, 4,000m가 넘는 2개의 산 마우나 케아 Mauna Kea와 마우나 로아 Mauna Loa 사이로 커피 농장, 자연명소, 번화가가 분산되어 있다.

> **빅아일랜드에서 꼭 해야 할 일 체크!**
>
> - 마우나 케아 정상에서 일몰과 별 관측 즐기기
> - 킬라우에아 화산 국립공원에서 칼데라 관찰하기
> - 빅아일랜드 관광의 중심지 카일루아 코나 지역 둘러보기
> - 세계 3대 커피 중 하나인 코나 커피 음미하기

1. 빅아일랜드 들어오기

하와이 제도에서 가장 큰 섬인 만큼 2개의 국제공항을 보유하고 있다. 코나 지역의 코나 공항(KOA)과 힐로 지역의 힐로 공항(ITO)이다. 코나 공항에서는 오아후섬, 마우이섬, 카우아이섬 등 각 이웃섬을 연결하는 하와이안항공과 모쿨렐레 Mokulele항공, 사우스웨스트 Southwest항공이 운항 중이며, 기타 미국 본토를 연결하는 미국 항공사도 운항한다. 외항사 중에서는 일본항공이 유일하게 도쿄-코나 직항편을 운항한다. 참고로 모쿨렐레항공은 메인 터미널을 등지고 오른쪽으로 직진하면 보이는 전용 커뮤터 Commuter 터미널에서 수속과 탑승을 한다. 힐로 공항에서는 오아후섬과 마우이섬을 연결하는 하와이안항공과 미국 본토 로스앤젤레스를 잇는 유나이티드항공이 운항한다. 호놀룰루에서 코나까지는 40분, 힐로까지는 50분이면 도착하며 매일 운항한다.

▷ 인천국제공항에서 경유편 이용하기

대한항공, 아시아나항공, 하와이안항공이 빅아일랜드의 코나 공항(KOA)과 힐로 공항(ITO)을 연결하는 경유편을 운항한다. 인천-호놀룰루, 호놀룰루-빅아일랜드처럼 따로 구매도 가능하나 되도록 한 번에 발권이 되게끔 예약하는 것이 좋다. 우선 오아후섬 호놀룰루에 도착해 짐을 찾고 세관 검사를 통과하면 왼편에 있는 카운터에서 수하물을 위탁하고 게이트로 가면 된다. 단, 진에어를 이용하고 주내선을 따로 발권한 경우에는 수하물 위탁이 불가능하므로 주내선 터미널까지 짐을 들고 체크인을 진행해야 한다.

2. 공항에서 시내 이동하기

두 공항 모두 호텔이 다수 위치하는 카일루아 코나와 힐로까지 운행하는 대중교통이 없다. 그렇기 때문에 공항 도착 로비에 대기 중인 택시를 이용하거나 예약한 렌터카를 수령해 직접 운전하는 것 말고는 방법이 없다. 렌터카는 사전에 예약해두면 도착 시간에 맞춰 렌터카 회사의 셔틀버스가 도착하며, 그것을 타고 영업소까지 이동하면 된다. 택시를 이용할 경우 도착 로비를 나가 대기 중인 택시에 승차하거나 차량 배차 서비스 앱을 통해 부르면 된다.

3. 빅아일랜드 안에서 이동하기

▷ 코나 트롤리 Kona Trolley

쉐라톤 코나 리조트 & 스파를 출발하여 카일루아 코나 타운을 순회하는 트롤리 버스. 케아우호우 리조트 트롤리 Keauhou Resort Trolley 또는 호누 익스프레스 Honu Express 라고도 불린다. 오전 7시부터 오후 9시 사이 매시간 운행한다. 매직 샌드 비치, 코나 마켓 플레이스(알리이 드라이브), 카일루아항, 월마트 등 여행자가 즐겨 찾는 명소가 정류장에 포함되어 있다. 쉐라톤 코나 리조트 & 스파의 숙박객은 요금이 무료다.

요금 1회 $2(2023년까지 무료)

▷ 헬레 온 버스 Hele On Bus

빅아일랜드의 노선버스로 힐로-코나, 코나-코나 공항, 힐로-킬라우에아 화산 국립공원 등 총 10개 노선이 있다. 통근 목적으로 만들어진 버스로 이른 아침부터 운행을 시작한다. 코나-힐로 간 노선은 편도 3시간이 소요되므로 에어컨 바람에 버티기 쉽지 않다. 추위를 잘 타는 편이라면 겉옷을 소지하고 탑승하는 것을 추천한다. 다른 노선으로 갈아타는 경우 1회 환승이 가능하다. 일부 노선은 일요일에 운휴한다.

요금 1회 $2, 캐리어 같은 큰 짐 $1, 환승 $1,
　　5세 이하 무료, 한 번 환승 2시간 이내 무료(2023년까지 무료)
홈피 heleonbus.org

▷ 자전거 Bike Share Kona Hawaii Island

오아후섬의 비키 Biki 와 같은 자전거 대여 시스템이 코나 지역에서도 실시되고 있다. 코나 타운의 중심지인 알리이 드라이브 부근에 3곳이 설치되어 있는데, 워터 프런트 로우 쇼핑센터 앞, 유명 음식점 온 더 록스 앞 그리고 매직 샌드 비치 근처이다. 단말기에 대여할 자전거 대수를 입력하고 카드로 결제하면 비밀번호가 발행된다. 발행된 비밀번호를 자전거에 부착된 장치에 입력하면 된다.

요금 1회(30분) $3.50, 24시간 무제한 탑승(1회당 30분 제한) $10
홈피 www.hawaiiislandbike.com

▷ 택시

택시 전용 공중전화로 택시를 부르거나 스마트폰을 통한 차량 배차 서비스 우버 Uber 와 리프트 Lyft 를 이용하는 것이 일반적이다.

홈피 우버 www.uber.com, 리프트 www.lyft.com

4. 빅아일랜드 추천 일정

짧은 일정 속 시간을 쪼개어 빅아일랜드를 방문하기로 결심했다면 당일치기나 1박으로도 굵직한 명소는 둘러보고 올 수 있다. 단, 당일치기라면 킬라우에아 화산 국립공원과 마우나 케아 중 하나는 포기해야 한다. 다른 명소를 포기하고 오로지 두 곳만을 공략하는 것도 방법이 될 수 있으나 이동시간이 길고 진득하게 감상하기도 어려워 추천하지 않는다. 두 곳 모두 포기하고 싶지 않다면 무조건 1박을 추천한다.

▷ 빅아일랜드 베스트 코스 1일

코나 공항 도착 ···▶ 카일루아 코나(p.407)
···▶ 카할루우 비치 파크(p.411)
···▶ 푸날루우 블랙 샌드 비치(p.415)
···▶ 킬라우에아 화산 국립공원(p.404)
···▶ 아카카 폭포 주립공원(p.417)
···▶ 파커 랜치(p.417) ···▶ 코나 공항 출발

카할루우 비치 파크

킬라우에아 화산 국립공원

▷ 빅아일랜드 베스트 코스 1박 2일

DAY 1
코나 공항 도착 ···▶ 카일루아 코나(p.407)
···▶ 마우나 케아 일몰과 별 관측(p.400)
···▶ 숙소 체크인

DAY 2
숙소 체크아웃 ···▶ 푸날루우 베이크숍(p.415)
···▶ 푸날루우 블랙 샌드 비치(p.415)
···▶ 킬라우에아 화산 국립공원(p.404)
···▶ 힐로 타운(p.416) ···▶ 힐로 공항 출발

마우나 케아 일몰과 별 관측

푸날루우 블랙 샌드 비치

카일루아 코나

마우나 케아 Mauna Kea

★★★　　　　　　　　　　　　　　　　GPS 19.821998, -155.470805

하와이 원주민어로 '하얀 산'을 뜻하는 하와이 제도의 최고봉이다. 빙하시대에 눈으로 덮인 산이 새하얗게 보여 이런 이름이 붙여졌다. 해발 4,205m로 태평양의 해산 중 가장 높다. 태평양 해저부터 높이를 재면 무려 1만 203m로 에베레스트산보다 높은 세계 최고봉이라 할 수 있다.

산 정상에는 세계 각국의 천체 관측소가 모여 있는데, 아프리카의 카나리제도; 남미 칠레의 안데스산맥과 함께 별을 관측하기에 적합한 곳으로 잘 알려져 있다. 일몰 감상과 별자리 관측이 가능한 늦은 오후에 방문하는 것을 추천한다. 산 정상에 올라 운해 사이로 사라지는 일몰 풍경을 지켜본 후 쏟아지는 별을 감상하는 것만으로도 큰 감동이 될 것이다. 참고로 일몰 직후 20분 이내에 동쪽 부근에서 보라색과 분홍색의 그러데이션이 나타나는데, 지구의 그림자 '비너스 벨트'이다. 주변을 잘 살펴보면 비너스 벨트도 발견할 수 있을 것이다.

정상까지 가는 길은 비포장도로로 험한 편이라 개별 이동이 어려운 여행자라면 투어를 이용해도 좋다. 보통 일몰과 별 관측을 함께 하는 프로그램이 많으며, 투어에 참가하면 천체망원경을 통해 다양한 별자리를 관측할 수 있고 가이드가 있어 편리하다.

한국과 미국, 캐나다, 브라질, 아르헨티나, 칠레 5개국이 공동운영하는 제미니(Gemini)천문대

서서히 해가 모습을 감추는 일몰 시간대

직접 운전해서 산에 오를 거라면 2,800m 높이에 위치하는 오니즈카 비지터 센터Onizuka Center for International Astronomy Visitor Information Station(현재 공사 중, 재개장 미정)에서 한차례 휴식을 취하도록 하자. 갑자기 고도가 높아짐에 따라 생기는 고산병 증세를 예방하기 위해서는 30분 정도 쉬면서 몸을 적응시켜야 한다. 센터에서 정상으로 출발할 때 직원이 자동차가 사륜구동인지, 기름이 반 이상 남아있는지 확인하고 올려보낸다. 즉, 일반 차량이거나 기름이 반 이하 남아있는 경우라면 정상에 오르는 것이 금지되어 있다는 뜻이다. 올라갈 때보다 내려올 때 사고 발생 가능성이 높다고 하니 천천히 오르도록 하며, 운전 경험이 적다면 무리하지 말고 투어를 이용하는 것이 낫다.

주소 Mauna Kea Access Rd. Hilo
위치 힐로 공항에서 자동차로 1시간 30분, 코나 공항에서 1시간 40분
운영 24시간
요금 무료

주차장 있음

별이 선명하게 보이는 마우나 케아의 밤

해가 진 직후의 여명을 느낄 수 있는 매직아워

지구의 그림자인 비너스 벨트

Tip | 관광 시 주의할 점

1. 고지대에 있어 기온이 낮고 기후가 건조하므로 추위를 막기 위한 따뜻한 겉옷과 손난로를 준비하고 건조한 피부에 바를 립밤과 핸드크림을 준비하자. 생수와 고산병 예방을 위한 두통약도 지참하는 것이 좋다.
2. 24시간 이내에 수중 다이빙과 음주를 한 사람, 임신 중이거나 고혈압, 심장, 호흡기 질환자는 등산을 삼가자.
3. 계절에 따라 관측할 수 있는 별자리가 다르다. 봄은 사자자리, 여름은 백조자리, 가을은 카시오페이아자리, 겨울은 오리온자리가 대표적이다.

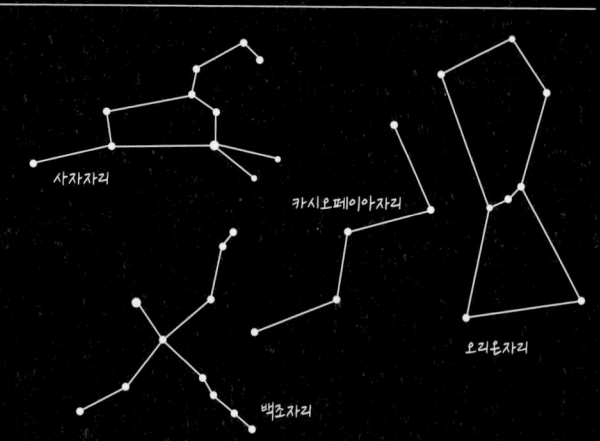

more & more 별 관측에 가장 적합한 시기는 언제일까?

1. 보름달이 생기는 시기는 달의 밝기 때문에 별을 관측하기가 어렵다. 따라서 방문 시기는 만월과 만월 전후 이틀을 제외한 나머지 기간이 좋다. 달의 형상을 통해 만월 시기를 알 수 있는 웹사이트(www.moonconnection.com/moon_phases_calendar.phtml)에 접속해 방문 예정인 달과 연도를 선택하고 'Go' 버튼을 누르면 확인할 수 있다.

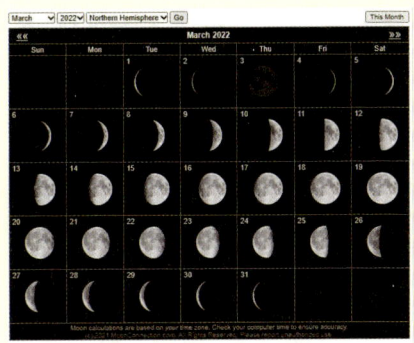

2. 웹사이트(www.sunrisesunset.com/USA/Hawaii)에 접속해 달력을 만들면 천체 관측에 적합한 시간을 알 수 있다. 'Choose a Location' 메뉴에서 'Waikoloa(와이콜로아)'를 누르고 방문할 날짜를 선택한 다음 'Moon Phases(달의 형상), Astronomical Twilight(천문 박명), Moonrise and Moonset(달이 뜨고 지는 시각)'을 선택한 뒤 'Make Calendar' 버튼을 누르자. 오른쪽 위에 '○' 표시가 있는 날짜가 바로 만월이다. 방문 날짜가 만월 이전이라면 문셋Moonset과 선라이즈Sunrise 사이를, 만월 후라면 선셋Sunset과 문라이즈Moonrise 사이의 시간을 보고 천문 박명이 일어나는 시간을 종합적으로 판단해야 별 관측에 가장 좋은 시간을 짐작할 수 있다. 예를 들어, 만월 이후의 경우 화면에서 보이는 시각이 '선셋 6:51pm, 문라이즈 09:12pm, Twi A(천문 박명) 08:07pm'일 때 별 관측에 가장 적합한 시간은 '08:07~09:12pm'이라고 할 수 있다.

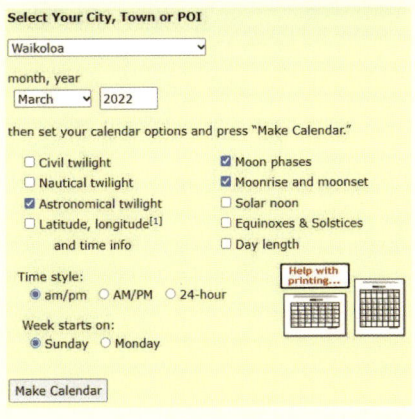

★★★ 킬라우에아 화산 국립공원 Hawaii Volcanoes National Park

GPS 19.431296, -155.257773

5개의 화산이 융합해 하나의 섬을 이룬 빅아일랜드. 그중 아직도 활발한 화산 활동이 이루어지고 있는 것은 해발 1,247m의 킬라우에아산이 유일하다. 유네스코 세계자연유산으로도 지정될 만큼 전 세계에서도 보기 드문 활화산으로 2018년 5월부터 8월 사이에도 분화 활동이 발생하였다. 거대한 국립공원 부지 내에 있는 직경 약 12km의 킬라우에아 칼데라에서 자연의 힘을 지켜볼 수 있다. 칼데라는 화산이 폭발하며 생긴 거대한 타원형 분지로 이 안에 있는 수많은 분화구 중 가장 큰 할레마우마우 Halemaumau 분화구에서 새하얀 연기가 피어 오르고 있다. 칼데라 주변에 형성된 다양한 트레일을 이용해 트레킹을 즐기거나 높이 1,128m 부근에서 해안선까지 아래로 내려가며 화산을 만끽하는 30km의 고속도로 체인 오브 크레이터스 로드 Chain of Craters Road에서 드라이브를 즐기는 것도 화산을 즐기는 또 다른 방법이다.

주소 1 Crater Rim Dr. Volcano
위치 힐로 공항에서 자동차로 40분
운영 국립공원 24시간, 방문자 센터 9:00~20:00
요금 자동차 $30, 오토바이 $25, 자전거·하이킹 $15
전화 808-985-6000
홈피 www.nps.gov/havo/

주차장 있음

현재도 활발히 분화 활동 중임을 증명하는 연기

화산 활동으로 생긴 용암의 흔적

Tip | 주의할 점 체크!

1. 2019년에는 분화 활동이 안정되었으나 여전히 문을 열지 못하고 폐쇄된 스폿이 몇 군데 있다. 재거 뮤지엄, 라바 튜브(용암 동굴), 일부 크레이터 림 트레일 구간은 출입 금지이다.
2. 킬라우에아 화산 국립공원 내에서 식물을 채취하거나 용암을 훼손하는 것을 금지하고 있다. 하와이 사람들은 이곳에 화산의 여신 펠레Pele의 영적인 힘이 깃들어 있다고 믿고 있으므로 화를 입지 않으려면 아무런 행위도 하지 않는 것이 좋다.
3. 생수, 선글라스, 모자, 우비 등을 지참하는 것이 좋다. 분화된 연기로 인해 몸에 무리가 가는 경우도 생길 수 있으니 심장, 호흡기 질환자는 되도록 입장을 삼가자.

화산에서 피어나는 끈질긴 생명들

가장 큰 분화구인 할레마우마우

★★★ 카일루아 코나 Kailua Kona

GPS 19.637836, -155.993466

빅아일랜드 서해안 중앙부에 위치하는 관광의 중심지. 리조트, 콘도미니엄 등의 숙박시설을 비롯해 이 지역의 중심인 알리이 드라이브 Ali'i Drive가 있고 쇼핑시설, 맛집, 편의점 등이 즐비하다. 자그마한 마을에 갖출 건 다 갖췄다는 인상을 주며 전체적으로 소박하면서도 옛 정취가 물씬 나 정겨운 분위기가 느껴진다. 참고로 알리이는 하와이 원주민어로 '왕'을 뜻하는 단어로 카메하메하 1세가 남은 생을 보낸 곳이기도 하다. 훌리헤에 궁전, 모쿠아이카우아 교회 등 하와이의 역사적인 명소도 있다. 명소를 둘러본 후 아기자기한 기념품 쇼핑, 맛있는 하와이 음식까지 한번에 즐겨보자.

주소 75-5744 Ali'i Dr. Kailua
위치 코나 트롤리 이용

▶▶ 훌리헤에 궁전 Hulihe'e Palace

하와이 제도에 있는 3개의 궁전 중 하나로 1838년 하와이 왕족의 여름 별장으로 건축되었다. 현재는 왕가의 생활상을 알 수 있는 자료가 전시된 박물관으로 이용 중이다(가이드투어 일반 $22).

▶▶ 모쿠아이카우아 교회
Mokuaikaua Church

1820년에 건립된 하와이에서 가장 오래된 교회. 건물 외벽은 산호와 용암으로 만들어졌으며, 내부 기둥은 오히아Ohia 나무를 사용했다(입장 무료).

▶▶ 카마카호누 비치 Kamakahonu Beach

알리이 드라이브 끝자락의 코트야드 메리어트 호텔에 있는 자그마한 비치이다. 입자가 고운 모래로 서핑, 카누 등 액티비티 레슨이 자주 진행된다.

▶▶ 카일루아항 Kailua Pier

크루즈가 정박하는 항구로 이곳에서 바라보는 카마카호누 비치와 카마카호누 국립역사건축물이 멋스럽다.

▶▶ 카마카호누 국립역사건축물 Kamakahonu National Historic Landmark

카메하메하 1세가 실제로 살았던 집을 복원하였다. 하와이 4대 신 로노Lono를 모시는 신전도 있다.

▶▶ 할레 할라와이 파크 Hale Halawai Park

바다 풍경이 끝내주는 조용한 공원이다.

▶▶ 코나 인 쇼핑 빌리지 Kona Inn Shopping Village

50군데의 점포가 한데 모여 있는 작은 쇼핑몰. 호텔로 지어진 건물을 개조하여 만들어진 곳이다. 민예품, 커피, 티셔츠 등 하와이 관련 기념품 판매점이 많다.

▶▶ 반얀트리 Banyan Tree

거리 곳곳에 우뚝 솟은 수령이 오래된 커다란 반얀트리는 이 지역 마스코트이다.

▶▶ 코나 마켓플레이스 Kona Marketplace

하와이의 오리지널 티셔츠 브랜드 '크레이지 셔츠', 선글라스 전문점 '선글라스 헛' 등이 있는 쇼핑몰. 음식점, 카페도 입점해 있다.

매직 샌드 비치 파크 Magic Sands Beach Park

★★☆
GPS 19.594376, -155.971766

파도와 조수간만의 차로 갑자기 모래사장이 사라지는 마법 같은 진풍경이 연출된다고 하여 붙여진 이름이다. 코나 지역에서는 보기 드문 하얀 모래사장이 펼쳐져 '화이트 샌드 비치'라고도 불린다. 화장실, 샤워, 주차장이 완비되어 있어 물놀이하기에 적합하다. 단, 코나 지역의 기후 특성상 오후에 비가 많이 오는 편이니 되도록 오전 중으로 방문하는 것이 좋다.

주소 Ali'i Drive, Kailua-Kona
위치 코나 트롤리 이용

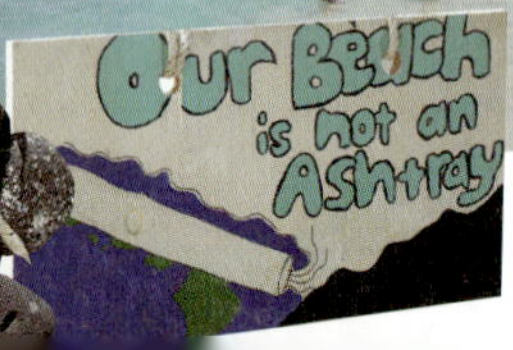

★★☆ 카할루우 비치 파크 Kahalu'u Beach Park

GPS 19.579243, -155.966699

하나우마 베이보다 규모는 작으나 물의 투명도, 다양한 물고기 종류 등 스노클링을 즐기기 좋은 요소로 따지면 그에 버금가는 환경을 자랑한다. 바다가 산호초에 둘러싸여 있어 다양한 종류의 물고기를 관찰할 수 있으며 바다거북도 자주 출몰한다고 한다. 바닥은 부드러운 모래가 아닌 딱딱한 암석들이 뭉쳐 있어 단단한 신발이나 아쿠아 슈즈를 착용하는 것이 좋다.

주소 78-6702 Ali'i Dr. Kailua
위치 코나 트롤리 이용 **전화** 808-961-8311
주차장 있음

★☆☆ 리빙 스톤스 교회 Living Stones Church

GPS 19.609014, -155.978416

'뷰가 가장 아름다운 교회'라고 평가받는 장소답게 교회 건물 주변에 펼쳐지는 경관이 놀라우리만큼 운치 있다. 하얀 십자가를 둘러싼 작은 묘지, 나무 사이에 만들어진 간이 의자, 덩그러니 서 있는 작은 교회 건물까지 하나하나가 전부 예쁜 그림 같다.

주소 76-6224 Ali'i Dr. Kailua
위치 코나 트롤리 이용
홈피 livingstoneschurch.com
주차장 없음

UCC 하와이 UCC Hawaii

★★☆

GPS 19.641832, -155.952608

일본 최대의 커피 브랜드 UCC의 농장이 바로 코나에 있다. 후알랄라이Hualalai산 중턱 4만 2천여 평에 이르는 드넓은 부지에는 8만 그루의 커피나무가 자라고 있다. 농장 초입에 자리한 숍에서 나만의 오리지널 원두를 만들 수 있는 체험 투어($50)와 커피 농장을 둘러보는 무료 투어를 실시하며 카페 코너에서는 커피와 간식거리를 판매한다. 커피를 무료로 시음할 수 있으니 안심하고 고르자.

주소 75-5568 Mamalahoa Hwy. Holualoa
위치 코나 공항에서 자동차로 20분
운영 09:00~16:30 휴무 토·일, 1월 1일, 추수감사절, 크리스마스
요금 커피 원두 $13~, 커피 $4.5~
전화 808-322-3789
홈피 www.ucc-hawaii.com

주차장 있음

more & more
코나 커피가 궁금해요~

카일루아 코나에서 후알랄라이산 방향으로 180번 국도를 타고 달리면 '커피 벨트 로드'로 불리는 지역 홀루알로아Holualoa가 모습을 드러낸다. 크고 작은 커피 농장 약 500곳이 모여 있는데, 이 부근에서 만든 커피만 코나 커피라고 부를 수 있다. 미국에서 품질 관리를 엄격히 하는 편이며 특정 기준을 통과한 원두만 판매할 수 있으므로 믿고 구매해도 된다.

★★☆

GPS 19.648152, -155.954708

마우카 메도우스 커피 팜 Mauka Meadows Coffee Farm

일본 커피 브랜드 도토루Doutor가 소유한 커피 농장. 커피나무가 즐비한 다른 농장과 달리 꽃과 과일 정원을 만들어 관광지로도 이용되고 있다. 아기자기하고 예쁜 감성으로 만든 정원은 포토 스폿으로도 손색없으며, 탁 트인 바다 경치와 어우러져 환상적인 뷰를 자랑한다. 정원 산책 후 마지막으로 나타나는 매점에서 커피를 시음하고 구입할 수 있다.(COVID-19으로 임시휴업)

주소 75-5476 Mamalahoa Hwy. Holualoa
위치 코나 공항에서 자동차로 20분
운영 09:00~16:00 휴무 연중무휴
요금 농장 $5~, 커피 원두 $20~
전화 808-322-3636
홈피 maukameadows.com

주차장 있음

★★☆

GPS 19.238111, -155.478662

카우 커피 밀 Kau Coffee Mill

카우 커피가 코나 커피에 대적할 커피로 급부상했다. 해발 4,169m인 마우나 로아산맥을 끼고 코나 반대편에 자리한 카우 지역에서 재배한 커피는 미국 커피 대회에서 매년 상위권 안에 드는 우수한 상품이다. 산미가 풍부한 코나 커피에 비해 카우 커피는 뒷맛이 부드럽고 깔끔한 것이 특징이다. 카우 커피 밀에서 모든 커피를 시음해볼 수 있으며, 맛도 다양한 편이다.

주소 96-2694 Wood Valley Rd. Pahala
위치 힐로 공항에서 자동차로 1시간 10분
운영 09:00~16:00 휴무 부정기
요금 커피 원두 $23.95
전화 808-928-0550
홈피 kaucoffeemill.com

주차장 있음

사우스 포인트 South Point

★☆☆

GPS 18.914890, -155.682979

미국 50개 주를 통틀어 최남단인 카라에 Ka Lae 곳이 있는 빅아일랜드의 끝자락이다. 400~800년경 폴리네시아인이 처음으로 이곳에 상륙했다고 알려져 있다. 낚시 명소로 명성이 자자하며 벼랑 끝에서 뛰어내리는 다이빙 포인트로도 유명한데, 15m 높이에서 안전에 대한 보장 없이 뛰어내리는 것이라 최근에는 금지하고 있다. 드넓은 태평양을 바라만 보기에도 충분한 가치가 있는 곳이다.

주소 Ka Lae Rd. Naalehu
위치 코나 공항 또는 힐로 공항에서 자동차로 1시간 50분
운영 24시간

캡틴 쿡 기념비 Captain James Cook Monument

★☆☆

GPS 19.481400, -155.933408

1778년 하와이 제도를 발견한 영국인 탐험가 제임스 쿡 James Cook을 기리기 위해 세워진 8m 높이의 기념비. 처음 이곳에 상륙했을 당시에는 원주민의 성대한 환대를 받으며 신으로 추앙받았으나 선장 무리가 식량을 약탈하고 여성 원주민을 괴롭히자 원주민들의 불만이 점점 쌓여갔다. 결국 1779년 그가 하와이를 다시 찾았을 때 원주민의 손에 의해 죽음을 맞이한다. 이후 1세기가 지나서야 그를 기리는 비석을 세우게 되었다. 비석의 위치는 그가 사망한 장소이다. 캡틴 쿡 기념비가 세워진 케알라케쿠아 베이는 스노클링 명소이며, 캡틴 쿡 기념비까지 가는 데 카약을 이용하기도 한다. 스노클링 투어를 이용하거나 카약을 대여해 액티비티를 즐겨보자. 노를 젓다 보면 주위에서 돌고래가 헤엄치는 행운도 찾아올 수 있다.

주소 Captain Cook **위치** 코나 공항에서 자동차로 35분

> **Tip | 카약 대여 업체 코나 보이즈(Kona Boys)**
> 코나 보이즈에서 캡틴 쿡 기념비까지 가는 카약을 대여할 수 있다. 카약과 스노클링을 함께 즐길 수 있는 프로그램도 있으니 홈페이지에서 확인하자.
> **주소** 79-7539 Mamalahoa Hwy. Kealakekua
> **운영** 07:30~17:00   **전화** 808-328-1234
> **홈피** www.konaboys.com

★★★
푸날루우 블랙 샌드 비치 Punalu'u Black Sand Beach

GPS 19.135799, -155.504802

하얀 모래로 뒤덮인 일반적인 해변과는 다른 모습을 빅아일랜드에서 만날 수 있다. 해변을 가득 채운 것은 다름 아닌 검은색 모래. 이 모래는 바다로 흘러 들어가면서 굳어진 용암이 잘게 부서진 것이다. 야자수에 둘러싸인 검은 해변은 다른 곳에서는 상상할 수 없는 하와이만의 풍경이라 할 수 있다. 바다거북이 일광욕을 즐기는 곳으로도 유명하다.

주소 Ninole Loop Rd. Naalehu
위치 힐로 공항에서 자동차로 1시간 10분
운영 월~금 08:30~16:30, 토·일 08:30~17:00
전화 808-961-8311

주차장 있음

more & more 푸날루우 베이크숍 Punalu'u Bake Shop

푸날루우 블랙 샌드 비치에 다다르기 전에 들러 간식거리를 장만하기 좋은 곳을 소개한다. 1970년대부터 한결같이 사랑받는 곳으로 '미국 최남단 빵집'이라는 재미난 타이틀을 가지고 있다. 하와이식 도넛 '말라사다'와 달달한 식빵 '스위트 브레드'가 대표 메뉴로 커피, 샌드위치, 플레이트 런치도 판매한다. 식빵은 ABC 스토어, KTA 슈퍼 스토어에서도 구매할 수 있으나 도넛은 이곳에서만 구매할 수 있다.

주소 HI-11, Naalehu
위치 푸날루우 블랙 샌드 비치에서 자동차로 15분
운영 08:30~17:00
휴무 1월 1일, 크리스마스
요금 말라사다 $1.99~
전화 866-366-3501
홈피 www.bakeshophawaii.com

GPS 19.061278, -155.585856

★☆☆

GPS 카메하메하 동상 19.721012, -155.076785

힐로 타운 Hilo Town

빅아일랜드 서부에 카일루나 코나가 있다면 동부에는 힐로가 있다. '하와이 제2의 항만도시, 빅아일랜드의 정치, 교육, 산업, 수산업의 중심지, 비의 도시' 등 다양한 수식어로 설명되는 곳이다. 킬라우에아 화산 국립공원, 마우나 케아, 레인보우 폭포, 아카카 폭포 등 굵직한 관광명소에서 가깝고 인근에 국제공항도 있어 여행의 거점으로 이용하기에 좋다. 하와이의 옛 모습을 간직한 마을 풍경과 박물관, 맛집, 파머스 마켓(매주 수·토 06:00~16:00 운영) 등 소소한 볼거리가 있다.

주소 카메하메하 동상
774 Kamehameha Ave. Hilo
위치 힐로 공항에서 자동차로 5분
유료 주차장 이용

힐로의 파머스 마켓도 구경해보자!

Tip | 카메하메하 동상

힐로 타운 중심가에는 하와이왕국을 통일한 1대 왕 카메하메하 Kamehameha의 동상이 있다. 하와이주에 설치된 비슷한 형태의 동상 3개 중 하나이며, 가장 유명한 것은 오아후섬 이올라니 궁전 앞에 설치된 것으로 첫 번째로 제작된 동상은 빅아일랜드 최북단 도시 하비 Hawi에 설치되어 있다.

★★☆

GPS 20.118049, -155.584349

와이피오 계곡 전망대 Waipio Valley Lookout

카메하메하 1세가 유소년기를 보낸 곳으로 역사적으로 매우 중요한 장소이다. 신비스러운 힘인 영력을 뜻하는 마나 Mana가 이곳을 지킨다고 하여 '왕의 골짜기'라고 불린다. 전망대에서는 웅장한 절벽과 더불어 하얀 파도와 파란 바다가 훤히 보인다. 사륜구동차를 타고 골짜기 아래로 내려갈 수 있지만 길이 험하고 1차선이기 때문에 투어를 이용하는 것을 추천한다.

주소 48-5546 Waipio Valley Rd. Waimea
위치 힐로 공항에서 자동차로 1시간 15분
요금 무료
전화 808-961-8311
주차장 있음

레인보우 폭포 Rainbow Falls

GPS 19.719308, -155.109425

낙차가 20m 정도인 아담한 폭포가 빅아일랜드의 명소가 된 이유는 폭포 아래 용소에 생기는 무지개 때문이다. 용소에는 달의 여신이자 반신반인의 신 마우이의 어머니 히나Hina가 살고 있다는 전설이 내려온다. 무지개가 매일 생긴다고 하기는 어려우나 태양이 고개를 내밀어 햇볕이 내리쬐는 날 오전 중에 방문하면 볼 가능성이 커진다. 주차장 바로 근처에 전망대가 있다.

주소 40 Rainbow Dr. Hilo
위치 힐로 공항에서 자동차로 15분
운영 일출~일몰
요금 무료
전화 808-587-0320
홈피 dlnr.hawaii.gov/dsp/parks/hawaii/wailuku-river-state-park

주차장 있음

아카카 폭포 주립공원 Akaka Falls State Park

GPS 19.853944, -155.152201

낙차 134m로 하와이주에서 가장 큰 아카카Akaka 폭포와 낙차 30m의 자그마한 카후나Kahuna 폭포를 트레일로 둘러볼 수 있는 공원이다. 트레킹 코스는 성인 걸음으로 15분 정도 소요되며 잘 포장된 열대 우림 길을 걸으며 자연 그대로를 느낄 수 있다. 입구에서 아카카 폭포까지는 오래 걸리지 않으니 일정에 여유가 없다면 아카카 폭포만 둘러보고 나와도 된다.

주소 Akaka Falls Rd. Honomu
위치 힐로 공항에서 자동차로 30분
운영 08:30~18:00 **휴무** 연중무휴
요금 1인 $5, 3세 이하 무료, 차량 $10(신용카드만 가능)
전화 808-961-9540
홈피 https://dlnr.hawaii.gov/dsp/parks/hawaii/akaka-falls-state-park

주차장 있음

파커 랜치 Parker Ranch

★☆☆

GPS 파커 랜치 센터 20.020367, -155.667470

빅아일랜드 북서부에 위치하는 구릉지대 와이메아Waimea 지역에 있는 거대 목장. 무려 2억 7천만 평에 이르는 광활한 대지 전체가 하나의 목장으로 형성되어 있으며, 이는 세계에서도 손꼽는 규모이다. 1847년 소와 양을 관리하던 존 파커가 카메하메하 1세에게 양도받아 설립한 것이며 하와이의 카우보이 파니올로Paniolo에 의해 관리되었다고 한다. 평화로운 분위기 속에서 소들이 풀을 뜯어 먹는 장면을 종종 볼 수 있다.

주소 파커 랜치 센터 67-1175 Mamalahoa Hwy. Waimea
위치 코나 공항에서 자동차로 50분
운영 월~토 10:00~19:00, 일 11:00~18:00
　　　 휴무 1월 1일, 추수감사절, 크리스마스
전화 808-885-7178
홈피 parkerranchcenter.com
주차장 있음

추천

베이식 카페 Basik Cafe

GPS 19.632975, -155.989782

빅아일랜드의 아사이볼 하면 이곳. 총 6종류의 맛을 천천히 살펴보면 매일 먹고 싶어질 만큼 구성이 화려하다. 아사이, 스피루리나를 베이스로 딸기, 바나나, 블루베리를 토핑한 '푸나Puna', 아사이, 피넛 버터, 캐슈밀크를 베이스로 바나나, 아몬드, 꿀을 조합한 '반얀Banyan', 아사이, 망고주스를 베이스로 딸기, 파파야, 고지베리를 토핑한 '킬라우에아Kilauea' 등이 인기 있다.

주소 75-5831 Kahakai Rd. Kailua
위치 코나 트롤리 이용
운영 08:00~14:00 휴무 일요일
요금 아사이볼 스몰 $11, 라지 $15
주차장 무료

한 끼 식사로도 좋은 상큼한 맛의 푸나

추천
스칸디나비안 셰이브 아이스 Scandinavian Shave Ice

외관 전체가 매력적이라 사진 찍기 좋은 인기 셰이브 아이스 전문점. 코나 지역에 위치해 있다. 종류가 70개에 이르는 시럽 메뉴는 과일, 슈거 프리, 자연의 맛 등 맛과 취향을 고려해 세분화했다. 3가지 맛을 선택하거나 가게 벽면에 적힌 추천 조합을 그대로 주문해도 좋다. 볼케이노Volcano 아이스크림도 인기이다.

GPS 19.640016, -155.994681

주소 75-5699 Ali'i Dr. Kailua
위치 코나 트롤리 이용
운영 월~토 11:00~21:00,
일 11:00~20:00 **휴무** 부정기
요금 **셰이브 아이스**
스몰 $5, 미디엄 $7, 라지 $10
아이스크림 $4.50~
전화 808-326-2522
홈피 www.scandinavianshav-eice.com

주차장 없음

메네후네 커피 컴퍼니 Menehune Coffee Company

코트야드 메리어트 호텔 내 1층에 있는 카페. 코나 커피를 사용한 음료와 곁들여 먹으면 좋은 디저트 메뉴를 판매한다. 카페에 구비된 메네후네 꿀을 커피에 넣어 마셔보자.

GPS 19.640300, -155.997297

주소 75-5660 Palani Rd. #101, Kailua
위치 코나 트롤리 이용
운영 05:30~17:00 **휴무** 연중무휴
요금 커피 $3.95~, 케이크 $5~
전화 808-238-5154
홈피 menehunecoffee.com

코트야드 메리어트 주차장 이용1시간 $7

추천
다 포케 샤크 Da Poke Shack

빅아일랜드의 유명 포케 전문점. 한국인 입맛에도 딱 맞는 맛있는 포케를 제공한다. 포케와 함께 곁들여 먹을 수 있는 밑반찬을 골라 덮밥 또는 플레이트로도 판매하는데, 반찬에 김치가 있는 것이 반갑다. 주문 방법은 간단하다. 우선 흰밥과 브라운 라이스 중 하나를 선택한 다음 카운터 상단에 있는 사이드 메뉴를 선택하고 카운터 하단에 있는 포케를 고르면 된다.

GPS 19.607931, -155.977177
주소 76-6246 Ali'i Dr. Kailua
위치 코나 트롤리 이용
운영 10:00~16:00 **휴무** 부정기
요금 포케보울 $16.50, 포케 플레이트 $15~
전화 808-329-7653
홈피 dapokeshack.com

주차장 없음

코나 파머스 마켓 Kona Farmers Market

GPS 19.637078, -155.991846

카일루아 코나 중심가의 주차장을 활용한 야외 마켓. 여타 마켓과 비교하면 규모가 작은 편에 속하지만 소소한 쇼핑의 재미를 느끼기에는 부족함이 없다. 산지에서 직송한 신선한 채소와 과일을 중심으로 각종 하와이 기념품, 잡화, 간단한 도시락 등을 판매한다. 오전에서 점심 사이에 가장 많은 가게가 열며, 가장 활발하다.

주소 75-5767 Ali'i Dr. Kailua
위치 코나 트롤리 이용
운영 수~일 07:00~16:00
휴무 월·화요일
홈피 www.konafarmersmarket.com

주차장 있음

열대 과일, 액세서리, 기념품까지 소소한 쇼핑의 재미를 느낄 수 있다!

워터 프런트 로우 Water Front Row

GPS 19.636398, -155.991929

등대 모양의 타워가 눈에 띄는 아담한 상업시설. 1964년부터 하와이 패션을 책임지고 있는 티셔츠 전문 브랜드 크레이지 셔츠 Crazy Shirts가 입점해 있다. 코나 지역에 위치해 있으며, 타워 맨 꼭대기에서 코나 전경을 볼 수 있도록 미니 전망대가 마련되어 있다.

주소 75-5774 Ali'i Dr. Kailua
위치 코나 트롤리 이용
운영 가게마다 상이

주차장 코나 파머스 마켓 주차장 이용

월마트 Walmart

GPS 19.646218, -155.990913

명실상부한 미국 최대의 슈퍼마켓 체인. 카일루아 코나 지점은 빅아일랜드에서 가장 큰 규모이며 코나 트롤리를 이용하면 바로 앞에 하차하므로 여행자가 편리하게 이용할 수 있다. 슈퍼 내부에 맥도날드와 약국도 있다. 단, 맥도날드는 오후 11시, 약국은 평일 오후 8시, 토요일 오후 7시, 일요일 오후 6시에 문을 닫는다. 한국 컵라면도 판매 중이다.

주소 75-1015 Henry St. Kailua
위치 코나 트롤리 이용
운영 06:00~24:00 휴무 부정기
전화 808-334-0466
홈피 www.walmart.com
주차장 있음

GPS 19.644723, -155.995494

KTA 슈퍼 스토어 KTA Super Stores

100년 넘는 역사를 자랑하는 빅아일랜드의 지역밀착형 대형 슈퍼 체인. 코나와 힐로에 각 두 군데의 지점을 보유하고 있으며, 와이콜로아 빌리지, 와이메아 타운, 케알라케쿠아에도 지점이 있다. 빅아일랜드산 쇠고기, 유기농 채소 등 식료품과 생활 잡화를 위주로 하와이산 상품과 자사 브랜드 상품 마운틴 애플 Mountain Apple도 선보이고 있다.

주소 74-5594 Palani Rd. Kailua
위치 코나 트롤리 이용
운영 06:00~21:00 휴무 부정기
전화 808-329-1677
홈피 www.ktasuperstores.com
주차장 있음

Kona
쉐라톤 코나 리조트 & 스파 Sheraton Kona Resort & Spa at Keauhou Bay [4성급]

GPS 19.558648, -155.964622

코나의 대표적인 리조트 단지 케아우호우에 있는 고급 리조트. 대다수의 객실이 오션 뷰이며 워터 슬라이드가 설치된 수영장이 해안가 부근에 있어 바다를 배경으로 물놀이를 즐길 수 있다. 밤이 되면 해안가 부근 바에서 하와이 쥐가오리인 만타 레이를 관찰할 수 있다.

주소 78-128 Ehukai St. Kailua
위치 코나 공항에서 자동차로 25분
운영 체크인 15:00, 체크아웃 12:00
요금 $200~
전화 808-930-4900
홈피 www.marriott.com/hotels/travel/koasi-sheraton-kona-resort-and-spa-at-keauhou-bay

Waikoloa
힐튼 와이콜로아 빌리지 Hilton Waikoloa Village [4성급]

GPS 19.924005, -155.887495

골프 코스, 테니스 코트, 워터 슬라이드가 있는 수영장, 돌고래 관람, 미술관, 해수 라군, 음식점 등 놀거리가 다양해 마치 하나의 테마파크를 형성하고 있는 듯한 리조트. 75만 평이나 되는 부지 내 시설을 편리하게 돌아다닐 수 있도록 모노레일과 보트를 설치해 운영하고 있다.

주소 69-425 Waikoloa Beach Dr. Waikoloa Village
운영 체크인 16:00, 체크아웃 11:00
전화 808-886-1234
위치 코나 공항에서 자동차로 25분
요금 $200~
홈피 www.hiltonwaikoloavillage.com

Hualalai
포시즌스 리조트 후알랄라이 Four Seasons Resort Hualalai [5성급]

GPS 19.827679, -155.991693

고대 하와이 주민들의 터전이었던 역사적인 땅 카우풀레후Kaupulehu에 자리 잡은 최고급 럭셔리 리조트로 미국 유명인사들의 휴가지로 자주 이용되는 곳이다. 이곳만의 전용 해변과 성인 전용 수영장이 설치되어 있다.

주소 72-100 Ka'upulehu Dr. Kailua
위치 코나 공항에서 자동차로 15분
운영 체크인 15:00, 체크아웃 12:00
요금 $900
전화 808-325-8000
홈피 www.fourseasons.com/hualalai

Kona　　　　　　　　　　　　　　GPS 19.950582, -155.859945

페어몬트 오키드 The Fairmont Orchid Hawaii [4.5성급]

마우나 케아에서 흘러 내려온 용암으로 가득했던 불모지에서 빅아일랜드 최대 리조트 단지로 변신한 코할라 코스트 지역에 있는 리조트. 산호초와 하얀 백사장으로 대표되는 해안선 부근에 있어 바다 풍경이 아름답다. 골프 코스, 테니스, 음식점, 스파숍 등이 있다.

주소　1 North Kaniku Dr. Kohala Coast, Waimea
위치　코나 공항에서 자동차로 30분
운영　체크인 16:00, 체크아웃 11:00
요금　$350~　　　　　전화　808-885-2000
홈피　www.fairmont.com/orchid-hawaii

Kohala　　　　　　　　　　　　　GPS 19.640807, -155.997511

코트야드 바이 메리어트 코나 비치
Courtyard by Marriott King Kamehameha's Kona Beach Hotel [3성급]

카메하메하 1세가 거주했던 땅 위에 세워진 호텔. 빅아일랜드 관광의 중심지인 카일루아 코나에 있으며, 바로 앞에 다양한 액티비티를 즐길 수 있는 비치가 있다. 1층 호텔 로비에는 하와이 왕국과 관련된 역사 자료가 전시되어 있어 소소한 재미도 느낄 수 있다.

주소　75-5660 Palani Rd. Kailua
위치　코나 공항에서 자동차로 15분
운영　체크인 15:00, 체크아웃 11:00
요금　$250~　　　　　전화　808-329-2911
홈피　www.marriott.com/hotels/travel/koacy-courtyard-king-kamehamehas-kona-beach-hotel

Hilo　　　　　　　　　　　　　　GPS 19.729622, -155.064921

그랜드 나닐로아 호텔 힐로 더블트리 바이 힐튼
Grand Naniloa Hotel Hilo a Doubletree by Hilto [3성급]

힐로에 있는 힐튼 계열 호텔. 2017년에 대대적인 리뉴얼을 거쳐 전체적으로 깔끔하고 깨끗하다. 빅아일랜드 관광의 양대 산맥 마우나 케아와 킬라우에아 화산 국립공원에서 비교적 가까운 거리에 있다는 것이 장점이다.

주소　93 Banyan Dr. Hilo
위치　힐로 공항에서 자동차로 5분
운영　체크인 16:00, 체크아웃 11:00
요금　$200~
전화　808-969-3333
홈피　www.hilton.com/search/dt/us/hi/hilo

Kona GPS 19.619088, -155.985481

로열 시 클리프 코나 바이 아웃리거 Royal Sea Cliff Kona by Outrigger [4성급]

카일루아 코나 해안가 바로 앞에 있는 리조트. 모든 객실에는 오븐, 전자레인지, 커피메이커가 있는 주방이 완비되어 있다. 매주 월요일 오후 5시 30분부터 라이브 연주와 훌라 댄스쇼가 열리고, 화요일 오후 4시 30분에서 6시 사이에는 환영의 의미로 무료 음료와 꽃목걸이 레이를 제공한다.

주소 75-6040 Ali'i Dr. Kailua
위치 코나 공항에서 자동차로 20분
운영 체크인 15:00, 체크아웃 11:00
요금 $215~
전화 808-329-8021
홈피 kr.outrigger.com/hotels-resorts/hawaii/hawaii-island/royal-sea-cliff-kona-by-outrigger

Kona GPS 19.632098, -155.990350

로열 코나 리조트
Royal Kona Resort [3성급]

바다에 돌출된 지형을 살려 지은 리조트. 바다 가까이에 위치해 객실, 수영장, 호텔 내 음식점 등에서 시원한 경치를 즐길 수 있다. 객실 내부와 테라스가 넓다는 평이 많다. 인공 라군, 테니스 코트, 루아우쇼 등 다양한 시설을 제공한다.

주소 75-5852 Ali'i Dr. Kailua
위치 코나 공항에서 자동차로 20분
운영 체크인 16:00, 체크아웃 11:00 요금 $150~
전화 808-329-3111 홈피 royalkona.com

Kona GPS 19.638027, -155.992707

엉클 빌리스 코나 베이 호텔
Uncle Billy's Kona Bay Hotel [2성급]

카일루아 코나 중심가 한가운데에 자리한 호텔. 시설은 전체적으로 노후화되어 있으나 접근성이 훌륭하고 요금도 저렴한 편이라 선호하는 사람이 많다. 주변에 ABC 스토어, 음식점, 카페 등이 있어 이용하기에도 편리하다.

주소 75-5739 Ali'i Dr. Kailua
위치 코나 공항에서 자동차로 15분
운영 체크인 16:00, 체크아웃 12:00 요금 $150~
전화 808-961-5818 홈피 unclebilly.com

카우아이 KAUAI

섬 전체가 하나의 거대한 정원 같다 하여 '가든 아일랜드Garden Island'라는 별칭을 지닌 섬으로 자연이 빚어낸 신비로운 풍경이 펼쳐져 '신들의 정원'으로도 불린다. 하와이 제도 가운데 가장 오래된 섬으로 해저 화산의 분화 활동으로 생겨났다. 폴리네시아인들이 카누로 태평양을 건너 상륙한 것을 시작으로 하와이의 황금시대라고 일컬어지는 사탕수수 농작기를 거쳐 하와이 제도에서 관광산업 비율이 가장 높은 곳이 되었다. 그만큼 여행 산업이 이곳의 중심이 되고 있다. 하와이의 주요 8개 섬 중에서 4번째로 크고 태평양의 그랜드 캐니언이라 불리는 '와이메아 캐니언', 세계에서도 손꼽히는 비경 '나 팔리 코스트' 등 광대한 대자연을 뽐내는 명소가 산재하다.

> **카우아이에서 꼭 해야 할 일 체크!**
> - 작은 그랜드 캐니언인 와이메아 캐니언 한눈에 담기
> - 영화 〈아바타〉의 배경이 된 나 팔리 코스트의 절경 조망하기
> - 바다거북과 바다표범의 쉼터, 포이푸 비치 파크에서 휴식하기

1. 카우아이 들어오기

카우아이섬의 메인 공항은 리후에Lihue 공항(LIH)이다. 공항이 위치한 리후에 지역은 카우아이의 정치와 경제 중심지로 관공서, 병원, 은행, 쇼핑센터 등 주요 시설이 모여 있다. 공항은 호놀룰루의 다니엘 K. 이노우에 국제공항과 비교하면 규모가 작으며 전체적으로 단조로운 구조라 파악하기 어렵지 않다. 오아후, 마우이, 빅아일랜드 등 각 이웃섬을 연결하는 항공편은 하와이안항공이 운행하며, 기타 미국 본토를 연결하는 항공편을 대부분 미국 항공사가 운행한다. 오아후섬에서 카우아이섬까지는 35~45분 정도 소요되며, 매일 운행한다.
홈피 airports.hawaii.gov/lih

▷ 인천국제공항에서 경유편 이용하기

대한항공, 아시아나항공, 하와이안항공이 카우아이의 리후에 공항(LIH)을 연결하는 경유편을 운항한다. 인천-호놀룰루, 호놀룰루-카우아이처럼 따로 구매도 가능하나 되도록 한꺼번에 발권이 되게끔 예약하는 것이 좋다. 우선 오아후섬 호놀룰루 국제공항에 도착해 짐을 찾고 세관 검사를 통과하면 왼편에 있는 카운터에서 수하물을 위탁하고 게이트로 가면 된다. 단, 진에어를 이용하고 주내선을 따로 발권했을 때는 수하물 위탁이 불가능하므로 주내선 터미널까지 짐을 들고 체크인을 진행해야 한다.

2. 공항에서 시내 이동하기

공항에서 출발하는 대중교통이 없으므로 공항 도착 로비를 나가 오른쪽 인포메이션 박스에 있는 전화기로 택시를 부르거나 한국에서 예약한 렌터카를 수령해 직접 운전하는 것 말고는 방법이 없다. 렌터카는 도착 로비를 나가면 정면에 각 회사 카운터가 마련되어 있다.

3. 카우아이 안에서 이동하기

≫ 렌터카

카우아이섬을 자유롭게 둘러보는 데에는 렌터카만 한 것이 없다. 섬 일부를 돌아다니는 버스가 있으나 배차 간격, 동선을 고려했을 때 시간 여유가 있는 여행자가 아니라면 이용하기 어려운 것이 사실이다.

한국에서 예약한 렌터카를 공항에서 수령할 경우 짐을 찾고 'Car Rental'이라 적힌 표지판을 따라 셔틀버스 정류장으로 간다. 셔틀버스 정류장에서 자신이 예약한 렌터카 회사의 셔틀을 확인하여 승차한다. 렌터카 회사 사무실에 하차해 정식 절차를 받고 렌터카를 받을 수 있다.

≫ 더 카우아이 버스 The Kauai Bus

카우아이섬 일부를 운행하는 유일한 대중교통으로 공항이 있는 리후에를 출발하여 와일루아, 하나페페, 케카하, 하날레이 등의 지역을 돌아다닌다. 여행자가 주로 이용하는 노선은 리후에 메인 라인 100번, 케카하 메인 라인 200번, 하날레이 메인 라인 500번 버스로, 최근 루트를 추가하고 버스 시간표를 개정해 뚜벅이 여행자가 이용하기 더욱 편리해졌다.

요금 1회 19세 이상 $2, 7~18세 · 60세 이상 $1, 6세 이하 무료 **1일 패스** $5
홈피 www.kauai.com/kauai-bus

≫ 택시

한국처럼 도로를 지나가거나 멈춰서 승객을 기다리는 택시가 드문 편이라 택시 전용 공중전화로 택시를 부르거나 스마트폰을 통한 차량 배차 서비스 우버Uber와 리프트Lyft를 이용하는 것이 일반적이다.

홈피 우버 www.uber.com, 리프트 www.lyft.com

4. 카우아이 추천 일정

이른 아침에 도착하고 늦은 저녁에 출발하는 비행편 일정이라면 당일치기로 돌아볼 수 있다. 물론 여유롭게 돌아보고 싶다면 숙박도 추천한다. 상당히 빠듯해 보이지만 빅아일랜드, 마우이, 오아후보다 섬 크기가 작으므로 무리한 일정은 아니다. 시계 방향으로 동선을 최소화해 움직이면 가능하다. 단, 어느 정도 체력이 받쳐줘야 한다는 점을 명심하자.

≫ 카우아이 베스트 코스 1일

⋯ 리후에 공항 도착 ⋯ 와일루아 폭포(p.437)
⋯ 하나페페 타운(p.438) ⋯ 와이메아 타운(p.439)
⋯ 와이메아 캐니언(p.432) ⋯ 나 팔리 코스트(p.434)
⋯ 킬라우에아 등대(p.441) ⋯ 하날레이 베이(p.440)
⋯ 카우아이 커피 컴퍼니(p.442)
⋯ 스파우팅 혼른(p.437) ⋯ 포이푸 비치 파크(p.436)
⋯ 부바 버거스(p.443) & 래퍼즈 하와이(p.444)
⋯ 리후에 공항 출발

나 팔리 코스트
하나페페 타운
와이메아 캐니언
카우아이 커피 컴퍼니
스파우팅 혼른
포이푸 비치 파크

와이메아 캐니언 Waimea Canyon

★★★

GPS 22.071813, -159.661608

『톰 소여의 모험』으로 알려진 미국의 소설가 마크 트웨인이 '태평양의 그랜드 캐니언'이라고 극찬한 카우아이 최고의 관광지. 와이메아는 하와이 원주민어로 '붉은 물'을 의미하며 붉은 암석과 푸른 원시림이 뒤섞인 풍경이 장관을 이룬다. 500만 년 전 분화로 인해 융기되었다가 이후 일부가 무너지면서 홍수에 의한 침식이 반복되었다. 퇴적한 화산암과 용암류로 인해 이런 웅장한 경관이 형성되었다고 한다. 하와이 제도에서 가장 오래된 계곡이자 가장 넓다. 햇볕이 내리쬐는 각도에 따라 볼 수 있는 풍경도 달라지는데, 표면이 입체적으로 보이는 이른 아침과 늦은 오후에 가장 아름다운 것으로 알려져 있다.
와이메아 캐니언 주립공원을 가기 위해서는 방향에 따라 두 가지 고속도

주소 Waimea Canyon Dr. Waimea
위치 리후에 공항에서 자동차로 약 1시간

주차장 있음

로를 이용한다. 나 팔리 코스트를 조망하는 칼랄라우Kalalau 전망대와 푸우 오 킬라Puu O Kila 전망대에서 출발한다면 코케에 로드Kokee Road를, 와이메아 타운이나 리후에 공항에서 가는 경우 와이메아 캐니언 드라이브Waimea Kanyon Drive를 이용한다. 이 두 도로는 와이메아 캐니언을 만끽할 수 있는 드라이브 코스로도 인기가 높은데, 고도 차이가 1,000m 이상 나고 곡선 길이 많다. 조심해서 운전해야 하며, 연료를 충분히 채워두어야 한다는 것을 주의하자. 운전이 불안하다면 현지 투어에 참가하는 것도 하나의 방법이 될 수 있다. 총 3개의 전망대 중 두 고속도로가 만나는 지점 부근에는 계곡을 조망할 수 있는 와이메아 캐니언 전망대가 있다. 해발 1,000m에 자리한 전망대는 180도로 탁 트여 시원한 전망을 선사한다.

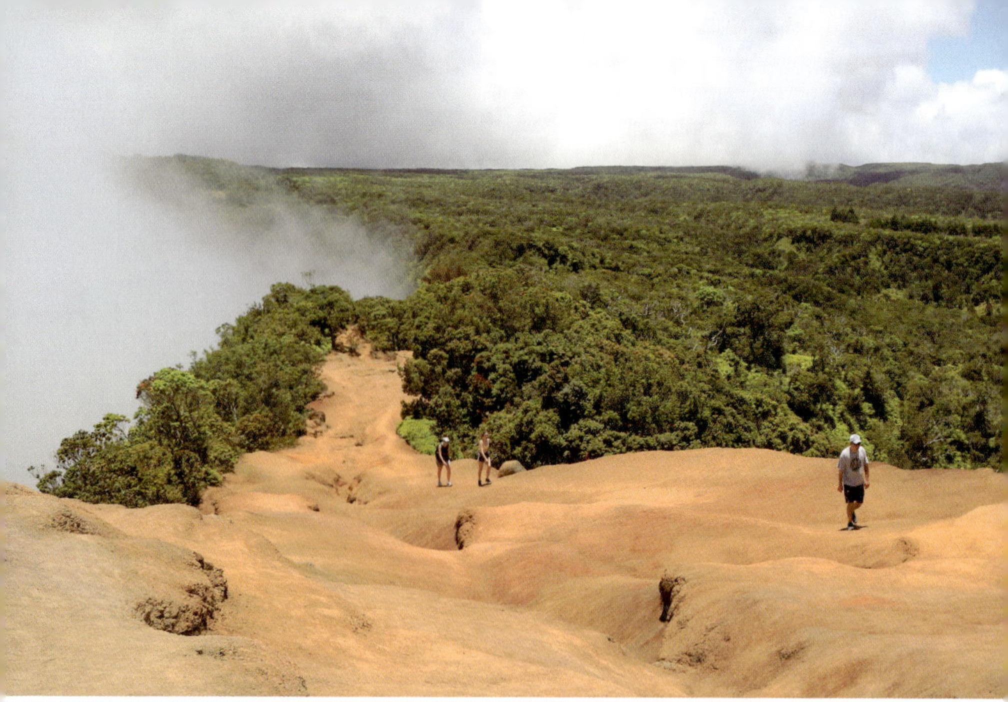
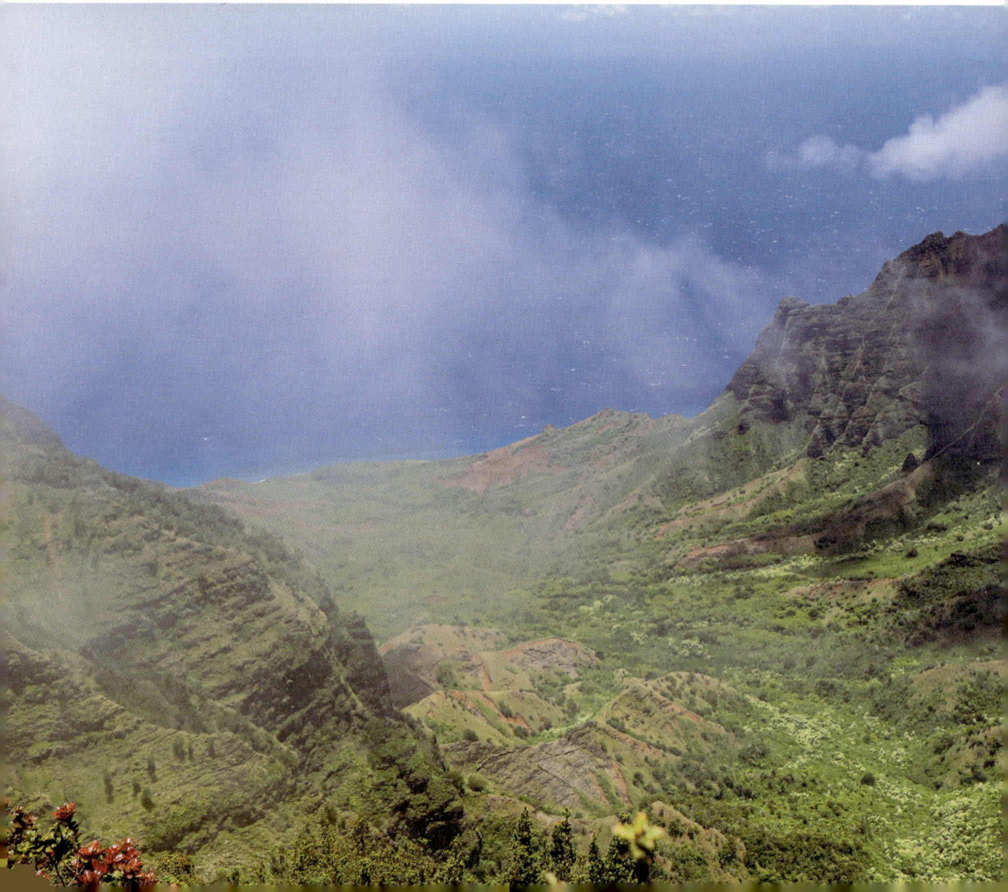

 ★★★　　　GPS 칼랄라우 전망대 22.151140, -159.645962

나 팔리 코스트 Na Pali Coast

카우아이섬 북동부 21km에 걸쳐 이어지는 기다란 해안선에는 낭떠러지가 수직으로 늘어서 있어 '신이 만든 조형'이라 불릴 만큼 신비롭고 놀라운 풍경이 펼쳐진다. 나 팔리는 하와이 원주민어로 '절벽'을 의미하는 단어로 이름 그대로 굴곡진 형태의 절벽이 끝없이 펼쳐지는데, 이는 긴 시간 융기와 침식 작용으로 형성된 것이다. 〈쥬라기 공원〉, 〈아바타〉, 〈킹콩〉 등 많은 영화의 촬영지로 카우아이가 '태평양의 할리우드'라는 별명으로 불리는 데에도 큰 역할을 하였다.

나 팔리 코스트는 도보, 헬리콥터, 보트를 통해 다양한 각도에서 바라볼 수 있다. 가장 무난한 방법은 코케에^{Kokee} **주립공원**에 있는 2개의 전망대를 통해 산 위에서 보는 방법이다. 도보가 이어지는 가장 가까운 도로까지 자동차로 접근한 다음 도보로 이동하면 **칼랄라우**^{Kalalau} **전망대**와 **푸우오 킬라**$^{Puu\ O\ Kila}$ **전망대**에 도달한다. 이곳에서 보이는 칼랄라우 계곡은 나 팔리 코스트에서 가장 크며 와이메아 캐니언과 함께 카우아이 계곡의 양대산맥으로 꼽힌다. 단, 안개에 가려 보이지 않을 때도 있어 반드시 보인다고 장담하기는 어렵다.

케에$^{Ke'e}$ 비치에서 시작하여 칼랄라우 비치까지 이어지는 17km의 트레킹 코스도 있으나 최소 2~3일이 소요되고 초보자가 걷기에도 힘들다(경험이 많은 상급자에게는 최고의 코스이다). 하늘에서 나 팔리 코스트를 내려다 보는 헬리콥터 투어와 바다에서 바라보는 보트 투어는 다소 비용이 들지만 나 팔리 코스트의 박력 넘치는 장관을 선사하므로 좋은 추억이 될 것이다.

주소 칼랄라우 전망대 Kokee Rd. Kapa'a
위치 리후에 공항에서 자동차로 약 1시간 20분
홈피 나 팔리 코스트 주립공원 dlnr.hawaii.gov/dsp/parks/kauai/napali-coast-state-wilderness-park/
　　　코케에 주립공원 dlnr.hawaii.gov/dsp/parks/kauai/kokee-state-park

주차장 있음

---

more & more 　**헬리콥터 투어와 보트 투어 즐기기**

상공에서 헬기로 나 팔리 코스트를 바라보고 싶다면 하와이 대표 헬리콥터 투어 전문업체인 블루하와이안 헬리콥터스$^{Blue\ Hawaiian\ Helicopters}$의 디스커버 카우아이 투어(Discover Kauai – Princeville)에 참가하자. 나 팔리 코스트, 와이메아 캐니언 등 카우아이의 광활한 자연을 45분간 탐험할 수 있다. 바다 위에서 나 팔리 코스트를 경험하고 싶다면 카우아이 시 투어스$^{Kauai\ Sea\ Tours}$, 나 팔리 파이레츠$^{Na\ Pali\ Pirates}$의 보트 투어를 신청하자. 보트 투어에는 스노클링도 포함된 경우가 대다수이므로 카우아이 바다를 몸소 체험할 수 있다는 게 강점이다.

홈피 블루 하와이안 헬리콥터스 www.bluehawaiian.com
　　　카우아이 시 투어스 www.kauaiseatours.com
　　　나 팔리 파이레츠 www.napalipirates.com

포이푸 비치 파크 Poipu Beach Park

★★☆

GPS 21.873411, -159.453358

카우아이섬의 대표적인 비치 중 하나로 현지인과 관광객 모두에게 인기가 높다. 연중 기후가 안정적인 편으로 맑고 청량한 풍경을 마주할 수 있어 해수욕, 스노클링, 부기보드 등의 액티비티를 비롯해 휴식을 취하거나 바다생물을 관찰하는 등 나에게 맞는 다채로운 활동을 즐길 수 있다. 아침, 저녁으로 스콜성 소나기가 내릴 때도 있지만 계속 이어지지는 않는다. 비치 양쪽에는 카우아이섬 최대라 할 만큼 많은 숙박시설이 밀집되어 있어 접근성도 좋다. 화장실, 샤워시설, 라이프가드, 피크닉시설도 완비되어 있어 가족 단위 방문자도 편하게 물놀이를 즐길 수 있다.

주소 Hoone Rd. Koloa
위치 더 카우아이 버스 30번 이용
홈피 poipubeach.org

주차장 있음

Tip | 바다 동물을 만날 수 있다고?!

포이푸 비치 파크에서 행운이 따른다면 멸종 위기에 처한 희귀종 하와이 바다표범 몽크실Monk Seal과 바다거북이 일광욕을 즐기는 모습을 지켜볼 수 있으며, 12~5월 사이에는 혹등고래도 관찰된다.

스파우팅 호른 Spouting Horn

★★☆

GPS 21.884781, -159.493206

포이푸 비치 파크에서 서쪽으로 약 10분 정도 더 가면 나오는 공원. 파도가 밀려오면서 수중 용암에 자연적으로 구멍을 냈고, 이 구멍을 통해 높이 20m의 해수가 커다란 굉음을 내면서 뿜어져 나오는 풍경을 지켜볼 수 있다. 이때 생기는 소리에 금관악기 호른을 빗대어 '분출하는 호른'이라는 이름이 붙여졌다.

주소 Lawai Rd. Koloa
위치 리후에 공항에서 자동차로 약 30분
주차장 있음

와일루아 폭포 Wailua Falls

★★☆

GPS 22.034543, -159.379075

하와이 원주민어로 '2개의 물'을 의미하는 폭포로 와일루아강 남단에 위치한다. 높이 24.3m인 2개의 물줄기가 힘차게 내려오며, 이 물줄기는 카우아이섬 최고봉이자 세계 최고의 강우량을 자랑하는 와이알레알레Wai'ale'ale산에서 내리는 비가 와일루아강으로 흘러와 형성하는 것이다. 고대 하와이의 왕들이 자신의 용맹함을 보여주기 위해 이 폭포에 뛰어들었다는 전설도 내려온다.

깊은 산속으로 들어갈 필요 없이 도로에 차를 세워두고 폭포를 볼 수 있다. 영화 <쥬라기 월드>의 주요 촬영지이며, 등장인물이 아래로 뛰어내리는 장면을 촬영하였다.

주소 Maalo Rd. Kapa'a
위치 리후에 공항에서 자동차로 약 13분 주차장 있음

하나페페 타운 Hanapepe Town

★☆☆

GPS 21.910342, -159.586428

하와이를 배경으로 한 디즈니의 인기 애니메이션 〈릴로와 스티치 Lilo&Stitch〉의 무대가 된 곳이자 1950년대 태평양 전쟁의 군사훈련지로 쓰였던 마을이다. 예전만큼 활기찬 분위기는 아니지만 크고 작은 개인 갤러리가 하나씩 문을 열어 현재는 카우아이에서 가장 예술적인 거리가 되었다. 복고풍 단층 건물이 즐비한 마을의 고요하고 평화로운 분위기는 마음의 휴식이 된다.

주소 Hanapepe Rd. Hanapepe
위치 더 카우아이 버스 100, 200번 이용

주차장 있음

more & more 하나페페의 명물, 흔들 다리 Hanapepe Swinging Bridge

하나페페에서 가장 인기가 많은 관광명소. 1911년에 세워진 목재 다리로 1992년 하와이주를 강타한 강력한 허리케인 이니키가 덮쳤을 때도 멀쩡히 살아남은 것으로 유명하다. 이후 보수공사를 거쳐 더욱 튼튼하게 만들었다. 건널 때 흔들림이 많고 삐걱거리는 소리가 나 조금은 무서울지도 모르나 걱정하지 않아도 된다.

주소 3857 Iona Rd. Hanapepe

 ★☆☆　　　　　　　　　　　　　　　　　　GPS 21.954788, -159.666924

와이메아 타운 Waimea Town

카우아이섬 서해안 부근에 위치하는 항구 마을로 1900년대 초반의 옛 정취가 고스란히 풍긴다. 1778년 하와이 제도를 발견한 영국 탐험가 제임스 쿡James Cook이 처음 발을 디딘 곳으로 알려져 있으며, 이것을 기념한 동상이 타운 중심가 호프가드Hoffgard 공원에 설치되어 있다. 캡틴 쿡이 상륙하면서 하와이에 서양 물자와 문화가 들어오기 시작했으며 이로 인해 마을 전체가 카우아이 무역의 중심지로 번영을 누렸다. 당시 문을 열어 지금도 영업을 이어가고 있는 슈퍼마켓인 이시하라 마켓의 도시락과 포케는 인기 있는 먹거리 중 하나이다.

주소 Waimea Rd. Waimea
주차장 있음

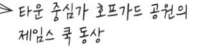
타운 중심가 호프가드 공원의 제임스 쿡 동상

★★☆

하날레이 베이 Hanalei Bay

GPS 22.203135, -159.503768

무라카미 하루키 단편 소설의 배경지이며, 조지 클루니가 주연한 영화 〈디센던트Descendants〉에 등장했던 곳. 이 해변을 설명하기에 이것만큼 눈길을 끄는 것이 있을까. 영화와 소설의 배경으로 등장하는 하날레이 베이는 카우아이섬 최대 규모로 기다란 모래사장이 끝없이 이어진다. 화장실, 샤워시설, 바비큐시설, 테이블 등이 마련되어 있어 편리하게 즐길 수 있다.

주소 4382 Hee Rd. Hanalei
위치 리후에 공항에서 자동차로 40분
주차장 있음

★☆☆

하날레이 밸리 전망대 Hanalei Valley Lookout

GPS 22.212769, -159.475679

카우아이의 전원 풍경을 감상하고 싶다면 이곳을 방문하자. 사탕수수와 타로 고구마밭이 펼쳐지는 농촌의 소박하면서도 푸르른 분위기를 조망하는 전망대이다. 하와이산 타로 고구마의 60%가 이곳에서 생산될 만큼 귀중한 특산품으로 꼽힌다. 타로 고구마밭을 중심으로 한 습지 지대는 관광객 출입이 엄격하게 제한되어 있다. 뒤편에는 와이알레알레Wai'ale'ale산이 떡하니 자리 잡아 위용을 뽐낸다.

주소 Kuhio Hwy. Princeville
위치 리후에 공항에서 자동차로 40분
주차장 있음

★★☆

킬라우에아 등대 Kilauea Lighthouse

GPS 22.231733, -159.401958

하와이 제도 최북단에 자리하는 등대로 1913년에 세워진 이래 단 한차례도 쉬지 않고 바다를 지켜왔다. 참고로 최남단은 빅아일랜드의 사우스 포인트이다. 이 등대가 위치하는 곳은 국가가 지정한 야생동물보호구역으로 갓 태어난 새들의 모습이 보이는 등 귀중한 장면을 마주할 때도 있다. 방문자 센터에는 등대의 역사를 말해주는 자료가 전시되어 있으며, 카우아이의 자연도 소개한다. 곶에서 보이는 모쿠아에아에Mokuaeae섬은 하와이 바다표범 몽크실의 휴식처 역할을 한다. 겨울에는 혹등고래가 출현하기도 한다.

주소 3580 Kilauea Rd. Kilauea
위치 리후에 공항에서 자동차로 40분
운영 10:00~16:00
휴무 일~화
요금 $10, 15세 이하 무료
(예약 필수, 온라인 수수료 $1)
전화 808-828-0383
홈피 www.kilaueapoint.org

주차장 있음

★★☆ GPS 21.899906, -159.560971

카우아이 커피 컴퍼니 Kauai Coffee Company

'하와이 커피' 하면 빅아일랜드 코나 지역에서 생산하는 코나 커피를 떠올리는 이들이 다수일 것이다. 하지만 카우아이에서도 커피를 생산하고 있다. 심지어 하와이 제도 최대 규모의 농장이 이곳에 있으며 미국 커피 생산량 50% 이상의 점유율을 자랑하고 있다. 커피는 3년에 한 번 수확하고 대량생산이 불가능하다. 수확 시기에 따라 품종과 명칭이 다르다. 카우아이 커피 컴퍼니에는 커피와 각종 기념품을 판매하는 점포가 있고, 이곳에서 카페와 농장 투어를 즐길 수 있다. 다양한 커피를 시음할 수 있는 공간도 마련되어 있으며, 시중에서는 구할 수 없는 한정 원두도 판매하고 있다.

주소 870 Halewili Rd. Kalaheo
위치 더 카우아이 버스 100, 200번 이용
운영 월~금 09:00~17:00, 토·일 10:00~16:00
요금 커피 $2.50~, 원두 $14~
전화 800-545-8605
홈피 kauaicoffee.com

주차장 있음

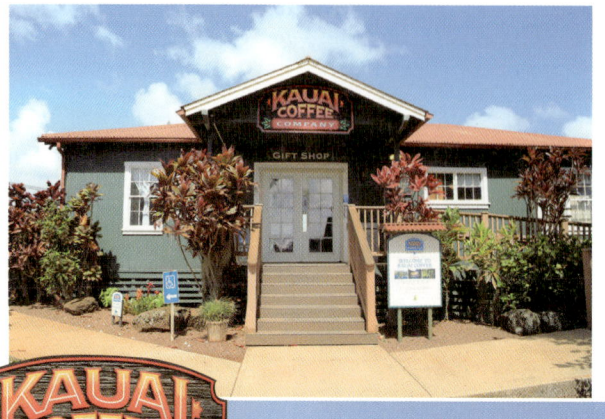

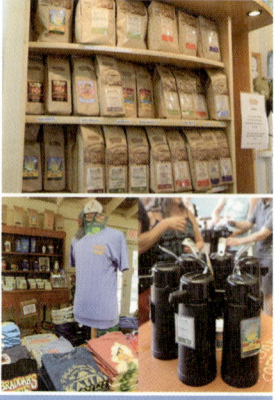

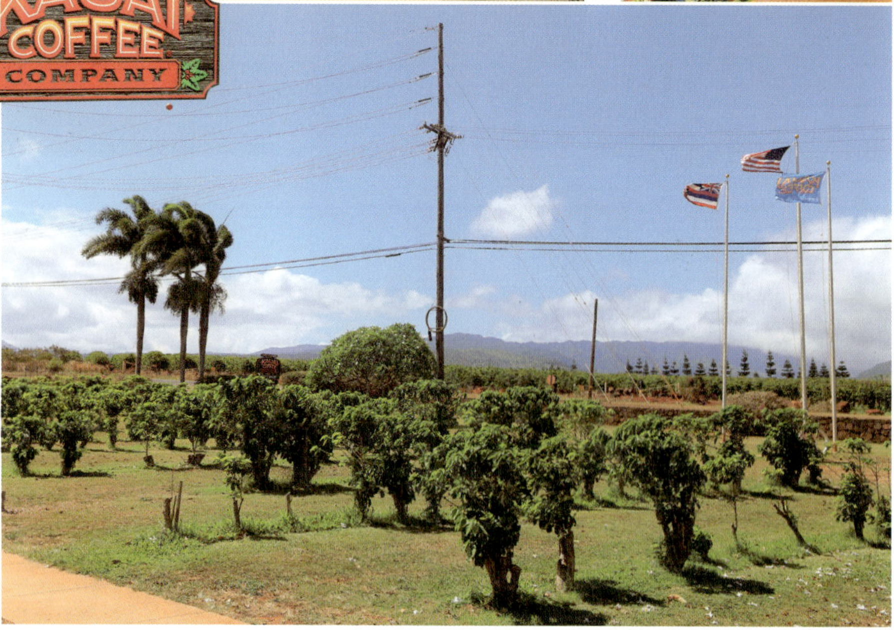

KAUAI COFFEE COMPANY

추천

부바 버거스 Bubba Burgers

1936년 카우아이섬 북쪽에 자리한 작은 마을 하날레이Hanalei에서 탄생한 버거. 가게 이름과 동일한 시그니처 메뉴 부바 버거Bubba Burger는 카우아이 지역 목장에서 자란 최고급 육우만을 사용한 패티와 머스터드 소스를 묻힌 구운 번 사이에 랠리쉬 소스, 양파를 넣은 단순한 조합이다. 여기에 패티를 하나 더 추가한 더블 부바Double Bubba, 2개를 더 추가한 빅 부바Big Bubba가 있으며, 감자튀김 위에 칠리 소스와 양파를 얹은 칠리프라이Chilli Fries와 어니언링 등 사이드 메뉴도 있다. 접근성이 좋은 포이푸Poipu와 카파아Kapa'a 두 지점을 운영한다.

GPS 21.883014, -159.469181

주소	2829 Ala Kalanikaumaka St. Building L, Koloa
위치	더 카우아이 버스 30번 이용
운영	10:30~20:00 **휴무** 일·월
요금	버거 $6~
전화	808-742-6900
홈피	bubbaburger.com

주차장 있음

추천

래퍼츠 하와이 Lappert's Hawaii

GPS 21.883419, -159.469321

오아후섬 호놀룰루와 마우이섬에도 지점이 있는 카우아이 대표 아이스크림 가게. 코나 커피, 초콜릿, 코코넛, 녹차 등 기본적인 맛 외에도 브라우니, 솔트 캐러멜, 마카다미아 너트, 피넛 버터 등 다양한 맛을 조합한 메뉴도 눈에 띈다. 카우아이 파이, 코나 라바자바, 빅아일랜드 인스피레이션, 마우나 케아스 시크릿처럼 각 지역의 명칭을 딴 이름 역시 하와이스럽고 매력적이다. 30여 가지의 아이스크림 맛을 음미할 수 있으며 커피, 쿠키, 브라우니 등도 판매한다.

- **주소** 2829 Ala Kalanikaumaka St. Koloa
- **위치** 더 카우아이 버스 30번 이용
- **운영** 일~수 08:00~20:00, 금·토 08:00~20:30 **휴무** 화·목
- **요금** 아이스크림 $4.85~
- **전화** 808-742-1272
- **홈피** www.lappertshawaii.com

주차장 있음

GPS 21.884033, -159.469597

쿠쿠이울라 빌리지 쇼핑센터 Kukui'ula Village Shopping Center

맛집으로 소개한 부바 버거스와 래퍼츠 하와이가 입점한 쇼핑센터. 드러그 스토어 체인점인 롱스 드럭스를 비롯하여 숍, 레스토랑, 갤러리 등 하와이스러운 다양한 점포가 들어서 손님을 반긴다. 매주 수요일 오후 3시 반부터 6시까지 파머스 마켓이 열린다.

- **주소** 2829 Ala Kalanikaumaka St. Koloa
- **위치** 더 카우아이 버스 30번 이용
- **운영** 09:00~21:00 **휴무** 부정기 **전화** 808-742-9545
- **홈피** www.theshopsatkukuiula.com

주차장 있음

GPS 21.982091, -159.364925

월마트 Walmart

리후에 공항에 인접한 대형 슈퍼마켓으로 자동차로 4분 거리에 위치한다. 일반적인 먹거리와 생필품을 구입할 수 있는 것 외에 내부에 약국이 있어 의약품도 구매할 수 있으며, 맥도날드도 입점해 있어 간편한 식사도 해결할 수 있다. 매장마다 운영시간이 다르므로 홈페이지를 참고할 것.

- **주소** 3-3300 Kuhio Hwy. Lihue
- **위치** 더 카우아이 버스 70번 이용
- **운영** 06:00~23:00 **휴무** 연중무휴
- **전화** 808-246-1599
- **홈피** walmart.com

주차장 있음

Poipu
GPS 21.875638, -159.439468

그랜드 하얏트 카우아이 리조트 & 스파 Grand Hyatt Kauai Resort & Spa 5성급

포이푸 비치 파크에 있는 특급 호텔 리조트. 1900년대 초반 하와이 건축 양식을 채용한 건물은 우아하면서도 기품이 있다. 하와이의 대자연을 누릴 수 있는 호텔 내 열대우림의 정원과 워터 슬라이드, 발리볼 네트 등이 설치된 수영장이 이곳의 자랑거리다.

- **주소** 1571 Poipu Rd. Koloa
- **위치** 리후에 공항에서 자동차로 약 25분
- **운영** 체크인 16:00, 체크아웃 11:00
- **요금** $500~
- **전화** 808-742-1234
- **홈피** www.hyatt.com/en-US/hotel/hawaii/grand-hyatt-kauai-resort-and-spa/kauai?src=corp_lclb_gmb_seo_nam_kauai

more & more 관광명소로도 손색 없어요!

그랜드 하얏트 카우아이 리조트 & 스파는 카우아이섬에 있는 수많은 숙박시설 중에서 관광명소로도 알려진 고급 호텔이다. 장담하지만 입구에 도착한 순간부터 당신은 발걸음을 멈추고 어딘가에 마음을 빼앗겨버릴 것이다. 문 너머로 보이는 파란 바다의 풍경이 마치 액자 속 아름다운 그림을 연상시켜 호텔의 상징이 될 정도이기 때문. 호텔 내 작은 라군을 감싸는 수영장과 호텔 앞에서 바로 연결되는 십렉Shipwreck's 비치는 발군의 풍경을 자랑한다. 참고로 비치 왼편에 있는 절벽은 영화 〈해리포터〉의 촬영지이니 이곳에서의 관광도 놓치지말자.

Poipu

GPS 21.880332, -159.465880

콜로아 랜딩 리조트 앳 포이푸 Koloa Landing Resort at Poipu `4성급`

포이푸 비치 파크 부근에 있는 초대형 리조트. 모든 객실에 간단한 조리가 가능한 주방을 비롯해 전자레인지, 커피메이커, 세탁기, 건조기가 구비되어 있다. 리조트에서 8km 이내의 관광명소는 호텔이 제공하는 무료 셔틀을 이용해 이동할 수 있다.

주소 2641 Poipu Rd. Koloa
위치 리후에 공항에서 자동차로 약 25분
운영 체크인 16:00, 체크아웃 11:00
요금 $350~
전화 808-240-6600
홈피 koloalandingresort.com

Poipu

GPS 21.876825, -159.462065

쉐라톤 카우아이 리조트 Sheraton Kauai Resort `4성급`

포이푸의 해안선을 만끽할 수 있는 리조트. 올드 하와이의 분위기가 물씬 나는 건물에 다양한 시설을 갖추고 있으며, 2개의 야외 수영장과 다양한 물놀이 도구 대여 등 호텔 내 액티비티에도 신경 쓰고 있다.

주소 2440 Hoonani Rd. Koloa
위치 리후에 공항에서 자동차로 약 25분
운영 체크인 15:00, 체크아웃 11:00
요금 $400~
전화 808-742-1661
홈피 www.marriott.com/hotels/travel/lihsi-sheraton-kauai-resort

Wailua   GPS 22.042283, -159.337007

힐튼 가든 인 카우아이 앳 와일루아 베이
Hilton Garden Inn Kauai Wailua Bay 3.5성급

와일루아강 인근에 자리한 리드게이트 주립공원과 고사리 동굴로 알려진 와일루아 리버 국립공원에 인접한 호텔. 각 객실에는 전자레인지와 커피 메이커가 구비되어 있으며, 따뜻하고 포근한 분위기를 느낄 수 있다.

주소 3-5920 Kuhio Hwy. Kapa'a
위치 리후에 공항에서 자동차로 약 8분
운영 체크인 15:00, 체크아웃 11:00
요금 $250~
전화 808-823-6000
홈피 hiltongardeninn3.hilton.com/en/hotels/hawaii/hilton-garden-inn-kauai-wailua-bay-LIHWBGI/index.html

Wailua   GPS 22.056663, -159.322479

코트야드 바이 메리어트 카우아이 앳 코코넛 비치
Courtyard by Marriott Kauai at Coconut Beach 3성급

카우아이섬 동해안에 위치한 코코넛 비치 내에 있다. 오션 뷰 객실이 아니더라도 비치가 바로 눈앞에 펼쳐져 원 없이 바다를 누릴 수 있다. 또한 바다를 배경으로 한 야외 수영장과 휴식 공간도 잘 갖추어져 있다.

주소 650 Aleka Loop, Kapa'a
위치 리후에 공항에서 자동차로 약 12분
운영 체크인 16:00, 체크아웃 12:00
요금 $300~   전화 808-822-3455
홈피 www.marriott.com/hotels/travel/lihku-courtyard-kauai-at-coconut-beach

Lihue   GPS 22.010202, -159.338759

카우아이 비치 리조트 Kauai Beach Resort 3.5성급

리후에 공항에서 비교적 가까운 곳에 위치한 호텔로 조용하고 한적한 주변 환경 덕분에 휴식을 위해 찾는 단골손님이 많다. 공항까지 무료 셔틀을 제공하고 워터 슬라이드가 있는 4개의 수영장, 온수 욕조가 있다.

주소 4331 Kauai Beach Dr. Lihue
위치 리후에 공항에서 자동차로 약 6분
운영 체크인 16:00, 체크아웃 11:00
요금 $200~
전화 808-245-1955
홈피 kauaibeachresortandspa.com

Step to Hawaii 1

여행 전 알아보는
하와이 일반 정보

미국의 50번째 주 하와이는 미국 본토에서 약 3,850km 떨어진 태평양 한가운데 위치하며 육지에서 가장 떨어져 있는 제도이다. 500만 년 전 해저에서 일어난 분화로 융기하여 생성된 크고 작은 섬 132개로 이루어진 곳으로 이 중 오아후, 마우이, 빅아일랜드(하와이섬), 카우아이, 라나이, 몰로카이 등 여행자가 주로 방문하는 섬과 니이하우, 카호올라베 2개를 포함한 8개의 섬만 입도가 가능하다.

★ 국가
미국 The United States of America

미국 국기 & 하와이 주기

★ 주도
호놀룰루 Honolulu

★ 인구
약 145만 5,271명(2021년 기준)

★ 면적
16,634.5km²

★ 기후
하와이 제도는 연중 온난한 열대우림 기후에 속하나 위치, 시기, 시간에 따라 세계를 구분하는 17개 기후 중 15개 기후가 나타난다. 한국처럼 뚜렷하진 않지만 사계절이 존재한다.

★ 민족
하와이 원주민·폴리네시아계 10%, 백인 24.7%, 아시아계 38.6%, 두 민족 이상의 혼혈인 23.6%, 기타 3.1%로 구성되어 있다.

★ 시차
하와이가 한국보다 19시간 느리다.

★ 언어
공용어는 영어와 하와이어(하와이 원주민어). 하와이어는 그다지 많이 사용되지 않는다.

★ 국가번호
미국의 국가번호는 1. 하와이의 주번호는 808이다.

★ 전압
110V~120V, 60Hz이다. 11자형 A타입 어댑터가 필요하다.

★ 전화
하와이 현지에서 전화 사용 시 같은 섬에 걸 때는 번호 그대로, 이웃섬에 걸 때는 1+808+전화번호 순서로 입력한다.

★ 세금
주세는 4.712%(마우이 4.166%)이다. 이와 별도로 숙박 요금에는 숙박세 13.25%가 가산된다.

★ 신용카드
미국은 한국과 같이 카드를 주로 사용한다. 일부 가게를 제외하곤 Visa, Mastercard, American Express 등 유명 브랜드 카드는 거의 다 통용된다.

한국	00:00	01:00	02:00	03:00	04:00	05:00	06:00	07:00	08:00	09:00	10:00	11:00
하와이	05:00	06:00	07:00	08:00	09:00	10:00	11:00	12:00	13:00	14:00	15:00	16:00
한국	12:00	13:00	14:00	15:00	16:00	17:00	18:00	19:00	20:00	21:00	22:00	23:00
하와이	17:00	18:00	19:00	20:00	21:00	22:00	23:00	00:00	01:00	02:00	03:00	04:00

동일한 날짜.
이전까지는 하와이가 하루 전.

★ 통화

미국 달러(USD, $)와 센트(¢)를 사용한다. $1는 약 1,300원이다(2023년 4월 기준). $1, $5, $10, $20, $50, $100 지폐와 ¢1, ¢5, ¢10, ¢25 동전이 사용된다. ¢50와 $1 동전도 있으나 거의 유통되지 않는다.

★ 비자

90일 이내 관광, 상용 목적 방문이면 무비자로 체류 가능하나, 사전에 전자 여행 허가제(ESTA)를 신청해야 한다. 여권 유효기간은 6개월 이상 남아 있는 것이 좋다(2023년 4월 현재 만 18세 이상 입국자 접종증명서 소지 필수).

★ 우편

한국으로 우편을 보낼 때는 '받는 이' 부분에 'South Korea Air Mail'이라고 표기한 다음 한국어로 주소를 적으면 된다. 엽서는 $1.20의 우표가 필요하다.

★ 와이파이

오아후섬 중심 호놀룰루는 무료 와이파이가 설치된 곳이 많은 편이라 이용하기 편리하다. 오아후섬 외곽과 이웃섬은 호텔과 쇼핑센터 외에는 무료 와이파이를 잡기 어렵기 때문에 따로 심카드와 포켓 와이파이를 준비하는 것을 권한다(p.463 참조).

★ 공휴일

1월 1일	새해 New Year's Day
1월 셋째 주 월요일	마틴 루터 킹 목사 기념일 Dr. Martin Luther King Jr. Day
2월 셋째 주 월요일	대통령의 날 President's Day
부활절 전 금요일	굿 프라이데이 Good Friday
3월 26일	프린스 쿠히오 기념일 Prince Jonah Kuhio Kalanianaole Day
5월 마지막 주 월요일	전사자 추모일 Memorial Day
6월 11일	카메하메하 대왕 기념일 King Kamehameha I Day
7월 4일	독립기념일 Independence Day
8월 셋째 주 금요일	하와이주 승격 기념일 Statehood Day
9월 첫째 주 월요일	노동절 Labor Day
짝수년 11월 첫째 주 화요일	선거일 General Election Day
11월 11일	재향 군인의 날 Veteran's Day
11월 넷째 주 목요일	추수감사절 Thanksgiving
12월 25일	성탄절 Christmas

Step to Hawaii 2

하와이 여행 입국에서 출국까지

미국은 입국에 엄격하기로 악명 높기 때문에 입국이 가장 가슴 떨리는 순간일 것이다. 아래 내용을 참고하여 순서대로 진행하면 어려울 것 없으니 두려워하지 말자.

★ 전자 여행 허가제 ESTA

Electronic System for Travel Authorization의 약자로 전자 여행 허가제를 말한다. 체류기간 90일 이내의 여행 또는 상용 목적으로 미국을 방문할 때 반드시 사전에 신청해서 취득해야 하는 것으로, 인터넷을 통해 신청 가능하다. 미국으로 출국 전 72시간 전까지는 신청을 마무리해야 하며, 1인당 $21의 수수료가 필요하다. 유효기간은 2년이나 여권기간이 만료되면 함께 실효되므로 새로운 여권으로 갱신 시 방문기간에 맞춰 다시 신청해야 한다. 신청 웹사이트는 한국어 지원도 되어 절차가 어렵지는 않다. 권리 포기 각서에 동의한 후 신청자 정보와 여행 정보를 기입하면 신청번호가 발행된다. 마지막으로 해외 사용 가능 신용카드로 결제를 하면 끝이다.

홈피 esta.cbp.dhs.gov/esta

주의사항

2010년 이후 이란, 이라크, 수단, 시리아, 리비아, 소말리아, 예멘을 방문한 이력이 있는 자는 ESTA로의 입국이 불가하다. 별도의 미국 비자를 신청한 다음 발급이 되면 ESTA를 신청하자.

ESTA 홈페이지

★ 입국 절차

공항에 도착해 수하물을 찾고 시내로 나가기까지는 크게 아래와 같은 과정을 거친다.

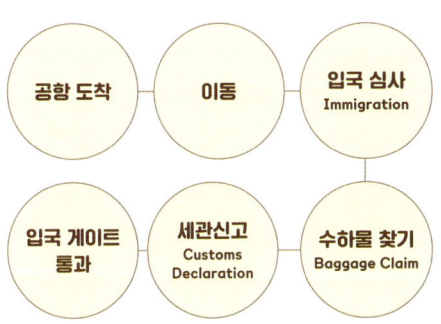

공항 도착 → 이동 → 입국 심사 Immigration → 입국 게이트 통과 → 세관신고 Customs Declaration → 수하물 찾기 Baggage Claim

입국 심사

여권 제시 후 심사관의 질문에 대답만 성실히 하면 걱정할 필요가 없다. 체류기간은 며칠인지, 방문 목적이 무엇인지, 귀국편 비행기와 숙소는 예약했는지 등의 간단한 질문이 대부분이다. 만약을 대비해 항공권 E-티켓과 호텔 바우처를 제시할 수 있도록 준비해두자. 대답에 성의가 없다고 판단하면 심사관은 더욱 끈질기고 엄격해지므로 미리 준비해 가는 것이 좋다. 장기 체류하는 경우 머무는 기간 동안 무엇을 할 것인지 구체적으로 이야기하면 된다. 지문 인식과 얼굴 사진을 찍으면 심사는 마무리된다. 입국장이 붐비는 경우가 많아 심사 전 지문과 사진을 먼저 끝내고 심사 줄로 넘어가기도 한다.

세관신고서

입국 심사를 끝내고 마지막 게이트를 통과하기 전 직원에게 제출해야 하는 서류가 세관신고서이다. 기내에서 나눠준 신고서는 예시를 참고하여 미리 작성해두자. 모든 칸을 빠짐없이 영문으로 기입하며, 세관에 신고해야 할 물품이 있다면 뒷면의 기재사항도 빠뜨리지 말자.

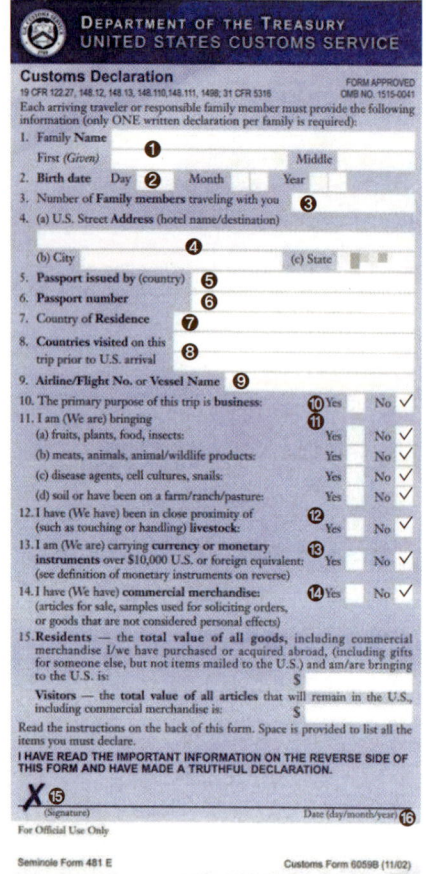

세관신고서 적는 법
❶ (성) HONG
　(이름) GILDONG
❷ (생년월일 일/월/년) 31 03 99
❸ (가족 동반 시 동반자 수) 0
❹ (하와이 숙박시설명) KAHALA HOTEL
　(도시) Honolulu (주) Hawaii
❺ (여권 발행국) South Korea
❻ (여권 번호) M00000000
❼ (거주국가) South Korea
❽ (미국 도착 전 방문한 나라, 경유지)
❾ (비행기 편명) HA0460
❿ 이번 여행의 주목적은 비즈니스입니다.
⓫ 반입 물품
　(a) 과일, 채소, 식물, 씨앗, 곤충
　(b) 육류, 동물, 야생동물 제품
　(c) 병원체, 세포 배양물, 달팽이류
　(d) 흙 또는 농장/목장/목초지를 방문
⓬ 가축을 만지거나 다룬 적이 있습니다.
⓭ 미화 1만 달러 이상 또는 그에 상당하는 외국 통화를 소지
⓮ 상업용 물품을 소지
⓯ 서명
⓰ 입국 날짜

★ 출국 절차

출국은 입국보다 덜 까다로우며, 시간도 오래 걸리지 않고 금방 끝나는 편이다. 앞서 줄 선 이들의 행동을 보고 그대로 따라하면 끝. 짐 검사 시 노트북은 따로 꺼내두고 신발을 벗어 짐 바구니에 함께 넣어두는 것을 잊지 말자.

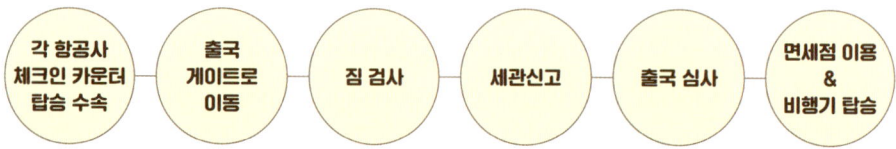

각 항공사 체크인 카운터 탑승 수속 → 출국 게이트로 이동 → 짐 검사 → 세관신고 → 출국 심사 → 면세점 이용 & 비행기 탑승

Step to Hawaii 3

하와이 공항에서 이동하기

부푼 마음을 안고 드디어 도착한 하와이! 다니엘 K. 이노우에 국제공항에서 호놀룰루 중심가 또는 이웃섬으로 가는 방법을 알아보자.

★ 공항에서 호놀룰루 시내 이동하기

공항에서 호놀룰루 시내로 이동하는 방법에는 크게 더 버스와 차량 배차 서비스, 렌터카 이용, 여행사 픽업 샌딩 서비스가 있다. 각자 상황에 맞는 방법을 골라 이용해보자.

더 버스

국제선 2층 출발 로비로 나와 건너편 중앙분리대 쪽에 시티 버스City Bus라 적힌 정류장에서 19, 20번을 탑승하면 된다. 저렴한 가격으로 시내까지 한 번에 갈 수 있다는 장점이 있지만, 기본 1시간 이상이 소요되며 출퇴근 시간의 교통 체증과 겹치면 버스 안에서 꼼짝 않고 갇혀 있어야 하는 일이 발생하기도 한다. 큰 캐리어 가방은 들고 탈 수 없으므로 배낭여행객에게만 권하는 방법이다.

요금 1회 18세 이상 $3, 6~17세 $1.50, 65세 이상 $1.25, 1일 최대 승차요금 18세 이상 $7.50, 6~17세 $3.75, 65세 이상 $3, 어른 동반 5세 이하 1인 무료.
홀로 카드 최소 충전 금액 $3
홈피 thebus.org

차량 배차 서비스

한국의 카카오택시와 같은 스마트폰 앱을 통한 차량 배차 서비스가 미국에서도 널리 보급되어 있다. 우버Uber, 리프트Lyft 두 종류가 있으며, 요금과 이용 방법은 크게 차이가 없다. 제2터미널의 2층 출발 로비8과 제1터미널의 2층 출발 로비2 건너편에 있는 라이드 셰어 픽업 존Ride Share Pick Up Zone에서만 차를 불러서 탈 수 있으므로 출발지를 이곳으로 설정하는 것을 잊지 말자.

소요 시간 약 30분
요금 $25~35
홈피 우버 www.uber.com
　　　리프트 www.lyft.com

렌터카

공항에서 렌터카를 픽업할 경우 도착 로비 출입구에서 오른쪽으로 5분 직진 후 왼편에 위치한 'Car Rental Center' 내 각 회사 카운터에서 수속을 하면 된다.

여행사 픽업 샌딩 서비스

정해진 시간에 일정한 인원을 모집한 후 와이키키 시내 호텔을 돌면서 하차하는 서비스를 각종 현지 한인 여행사가 실시하고 있다. 인터넷 검색창에 '하와이 공항 픽업'이라 검색해보자.

★ 공항에서 이웃섬 이동하기

다니엘 K. 이노우에 국제공항에서는 마우이, 빅아일랜드, 카우아이 등 각 이웃섬을 연결하는 항공편을 운항 중이다. 수속 정보와 소요 시간을 참고해 이용하자.

수속절차

입국 심사 → 수하물 찾기 → 세관신고 → 세관신고 후 바로 눈앞에 보이는 일반 게이트를 통과하지 말고 왼쪽 단체관광객 전용 출구 부근에 있는 환승 전문 카운터에서 짐 부치기 → 단체관광객 출구를 통해 나와 제1터미널로 이동 → 주내선 이용 항공사 체크인 → 노트북을 꺼내고 신발을 벗은 후 보안 검사 → 탑승

주요 연결편

하와이안항공 Hawaiian Airline www.hawaiianairlines.co.kr
모쿨렐레항공 Mokulele Airline www.mokuleleairlines.com
사우스웨스트항공 Southwest Airline www.southwest.com

이용 포인트

- 주내선은 비행기 출발 1시간 30분~2시간 전에 카운터가 문을 연다. 출발 1시간 전에는 도착하여 수속하는 것이 안전하다.
- 공항에 도착하자마자 바로 이웃섬으로 이동할 경우 입국 심사, 짐 찾기, 체크인 소요 시간을 고려해 일정을 넉넉하게 잡는 것이 좋다. 최근 입국 심사가 혼잡하여 다소 시간이 걸리는 편이므로 여유를 두고 계획하자.
- 1시간 이내의 짧은 비행 시간이므로 통로 좌석을 선호하는 이라도 이웃섬 이동만큼은 창가 좌석을 이용하자. 창 너머 보이는 하와이 제도의 아름다운 경치를 만끽할 수 있다.
- 공항 내에는 음식점, 카페, 매점, 면세점 등 다양한 매장이 있다. 공항에서 대기할 때 꼭 이용해보도록 하자.

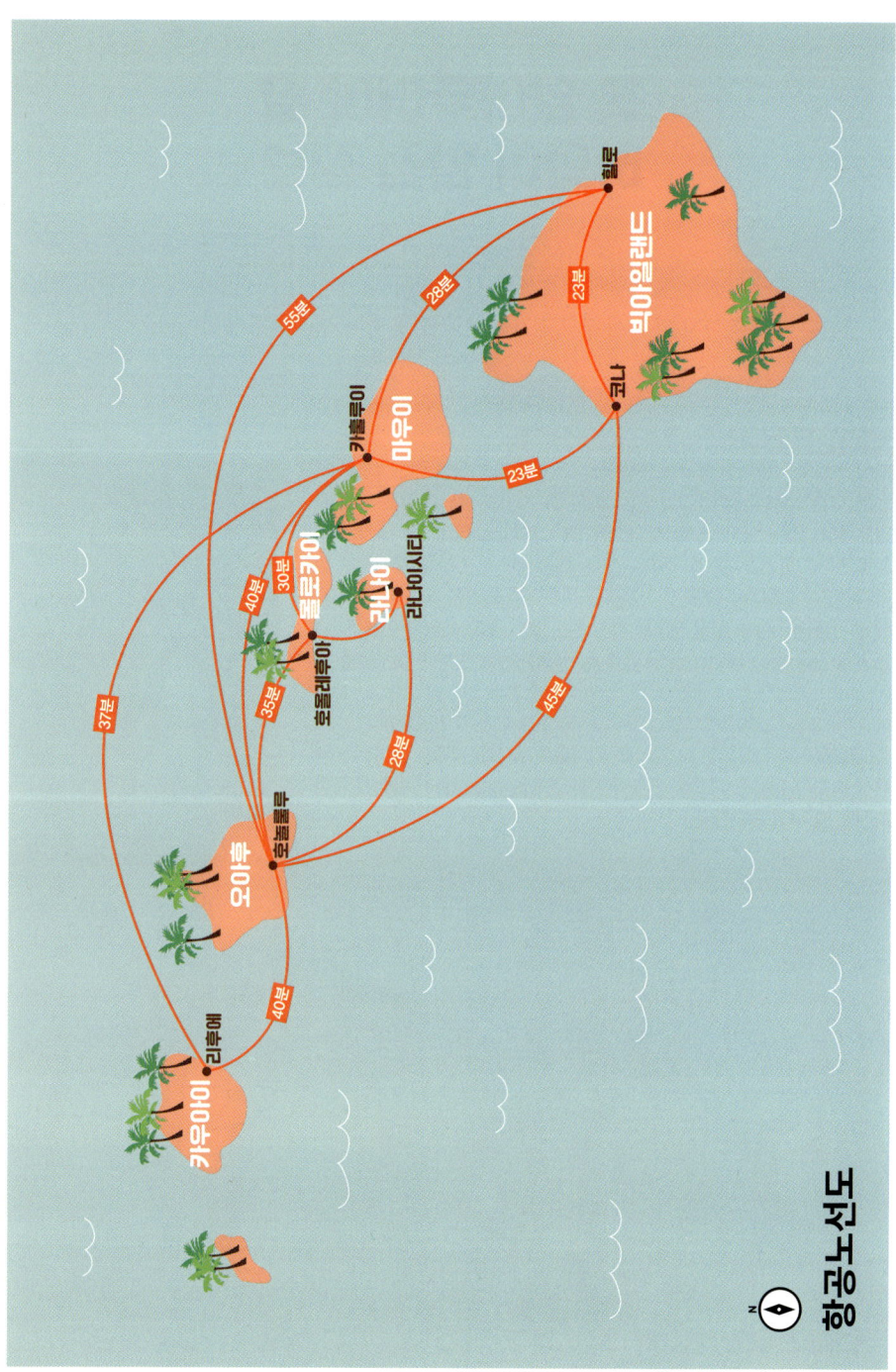

Step to Hawaii 4

꼭 알아두어야 할 하와이 안전 정보

하와이를 보다 안전하게 여행하는 방법과 사건 사고 발생 시 행동 지침을 소개한다. 급한 일이 생겼다면 당황하지 말고 아래의 정보를 적극 활용하여 신속하게 움직이자.

★ 하와이 치안

지상 최고의 낙원이라 불리는 하와이. 미국 본토에 비하면 전반적으로 안전한 지역에 속하나 여행자가 당할 법한 소매치기와 날치기 같은 도난 사건은 적지 않게 일어나므로 주의해야 한다. 또한, 쇼핑센터에 주차된 차 창을 깬 후 물건을 훔치고 달아나는 사건은 매우 빈번하게 발생하고 있다. **비치나 호텔에서 짐을 두고 자리를 비우거나 음식점 테이블, 빈 의자에 물건을 올려놓는 일은 되도록 하지 않는 것이 좋고 렌터카 이용 시 차 안에 물건을 두고 내리는 일은 절대 삼가도록 한다.** 밤늦게 길거리를 돌아다니는 여행자 역시 많은 편인데, 한국만큼 밤에 안전한 곳은 전 세계에 극히 드물기 때문에 이를 염두에 두고 일정을 세우자. 본문에서 소개한 **호놀룰루의 다운타운, 카카아코, 카파훌루 등 관광지에서 떨어진 지역은 노숙자가 많은 편이므로 혼자 후미진 골목을 걷는다든가 밤늦게 돌아다니는 일이 없도록 한다.**

★ 여권 분실 시
여권을 분실한 경우 근처 경찰서를 방문하여 분실신고서를 작성한다. 이후 분실신고서, 여권 발급 신청서, 여권용 사진 2매, 항공권 E-티켓, 여권 사본을 들고 한국 영사관에 방문한다. 수수료로 $53(현금, 카드 가능)을 내고 여권을 발급(사전 부착식 단수여권, 대사관 지정환율로 계산)받는다.

★ 짐 분실 시
공항에서 짐을 잃어버렸거나 더 버스에 짐을 두고 내린 경우 공항 내 인포메이션에 문의하거나 분실물 센터에 바로 연락을 취하자.
전화 다니엘 K. 이노우에 호놀룰루 국제공항 836-6547, 더 버스 848-4444

★ 신용카드 분실 시
카드 분실을 알아챈 순간 즉시 카드사에 연락하여 분실신고를 해야 추가 피해를 예방할 수 있다. 아래 내용은 카드사의 긴급연락처이다.

KB국민카드 82-2-6300-7300
NH농협카드 82-2-3704-1004
비씨카드 82-2-330-5701
씨티카드 82-2-2004-1004
하나카드 82-1800-1111
삼성카드 82-2-2000-8100
신한카드 82-1544-7000
롯데카드 82-2-2280-2400
우리카드 82-2-2169-5001
현대카드 82-2-3015-9000

★ 갑작스러운 부상과 아픈 경우
우선 **호텔 프런트에 연락해 상담한 다음 지참한 비상약이나 드러그 스토어에서 구매한 약을 복용한다.** 드러그 스토어에서 어렵지 않게 약을 구할 수 있으므로 참고하자(p.210 참조). **부상을 당하거나 병의 증세가 심해졌다면 긴급전화 911로 통화하여 구급차를 부르는 것이 좋다.** 전화가 연결되면 위치와 증상을 차분히 설명하고 구급차를 부탁하면 된다. 하와이는 병원비가 매우 비싼 편이므로 이런 경우를 대비하여 여행 전 반드시 여행자보험에 가입하는 것을 권장한다.

하와이 긴급연락처 ★★★★★
여행에서 긴급한 상황이 발생한다면 아래에 소개하는 긴급연락처를 잊지 말고 활용하자.

· 긴급전화 911
· 호놀룰루 경찰서 529-3111
· 와이키키 파출소 529-3801
· 교통위반 관리소 538-5500

· 대한민국 영사콜센터 +82-2-3210-0404
· 주 호놀룰루 한국 영사관
주소 2756 Pali Hwy, Honolulu
위치 더 버스 4, 65, 66, 67번 이용
운영 08:30~16:00
전화 근무시간 808-595-6109,
   근무시간 외 808-265-9349
홈피 overseas.mofa.go.kr/us-honolulu-ko

Step to Hawaii 5

단계별로 준비하는 하와이 여행

하와이를 여행하기로 마음먹었다면 지금부터 차근차근 준비하기 시작하자. 첫 해외여행이라면 우선 여권부터 발급해둘 것. 출발 전까지 항공권과 숙소 예약, 여행에 필요한 준비물 챙기기, 계획 세우기 등 해야 할 일 투성이다. 부지런히 움직여 하나하나 미리 해두는 것이 좋다.

★ 여권 발급

해외로 여행을 떠날 때 준비해야 할 필수품은 여권. 발급절차는 매우 간단한 편으로 신청 후 주말을 제외한 3~7일이 소요된다. 미국은 잔여 유효기간이 6개월 미만이어도 입국 가능하나 만일을 위해 6개월 이상을 권장한다.

여권 종류
일회성 단수여권과 정해진 기간 내에 계속 사용할 수 있는 복수여권 두 종류가 있다.

여권 발급절차
도시군청, 광역시 내 구청 등 전국의 발급기관을 방문 (서울시청 제외) → 접수처에 비치된 신청서 작성 → 접수 → 수수료 납부 → 여권 수령

준비물
여권 발급 신청서(접수처에 비치), 여권용 사진 1매(가로 3.5cm, 세로 4.5cm 흰색 바탕의 정면 사진), 신분증, 병역 관계 서류(군 미필자에 한함)

여권별 수수료

여권 종류	유효기간	사증면	금액	대상
복수여권	10년	48(24)면	53,000(50,000)원	만 18세 이상
	5년	48(24)면	45,000(42,000)원	만 8세~만 18세 미만
	5년	48(24)면	33,000(30,000)원	만 8세 미만
단수여권	1년	–	20,000원	1회 여행 시에만 가능
잔여 유효기간 부여	–	–	25,000원	여권 분실, 훼손으로 인한 재발급
기재사항변경	–	–	5,000원	사증란을 추가하거나 동반 자녀 분리할 경우

★ 국제운전면허증

하와이에서 렌터카를 대여해 이동할 경우 국내운전면허증만으로도 가능하나 사고와 같은 문제 발생 시에 국제운전면허증이 꼭 필요하므로 출국 전 미리 발급받아 놓도록 한다. 절차는 간단한 편. 여권(사본 가능), 국내운전면허증, 6개월 이내에 촬영한 여권용 사진, 수수료 8,500원을 지참하여 전국 운전면허 시험장 또는 관할 경찰서 민원실을 방문하면 된다. 오후 5시까지 신청해야 당일 발급이 가능하다. 면허증은 발급일로부터 1년간 유효하며, 운전 시 국제면허증과 함께 국내면허증, 여권을 반드시 소지해야 한다. 국제운전면허증을 미리 발급받지 못했다면 인천공항에서도 발급받을 수 있다. 제1여객터미널 3층, 제2여객터미널 2층에 발급센터가 있다. 평일 09:00~18:00에 운영하며, 주말에는 발급받을 수 없으니 참고하자.

★ 여행자보험

보험은 여행 일수가 짧더라도 가입하는 것을 권한다. 해외여행에서 일어난 사건, 사고, 질병으로 인해 병원 신세를 졌거나 도난으로 손해를 입었을 경우 확실한 보상을 받을 수 있다. 보험사마다 종류와 보장 한도가 다르므로 꼼꼼히 확인해보고 결정할 것. 보험금 청구 시 사실을 입증할 수 있는 서류를 제출해야 하는데, 병원에 다녀왔다면 의사 소견서와 치료비 영수증, 사고증명서가 필요하고, 도난을 당했다면 현지 경찰서를 방문하여 도난신고서를 발급받아야 한다.

★ 항공권 구입

직항 8시간 5~35분 소요
인천국제공항 ─ 호놀룰루 국제공항

항공권은 항공사 공식 홈페이지와 온라인 여행사를 통해서 예약 가능하다. 최근 저가 항공의 취항과 비행편의 증가로 이전보다 항공권에 드는 비용이 크게 줄었다. 각 항공사에서 수시로 진행하는 특가세일을 노린다면 비교적 저렴한 가격에 구매할 수 있으나 출국일이 멀어 변수가 발생할 수도 있다. 탑승 날짜가 다가올수록 어느 항공사든 가격이 상승하므로 미리 예약해두는 것이 좋다. 항공권 비용을 줄이고 싶다면 항공사의 세일기간을 부지런히 확인하는 것밖에는 방법이 없다. 또는 항공권 가격비교 사이트인 인터파크, 네이버 항공권, 스카이스캐너 등도 활용해보자. 원하는 날짜를 검색하면 가격 순으로 항공권을 확인할 수 있어 편리하다.

항공권 구매 시 확인해야 할 사항

- **세금 및 유류할증료**
  세금과 유류할증료가 포함된 최종 가격인지 반드시 확인하여 예약하자.
- **직항 혹은 경유**
  목적지까지 바로 가는 직항이 경유 노선보다 비싸다.
- **경유 시 환승 대기 시간**
  경유지와 더불어 중요한 것이 환승 대기 시간이다. 다른 비행기로 환승할 때 국가마다 절차가 다르므로 대기 시간이 2시간 이상인 항공편을 권한다.
- **수하물**
  인천-하와이 간은 장기비행이므로 보통 23kg의 수하물 2개를 무료로 부칠 수 있다. 저가 항공의 경우에는 대부분 무게 제한이 있거나 수하물 비용이 따로 부가된다.
- **환불 규정**
  항공권마다 환불 규정이 제각각이므로 반드시 확인해야 한다.
- **예약 시 확인해야 할 점**
  항공권 티켓의 영문 이름과 여권상 영문 이름의 철자가 반드시 일치해야 한다.

하와이 취항 항공

대한항공(KE) www.koreanair.com
아시아나항공(OZ) flyasiana.com
진에어(LJ) www.jinair.com
하와이안항공(HA) www.hawaiianairlines.co.kr
유나이티드항공(UA) www.united.com

★ 숙소 예약

하와이 최고의 성수기는 미국 본토 사람들이 추위를 피하고자 따뜻한 섬으로 떠나오는 성탄절 시기부터 3월 상순 사이로 특히 연말연시에 많은 이들이 방문하므로 되도록 피하는 것이 좋다. 부득이하게 일정이 겹친다면 빠른 예약이 무엇보다도 중요하다. 이 시기는 전체적으로 가격대가 높게 책정되는 시기인데, 미리 예약할수록 요금이 저렴해 예산을 아낄 수 있고 원하는 숙소를 만실이 되기 전에 예약할 수 있다. 일본인 관광객이 폭발적으로 늘어나는 4월 하순~5월 상순인 골든 위크와 현지인의 여름 휴가철인 7~8월도 성수기에 포함된다.

예약은 호텔 공식 홈페이지를 비롯해 숙박 전문 사이트와 여행사 홈페이지를 통해 가능하다. 똑같은 날짜라 하더라도 예약 수단에 따라 가격은 천차만별이므로 귀찮더라도 하나하나 꼼꼼하게 확인하는 것이 좋다. 사이트를 통해 예약하면서 결제가 완료되었다 해도 금액에 리조트 피(p.212 참고) 같은 세금은 포함되어 있지 않은 경우도 있으므로 잘 확인해야 한다.

숙박 전문 사이트

호텔스닷컴 kr.hotels.com
아고다 www.agoda.com/ko-kr
부킹닷컴 www.booking.com
익스피디아 www.expedia.co.kr
트리바고 trivago.co.kr
호텔스컴바인 www.hotelscombined.co.kr

★ 환전

트래블로그, 트래블월렛과 같은 선불식 충전카드가 인기를 끌면서 한국에서 무리하게 환전해가는 방식이 이제는 옛말이 되었다. 최근에는 여행지에서 필요한 금액만큼만 사전에 충전하여 사용하는 이들도 늘어났다. 선불식 충전카드가 편리한 건 환전 수수료가 없고 충전 시 매매기준율로 환전되어 꽤나 큰 비용을 아낄 수 있기 때문이다. 또한 큰 금액의 현금을 직접 소유할 필요가 없어 여행자의 부담도 줄어든다. 그러므로 여행지에서 사용 예정인 금액은 대부분 선불식 충전카드에 넣어 두거나 충전할 수 있도록 따로 빼두자. 당장 필요할 때 사용할 수 있는 비상금 정도의 소액만 은행 애플리케이션을 통해 환전 신청 후 가까운 은행 영업점이나 인천공항 내 은행 환전소에서 수령하면 좋다. 현지에서 현금이 필요하다면 트래블로그와 트래블월렛을 통해 ATM 출금을 하면 된다. 참고로 카드는 푸드트럭이나 파머스 마켓 등 일부 가게를 제외한 곳에서 대부분 사용할 수 있다. 카드 사용 시 후면에 서명이 반드시 있어야 하고, 실제 전표에 사인을 할 때도 동일한 서명을 기재해야 한다. 한국에서 하는 것처럼 하트를 그리거나 서명과 다르게 사인한다면 결제가 거부될 수 있다.

부득이하게 현금을 인출해야 할 일이 생긴다면 번화가나 편의점 내에 자리한 ATM을 이용하자.

★ 데이터 이용

해외에서 스마트폰 데이터를 이용할 수 있는 3가지 방법. 첫 번째, 하와이 전용 유심칩을 구매하는 것이다. 기존의 한국 유심칩 자리에 미국 전용 유심칩을 끼우고 사용설명서대로 설정하면 손쉽게 데이터를 이용할 수 있는 시스템. 온라인에서 판매하는 심카드는 보통 1~60일간 4G LTE 속도로 무제한 이용할 수 있는 것이 일반적이다. 미국에서도 구매할 수 있으나 여행 전 국내 여행사나 소셜커머스에서 구입하면 더욱 저렴하다. 부득이하게 구매하지 못하고 하와이로 왔다면 월마트 자체 브랜드 '패밀리 모바일Family Mobile'의 심카드 키트를 구매하거나 알라 모아나 센터에 있는 AT&T를 방문해 심카드를 신청하면 된다.

두 번째는 포켓 와이파이를 대여하는 것이다. 포켓 와이파이는 별도의 기기를 소지하여 와이파이를 무제한 사용할 수 있는 서비스로 하나의 기기로 여러 명이 접속할 수 있어 2인 이상 사용 시 편리하다.

세 번째는 한국 통신사를 통해 로밍을 하는 것이다. 전화 한 통으로 쉽게 진행할 수 있어 가장 편리한 방법이나 가격이 유심과 포켓 와이파이에 비해 비싸다는 것이 단점이다.

★ 준비물 체크리스트

☐ 여권과 여권 사본
　(여권 분실에 대비해 따로 보관할 것)
☐ 항공권 E-티켓 및 운전면허증
☐ 현금 및 신용카드
☐ 의류(얇은 겉옷 포함)
☐ 속옷, 양말
☐ 신발
☐ 수건 및 세면도구
☐ 선크림, 로션 등 화장품 및 생리 용품
☐ 비상약
☐ 카메라
☐ 각종 충전기(카메라, 스마트폰 등)
☐ 멀티플러그
☐ 수영복, 비치샌들 등 물놀이 관련 도구
☐ 선글라스
☐ 모자
☐ 휴대용 선풍기
☐ 우산
☐ 하와이 셀프트래블

Step to Hawaii 6

알로하! 간단히 배우는 하와이어

현지인과 더 친밀해지는 방법은 그 나라의 언어를 사용하는 것이다. 영어와 하와이 원주민 언어가 공용어로 지정되어 있으며 주로 사용하는 언어는 영어이지만, 간단한 표현이나 단어는 하와이어를 쓰는 경우도 흔하다.

★ 주요 인사

안녕하세요.	Aloha	알로하
아침 인사	Aloha kakahiaka	알로하 카카히아카
저녁 인사	Aloha ahiahi	알로하 아히아히
잘가요.	Ahuihou	아후이호우
잘 지내요?	Pehea'oe?	페헤아오에?
고마워요.	Mahalo	마할로
정말 고맙습니다.	Mahalo nui loa	마할로 누이 로아
환영합니다.	E como mai	에 코모 마이
생일 축하해요.	Hau'oli la hanau	하우올리 라 하나우
메리 크리스마스!	Mele kalikimaka	멜레 칼리키마카
맛있어요.	Ono	오노
즐거워요.	Hau'oli	하우올리
아름다워요.	Nani	나니
멋져요.	Maika'i	마이카이
끝났어요.	Pau	파우
사랑을 담아	Me ke aloha	메 케 알로하
한 번 더	Hana hou	하나 호우

> **알로하가 가진 다양한 의미**
>
> 알로하는 배려(Akahai), 협동(Lokahi), 기쁨(Olu'olu), 겸손과 솔직한 마음(Ha'a Ha'a), 인내(Ahonui)의 5개 정신의 첫 글자를 따서 완성한 아름다운 말이다. 또 존재(Alo), 호흡(Ha), 행복(Oha), 생명(A)의 4가지 단어가 숨어 있는데, '내 영혼의 숨결을 드립니다'라는 의미도 된다. 발음할 때 '로' 부분을 길게 하면 사랑한다는 의미를 지니며, '하' 부분은 영혼을 불어넣듯이 발음하면 된다.

★ 자주 쓰이는 단어

가족	Ohana	오하나
어린이	Keiki	케이키
여성	Waihine	와이히네
남성	Kane	카네
연인	Kuuipo	쿠우이포
가장 사랑하는 사람	Kuulei	쿠울레이
선생님	Kumu	쿠무
산 쪽	Mauka	마우카
산	Mauna	마우나
바다 쪽	Makai	마카이
바다	Kai	카이
파도	Nalu	날루
대양	Moana	모아나
돌고래	Nai'a	나이아
산호, 산호초	Ko'a	코아
꽃	Pua	푸아
무지개	Anuenue	아누에누에
태양	Akala	아칼라
달	Mahina	마히나
별	Hoku	호쿠
집	Hale	할레
베란다, 발코니	Lanai	라나이
전채요리	Pupu	푸푸
천국	Lani	라니
천사	Anela	아넬라
산책	Holoholo	홀로홀로
카누	Wa'a	바아
보물	Mea makamae	메아 마카마에
평화, 우정, 행복	Laule'a	라울레아
영원	Mauloa	마울로아

★ 숫자

1	'ole	올레
2	'ekahi	에카히
3	'elua	엘루아
4	'ekolu	에콜루
5	'eha	에하
6	'elima	엘리마
7	'eono	에오노
8	'ehiku	에히쿠
9	'ewalu	에왈루
10	'eiwa	에이바
11	'umi	우미

하와이에서 방향을 일컫는 말

하와이에서는 방향을 말할 때 동서남북이라 하지 않고 산 쪽(Mauka), 바다 쪽(Makai)이라고 표현한다. 호놀룰루에 한해 동쪽을 다이아몬드 헤드Diamond Head, 서쪽을 에바Ewa라고 한다.

Step to Hawaii 7
하와이 서바이벌 영어 회화

★ 음식점에서

내일 저녁 시간으로 예약할 수 있을까요?	Could I make a reservation for tomorrow night?
내일 저녁 7시 2명으로 부탁해요.	It's 7pm tomorrow for two people, please.
메뉴를 볼 수 있을까요?	May I have a menu, please?
어린이 메뉴를 제공하나요?	Do you offer a kid's menu?
추천 메뉴는 무엇인가요?	What do you recommend?
(종업원) 주문하시겠습니까?	May I take your order?
계산서 주세요.	Check, Please.
카드 결제 가능한가요?	Do you accept credit cards?

★ 호텔에서

체크인하고 싶어요.	Can I check in?
(종업원) 예약하셨나요?	Do you have a reservation?
(종업원) 여권을 보여주시겠어요?	Could I see your passport?
(종업원) 이 용지에 기입 부탁드립니다.	Could you fill in this form, please?
오늘 저녁 묵을 방이 있나요?	Do you have any rooms available for tonight?
택시 좀 불러주시겠어요?	Would you please call a taxi for me?
몇 시에 체크아웃인가요?	What time do I need to check out?
체크아웃하고 싶어요.	I'd like to check out.

★ 사진 찍을 때

사진 촬영은 가능한가요?	Can I take photos?
사진 좀 찍어주시겠어요?	May I take your picture?
사진 같이 찍어도 될까요?	Do you mind if we take a picture of us together?
사진 찍어드릴까요?	Would you like me to take your picture?

★ 쇼핑할 때

(종업원) 도와드릴까요?	May I help you?
그냥 구경하고 있어요.	I'm just browsing, thanks.
입어 봐도 되나요?	Can I try this on?
좀 더 큰(작은) 사이즈는 있나요?	Do you have this in a larger(a smaller) size?
이 아이템의 다른 색은 있나요?	Do you have different colours for this item?
이걸로 구매할게요.	I'll take it.
얼마인가요?	How much is it?
영수증 주세요.	Could I have a receipt, please?
이 상품 재고 있나요?	Do you have this in stock?
좀 더 생각해볼게요.	I'll think about it.
이건 세일 상품인가요?	Is this a discounted item?

★ 관광할 때

oo역은 어디인가요?	Excuse me, where's the oo station?
oo로 가는 방법을 알려줄래요?	Could you give me directions to oo?
주변에 은행이 있나요?	Is there a bank near here?
돈을 환전하고 싶어요.	I'd like to change some money.
입장료는 얼마인가요?	How much is it to get in?
티켓 두 장 주세요.	I'd like two tickets, please.
천천히 말씀해주시겠어요?	Please, speak more slowly.
(종업원) 오디오 가이드를 이용하시겠습니까?	Would you like an audio-guide?
화장실은 어딘가요?	Where is the bathroom?
(대기행렬을 보고) 지금 줄 서 있나요?	Are you waiting in line?

★ 사건·사고 시

구급차(경찰)를 불러주시겠어요?	Please, call on ambulance(the police).
병원에 데려다 주세요.	Please, take me to a hospital.
여권(지갑)을 잃어버렸어요.	I've lost my passport(wallet).
사고증명서(도난증명서)를 발급해주시겠어요?	Could you make out a report of the accident(theft)?
한국어 가능하신 분 불러주세요.	Call someone who speaks Korean.
이대로 여행을 계속 해도 될까요?	May I continue my trip?

Index
인덱스 -가나다순-

1장 오아후 ∘ 220

한글	영문	페이지
T 갤러리아 DFS	T Galleria By DFS Hawaii	313
구아바숍	Guava Shop	347
그라피티	Graffiti_카카아코	309
그레이스 비치	Gray's Beach	243
그레이스 인	Grace's Inn	306
글레이저스 커피	Glazers Coffee	301
날루 헬스 바 & 카페	Nalu Health Bar & Cafe	328
노드스트롬 랙	Nordstrom Rack	316
노스 쇼어 마켓플레이스	North Shore Marketplace	347
누우아누 팔리 전망대	Nu'uanu Pali Lookout	259
닐 블레이스델 센터	Neal S. Blaisdell Center	282
다 코브 헬스 바 & 카페	Da Cove Health Bar & Cafe	255
다이아몬드 헤드	Diamond Head	252
다이아몬드 헤드 마켓 & 그릴	Diamond Head Market & Grill	256
다이아몬드 헤드 비치 파크	Diamond Head Beach Park	251
더 레이로우 오토그래프 컬렉션	The Laylow Autograph Collection	361
더 모던 호놀룰루	The Modern Honolulu	360
더 서프잭 호텔 & 스윔 클럽	The Surfjack Hotel & Swim Club	360
더 커브 카이무키	The Curb Kaimuki	296
돌 플랜테이션	Dole Plantation	351
듀크 카하나모쿠 비치	Duke Kahanamoku Beach	242
라니아케아 비치	Laniakea Beach	340
라니카이 비치	Lanikai Beach	331
라이언 수목원	Harold L. Lyon Arboretum	263
레너즈 베이커리	Leonard's Bakery	292
레이즈 키아베 브로일드 치킨	Ray's Kiawe Broiled Chicken	343
레이징 케인스 치킨 핑거	Raising Cane's Chicken Fingers	299
레인보우 드라이브 인	Rainbow Drive In	293
로스	Ross Dress for Less	316
로열 하와이안 럭셔리 컬렉션 리조트	The Royal Hawaiian a Luxury Collection Resort	355
로열 하와이안 센터	Royal Hawaiian Center	314
마노아 폭포	Manoa Falls	257
마츠모토 셰이브 아이스	Matsumoto Shave Ice	344
마카푸우 비치	Makapu'u Beach	251
마카푸우 전망대	Makapu'u Lookout	262
마카푸우 포인트 라이트하우스 트레일	Makapu'u Point Lighthouse Trail	258
매그놀리아 아이스크림 & 트리츠	Magnolia Ice Cream & Treats	291
모닝 브루	Morning Brew	329
모아나 서프라이더 웨스틴 리조트 & 스파	Moana Surfrider a Westin Resort & Spa	355
모케즈 브레드 & 브렉퍼스트	Moke's Bread & Breakfast	328
몬사라트 셰이브 아이스	Mosarrat Shave Ice	256
무수비 카페 이야스메	Musubi Cafe Iyasume	286
미스터 티 카페	Mr.tea Cafe	312
베어풋 비치 카페	Barefoot Beach Cafe	290
벨로우즈 필드 비치 파크	Bellows Field Beach Park	332

보가츠 카페 Bogart's Cafe	255	아일랜드 브루 커피하우스 Island Brew Coffeehouse	308
비숍 박물관 Bishop Museum	270	아일랜드 빈티지 셰이브 아이스 Island Vintage Shave Ice	290
비치 와이키키 부티크 호스텔 The Beach Waikiki Boutique Hostel	363	알라 모아나 비치 파크 Ala Moana Beach Park	248
비치워크 카페 Beachwalk Cafe	288	알라 모아나 센터 Ala Moana Center	302
빅 웨이브 슈림프 Big Wave Shrimp	342	알라 모아나 호텔 Ala Moana Hotel	361
산 수시 비치 San Souci Beach	245	알로하 스타디움 스왑 밋 Aloha Stadium Swap Meet	353
샌디 비치 Sandy Beach	250	알로하 타워 Aloha Tower	280
샘스 키친 Sam's Kitchen	286	알로힐라니 리조트 와이키키 비치 Alohilani Resort Waikiki Beach	359
샤크스 코브 Sharks Cove	339	애스턴 와이키키 서클 호텔 Aston Waikiki Circle Hotel	361
샹그리 라 Shangri La Museum of Islamic Art, Culture & Design	276	에그슨 싱스 Eggs'n Things	283
서울 두부 하우스 Seoul Tofu House	287	에후카이 비치 파크 Ehukai Beach Park	340
선셋 비치 Sunset Beach	339	엘 & 엘 하와이안 바비큐 L & L Hawaiian Barbecue	307
세인트 앤드류 대성당 The Cathedral of St. Andrew	273	오노 시푸드 Ono Seafood	293
세인트 어거스틴 교회 St. Augustine Church	274	오또 케이크 Otto Cake	296
센트럴 유니언 교회 Central Union Church	274	와드 빌리지 Ward Village	319
솔트 Salt at our Kaka'ako	310	와이마날로 베이 비치 파크 Waimanalo Bay Beach Park	332
쉐라톤 와이키키 Sheraton Waikiki	358	와이메아 베이 비치 Waimea Bay Beach	337
스카이 게이트 Sky Gate	282	와이알라에 비치 파크 & 카할라 비치 Waialae Beach Park & Kahala Beach	249
스프라우트 샌드위치숍 Sprout Sandwich Shop	297	와이올라 셰이브 아이스 Waiola Shave Ice	294
시 라이프 파크 하와이 Sea Life Park Hawaii	268	와이켈레 프리미엄 아웃렛 Waikele Premium Outlet	354
시마즈 셰이브 아이스 Shimazu Shave Ice	294	와이키키 리조트 호텔 Waikiki Resort Hotel	362
아스 카페 & 젤라토 Ars Cafe & Gelato	256	와이키키 비치 Waikiki Beach	240
아오키스 셰이브 아이스 Aoki's Shave Ice	344		
아울라니 디즈니 리조트 & 스파 Aulani a Disney Resort & Spa	360		
아웃리거 리프 와이키키 비치 리조트 Outrigger Reef Waikiki Beach Resort	359		
아이스 몬스터 Ice Monster	291		

와이키키 비치 메리어트 리조트 & 스파 Waikiki Beach Marriott Resort & Spa	359	칼라마 비치 Kalama Beach	331
와이키키 비치 워크 Waikiki Beach Walk	318	커피 갤러리 Coffee Gallery	345
와이키키 비치사이드 호스텔 Waikiki Beachside Hostel	363	커피 토크 Coffee Talk	295
		코나 커피 퍼베이어스 Kona Coffee Purveyors	288
와이키키 쇼핑 플라자 Waikiki Shopping Plaza	318	코아 팬케이크 하우스 Koa Pancake House	295
		코코 크레이터 식물원 Koko Crater Botanical Garden	265
와이키키 수족관 Waikiki Aquarium	267	쿠아아이나 Kua'aina	343
요거 스토리 Yogur Story	307	쿠알로아 랜치 Kualoa Ranch	324
이올라니 궁전 Iolani Palace	269	쿠히오 비치 Kuhio Beach	244
인터내셔널 마켓플레이스 International Market Place	315	퀸 엠마 여름 궁전 Queen Emma Summer Palace	271
지오반니 슈림프 트럭 Giovanni's Shrimp Truck	342	퀸 카피올라니 호텔 Queen Kapiolani Hotel	362
		퀸스 서프 비치 Queen's Surf Beach	245
차이나타운 China Town	279	탄탈루스 전망대 Tantalus Lookout	260
치즈버거 인 파라다이스 Cheeseburger in Paradise	284	테디스 비거 버거스 Teddy's Bigger Burgers	283
		트럼프 인터내셔널 호텔 와이키키 Trump International Hotel Waikiki	357
치즈케이크 팩토리 Cheesecake Factory	284		
카네오헤 샌드바 Kaneohe Sandbar	333	파이오니아 살룬 Pioneer Saloon	254
카라이 크랩 Karai Crab	298	파이프라인 베이크숍 & 크리머리 Pipeline Bakeshop & Creamery	297
카와이아하오 교회 Kawaiaha'o Church	273		
카이 쿠 할레 Kai Ku Hale	347	파타고니아 Patagonia	346
카이바 리지 Kaiwa Ridge	326	펄 하버 Pearl Harbor	352
카일루아 Kailua	327	포 민 투 Pho Minh Thu	287
카일루아 비치 Kailua Beach	330	포스터 식물원 Foster Botanical Garden	264
카페 카일라 Cafe Kaila	293	포케 바 Poke Bar	285
카하이 스트리트 키친 Kahai Street Kitchen	300	포트 드루시 비치 Fort Derussy Beach	243
카할라 몰 Kahala Mall	317	폴리네시안 문화센터 Polynesian Cultural Center	323
카할라 호텔 & 리조트 The Kahala Hotel & Resort	356	프린스 와이키키 Prince Waikiki	357
카할로아 & 울루코우 비치 Kahaloa & Ulukou Beaches	245	피셔 하와이 Fisher Hawaii	310
		하나우마 베이 Hanauma Bay	247

하얏트 리젠시 와이키키 비치 리조트 & 스파	358		히바치 Hibachi	329
Hyatt Regency Waikiki Beach Resort & Spa			힐튼 하와이안 빌리지 와이키키 비치 리조트	358
하와이 시어터 Hawaii Theatre	282		Hilton Hawaiian Village Waikiki Beach Resort	
하와이 주립 미술관 Hawaii State Art Museum	277			
하와이 주립 최고 재판소 Ali iolani Hale	272		**2장 마우이 ○ 364**	
하와이안 미션 하우스 박물관	281		궁전터 The Brick Palace	379
Hawaiian Mission Houses				
하와이안 크라운 플랜테이션	289		라하이나 Lahaina	377
Hawaiian Crown Plantation			라하이나항 Lahaina Harbor	379
하와이주 정부청사 Hawaii State Capitol	281		로드 투 하나 Road to Hana	387
할레이바 Haleiwa	341		리츠칼튼 카팔루아 Ritz-Carlton Kapalua	392
할레이바 볼즈 Haleiwa Bowls	345		마나 푸즈 Mana Foods	390
할레이바 비치 파크 Haleiwa Beach Park	338		마우이 비치 호텔 Maui Beach Hotel	393
할레이바 스토어 로츠 Haleiwa Store Lots	346		마우이 시사이드 호텔 Maui Seaside Hotel	392
할레이바 알리이 비치 파크	338		몰로키니 Molokini	386
Haleiwa Ali'i Beach Park			반얀트리 Banyan Tree	378
할레쿨라니 Halekulani	356		볼드윈 홈 박물관 The Baldwin Home	379
할로나 블로홀 Halona Blowhole	262		쉐라톤 마우이 리조트 & 스파	391
행크스 오트 도그 Hank's Haute Dogs	312		Sheraton Maui Resort & Spa	
헨리스 플레이스 Henry's Place	289		안다즈 마우이 Andaz Maui	393
호놀룰루 동물원 Honolulu Zoo	266		에밀리스 비치 Emily's Beach	380
호놀룰루 미술관	275		영국 국교파 교회	380
The Honolulu Museum of Art			Holy Innocents Episcopal Church	
호놀룰루 커피	308		옛 요새 The Fort	378
Honolulu Coffee Experience Center			우힝 사원 The Wo Hing Museum	380
호텔 라 크로익스 와이키키	363		울루라니 하와이안 셰이브 아이스	388
Hotel La Croix Waikiki			Ululani's Hawaiian Shave Ice	
홀 푸드 마켓 Whole Foods Market	311		웨스틴 마우이 리조트 & 스파	391
홀리데이 인 익스프레스 와이키키	362		Westin Maui Resort & Spa	
Holiday Inn Express Waikiki			이아오 계곡 주립공원 Iao Valley State Park	381
후쿠야 Fukuya	301		카아나팔리 비치 Kaanapali Beach	383
후킬라우 비치 파크 Hukilau Beach Park	333		카훌루이 Kahului	382

코트 하우스 The Courthouse	378	마우나 케아 Mauna Kea	400
코트야드 바이 메리어트 마우이 Courtyard by Marriott Maui Kahului	393	마우카 메도우스 커피 팜 Mauka Meadows Coffee Farm	413
퀸 카아후마누 센터 Queen Ka'ahumanu Center	390	매직 샌드 비치 파크 Magic Sands Beach Park	410
키모스 마우이 Kimo's Maui	388	메네후네 커피 컴퍼니 Menehune Coffee Company	419
파이아 Paia	384	모쿠아이카우아 교회 Mokuaikaua Church	408
파이아 베이 Paia Bay	385	반얀트리 Banyan Tree	409
파이아 베이 커피 & 바 Paia Bay Coffee & Bar	389	베이식 카페 Basik Cafe	418
파이아 피시 마켓 Paia Fish Market	389	사우스 포인트 South Point	414
파이오니아 인 The Pioneer Inn	379	쉐라톤 코나 리조트 & 스파 Sheraton Kona Resort & Spa at Keauhou Bay	423
포시즌스 리조트 마우이 앳 와일레아 Four Seasons Resort Maui at Wailea	392	스칸디나비안 셰이브 아이스 Scandinavian Shave Ice	419
하얏트 리젠시 마우이 리조트 & 스파 Hyatt Regency Maui Resort & Spa	391	아카카 폭포 주립공원 Akaka Falls State Park	417
할레 파아하오 감옥 Hale Pa'ahao Prison	380	엉클 빌리스 코나 베이 호텔 Uncle Billy's Kona Bay Hotel	425
할레아칼라 국립공원 Haleakala National Park	372	와이피오 계곡 전망대 Waipio Valley Lookout	416
호오키파 비치 파크 Ho'okipa Beach Park	386	워터 프런트 로우 Water Front Row	421
		월마트 Walmart	422

3장 빅아일랜드 · 394

KTA 슈퍼 스토어 KTA Super Stores	422	카마카호누 국립역사건축물 Kamakahonu National Historic Landmark	409
UCC 하와이 UCC Hawaii	412	카마카호누 비치 Kamakahonu Beach	408
그랜드 나닐로아 호텔 힐로 더블트리 바이 힐튼 Grand Naniloa Hotel Hilo a Doubletree by Hilto	424	카우 커피 밀 Kau Coffee Mill	413
다 포케 샤크 Da Poke Shack	420	카일루아 코나 Kailua Kona	407
레인보우 폭포 Rainbow Falls	417	카일루아항 Kailua Pier	409
로열 시 클리프 코나 바이 아웃리거 Royal Sea Cliff Kona by Outrigger	425	카할루우 비치 파크 Kahalu'u Beach Park	411
로열 코나 리조트 Royal Kona Resort	425	캡틴 쿡 기념비 Captain James Cook Monument	414
리빙 스톤스 교회 Living Stones Church	411	코나 마켓플레이스 Kona Marketplace	409
		코나 인 쇼핑 빌리지	409

Kona Inn Shopping Village	
코나 파머스 마켓 Kona Farmers Market	421
코트야드 바이 메리어트 코나 비치 Courtyard by Marriott King Kamehameha's Kona Beach Hotel	424
킬라우에아 화산 국립공원 Hawaii Volcanoes National Park	404
파커 랜치 Parker Ranch	417
페어몬트 오키드 The Fairmont Orchid Hawaii	424
포시즌스 리조트 후알랄라이 Four Seasons Resort Hualalai	423
푸날루우 베이크숍 Punalu'u Bake Shop	415
푸날루우 블랙 샌드 비치 Punalu'u Black Sand Beach	415
할레 할라와이 파크 Hale Halawai Park	409
훌리헤에 궁전 Hulihe'e Palace	408
힐로 타운 Hilo Town	416
힐튼 와이콜로아 빌리지 Hilton Waikoloa Village	423

와이메아 타운 Waimea Town	439
와일루아 폭포 Wailua Falls	437
월마트 Walmart	444
카우아이 비치 리조트 Kauai Beach Resort	447
카우아이 커피 컴퍼니 Kauai Coffee Company	442
코트야드 바이 메리어트 카우아이 앳 코코넛 비치 Courtyard by Marriott Kauai at Coconut Beach	447
콜로아 랜딩 리조트 앳 포이푸 Koloa Landing Resort at Poipu	446
쿠쿠이울라 빌리지 쇼핑센터 Kukui'ula Village Shopping Center	444
킬라우에아 등대 Kilauea Lighthouse	441
포이푸 비치 파크 Poipu Beach Park	436
하나페페 타운 Hanapepe Town	438
하날레이 밸리 전망대 Hanalei Valley Lookout	440
하날레이 베이 Hanalei Bay	440
힐튼 가든 인 카우아이 앳 와일루아 베이 Hilton Garden Inn Kauai Wailua Bay	447

4장 카우아이 · 426

그랜드 하얏트 카우아이 리조트 & 스파 Grand Hyatt Kauai Resort & Spa	445
나 팔리 코스트 Na Pali Coast	434
래퍼츠 하와이 Lappert's Hawaii	444
부바 버거스 Bubba Burgers	443
쉐라톤 카우아이 리조트 Sheraton Kauai Resort	446
스파우팅 호른 Spouting Horn	437
와이메아 캐니언 Waimea Canyon	432

전문가와 함께하는
프리미엄 여행

나만의 특별한 여행을 만들고
여행을 즐기는 가장 완벽한 방법, 상상투어!

📷 알차요   🔍 친절해요   🍽 맛있어요

 상상투어

예약문의 070-7727-6853 | www.sangsangtour.net
서울특별시 동대문구 정릉천동로 58, 롯데캐슬 상가 110호

셀프트래블
하와이

맵북 & 트래블 노트
Mapbook & Travel Note

믿고 보는 해외여행 가이드북
'22~'23 최신판

상상출판

All about Hawaii
하와이 알아보기

지리적으로 대륙에서 제일 떨어진 곳에 위치하는 섬으로 세상에서 가장 고립된 외로운 곳이지만 미국인이 일생에 꼭 한번은 방문하고 싶은 여행지로 꼽을 만큼 사랑을 듬뿍 받는 하와이 제도. 호놀룰루로 대표되는 하와이 여행의 핵심 오아후를 비롯해 저마다의 개성을 갖춘 마우이, 빅아일랜드, 카우아이, 라나이, 몰로카이 등 6개의 섬이 주요 여행지이다. 기본적으로 하와이를 말할 때 8개의 섬을 언급하는데, 섬 전체가 개인 소유인 니이하우 Ni'ihau와 미군의 연습기지로 사용되는 카호올라베 Kaho'olawe는 일반인 출입이 통제되어 있다.

Ni'ihau

Kauai

Oahu
Honolulu

카우아이 p.426
로큰롤의 전설 엘비스 프레슬리가 주연을 맡은 영화 〈블루 하와이 Blue Hawaii〉는 하와이의 아름다운 휴양지를 찾아 떠나는 이야기이다. 이 영화의 배경지였던 카우아이는 단숨에 인기 관광지로 급부상하며 큰 주목을 받게 된다. 유명 할리우드 영화의 단골 무대로 등장하여 맹활약을 펼치는 카우아이는 영화의 CG를 보는 것 같은 착각을 불러일으킬 정도의 신비로운 경치가 자랑거리이다.

오아후 p.222
'모임의 섬'이라는 별칭으로 불릴 만큼 다양한 민족과 문화가 뒤섞인 섬이다. 폴리네시아에 뿌리를 둔 하와이 원주민, 사탕수수 노동자로 발을 디딘 세계 각국의 이민자, 미국 본토에서 건너온 이가 서로 만나 절묘한 융합을 이룬다. 미국에 흡수되기 전 번영했던 하와이 왕국의 흔적이 고스란히 남아 이국적인 풍경을 자아내고, 또 한편으로는 우뚝 솟은 빌딩이 즐비하기도 해 현대적인 느낌도 물씬 난다.

호놀룰루(오아후 남부) p.230
1845년 카메하메하 3세에 의해 하와이 왕국의 수도가 된 호놀룰루는 왕국의 정치, 경제, 문화, 사회 중심지로서 기능했다. 1959년 미국의 50번째 주로 편입된 후에도 변함없이 하와이의 중심지로 활약하고 있다.

마우이 p.364

반신반인 마우이가 마나이아칼라니Manaiakalani 라는 마법의 낚싯바늘을 이용해 바다에서 건져 올려 탄생했다는 재미난 전설이 내려오는 섬. 풍족한 토양 덕분에 목장과 농장이 내륙의 중심이 되고 해안가 부근에는 자연이 빚어낸 별차원의 세계가 펼쳐진다. 뜨거운 태양을 마주하는 감동의 순간과 구름 위를 걷는 듯한 몽환적인 분위기를 한 장소에서 느낄 수 있고 같은 곳이라도 시간에 따라 풍경이 변화하는 마성의 매력을 지녔다.

빅아일랜드(하와이섬) p.394

'큰 섬'이라는 이름 그대로 하와이 제도 내 존재하는 132개 섬 가운데 가장 큰 면적을 차지하며, 섬 가장 남쪽에 위치하는 곳은 미국의 최남단이기도 하다. 올려다보지 않아도 정면으로 쏟아지는 별들의 향연을 만끽하는 '마우나 케아', 분화 활동이 여전히 활발히 진행되면서 자연의 거대한 힘을 느낄 수 있는 '킬라우에아 화산 국립공원' 등 광활한 대자연 속에는 압도적 존재감을 과시하는 굵직한 볼거리가 자리한다.

Molokai
Lanai
Maui
Kaho'olawe

Big Island (Hawaii)

Q & A
하와이 가기 전 자주 묻는 질문 8가지

Q1. 하와이 여행 몇 박이 적당한가요?

A1. 직항편은 한국에서 저녁에 출발해 현지 시각으로 점심 전에 도착하는 스케줄이라 첫날부터 충분히 관광을 즐길 수 있다. 오아후섬 위주로만 돌아볼 예정이라면 적어도 4박 6일은 필요하며, 여기서 이웃섬을 들른다면 2, 3박은 더 추가해야 할 것이다.

Q2. 하와이 계절은 여름만 있나요?

A2. 하와이에서 뚜렷하게 나타나는 계절은 5~10월 사이의 여름과 11~3월 사이의 겨울이다. 비가 적게 오는 건기가 여름, 건기보다 비교적 비가 많이 내리는 우기가 겨울이지만 스콜성 소나기에 그치는 경우가 대부분이며 비가 갠 후 나타나는 무지개도 기대할 수 있다.

Q3. 하와이 방문 시 비자가 필요하나요?

A3. 한국은 미국과의 협정으로 비자가 필요하지는 않으나 사전에 인터넷을 통해 전자 여행허가제(ESTA)를 신청해 발급을 받아야 하는 것이 의무화되어 있다. 출국 72시간 전까지 신청을 마쳐야 하며, 특별한 사항이 없으면 3시간~3일 이내에 발급이 된다.

Q4. 하와이 물가는 어느 정도인가요?

A4. 한국보다 전체적으로 물가가 비싼 축에 속한다. 외식비, 교통비, 숙박비, 액티비티 등 모든 면에서 비용이 많이 들고 팁 문화가 있어 예상을 훌쩍 뛰어넘는 여행 경비에 혀를 내두를 것이다. 어느 정도 각오를 하고 예산을 정한 다음 철저한 계획하에 움직이도록 하자.

Q5. 팁은 꼭 내야 하나요?

A5. 음식점, 호텔, 택시 등 서비스를 이용했을 때 감사의 표시로 전달하는 팁. 미국에서는 서비스업에 종사하는 이들의 중요한 수입원이기도 하므로 꼭 지불하도록 하자. 총액의 15~20%, 호텔은 $1~3 정도가 기준. 패스트푸드, 푸드트럭, 푸드코트, 테이크아웃 전문점은 불필요하다.

Q6. 시차 적응에 어려움이 있나요?

A6. 하와이는 한국보다 19시간이 느리다. 하와이행 항공편은 점심 전에 도착하는 경우가 대부분으로 기내에서 숙면을 취한 후 내리자마자 호텔 체크인 시간까지 무리하지 않는 선에서 관광하는 것이 자연스러운 흐름이다. 수면을 유도하는 영양제 멜라토닌을 챙겨가는 것도 추천한다.

Q7. 꼭 렌터카로 다녀야 하나요?

A7. 오아후섬 전체를 돌거나 이웃섬을 여행할 때는 렌터카가 확실히 편하지만, 호놀룰루 위주로 돌거나 동선이 단순한 경우라면 더 버스, 트롤리, 대여 자전거로도 충분히 돌아다닐 수 있다. 전체 일정에서 렌터카와 대중교통을 적절히 섞어 이용하는 것을 추천한다.

Q8. COVID-19 이후 달라진 하와이 여행 정보가 있나요?

A8. 입국 가능 자격, 입국 절차, COVID-19 관련 프로그램 도입 등 입국 규정이 전반적으로 변동되었다. 이에 따라 백신접종증명서, COVID-19 음성확인서, 하와이 현지 무료 PCR 검사 등 새롭게 준비해야 할 것들이 생겼다. 위드 코로나 시대를 맞아 감염병 규정이 시시때때로 변화하니 미리 확인하자.

니이하우
Ni'ihau

나 팔리 코스트
Na Pali Coast

카우아이
Kauai

리후에 공항
Lihue Airport

포이푸
Poipu

할레이바
Haleiwa

오아후
Oahu

카일루아
Kailua

다니엘 K. 이노우에 국제공항
Daniel K. Inouye International Airport

호놀룰루
Honolulu

하와이 전도

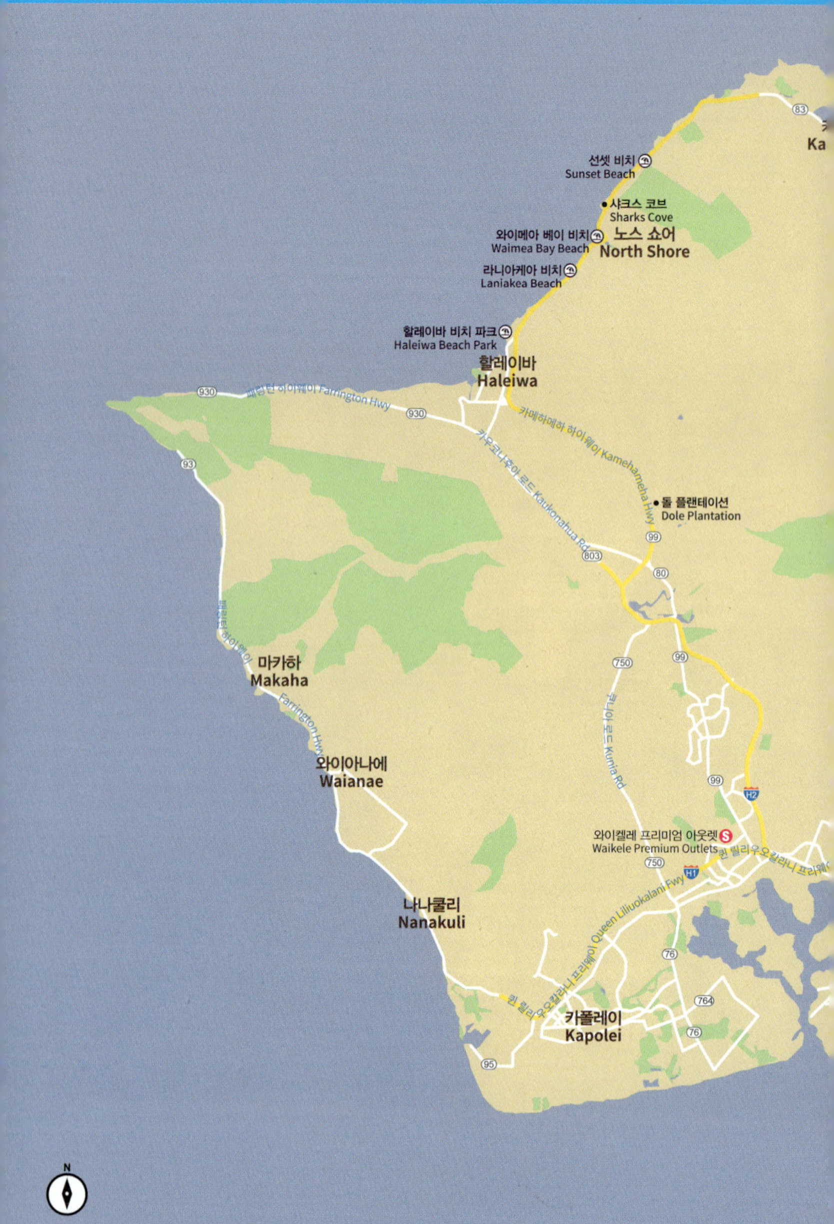

선셋 비치
Sunset Beach
샤크스 코브
Sharks Cove
와이메아 베이 비치
Waimea Bay Beach
노스 쇼어
North Shore
라니아케아 비치
Laniakea Beach
할레이바 비치 파크
Haleiwa Beach Park
할레이바
Haleiwa
Farrington Hwy
카메하메하 하이웨이 Kamehameha Hwy
Kaukonahua Rd
돌 플랜테이션
Dole Plantation
마카하
Makaha
Farrington Hwy
와이아나에
Waianae
쿠니아 로드 Kunia Rd
와이켈레 프리미엄 아웃렛
Waikele Premium Outlets
Queen Liliuokalani Fwy
나나쿨리
Nanakuli
카폴레이
Kapolei
83
930
93
99
803
80
750
H2
H1
76
764
95
N

오아후 전도

호놀룰루 상세 C

- 시 라이프 파크 하와이 Sea Life Park Hawaii
- 마카푸우 비치 Makapu'u Beach
- 마카푸우 전망대 Makapu'u Lookout
- 마카푸우 라이트하우스 Makapu'u Point Lighthouse
- 마카푸우 포인트 라이트하우스 트레일 Makapu'u Point Lighthouse Trail
- 칼라니아나올레 하이웨이 Kalaniana'ole Hwy
- 코코날리 스트리트 Kokonali St
- 하와이 카이 드라이브 Hawaii Kai Dr
- 샌디 비치 Sandy Beach
- 할로나 블로홀 Halona Blowhole
- 할로나 비치 코브 Halona Beach Cove
- 코코 크레이터 식물원 Koko Crater Botanical Garden
- 코코 크레이터 레일웨이 트레일 Koko Crater Railway Trail
- 루말리로 홈 로드 Lumalilo Home Rd
- 라나이 전망대 Lanai Lookout
- 한국 지도 마을
- 하나우마 베이 Hanauma Bay
- 코코 마리나 센터 Koko Marina Center
- 하와이안 바비큐 Hawaiian BBQ
- 엘 & 엘 L & L
- 아일랜드 브루 커피하우스 Island Brew Coffeehouse
- 세이프웨이 Safeway
- 롱스 드럭스 Long's Drugs
- 맥도날드 버거킹
- 스벅스
- 월그린
- 호놀룰루 방향

알라 와이 블러바드 Ala Wai Blvd · 알라 와이 블러바드 Ala Wai Blvd

쿠히오 애비뉴 Kuhio Ave · 쿠히오 애비뉴 Kuhio Ave

- 하와이안 크라운 플랜테이션 Hawaiian Crown Plantation
- 무수비 카페 이야스메 Musubi Cafe Iyasume
- 쉐라톤 프린세스 카이울라니 Sheraton Princess Kaiulani
- 애스턴 와이키키 서클 호텔 Aston Waikiki Circle Hotel
- 어반 아웃피터스 Urban Outfitters
- 크레이지 셔츠 Crazy Shirts
- 하얏트 리젠시 와이키키 비치 리조트 & 스파 Hyatt Regency Waikiki Beach Resort & Spa
- 빌라봉 Billabong
- ABC 스토어
- 에그슨 씽스 Eggs'n Things
- ABC 스토어
- 카이 커피 하와이
- 하얏트 파머스 마켓
- 듀크 카하나 모쿠 동상 Duke Paoa Kahanamoku Statue
- 쿠히오 비치 올라쇼 Kuhio Beach Torch Lighting & Hula Show
- 세인트 어거스틴 교회 St. Augustine Church
- 치즈버거 인 파라다이스 Cheeseburger in Paradise
- 너츠 커피 로스터스
- 퀸 카피올라니 호텔 Queen Kapiolani Hotel
- 와이키키 비치 메리어트 리조트 & 스파 Waikiki Beach Marriott Resort & Spa
- 테디스 비거 버거스 Teddy's Bigger Burgers
- 애스턴 와이키키 비치 호텔 Aston Waikiki Beach Hotel
- 모아나 서프라이더 웨스턴 리조트 & 스파 Moana Surfrider A Westin Resort & Spa
- 호놀룰루 커피
- 칼라카우아 애비뉴 Kalakaua Ave
- 기자 하와이
- 쿠히오 비치 Kuhio Beach
- 마쿠아 & 킬라 동상 Makua & Kila
- 와이키키 월 Waikiki Wall
- 퀸스 서프 비치 Queen's Surf Beach

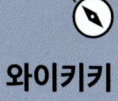

와이키키

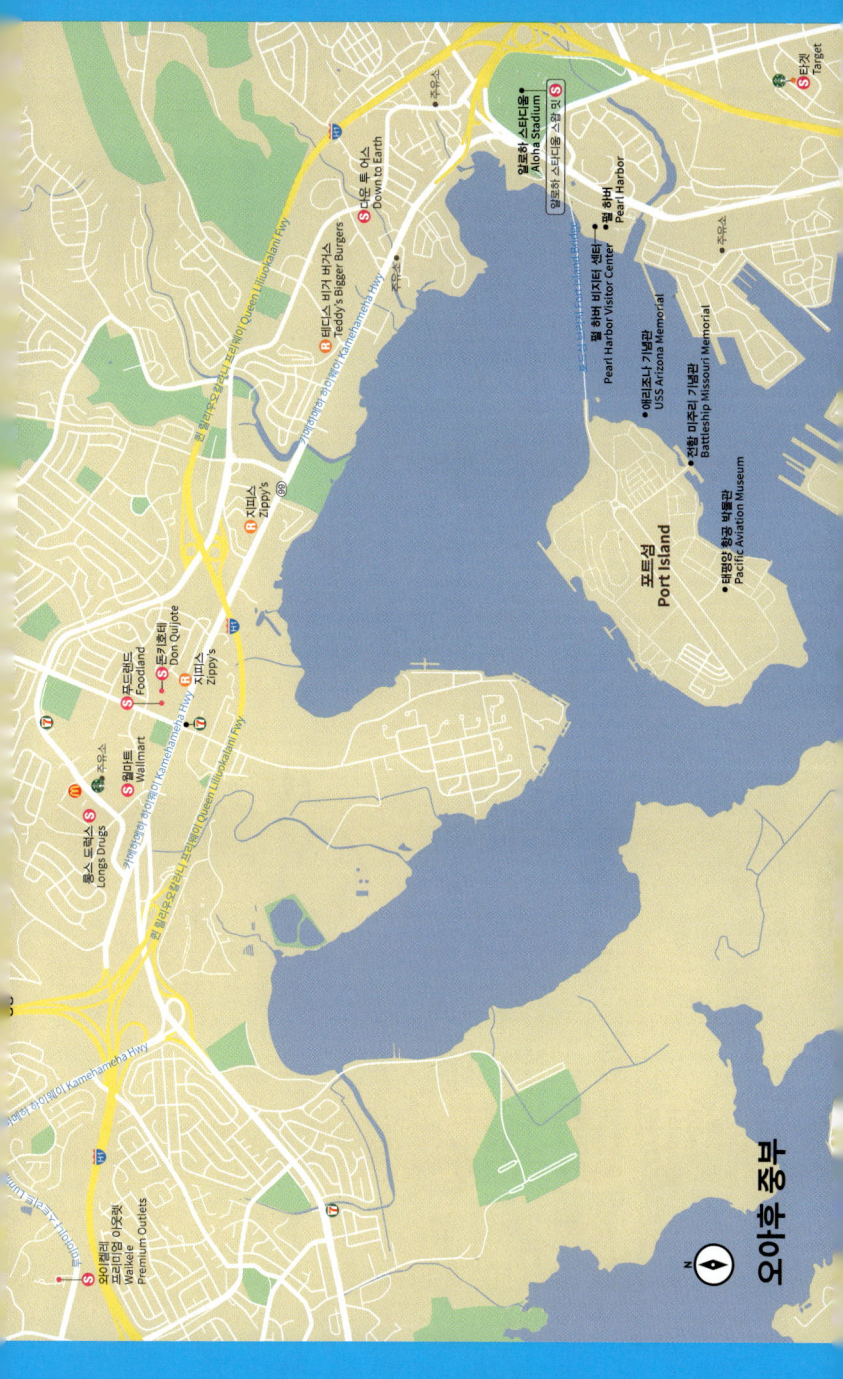

마우이

N

- 하나 공항 / Hana Airport
- 하나 베이 비치 파크 / Hana Bay Beach Park
- 하나 / Hana
- 할레아칼라 국립공원 / Haleakala National Park
- 카파훌루 / Kipahulu
- 와일루아 / Wailua
- 렐레이위 전망대 / Leleiwi Overlook
- 할레아칼라 비지터 센터 / Haleakala Visitor Center
- 공원 관리 사무소 / Park Headquarters Visitor Center
- 칼라하쿠 전망대 / Kalahaku Overlook
- 푸우 울라울라(레드힐) / Pu'u Ula'ula Summit(Red Hill)
- 호오키파 비치 파크 / Ho'okipa Beach Park
- 파이아 베이 커피 & 바 / Paia Bay Coffee & Bar
- 파이아 / Paia
- 마나 푸드 / Mana Foods
- 하나 베이 비치 파크 / Hana Bay Beach Park
- 카훌루이 공항 / Kahului Airport
- 코트야드 바이 메리어트 마우이 카훌루이 / Courtyard by Marriott Maui Kahului
- 카훌루이 / Kahului
- 마우이 시사이드 호텔 / Maui Seaside Hotel
- 마우이 비치 호텔 / Maui Beach Hotel
- 이아오 계곡 주립공원 / Iao Valley State Park
- 퀸 카아후마누 센터 / Queen Ka'ahumanu Center
- 키헤이 / Kihei
- 안다즈 마우이 / Andaz Maui
- 몰로키니 / Molokini
- 포시즌스 리조트 마우이 앳 와일레아 / Four Seasons Resort Maui at Wailea
- 카팔루아 / Kapalua
- 카팔루아 공항 / Kapalua Airport
- 쉐라톤 마우이 리조트 & 스파 / Sheraton Maui Resort & Spa
- 카아나팔리 / Ka'anapali
- 하얏트 리젠시 마우이 리조트 & 스파 / Hyatt Regency Maui Resort & Spa
- 파이아 피시 마켓 / Paia Fish Market
- 라하이나 / Lahaina
- 더 리츠칼튼 카팔루아 / The Ritz-Carlton Kapalua
- 카아나팔리 비치 / Kaanapali Beach
- 블랙 록 비치 / Black Rock Beach
- 웨스틴 마우이 리조트 & 스파 / Westin Maui Resort & Spa
- 키모스 마우이 / Kimo's Maui
- 울룰라니 하와이안 셰이브 아이스 / Ululani's Hawaiian Shave Ice

TRAVEL NOTE

믿고 보는 해외여행 가이드북
셀프트래블

셀프트래블은 테마별 일정을 포함한 현지의 최신 여행정보를
감각적이고, 실속 있게 담아낸 프리미엄 가이드북입니다.

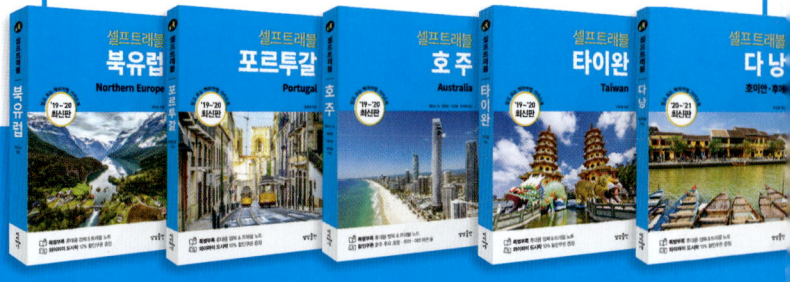

- 01 크로아티아
- 02 이스탄불
- 03 싱가포르
- 04 규슈
- 05 교토
- 06 홍콩·마카오
- 07 라오스
- 08 필리핀
- 09 미얀마
- 10 타이베이
- 11 파리
- 12 남미
- 13 방콕
- 14 말레이시아
- 15 대마도
- 16 홋카이도
- 17 후쿠오카
- 18 동유럽
- 19 오사카
- 20 독일
- 21 오키나와
- 22 그리스
- 23 나고야
- 24 괌
- 25 도쿄
- 26 나트랑·푸꾸옥
- 27 발리
- 28 베이징
- 29 프라하
- 30 베트남
- 31 스위스
- 32 런던
- 33 뉴욕
- 34 미국 서부
- 35 스페인
- 36 이탈리아
- 37 블라디보스토크
- 38 북유럽
- 39 포르투갈
- 40 호주
- 41 타이완
- 42 다낭
- 43 하와이

www.esangsang.co.kr

상상출판

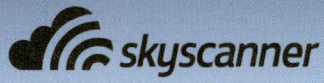

여행 고수들이 추천합니다.
해외 여행 갈땐 스카이스캐너!

스카이스캐너를 통해 전 세계 항공권도 비교검색해
보고, 호텔과 렌터카도 찾아보세요.

스카이스캐너 (www.skyscanner.co.kr)는 최저가 항공권 검색은 물론,
호텔과 렌터카까지 손쉽게 검색할 수 있는 전 세계 여행 가격비교사이트입니다.
안드로이드를 비롯해, iOS (아이폰/아이패드), 블랙베리, 윈도우 등
주요 스마트폰 OS의 앱스토어에서 무료로 다운받을 수 있습니다.

www.skyscanner.co.kr

하와이 현지 최대 여행사
가자하와이

> 하와이에서 가능한
> **400여종**의 모든 액티비티가 가능!

최저가 보장!

호텔 / 렌트카 / 공항 픽업 / 샌딩
오아후 1일 관광 / 리무진
이웃섬 1일 투어 (빅아일랜드/마우이/카우아이)
디너크루즈 / 디너쇼 / 해양스포츠
와이켈레 셔틀 / 탄타라스 야경 셔틀 / 하나우마베이 셔틀
스냅 촬영까지!

www.gajahawaii.com

호텔/항공/
선택관광!
한국에서
출발 전 문의!

가자하와이 한국강남지사
서울특별시 강남구 역삼동 697-8
평화빌딩 2층
월~금 오전 9시~오후 6시 / 토 오전 9시~오후 2시
예약/상담문의 : T. 02-533-1288
E-mail. airtel@gajahawaii.com / www.gajahawaii.com

가자하와이 와이키키 본사
WATUMULL Building 5F
307 Lewers st. Honolulu, HI 96815
연중무휴, 오전 8시~오후 8시
예약/상담문의 : T. 808-924-0123
E-mail. info@gajahawaii.com / www.gajahawaii.com

하와이에서
편하고 빠르게
상담!